Marc Blancpain
Président de
l'Alliance française

Yves Brunsvick
Secrétaire général de
la commission française
pour l'U.N.E.S.C.O.

Paul Ginestier
Professeur, chaire de
littérature française moderne
Université de Hull, (Angleterre)

LES FRANÇAIS A TRAVERS LEURS ROMANS

textes notes et documents

ALLIANCE FRANÇAISE

Table des matières

3

Introduction

Les Français à travers leurs romans *répond au besoin qu'ont tous ceux qui veulent exercer et améliorer leurs facultés d'expression écrite et orale en leur offrant des thèmes de réflexion et de discussion actuels, grâce à un choix de textes aussi représentatifs que possible de la diversité française.*

Ce livre a l'avantage d'être une méthode nouvelle de la pratique du français vivant, dont la composante essentielle est d'ordre culturel, dans la mesure où cet ouvrage a pour objet de proposer à ses lecteurs la découverte de la façon dont les Français voient ou rêvent leur vie à travers les livres qu'ils lisent.

L'ouvrage est fait de neuf ensembles qui traitent, chacun, d'un grand thème de la vie quotidienne où se reflètent les aspirations, les inquiétudes et les refus des Français d'hier et d'aujourd'hui. Au début de chaque ensemble on trouve des extraits substantiels d'un texte pilote emprunté à un roman du vingtième siècle, extraits précédés d'une présentation du roman et de son auteur. Le contenu du roman est esquissé de façon à ce que les passages cités soient parfaitement compréhensibles, mais incitent cependant à la lecture intégrale du texte; de même dans la rédaction des notices biographiques s'est-on particulièrement attaché à dégager les causes de succès du romancier.

L'étudiant est guidé dans sa lecture par des explications de mots, des commentaires de difficulté graduée, des remarques sur la langue et le style qui compléteront son acquis grammatical. Des questions lui donnent l'occasion de s'exprimer tout en contrôlant ses connaissances.

Les textes ont été tirés de romans représentatifs à des titres divers, mais dont la diffusion toujours élevée montre qu'ils sont lus, et ceci indépendamment de tout palmarès littéraire : les romans à fort tirage ne sont jamais loin de la vie réelle ou rêvée.

Le texte pilote est accompagné, chaque fois, d'une série de textes d'appui beaucoup plus brefs dont l'objet est de montrer, par la variété des attitudes, les différents aspects des problèmes posés, de nos jours comme dans le passé. Ainsi à une radioscopie des Français de notre temps s'ajoute une dimension historique indispensable.

Tous les vrais romanciers jouent le même rôle, si bien défini par Balzac : « ... la société française allait être l'historien, je ne devais être que le secrétaire. En dressant l'inventaire des vices et des vertus, en rassemblant les principaux faits des passions, en peignant les caractères, en choisissant les événements principaux de la société, en composant des types par la réunion des traits de plusieurs caractères, peut-être pouvais-je arriver à écrire l'histoire oubliée par tant d'historiens, celle des mœurs. »

Pour aider le lecteur à mieux saisir ce faisceau complexe de relations entre l'imaginaire et le vécu, chaque ensemble comporte plusieurs pages de documents actuels : articles de journaux ou de revues, sondages d'opinion, statistiques, interviews, réponses à des enquêtes, lettres de lecteurs à leur journal habituel. Enfin une synthèse pour chaque thème donne la possibilité de faire le point, de comparer les diverses opinions présentées, d'entamer une discussion à partir des arguments exprimés et des situations décrites. L'ouvrage présente l'avantage capital de mettre la langue en situation et d'encourager la vraie lecture, celle que l'on fait par plaisir, pour l'amour de la découverte. Deux index, l'un culturel et l'autre des noms propres, suivis d'un répertoire des romanciers donneront aux étudiants une information complémentaire sur les données essentielles du cadre de la civilisation française actuelle.

La place de la culture générale dans l'éducation permanente a été sous-estimée au cours des années passées faute sans doute d'ouvrages appropriés. Faire lire des adultes ou des adolescents qui n'en ont pas l'habitude, les faire participer à la connaissance d'un patrimoine vivant, leur donner la possibilité de s'exprimer sur les grands thèmes de la vie de chaque jour n'est pas chose aisée. Telle a été pourtant notre ambition.

Les Français à travers leurs romans est un instrument de travail offrant des possibilités nouvelles. Cet ouvrage répond aux exigences d'une pédagogie non-directive où la participation des étudiants guidés et encouragés par leurs professeurs trouve la place qui doit être la sienne.

Les auteurs.

5

LA VIE A LA CAMPAGNE ET LA NATURE

Alain-Fournier :

LE GRAND MEAULNES

J. Chardonne
F. Mauriac
E. Zola
R. Sabatier
J. Lacarrière
M. Blancpain
J.-J. Rousseau
Stendhal
Chateaubriand
Fromentin
Maupassant
Colette
M. Genevoix
M. Proust
J. Giono
A. Camus
J.-P. Sartre
J. Gracq
Roger Martin du Gard
A. Chamson
J. Chalon

ALAIN-FOURNIER,

de son vrai nom Henri Fournier, est né le 3 octobre 1886 dans le département du Cher. Toute son enfance s'est déroulée à la campagne, dans les villages du centre de la France autour de Bourges et de Vierzon, au contact de cette vie rurale qui est alors celle des trois quarts de la population française.

Son père était instituteur. A cette époque, l'instituteur installé dans chaque village fait de l'école le centre du bourg et de ses hameaux. Son influence vient contrebalancer celle que le curé possède traditionnellement.

C'est surtout à Épineuil-le-Fleuriel, qui deviendra Sainte-Agathe dans le roman, qu'Alain-Fournier passe les plus belles années de son enfance, les plus beaux étés de son adolescence, entre ses parents, leurs élèves (la mère est institutrice aussi) et sa petite sœur Isabelle, née trois ans après lui. Quand, en 1898, il doit quitter son école et son village pour aller étudier à Paris, il devient le type parfait du citadin qui a gardé de son enfance campagnarde le goût et le sens de la nature, nature réelle, solide, celle qui sert de cadre à la vie et non pas nature romantique et consolatrice. Alain-Fournier se sent mal à l'aise à la ville. Dans ses écrits, roman, essais, correspondance, il évoque sans cesse son enfance inscrite profondément dans les réalités terriennes.

Après trois années de lycée parisien, Alain-Fournier décide de se rendre à Brest pour préparer l'École Navale*. On peut expliquer cette subite orientation par ses jeux d'imagination et d'aventures avec ses camarades d'Épineuil, son attirance pour le mystère et surtout les innombrables lectures favorites de son enfance : celles des livres de prix aux belles reliures rouges qui, chaque début d'été, arrivaient chez ses parents afin d'être distribués aux meilleurs élèves avant le départ en vacances. Mais, tout compte fait, il ne se plaît guère à Brest où il ne reste qu'un an. Tout, là-bas, lui paraît déplaisant, il ne supporte pas la discipline presque militaire de son nouveau lycée, il a le mal du pays et la nostalgie de son entourage habituel. Il change encore une fois de direction et vient terminer ses études secondaires à Bourges. Il se fixe enfin au lycée Lakanal, à Sceaux, près de Paris, où, de 1903 à 1907, il prépare le concours de l'École Normale Supérieure*, concours qu'il ne réussira jamais. Mais ces études classiques auront été très importantes dans sa vie pour l'évolution de son esprit, pour les perspectives qu'elles lui ont ouvertes, pour les contacts et les amitiés qu'il noue. Il s'initie à la philosophie, aux lettres, à la poésie et en particulier à la poésie symboliste*, à la musique, celle de Debussy* par exemple. Il fait aussi la connaissance de ceux qui deviendront de précieux amis, principalement Jacques Rivière*, avec qui il échange à chaque séparation, surtout à partir de 1906, une correspondance fournie qui sera publiée par Gallimard*. La lecture en est enrichissante et passionnante, surtout pour ceux qui s'intéressent à la période antérieure à 1914.

C'est l'époque aussi de la rencontre du Cours-la-Reine*. En 1905, le jour de l'Ascension*, il suit une extraordinaire jeune fille dont il s'éprend aussitôt. Il fera sa connaissance quelques jours plus tard mais, déjà fiancée, elle met tout de suite fin à leur entrevue. Elle deviendra Yvonne de Galais dans le roman, elle restera jusqu'au bout le grand et pur amour de sa vie. Elle est aussi l'inspiratrice de ses poèmes réunis avec quelques essais dans un livre intitulé *Miracles*, publié par la N.R.F.*

En 1909, Jacques Rivière épouse Isabelle et devient ainsi le beau-frère d'Alain-Fournier, qui, à cette époque, entre à *Paris-Journal* où il est chargé d'un courrier littéraire quotidien. Peu à peu mûrit en lui ce qui sera son unique roman. *Le Grand Meaulnes* paraît en 1913. C'est un chef-d'œuvre. Quelle aurait été la valeur des autres romans d'Alain-Fournier? Nous ne le saurons jamais. La Grande Guerre éclate le 2 août 1914, le lieutenant Fournier est tué non loin de Verdun le 22 septembre. Son corps n'a jamais été retrouvé.

École Navale* : Les mots suivis d'un astérisque se trouvent expliqués dans l'index culturel p. 264.

Le grand Meaulnes

LE GRAND MEAULNES est un des romans français les plus célèbres du XXᵉ siècle. Servi par un style très simple en apparence, mais où toutes les ressources des nuances de la langue française sont utilisées, Alain-Fournier montre le temps réel et le temps rêvé, mêle ce qu'il voit à ce qu'il imagine, peint le monde magique de l'adolescence où l'école (symbole de l'enfance) et l'amour (symbole de l'âge adulte) entrevu se mêlent. Derrière tout cela, délicatement indiqué, la recherche de l'absolu, caractéristique de la jeunesse.

François Seurel, âgé de quinze ans, affligé d'une déformation du pied qui le fait boiter, raconte l'histoire. Son père est directeur d'école à Sainte-Agathe, en Sologne, et sa mère institutrice. Un jour vient s'installer chez eux comme pensionnaire Augustin Meaulnes, garçon âgé de seize ans, ayant une grande vigueur physique et une totale indépendance d'esprit. L'arrivée du grand Meaulnes anime l'école et bouleverse la vie de François, qui voue aussitôt amour et admiration à cet enfant au corps d'homme n'ayant peur de rien ni de personne.

L'arrivée d'Augustin Meaulnes, qui coïncida avec ma guérison, fut le commencement d'une vie nouvelle.

Avant sa venue, lorsque le cours était fini, à quatre heures, une longue soirée de solitude commençait pour moi. Mon père transportait
5 le feu du poêle de la classe dans la cheminée de notre salle à manger; et peu à peu les derniers gamins attardés abandonnaient l'école refroidie où roulaient des tourbillons de fumée. Il y avait encore quelques jeux, des galopades dans la cour; puis la nuit venait; les deux élèves qui avaient balayé la classe cherchaient sous le hangar leurs capuchons et
10 leurs pèlerines, et ils partaient bien vite, leur panier au bras, en laissant le grand portail ouvert...

Alors, tant qu'il y avait une lueur de jour, je restais au fond de la mairie, enfermé dans le cabinet des archives plein de mouches mortes, d'affiches battant au vent, et je lisais assis sur une vieille bascule, auprès
15 d'une fenêtre qui donnait sur le jardin.

Lorsqu'il faisait noir, que les chiens de la ferme voisine commençaient à hurler et que le carreau de notre petite cuisine s'illuminait, je rentrais enfin. Ma mère avait commencé de préparer le repas. Je montais trois marches de l'escalier du grenier; je m'asseyais sans rien dire
20 et, la tête appuyée aux barreaux froids de la rampe, je la regardais allumer son feu dans l'étroite cuisine où vacillait la flamme d'une bougie.

Mais quelqu'un est venu qui m'a enlevé à tous ces plaisirs d'enfant paisible. Quelqu'un a soufflé la bougie qui éclairait pour moi le doux
25 visage maternel penché sur le repas du soir. Quelqu'un a éteint la lampe autour de laquelle nous étions une famille heureuse, à la nuit, lorsque mon père avait accroché les volets de bois aux portes vitrées. Et celui-là, ce fut Augustin Meaulnes, que les autres élèves appelèrent bientôt le grand Meaulnes.

coïncider : quand deux événements arrivent en même temps, on dit qu'ils coïncident.

un gamin : un jeune garçon.

un tourbillon de fumée : de la fumée que l'air fait tourner.

une galopade : une course, l'action de courir comme un cheval.

une pèlerine : un grand manteau sans manches.

le cabinet des Archives : la petite pièce où l'on conserve les vieux papiers administratifs.

une bascule : une balance pour peser des poids lourds.

vaciller : bouger légèrement, trembler sur sa base.

déserté : se dit d'un lieu d'où tout le monde est parti et où il ne reste personne.

30   Dès qu'il fut pensionnaire chez nous, c'est-à-dire dès les premiers jours de décembre, l'école cessa d'être <u>désertée</u> le soir, après quatre heures. Malgré le froid de la porte battante, les cris des balayeurs et leurs seaux d'eau, il y avait toujours, après le cours, dans la classe, une vingtaine de grands élèves, tant de la campagne que du bourg, serrés
35 autour de Meaulnes. Et c'étaient de longues discussions, des disputes interminables, au milieu desquelles je me glissais avec inquiétude et plaisir.

1. *Quel est le plan de ce passage ?*
2. *En quoi la première partie est-elle descriptive et réaliste ?*
3. *Montrez la correspondance que l'auteur a cherché à établir entre l'état d'âme du narrateur, l'école après la classe et le cabinet des archives où il se réfugie.*
4. *En quoi la seconde partie est-elle suggestive et poétique ?*
5. *Avant la venue de Meaulnes : expliquez l'emploi des temps et recherchez les tournures, les mots et les expressions qui expriment l'ennui.*
6. *Après la venue de Meaulnes : quels sont les temps employés, quelles sont les tournures, mots et expressions qui servent à créer une impression d'enchantement ?*

Un jour, peu après les vacances de Noël, au début de la classe de l'après-midi, Meaulnes disparaît. C'est le jour des compositions, M. Seurel écrit le texte des problèmes au tableau, les enfants sont préoccupés. François, fils de l'instituteur, a compris ce qui se passait mais il a gardé le silence pour ne pas trahir son ami.

Lorsqu'on s'aperçoit de l'absence de Meaulnes, il est trop tard pour le rattraper. Au moment où tombe le soir, les grands-parents que la famille Seurel attendait sont arrivés, mais personne ne sait où se trouve le fugitif.

Son absence trouble l'atmosphère de la soirée familiale.

Lorsque j'eus ramené de La Gare les grands-parents, lorsque après le dîner, assis devant la haute cheminée, ils commencèrent à raconter par
40 le menu détail tout ce qui leur était arrivé depuis les dernières vacances, je m'aperçus bientôt que je ne les écoutais pas.

La petite grille de la cour était tout près de la porte de la salle à manger. Elle <u>grinçait</u> en s'ouvrant. D'ordinaire, au début de la nuit, pendant nos veillées de campagne, j'attendais secrètement ce grincement
45 de la grille. Il était suivi d'un bruit de sabots claquant ou s'essuyant sur le seuil, parfois d'un <u>chuchotement</u> comme de personnes qui se concertent avant d'entrer. Et l'on frappait. C'était un voisin, les institutrices, quelqu'un enfin qui venait nous distraire de la longue veillée.

Or, ce soir-là, je n'avais plus rien à espérer du dehors, puisque tous
50 ceux que j'aimais étaient réunis dans notre maison; et pourtant je ne cessais d'épier tous les bruits de la nuit et d'attendre qu'on ouvrît notre porte.

Le vieux grand-père, avec son <u>air broussailleux</u> de grand berger gascon, ses deux pieds lourdement posés devant lui, son bâton entre les
55 jambes, inclinant l'épaule pour cogner sa pipe contre son soulier, était là. Il approuvait de ses yeux mouillés et bons ce que disait la grand-mère, de son voyage et de ses poules et de ses voisins et des paysans qui n'avaient pas encore payé leur fermage*. Mais je n'étais plus avec eux.

60 J'imaginais le roulement de voiture qui s'arrêterait soudain devant la porte. Meaulnes sauterait de la carriole et entrerait comme si rien ne s'était passé... Ou peut-être irait-il d'abord reconduire la <u>jument</u> à la Belle-Étoile; et j'entendrais bientôt son pas sonner sur la route et la grille s'ouvrir...

65 Mais rien. Le grand-père regardait fixement devant lui et ses paupières en battant s'arrêtaient longuement sur ses yeux comme à

grincer : faire un bruit aigu, désagréable.

un chuchotement : bruit que l'on fait en parlant à voix basse.

un air broussailleux : les broussailles sont un ensemble d'épines et de petites branches mêlées. Les cheveux, les sourcils, la moustache et la barbe du grand-père sont un peu en désordre comme des broussailles.

la jument : la femelle du cheval.

1. *Dans ce passage le passé, le présent et l'avenir se mêlent (avant, pendant et après la veillée). Montrez comment les différents personnages, les grands-parents, les parents et le jeune garçon vivent ces trois aspects du temps.*

2. *Comment Alain-Fournier réussit-il à traduire la poésie de l'hiver? Comment arrive-t-il à caractériser l'atmosphère de cette veillée?*

3. *Montrez l'importance du sens auditif dans cette attente par rapport au narrateur en relevant tous les termes qui expriment un son ou un bruit.*

4. *En quoi le dernier paragraphe est-il particulièrement remarquable?*

être en peine de... : avoir de l'inquiétude pour...

ruminer : remâcher les aliments comme le fait le bœuf; ici, penser sans cesse à la même chose.

trottiner : aller au petit trot (pour le cheval ou l'âne, le trot est une façon d'avancer moins rapide que le galop).

un bosquet : un petit bois.

tressaillir : remuer d'un seul petit coup, nerveusement.

l'approche du sommeil. La grand-mère répétait avec embarras sa dernière phrase, que personne n'écoutait.

« C'est de ce garçon que vous êtes en peine ? » dit-elle enfin.

70 A La Gare, en effet, je l'avais questionnée vainement. Elle n'avait vu personne, à l'arrêt de Vierzon, qui ressemblât au grand Meaulnes. Mon compagnon avait dû s'attarder en chemin. Sa tentative était manquée. Pendant le retour, en voiture, j'avais ruminé ma déception, tandis que ma grand-mère causait avec Mouchebœuf. Sur la route
75 blanchie de givre, les petits oiseaux tourbillonnaient autour des pieds de l'âne trottinant. De temps à autre, sur le grand calme de l'après-midi gelé, montait l'appel lointain d'une bergère ou d'un gamin hélant son compagnon d'un bosquet de sapins à l'autre. Et chaque fois, ce long cri sur les coteaux déserts me faisait tressaillir, comme si c'eût été la voix
80 de Meaulnes me conviant à le suivre au loin...

Meaulnes revient trois jours plus tard. Il ne parle de ce qui lui est arrivé à personne, sauf à François. Il s'agit d'une mystérieuse aventure où le hasard et l'imprévu jouent un grand rôle. L'adolescent, par défi, avait décidé d'aller à Vierzon chercher les grands-parents de François et avait raconté un mensonge pour emprunter le cheval et la voiture que M. Seurel lui avait refusés.

Aventure banale jusqu'au moment où Augustin prend une mauvaise route et s'égare, passe la nuit dans une bergerie vide et s'aperçoit au réveil que le cheval et la voiture ont disparu.

Il reprend son chemin à pied.

carriole : petite charrette couverte.

A une heure et demie de l'après-midi, sur la route de Vierzon, par ce temps glacial, Meaulnes fit marcher la bête bon train, car il savait n'être pas en avance. Il ne songea d'abord, pour s'en amuser, qu'à notre surprise à tous, lorsqu'il ramènerait dans la carriole, à quatre
85 heures, le grand-père et la grand-mère Charpentier. Car, à ce moment-là, certes, il n'avait pas d'autre intention.

Peu à peu, le froid le pénétrant, il s'enveloppa les jambes dans une couverture qu'il avait d'abord refusée et que les gens de la Belle-Étoile avaient mise de force dans la voiture.

90 A deux heures, il traversa le bourg de La Motte. Il n'était jamais passé dans un petit pays aux heures de classe et s'amusa de voir celui-là aussi désert, aussi endormi. C'est à peine si, de loin en loin, un rideau se leva, montrant une tête curieuse de bonne femme.

une bonne femme : cette expression indique ici un peu de mépris, elle est péjorative.

A la sortie de La Motte, aussitôt après la maison d'école, il hésita
95 entre deux routes et crut se rappeler qu'il fallait tourner à gauche pour aller à Vierzon. Personne n'était là pour le renseigner. Il remit sa jument au trot sur la route désormais plus étroite et mal empierrée. Il longea quelque temps un bois de sapins et rencontra enfin un roulier à qui il demanda, mettant sa main en porte-voix, s'il était bien là sur la

un roulier : vieux mot; celui qui conduisait les chevaux d'une voiture de marchandises.

100 route de Vierzon. La jument, tirant sur les guides, continuait à trotter; l'homme ne dut pas comprendre ce qu'on lui demandait; il cria quelque chose en faisant un geste vague, et, à tout hasard, Meaulnes poursuivit sa route.

De nouveau ce fut la vaste campagne gelée, <u>sans accident</u> ni distrac-
105 tion aucune; parfois seulement une pie s'envolait, effrayée par la voiture, pour aller se percher plus loin sur un orme sans tête. Le voyageur
avait enroulé autour de ses épaules, comme une <u>cape,</u> sa grande couverture. Les jambes allongées, accoudé sur un côté de la carriole, il dut
<u>somnoler</u> un assez long moment...
110 ... Lorsque, grâce au froid, qui traversait maintenant la couverture,
Meaulnes eut repris ses esprits, il s'aperçut que le paysage avait changé.
Ce n'étaient plus ces horizons lointains, ce grand ciel blanc où se perdait le regard, mais de petits prés encore verts avec de hautes clôtures.
A droite et à gauche, l'eau des fossés coulait sous la glace. Tout faisait
115 <u>pressentir</u> l'approche d'une rivière. Et, entre les hautes haies, la route
n'était plus qu'un étroit chemin <u>défoncé.</u>
Dès le petit jour, il se reprit à marcher. Mais son genou enflé lui
faisait mal; il lui fallait s'arrêter et s'asseoir à chaque moment tant la
douleur était vive. L'endroit où il se trouvait était d'ailleurs le plus
120 <u>désolé</u> de la Sologne. De toute la matinée, il ne vit qu'une bergère, à
l'horizon, qui ramenait son troupeau. Il eut beau la <u>héler,</u> essayer de
courir, elle disparut sans l'entendre.
Il continua cependant de marcher dans sa direction, avec une déso-
lante lenteur... Pas un toit, pas une âme. Pas même le cri d'un <u>courlis</u>
125 dans les roseaux des marais. Et, sur cette solitude parfaite, brillait un
soleil de décembre, clair et glacial.
Il pouvait être trois heures de l'après-midi lorsqu'il aperçut enfin,
au-dessus d'un bois de sapins, la flèche d'une tourelle grise.
« Quelque vieux <u>manoir</u> abandonné, se dit-il, quelque pigeonnier
130 désert!... »
Et, sans presser le pas, il continua son chemin. Au coin du bois
débouchait, entre deux poteaux blancs, une allée où Meaulnes s'engagea. Il y fit quelques pas et s'arrêta, plein de surprise, troublé d'une
émotion inexplicable. Il marchait pourtant du même pas fatigué, le vent
135 glacé lui <u>gerçait</u> les lèvres, le <u>suffoquait</u> par instants; et pourtant un
contentement extraordinaire le soulevait, une tranquillité parfaite et
presque <u>enivrante,</u> la certitude que son but était atteint et qu'il n'y avait
plus maintenant que du bonheur à espérer. C'est ainsi que, jadis, la
veille des grandes fêtes d'été, il se sentait <u>défaillir,</u> lorsqu'à la tombée de
140 la nuit on plantait des sapins dans les rues du bourg et que la fenêtre
de sa chambre était obstruée par les branches.

sans accident : ici, quelque chose qui enlève un peu de monotonie au paysage.

une cape : une pèlerine courte.

somnoler : dormir légère-ment.

pressentir : sentir avant, pré-voir, deviner.

défoncé : avec de grands trous.

désolé : ici, sans vie, sans animation.

héler : appeler en criant.

désolant : qui rend très triste.

courlis : un oiseau habitant au bord de l'eau.

un manoir : une sorte de petit château où l'on habite.

gercer : abîmer la peau qui devient sèche et se fend.

suffoquer quelqu'un : lui faire perdre la respiration.

enivrant : qui donne l'im-pression qu'on est ivre.

défaillir : perdre ses forces pendant un instant.

---

1. *Dès le petit jour... toute la matinée... Il pouvait être trois heures de l'après-midi...*
   Commentez cette suite de notations relatives au temps.
2. *Quels sont les divers sentiments éprouvés successivement par Meaulnes?*
3. *Commentez le style de la phrase* Pas un toit, pas une âme.
4. *Notez les expressions où revient l'idée de froid. Par quel mécanisme psychologique cette idée peut-elle conduire aux* grandes fêtes d'été?

« Tant de joie, se dit-il, parce que j'arrive à ce vieux pigeonnier, plein de <u>hiboux</u> et de courants d'air!... »

Et, fâché contre lui-même, il s'arrêta, se demandant s'il ne valait pas
145 mieux <u>rebrousser chemin</u> et continuer jusqu'au prochain village. Il réfléchissait depuis un instant, la tête basse, lorsqu'il s'aperçut soudain que l'allée était balayée à grands ronds réguliers comme on faisait chez lui pour les fêtes. Il se trouvait dans un chemin pareil à la grand'rue de La Ferté, le matin de l'Assomption*... Il eût aperçu au détour de l'allée
150 une troupe de gens en fête soulevant la poussière, comme au mois de juin, qu'il n'eût pas été surpris davantage.

« Y aurait-il une fête dans cette solitude? » se demanda-t-il.

Le grand Meaulnes voit toutes ses intuitions confirmées. Cette fête a lieu dans les heures qui suivent. Le héros y rencontre une merveilleuse jeune fille, créature de rêve, Yvonne de Galais. Ainsi les destins qui vont déterminer la suite du roman se nouent-ils. A présent, Meaulnes n'a plus qu'une pensée : retrouver cette jeune fille et François va essayer de l'aider. Mais où se trouve le beau domaine mystérieux? Meaulnes est incapable d'en retrouver le chemin.

Trois mois plus tard, peu avant les vacances de Pâques, au cours d'une triste journée, Meaulnes annonce brusquement son départ pour Paris. François, qui vivait le rêve de son ami, perd tout et se plonge dans un désespoir d'enfant, plus terrible que celui des grandes personnes.

Jusqu'au jeudi suivant le temps resta à la pluie. Et ce jeudi-là fut plus triste encore que le précédent. Toute la campagne était baignée dans
155 une sorte de brume glacée comme aux plus mauvais jours de l'hiver.

Millie, trompée par le beau soleil de l'autre semaine, avait fait faire la lessive, mais il ne fallait pas songer à mettre sécher le linge sur les haies du jardin, ni même sur des cordes dans le grenier, tant l'air était humide et froid.

160 En discutant avec M. Seurel, il lui vint l'idée d'étendre sa lessive dans les classes, puisque c'était jeudi, et de chauffer le poêle <u>à blanc</u>. Pour économiser les feux de la cuisine et de la salle à manger, on ferait cuire les repas sur le poêle et nous nous tiendrions toute la journée dans la grande salle du Cours.

165 Au premier instant, — j'étais si jeune encore! — je considérai cette nouveauté comme une fête.

<u>Morne</u> fête!... Toute la chaleur du poêle était prise par la lessive et il faisait grand froid. Dans la cour, tombait interminablement et mollement une petite pluie d'hiver. C'est là pourtant que dès neuf heures du
170 matin, dévoré d'ennui, je retrouvai le grand Meaulnes. Par les barreaux du grand portail, où nous appuyions silencieusement nos têtes, nous regardâmes, au haut du bourg, sur les Quatre-Routes, le cortège d'un enterrement venu du fond de la campagne. Le cercueil, amené dans une charrette à bœuf, était déchargé et posé sur une <u>dalle</u>, au pied de la
175 grande croix où le boucher avait aperçu naguère les sentinelles du bohémien! Où était-il maintenant, le jeune capitaine qui si bien menait <u>l'abordage</u>?... Le curé et les chantres vinrent comme c'était l'usage au-devant du cercueil posé là, et les tristes chants arrivaient jusqu'à nous.

Ce serait là, nous le savions, le seul spectacle de la journée, qui s'écou-
180 lerait tout entière comme une eau jaunie dans <u>un caniveau</u>.

    « Et maintenant, dit Meaulnes soudain, je vais préparer mon
bagage. Apprends-le, Seurel : j'ai écrit à ma mère jeudi dernier, pour
lui demander de finir mes études à Paris. C'est aujourd'hui que je
pars. »

185   Il continuait à regarder vers le bourg, les mains appuyées aux barreaux, à la hauteur de sa tête. Inutile de demander si sa mère, qui était
riche et lui passait toutes ses volontés, lui avait passé celle-là. Inutile
aussi de demander pourquoi soudainement il désirait s'en aller à
Paris!...

190   Mais il y avait en lui, certainement, le regret et la crainte de quitter
ce cher pays de Sainte-Agathe d'où il était parti pour son aventure.
Quant à moi, je sentais monter une désolation violente que je n'avais
pas sentie d'abord.

un caniveau : le creux fait
dans le terrain pour que les
eaux s'écoulent.

*Tandis que Meaulnes cherche à Paris la trace de la
jeune fille du château, ayant appris qu'elle avait l'habitude de s'y rendre au printemps, François va assumer la
continuité de l'aventure afin d'empêcher que le rêve
d'Augustin absent ne meure.*

*Le magasin où l'on vend de tout et dont il est question
ici est situé au Vieux-Nançay, village de Sologne proche
du domaine des Sablonnières où s'est déroulée la fête
étrange. François aime y passer ses vacances chez son
oncle.*

---

1. *Faites la liste de tout ce qui rend cette journée décevante et pénible pour François.*
2. *Morne fête! Que pensez-vous de cette expression?*
3. *Relevez les verbes du passage, depuis* Et maintenant, dit Meaulnes *jusqu'à la fin.
Groupez-les selon les temps et commentez la manière très habile dont le romancier
exprime les nuances de sa pensée.*

descendre : ici, sens étendu du mot. S'installer, loger.

la contrée : la campagne alentour.

rouennerie : une sorte de tissu aux fils teints d'avance, fabriqué d'abord à Rouen, ville située sur la Seine entre Paris et la mer.

un dédale : un lieu où l'on se perd.

un braconnier : celui qui pêche ou chasse sans permission.

le sent-y-bon : expression familière pour parfum (ce qui sent bon).

le dahlia, la pintade : une sorte de fleur, une sorte d'oiseau de basse-cour, assez rares en France à cette époque car ils étaient originaires d'autres continents.

un cocher : celui qui conduit les chevaux d'une voiture de place.

195 Nous descendions chez l'oncle Florentin et la tante Julie, qui avaient un garçon de mon âge, le cousin Firmin, et huit filles, dont les aînées, Marie-Louise, Charlotte, pouvaient avoir dix-sept et quinze ans. Ils tenaient un très grand magasin à l'une des entrées de ce bourg de Sologne devant l'église — un magasin universel, auquel s'approvision-

200 naient tous les châtelains-chasseurs de la région, isolés dans la contrée perdue, à trente kilomètres de toute gare.

Ce magasin, avec ses comptoirs d'épicerie et de rouennerie, donnait par de nombreuses fenêtres sur la route et, par la porte vitrée, sur la grande place de l'église. Mais, chose étrange, quoique assez ordinaire

205 dans ce pays pauvre, la terre battue dans toute la boutique tenait lieu de plancher.

Par-derrière, c'étaient six chambres, chacune remplie d'une seule et même marchandise : la chambre aux chapeaux, la chambre au jardi-nage, la chambre aux lampes... que sais-je? Il me semblait, lorsque j'étais enfant et que je traversais ce dédale d'objets de bazar, que je

210 n'en épuiserais jamais du regard toutes les merveilles. Et, à cette époque encore, je trouvais qu'il n'y avait de vraies vacances que passées en ce lieu.

La famille vivait dans une grande cuisine dont la porte s'ouvrait sur le magasin — cuisine où brillaient aux fins de septembre de grandes

215 flambées de cheminée, où les chasseurs et les braconniers qui vendaient du gibier à Florentin venaient de grand matin se faire servir à boire, tandis que les petites filles, déjà levées, couraient, criaient, se passaient les unes aux autres du « sent-y-bon » sur leurs cheveux lissés. Aux murs, de vieilles photographies, de vieux groupes scolaires jaunis mon-

220 traient mon père — on mettait longtemps à le reconnaître en uniforme — au milieu de ses camarades d'École Normale.

C'est là que se passaient nos matinées; et aussi dans la cour où Florentin faisait pousser des dahlias et élevait des pintades; où l'on torréfiait le café, assis sur des boîtes à savon; où nous déballions des

225 caisses remplies d'objets divers précieusement enveloppés et dont nous ne savions pas toujours le nom...

Toute la journée, le magasin était envahi par des paysans ou par les cochers des châteaux voisins. A la porte vitrée s'arrêtaient et s'égout-taient, dans le brouillard de septembre, des charrettes, venues du fond

230 de la campagne. Et de la cuisine nous écoutions ce que disaient les paysannes, curieux de toutes leurs histoires...

---

1. *Que pensez-vous des deux premiers paragraphes?*
2. *Quelles différences voyez-vous entre le* magasin universel *décrit par Alain-Fournier et le* general store *ou* drugstore *présenté souvent dans les films américains de Western?*
3. *Si un jour les progrès techniques amenaient la fermeture de ce genre de magasin, le regretteriez-vous? Expliquez votre réponse en vous servant de vos expériences personnelles.*
4. *Pourquoi les vacances jouent-elles un rôle si important dans ce roman?*

Mais le soir, après huit heures, lorsque avec des lanternes on portait le foin aux chevaux dont la peau fumait dans l'écurie — tout le magasin nous appartenait !

235 Marie-Louise, qui était l'aînée de mes cousines mais une des plus petites, achevait de plier et de ranger les piles de drap dans la boutique; elle nous encourageait à venir la distraire. Alors, Firmin et moi avec toutes les filles, nous faisions irruption dans la grande boutique, sous les lampes d'auberge, tournant les moulins à café, faisant des tours de

240 force sur les comptoirs; et parfois Firmin allait chercher dans les greniers, car la terre battue invitait à la danse, quelque vieux trombone plein de vert-de-gris...

Je rougis encore à l'idée que, les années précédentes, Mlle de Galais eût pu venir à cette heure et nous surprendre au milieu de ces enfantil-

245 lages... Mais ce fut un peu avant la tombée de la nuit, un soir de ce mois d'août, tandis que je causais tranquillement avec Marie-Louise et Firmin, que je la vis pour la première fois...

Alain-Fournier, *Le grand Meaulnes,*
© Librairie Arthème Fayard

La rencontre avec Yvonne de Galais a marqué un tournant dans la vie de François, il sort de l'enfance pour entrer dans l'âge adulte.

Augustin a épousé Yvonne de Galais retrouvée par François. Le lendemain de la cérémonie, appelé par un personnage étrange, son beau-frère, Frantz de Galais, à qui un pacte mystérieux le lie, Meaulnes part pour l'aider, abandonnant sa jeune épouse, qui mourra après avoir mis au monde une petite fille.

Meaulnes réussit à retrouver la jeune femme que recherchait Frantz, il est resté fidèle à son serment et la fin du livre nous fait assister à son retour au domaine : « Le père leva bien haut sa fille, la fit sauter au bout de ses bras et la regarda avec une espèce de rire. »

François Seurel, le narrateur, restera seul, dans la réalité de son métier d'instituteur, dans la réalité de sa vie campagnarde et rurale, rejeté de la vie d'aventure, de rêve et de mystère, dans laquelle Meaulnes l'avait introduit pour un temps.

LA LANGUE ET LE STYLE

L'emploi des temps du passé

Le passé simple est le temps du récit littéraire par excellence, *l'arrivée d'Augustin Meaulnes fut le commencement d'une vie nouvelle... dès qu'il fut pensionnaire l'école cessa d'être désertée le soir.* Ce temps marque une action passée unique ou une suite d'actions sans indication de durée. L'imparfait comporte par contre toujours une notion de durée ou traduit un état de fait passé, *une longue soirée de solitude commençait pour moi... Lorsqu'il faisait noir, que (lorsque) les chiens commençaient à hurler... je rentrais enfin.* On l'emploie uniquement pour les descriptions, les portraits, ou bien encore pour marquer une habitude dans le passé, *mon père transportait le feu du poêle de la classe dans la cheminée.*

Dans la langue littéraire le passé composé employé avec le passé simple introduit une nuance par rapport à celui-ci, il marque un fait passé ou exprime une action dont les conséquences se font encore sentir (alors que le passé simple marque un fait terminé ou exprime une action achevée), *mais quelqu'un est venu qui m'a enlevé à tous ces plaisirs d'enfant paisible... Et celui-là ce fut Augustin Meaulnes, que les autres élèves appelèrent bientôt le Grand Meaulnes.*

Dans la langue courante, celle que l'on parle tous les jours, on n'emploie plus le passé simple mais le passé composé, il en tient lieu et place, donc la possibilité de nuance signalée plus haut n'existe donc pas.

Dans la langue parlée on aurait dit *l'arrivée d'Augustin Meaulnes a été le commencement d'une vie nouvelle... Dès qu'il a été pensionnaire l'école a cessé d'être désertée le soir.* On aurait d'ailleurs fait de même dans une lettre ou dans un récit écrit au style moins soutenu.

Le plus-que-parfait est d'un emploi facile, il sert à exprimer un événement, un fait ou un état passé qui a eu lieu avant un autre événement, un état ou une action exprimé au passé simple ou au passé composé, *lorsqu'ils commencèrent à raconter par le menu détail tout ce qui leur était arrivé depuis les dernières vacances, je m'aperçus bientôt...* On le rencontre aussi bien dans une proposition indépendante que dans une proposition principale ou subordonnée, *je rentrais enfin, ma mère avait commencé de préparer le repas. Je montais trois marches de l'escalier.*

On emploie aussi le plus-que-parfait pour exprimer la répétition, il se trouve alors dans une proposition subordonnée à une principale dont le verbe est à l'imparfait, *tant qu'il y avait une lueur de jour, je restais au fond de la mairie...*

Il en est de même du futur antérieur qu'on rencontre le plus souvent dans une subordonnée complément de temps pour exprimer une action future qui aura lieu avant une autre action exprimée au futur dans la proposition principale, *dès que tu l'auras trouvé là-bas, tu écriras n'est-ce pas?* mais si on le rencontre dans une proposition indépendante c'est pour marquer une supposition, *il l'aura rencontré sans doute,* cet emploi est de l'ordre de la nuance stylistique.

Un subjonctif dans une relative

Le verbe de la proposition relative est le plus souvent au mode indicatif et pourtant dans le texte d'Alain-Fournier on trouve *elle n'avait vu personne à l'arrêt de Vierzon qui ressemblât au Grand Meaulnes.* Le subjonctif est de règle quand l'antécédent du pronom relatif est un mot indéfini, adjectif ou autre pronom comme *personne, rien, aucun, quelque chose,* etc. Il faut noter que pour les mêmes raisons on rencontrerait également le subjonctif si l'antécédent était un nom déterminé par l'adjectif *tout, il accepterait tout travail qui soit proche de chez lui.*

Pour mieux comprendre

le commencement d'une vie nouvelle

Le narrateur, François Seurel, a quinze ans, c'est un adolescent craintif et malheureux en raison de son infirmité, une coxalgie qui l'a empêché de courir comme les autres enfants et l'oblige à *sautiller sur une jambe*. Notez que :
— la guérison coïncide avec la venue d'un nouveau pensionnaire, le grand Meaulnes ;
— l'évolution des sentiments du narrateur est mise en relief avec une grande simplicité dans l'expression.
Pour décrire l'atmosphère des longues soirées, Alain-Fournier suit le rythme du temps, *à quatre heures, alors, tant qu'il y avait une heure de jour, lorsqu'il faisait noir*.

Art du romancier :

Le mot *mais* est essentiel et sert de pivot au passage, il indique le changement de vie qu'apporte celui que François et ses camarades n'appelleront plus que le grand Meaulnes.
— Pour les autres élèves aussi commence une vie nouvelle.
Au réalisme de la première partie correspond la poésie magique de la seconde partie, le style est totalement différent.

l'étrange veillée familiale

Les Français, surtout ceux qui habitent la campagne, la province, ont gardé un sens de la famille qui n'a pas beaucoup changé depuis le début de ce siècle, malgré les apparences. Les réunions de famille sont en général joyeuses et permettent d'échanger des nouvelles des uns et des autres.

La réunion se déroule de manière différente :

— Les grands-parents se conduisent d'une façon normale et parlent comme d'habitude.
— Le petit-fils est inquiet, il ne pense qu'à l'absent, Meaulnes, et attend son retour.
— Les parents sont également soucieux de la disparition de leur pensionnaire, ils se sentent responsables de lui, mais ils ne se comportent pas d'une manière très différente de celle de leur fils : ils parlent, mais pensent à autre chose.
La grand-mère finit par s'en rendre compte et elle demande : *c'est de ce garçon que vous êtes en peine ?*

un paysage d'hiver

Ici commence le récit que fait Seurel de l'étrange aventure arrivée à Meaulnes : Parti sans autre intention que celle d'être le premier à accueillir les grands-parents de François, Augustin traverse avec sa carriole la campagne déserte et glacée.
Le froid vif l'engourdit, il s'enveloppe dans une couverture que les fermiers à qui appartient la voiture lui ont donnée.
Il traverse un village désert et se trompe de route, celle-ci de plus en plus étroite devient un chemin défoncé.
Meaulnes s'endort et au réveil il s'aperçoit qu'il est en train de se perdre. Alain-Fournier ne décrit pas le parcours suivi par Meaulnes. Et pourtant nous sommes aux côtés de ce dernier, nous voyons la campagne glacée et ses divers aspects, nous en sentons le froid et la solitude. Il a suffi à l'auteur de quelques taches sobres, de quelques allusions dignes d'un peintre impressionniste* pour créer l'atmosphère de ce long périple à travers un paysage hivernal.

le paradis perdu

Au cœur de chaque homme, à l'origine de la légende religieuse, chrétienne en particulier, se trouve le mythe du paradis perdu. Pour chacun de nous, le paradis perdu est d'abord ce monde, si loin et pourtant si proche, de l'enfance. Ce passage montre l'influence mystérieuse de certaines circonstances sur l'âme, avant même que l'on se rende compte de ce qui se passe :
— Première partie : une longue marche, peinte en termes réalistes. La souffrance, la fatigue, la solitude *parfaite* créent les conditions.
Transition : *un manoir, un pigeonnier,* expressions accompagnées d'adjectifs qui accentuent l'impression de solitude.
— Seconde partie : un *contentement extraordinaire, une tranquillité parfaite, un état d'âme* qui rappellent à cet adolescent certains moments de son enfance, une sorte de miracle psychologique fondé sur l'intuition, sans commune mesure avec le manoir ou le pigeonnier.

« partir, c'est mourir un peu »

Ce passage est construit sur les rapports complexes entre l'apparence et la réalité.
— En apparence, un simple récit chronologique où chaque événement, de quelque nature soit-il, vient s'inscrire dans un temps réel *(la pluie, la lessive, l'enterrement).*
— En réalité, chaque événement se prolonge dans les suivants pour créer une atmosphère désolée *(plus triste encore, morne fête, dévoré d'ennui, un enterrement, le cercueil, une eau jaunie).*
On pourrait comparer ce texte à une symphonie, où chaque note frappe l'oreille de l'auditeur puis se prolonge en une sensation formant, avec les autres, un ensemble. Au moment où l'impression d'accablement est devenue presque insupportable *(le caniveau)* un coup de théâtre éclate, marqué par deux adverbes *(maintenant, soudain)* : le départ de Meaulnes.
Alain-Fournier semble vouloir illustrer le proverbe français « partir, c'est mourir un peu ». François Seurel et le lecteur connaissent déjà le trouble extraordinaire qu'avait apporté la simple fugue d'Augustin. A présent c'est un nouveau bouleversement pour François, d'autant plus que cette fois il sent que Meaulnes lui échappe définitivement. Le caractère irrévocable de la décision est souligné par les expressions :
— *mon bagage :* pour sa première absence, Meaulnes avait laissé toutes ses affaires chez M. Seurel.
— *ma mère :* le fait qu'elle soit prévenue et qu'elle ait donné son accord montre bien qu'il s'agit cette fois d'un geste réfléchi.
François sait qu'Augustin obéit à une force inexpliquée et irréversible, qu'il veut retrouver la mystérieuse jeune fille dont il a fait la connaissance au cours de l'étrange fête à laquelle il a assisté.

un magasin à la campagne

Cette description est intéressante parce que les choses n'ont pas beaucoup changé depuis le temps où Alain-Fournier écrivait. La motocyclette, l'automobile et les libre-service, les supermarchés, les hypermarchés et les grandes surfaces ont certes parfois menacé l'existence des petits magasins universels où l'on trouve tout, mais ils ont été loin de réussir à les faire disparaître parce qu'ils ont un rôle social. Les gens viennent souvent de loin s'y ravitailler, de fermes isolées, de petits hameaux, de domaines perdus. Ils trouvent là l'occasion de se rencontrer, de parler, d'échanger des nouvelles, vendeurs et acheteurs prennent le temps de vivre. C'est dans le cadre de ce magasin du Vieux-Nançay que François va voir pour la première fois apparaître la belle et mystérieuse jeune fille.
— Au début du roman, Alain-Fournier montre que si l'école est pour les adultes un bâtiment utilitaire, elle est pour les enfants un lieu de rêverie, le moyen de construire un monde imaginaire et fabuleux.
— Ici, le magasin joue exactement le même rôle.
— Dans les deux cas, une sorte de prise de conscience vient tempérer l'enthousiasme : François n'est plus tout à fait un enfant, mais il n'est pas encore un homme. Il rêve comme l'enfant mais commence à avoir des responsabilités d'adulte.

ASPECTS DE LA FRANCE

UN PARC OU UN JARDIN

JACQUES CHARDONNE, *dans un roman où le rêve se mêle aussi à la réalité perçue, livre les réflexions que suscite en lui la contemplation de la campagne charentaise à l'Ouest du Massif Central.*

Le paysage qui s'offre à lui est le fruit des efforts séculaires du paysan français pour transformer et embellir sa terre ; il est exact que la campagne en France ressemble souvent de loin à un parc ou à un immense jardin :

« Je m'arrêtai sur le pont de Bourg pour contempler un tableau classique de la campagne française : des arbres encadrent la prairie et bordent la Charente qui fait une écorchure de lumière dans les prés. J'admirai le village sous les peupliers, le ton profond des murs, les toits de vieilles tuiles romaines. Les habitants de ces maisons, faites pour durer et mal commodes, travaillent dans des champs qui ont l'air d'un parc ; ils m'ont toujours surpris par leur sagesse. Ce bel arrangement d'arbres et d'eaux, tout ce qui m'apparaît comme vrai, précieux, irremplaçable, est-ce la chimère d'un esprit prévenu qui nomme civilisation par habitude une nuance fugace parmi les nombreuses combinaisons humaines dont je n'ai pas l'idée ? »

Chimériques, éd. du Rocher, 1948

Le passage se termine par une question qui n'en est pas une, l'auteur est convaincu du fait que ce qu'il admire est la marque profonde d'une vieille civilisation dont il se sent profondément solidaire.

L'ANNONCE DU PRINTEMPS

FRANÇOIS MAURIAC *dans ce roman en partie autobiographique nous transporte au sud du bassin Aquitain, au pays de son enfance où il a situé à peu près tous ses romans, dans les Landes, proches de Bordeaux sa ville natale. Pour lui la nature vit et souffre comme les hommes ; ici la sensualité du cadre de vie nous frappe :*

Cette année-là, les fêtes de Pâques furent si précoces que dès la fin de mars elles ramenèrent à Bourideys les enfants Frontenac. Le printemps était dans l'air mais demeurait invisible. Sous les feuilles du vieil été, les chênes paraissaient frappés de mort. Le coucou appelait au-delà des prairies. Jean-Louis, le « calibre 24 » sur l'épaule, croyait chasser les écureuils, et c'était le printemps qu'il cherchait. Le printemps rôdait dans ce faux jour d'hiver comme un être qu'on sent tout proche et qu'on ne voit pas. Le garçon croyait respirer son haleine et, tout à coup, plus rien : il faisait froid.

La lumière de quatre heures, un bref instant, caressait les troncs, les écorces des pins luisaient comme des écailles, leurs blessures gluantes captaient le soleil déclinant. Puis, soudain, tout s'éteignait ; le vent d'ouest poussait des nuages lourds qui rasaient les cimes, et il arrachait à cette foule sombre une longue plainte.

Comme il approchait des prairies que la Hure arrose, Jean-Louis surprit enfin le printemps : ramassé le long du ruisseau, dans l'herbe déjà épaisse, ruisselant des bourgeons gluants et un peu dépliés des vergnes. L'adolescent se pencha sur le ruisseau pour voir les longues chevelures vivantes des mousses. Des chevelures... les visages devaient être enfouis, depuis le commencement du monde, dans le sable ridé par le courant des douces eaux. Le soleil reparut. Jean-Louis s'appuya contre un vergne et tira de sa poche le *Discours sur la Méthode** dans une édition scolaire, et il ne vit plus le printemps pendant dix minutes.

Il fut distrait par la vue de cette barrière démolie : un obstacle qu'il avait fait établir en août pour exercer sa jument Tempête. Il fallait dire à Burthe de la réparer. Il monterait demain matin... Il irait à Léojats, il verrait Madeleine Cazavieilh... Le vent tournait à l'est et apportait l'odeur du village : térébenthine, pain chaud, fumées des feux où se préparaient d'humbles repas. L'odeur du village était l'odeur du beau temps et elle remplit le garçon de joie. Il marchait dans l'herbe déjà trempée. Des primevères luisaient sur le talus qui ferme la prairie à l'ouest. Le jeune homme le franchit, longea une lande récemment rasée, et redescendit vers le bois de chênes que traverse la Hure avant d'atteindre le moulin ; et soudain il s'arrêta et retint un éclat de rire : sur la souche d'un pin, un étrange petit moine encapuchonné était assis, et psalmodiait à mi-voix, un cahier d'écolier dans sa main droite. C'était Yves qui avait rabattu sur sa tête son capuchon et se tenait le buste raide, mystérieux, assuré d'être seul et comme servi par les anges.

Le Mystère Frontenac, éd. Bernard Grasset, 1933

Il y a plus qu'une correspondance entre ce qu'éprouve Jean-Louis, le frère d'Yves, et ce qui l'entoure. Le renouveau du printemps anime et fait vivre Jean-Louis et la campagne sur un seul et même rythme. Le style traduit parfaitement la place faite par l'auteur aux sensations du jeune homme et à celles attribuées aux différents éléments de la nature qu'il personnifie.

LE GESTE DU SEMEUR

ÉMILE ZOLA *dans les premières pages de son célèbre roman*
La Terre *nous rappelle l'importance du geste du semeur.*
En 1887, la France était encore une nation traditionnellement
paysanne et les travaux agricoles n'avaient guère évolué au
cours des siècles. Le paysan ancestralement attaché à sa terre
avait pour elle une sorte de passion :

Et toujours, et du même pas, avec le même geste, il
allait au nord, il revenait au midi, enveloppé dans la poussière
vivante du grain; pendant que, derrière, la herse, sous les
claquements du fouet, enterrait les germes, du même
train doux et comme réfléchi. De longues pluies venaient de
retarder les semailles d'automne; on avait encore fumé en
août, et les labours étaient prêts depuis longtemps, profonds,
nettoyés des herbes salissantes, bons à redonner du blé,
après le trèfle et l'avoine de l'assolement triennal. Aussi la
peur des gelées prochaines, menaçantes à la suite de ces
déluges, faisait-elle se hâter les cultivateurs. Le temps s'était
mis brusquement au froid, un temps couleur de suie, sans
un souffle de vent, d'une lumière égale et morne sur cet océan
de terre immobile. De toutes parts, on semait : il y avait
un autre semeur à gauche, à trois cents mètres, un autre
plus loin, vers la droite; et d'autres, d'autres encore s'enfonçaient en face, dans la perspective fuyante des terrains
plats. C'étaient de petites silhouettes noires, de simples traits
de plus en plus minces, qui se perdaient à des lieues. Mais
tous avaient le geste, l'envolée de la semence, que l'on
devinait comme une onde de vie autour d'eux. La plaine en
prenait un frisson, jusque dans les lointains noyés, où les
semeurs épars ne se voyaient plus.

La Terre, 1887

Aujourd'hui, l'agriculture s'est mécanisée et industrialisée,
le niveau de vie des paysans s'est élevé comme celui de tous
les Français, et le geste auguste du semeur, cher à Victor Hugo,
n'anime plus la vaste plaine de la Beauce et a cessé d'inspirer
le talent des peintres. Pourtant, les Français conservent un
amour charnel pour leur terre. Ce que le grand historien
Michelet écrivait au XIXe siècle demeure souvent actuel
« Promenons-nous le dimanche dans la campagne, suivons-le,
le voilà qui s'en va là-bas devant nous. Il est deux heures; sa
femme est à vêpres; il est endimanché, je réponds qu'il va
voir sa maîtresse. Quelle maîtresse? Sa terre. »

TRADITION ET PROGRÈS

ROBERT SABATIER *raconte une histoire qui est celle de nombreux petits Français. Olivier va passer ses vacances dans le village qui est le berceau de sa famille et où vivent toujours ses grand-parents. Cet épisode se situe au-delà de Clermont-Ferrand, en Auvergne, au cœur du Massif Central, région montagneuse où les conditions de vie évoluent lentement. Lorsqu'ils sont venus habiter à Paris, comme tant de leurs concitoyens, les parents d'Olivier ne se sont pas seulement déplacés dans l'espace, mais aussi dans le temps. Élevé à Paris, Olivier peut mesurer l'écart qui existe entre la vie à la ville et la vie à la campagne :*

Installés sur un promontoire, à la longue-vue, ils regardèrent les hameaux lointains.

— Sais-tu qu'il reste encore de vieilles femmes de campagne qui n'ont jamais appris le français ?

— C'est vrai ?

— Ce sont les dernières. Vois-tu, Olivier, tu es à cheval sur deux mondes. Ton pépé, ta mémé, à quelques exceptions près, vivent comme on a vécu pendant des siècles. A Paris, tu iras voir les tableaux des frères Le Nain* et tu t'apercevras que rien n'a tellement changé pour les tiens...

Il désigne un village et le choisit pour but. Là, Papa-Gâteau poussa une barrière de bois, frappa à une porte de ferme et dit des politesses en patois au jeune couple qui les reçut. Dans le berceau de bois, un bébé souriait en agitant un grelot. Silencieusement, la femme versa du lait frais dans les bols et son mari avança du pain noir et de la fourme. Olivier tenta de surprendre les mots de la conversation. Il s'agissait de métayage*, d'affaires de famille, de récoltes.

Les bois cirés, les cuivres rouges, la vaisselle, les vitres, tout étincelait, et les visages semblaient porter les reflets des objets heureux. Olivier but le bon lait qui lui fit une moustache blanche et Papa-Gâteau sortit de la monnaie que les hôtes refusèrent : on s'était découvert un lointain cousinage. Entre-temps, Alphonse avait appris les prénoms des jeunes gens : Gustave et Marie. Il les salua avec amitié. Gustave, fort et fier, arborait de superbes moustaches noires.

Maria, sans coiffe car cela n'était plus de sa génération, portait ses cheveux bruns serrés dans un foulard. Il devait faire bon vivre en leur compagnie. Les promeneurs quittèrent la ferme avec de grands saluts.

— As-tu compris ce que nous disions ?

— Un peu. Pas trop.

— Oh ! rien que des choses pour se reconnaître, pour se dire qu'on est de la même mitonnée. Ceux-là n'aiment guère parler en français. mais leur bébé, quand il sera un homme, peut-être qu'il ignorera le patois. Ils veulent économiser pour qu'il fasse des études.

Alphonse fit un geste fataliste et ajouta :

— Contre notre parler, ça a été une lutte constante. Il fallait faire une nation d'un seul tenant. Et la langue des hommes, c'est leur particularité. A l'école, on utilisait une pièce qu'on appelait « la patoise ». Le maître la remettait au premier écolier surpris à parler patois, à charge pour lui de trouver un autre gamin qui commette la même « faute ». Et ainsi de suite. A la classe du soir, c'était le dernier qui la tenait en main qui recevait le pensum, la punition.

Les Noisettes sauvages, éd. Albin Michel, 1973

Ce texte est également intéressant dans la mesure où il fait état de l'attachement que certains conservent encore dans plusieurs provinces pour le parler du terroir et la langue des ancêtres.

Parler des régions de France, c'est évoquer la question du régionalisme qui connaît de nos jours un renouveau d'actualité, c'est aussi soulever une question d'organisation politique et administrative dans un pays où depuis la Première république (1791) les gouvernements successifs ont eu tendance à poursuivre et à étendre l'œuvre de centralisation et d'unification commencée par la royauté sous l'Ancien Régime, bien avant la Révolution*.*

Beaucoup refusent le centralisme abusif et le dirigisme parisiens auxquels les grandes administrations restent fermement attachées.

JACQUES LACARRIÈRE *suggère, lui aussi, un retour en arrière. Des moyens de communication de plus en plus rapides amènent l'homme à être toujours pressé et, même quand il peut voir, il ne sait plus regarder. Voyageant à pied, comme J.-J. Rousseau et comme R.-L. Stevenson*, l'auteur retrouve la vérité de la nature :* « Rien n'est plus nécessaire aujourd'hui que de découvrir ou redécouvrir nos paysages et nos contrées en prenant le temps de le faire. » *Son livre retrace un voyage en diagonale à travers la France, des Vosges (Nord-Est) aux Corbières (Sud, frontière espagnole), près de 1 000 km. On notera que la transformation des conditions de travail à la campagne, qui caractérise notre époque, frappe le narrateur dès le début du voyage. La nature n'a pas changé, le paysage humain est différent :*

Le bruit de la cognée contre les troncs, signalant un bûcheron dans le silence de la forêt, ce bruit-là on ne l'entend plus. Les tronçonneuses l'ont remplacé. Leur vacarme présente évidemment un avantage : on le perçoit de loin ce qui permet au voyageur égaré de le repérer plus aisément. Mais il y a dans ce bourdonnement obstiné la vibration d'une nuée de guêpes énervées comme si l'instrument, impatient d'en finir avec l'arbre, trépignait de rage entre les mains du tronçonneur. Rien du choc cadencé, patient, de la hache ou de la cognée qui prend l'arbre en coin, le grignote, le ronge peu à peu, et l'abat en un combat presque loyal. Parfois des arbres écrasent leurs abatteurs comme il arrive que des taureaux encornent leur toréador. Aujourd'hui, les arbres meurent sans combat, fauchés net en quelques minutes. Ce bruit des arbres qui s'abattent, je l'ai entendu maintes fois au cours de cette marche. Plus souvent — ou aussi souvent — que le chant des oiseaux qui se fait de plus en plus rare.

A quelques kilomètres de Raon-l'Étape, je me suis perdu au cœur d'une hêtraie juste après le col de Trace et le Rocher des Fées. Ici, certains chemins sont balisés par un club local

et vous ramènent immanquablement à votre point de départ. Devant l'imbroglio de ces chemins, j'ai attendu un instant, tendu l'oreille et perçu dans le lointain le bourdon d'une tronçonneuse. Un bûcheron, avec ses deux aides algériens, travaillait dans une coupe. Juste à côté, un wagon en bois, sommairement aménagé, avec trois couchettes, une petite cuisine, un poêle à bois. Tout l'été, ils vivent là, de la forêt, isolés, ne descendant qu'une fois par semaine dans la vallée, pour le ravitaillement. Pour une fois, le bûcheron ne me dit pas : « Continuez, c'est tout droit. » Il m'accompagne quelque dizaine de mètres jusqu'à un chemin de terre, une laie spacieuse entre les hêtres et les épicéas et me dit : « Vous voyez ce ruisseau, suivez-le, il descend jusqu'à la route de Saint-Benoît. Là, vous retrouverez votre chemin. » J'ai suivi ce ruisseau, ce ruisselet plutôt, et pour être sûr de ne pas le confondre ensuite avec un autre, j'ai goûté de son eau. Elle a un goût d'humus et de terreau, dû aux feuilles mortes de son lit. Au cours de cette marche, j'ai appris à goûter l'eau des sources et des rus. C'est un goût qu'on oublie avec les eaux javellisées de nos villes. Ici, les sources ont un goût de terre, un goût d'ombre encore vierge qui me change du mauvais rhum acheté ici et là dans les épiceries. Et puis, j'ai appris aussi à reconnaître un filet d'eau selon son bruit. Car le ru chante à peine. Il coule sur des terrains très peu pentus, avec un cours nonchalant qui se traduit par un murmure. Il faut avoir l'oreille fine lorsque la soif vous saisit dans les heures chaudes de la marche pour percevoir le bruit ténu de l'eau sur l'herbe des prairies, parmi le crissement des insectes, le glissement du vent.

Chemin faisant, éd. Fayard, 1974

Comme Sabatier, il ne veut pas séparer les campagnes de leurs habitants. Le voyage qu'il a fait et qu'il raconte est un vrai voyage, au cœur du temps retrouvé, à la recherche des Français.

MARC BLANCPAIN, *comme Bernanos, peint la campagne du nord de la France et montre la vie rurale en Artois. Pour lui, « il y a une réalité paysanne, et un fantastique au ras de la terre féconde » qui n'exclut en rien les progrès. Peu d'auteurs ont pris comme lui conscience des nouvelles réalités du travail de la terre, soumise à une exploitation de type industriel, qui cependant n'éliminent pas les traditions dans la vie sociale :*

« Charles, c'est d'abord un seigneur, comprends-tu ? Pour lui, la Prétentaine est une sorte de province, et même de royaume, que l'histoire lui a confié; il l'embellit; il l'enrichit; il l'agrandira certainement un jour. Mais ne va pas croire qu'il aime la terre à la façon des paysans; Charles n'est pas un paysan, c'est un homme de notre temps; plus qu'un paysan, il ressemble à un architecte, à un chef d'industrie ou même, tout bonnement, à un ouvrier qualifié.

Elle vit s'arrondir les yeux du garçon et poursuivit de plus belle :

« Charles aime la terre comme on aime un outil. Oui, il l'aime comme un aviateur aime son zingue. Tu ne me comprends pas ?... Un aviateur, de temps à autre, ça change de zingue; le nouveau est plus rapide, plus racé, plus maniable, et l'aviateur se met à l'aimer comme il a aimé le précédent! La Prétentaine de Charles n'est pas celle de Bréaud; Charles a fait disparaître les trembles au profit des Virginie et, huit ans plus tard, les Virginie font place aux robustes; deux ans lui ont suffi pour changer le troupeau et les dernières terres

disparaîtront cet hiver. L'aviateur a oublié sa vieille machine et Charles sourit de pitié quand on lui parle du vieux domaine de son père.

« Oui, il est ainsi, mon très cher oncle; et Marie qui le prend pour un paysan qui a tué son père et son frère pour hériter, se trompe stupidement. Charles gouverne la Prétentaine comme on mène une entreprise de travaux publics ou de transports en commun!

« La Prétentaine lui rapporte beaucoup d'argent, et il est content. La Prétentaine fait loucher d'envie tous les croquants, à vingt lieues à la ronde, et Charles bombe le torse et gonfle le ventre. La Prétentaine donne chaque année plus de lait, plus d'herbe et davantage de bois, et Charles ne quitte plus son sourire de victoire. Du paysan qu'on croit qu'il est encore, il n'a gardé que le goût des farces énormes, l'appétit, la franchise et la brutalité; mais ce sont des masques, et s'il trompe tout le monde, il ne s'abuse pas lui-même. »

Les Peupliers de la Prétentaine, éd. Denoël, 1963

Telle est la nouvelle paysannerie française. Il y a beaucoup moins de gens qui travaillent la terre, mais grâce aux nouvelles méthodes d'exploitation on produit de plus en plus. Ainsi est détruit le mythe « Le paysan français règne sur un mas ensoleillé et il est naturellement poète. Ou bien c'est un pauvre bougre dans sa grotte, mal bâti, arriéré et superstitieux. »

L'HOMME ET LA NATURE

LA COMMUNION

JEAN-JACQUES ROUSSEAU est classé par les historiens de la littérature française comme pré-romantique. Au XVIIIe siècle, la nature joue un rôle nouveau dans les lettres françaises; elle cesse d'être un simple objet de description pour refléter des états d'âme et des humeurs. L'homme sent qu'il fait partie d'un monde :

Après le souper, nous fûmes nous asseoir sur la grève en attendant le moment du départ. Insensiblement la lune se leva, l'eau devint plus calme, et Julie me proposa de partir. Je lui donnai la main pour entrer dans le bateau; et, en m'asseyant à côté d'elle, je ne songeai plus à quitter sa main. Nous gardions un profond silence. Le bruit égal et mesuré des rames m'excitait à rêver. Le chant assez gai des bécassines, me retraçant les plaisirs d'un autre âge, au lieu de m'égayer, m'attristait. Peu à peu je sentis augmenter la mélancolie dont j'étais accablé. Un ciel serein, la fraîcheur de l'air, les doux rayons de la lune, le frémissement argenté dont l'eau brillait autour de nous, le concours des plus agréables sensations, la présence même de cet objet chéri, rien ne put détourner de mon cœur mille réflexions douloureuses.

Je commençai par me rappeler une promenade semblable faite autrefois avec elle durant le charme de nos premières amours. Tous les sentiments délicieux qui remplissaient alors mon âme s'y retracèrent pour l'affliger; tous les événements de notre jeunesse, nos études, nos entretiens, nos lettres, nos rendez-vous, nos plaisirs.

La Nouvelle Héloïse, 1761

La nature évoque l'idée de permanence — le lac ne change pas — et celle du temps — les saisons passent, comme la vie. Ici, le cadre, par sa beauté, sa sérénité et par le souvenir que Rousseau lui associe, augmente la souffrance. On remarquera que le texte de Rousseau, comme souvent celui d'Alain-Fournier, est de la poésie en prose.

LES CORRESPONDANCES

STENDHAL, romancier des problèmes sociaux qui voulait que ses écrits soient aussi clairs que le Code civil*, accorde ici à la nature une place inhabituelle.
Julien est intelligent, il veut sortir de sa condition et s'élever dans la société en surmontant tous les obstacles. Dans les monts du Jura, le héros joue (sorte de psychodrame avant l'invention du mot) ce qui va être sa vie entière :

Julien prenait haleine un instant à l'ombre de ces grandes roches, et puis se remettait à monter. Bientôt par un étroit sentier à peine marqué et qui sert seulement aux gardiens des chèvres, il se trouva debout sur un roc immense et bien sûr d'être séparé de tous les hommes. Cette position physique le fit sourire, elle lui peignait la position qu'il brûlait d'atteindre au moral. L'air pur de ces montagnes élevées communiqua la sérénité et même la joie à son âme. Le maire de Verrières était bien toujours, à ses yeux, le représentant de tous les riches et de tous les insolents de la terre; mais Julien sentait que la haine qui venait de l'agiter, malgré la violence de ses mouvements, n'avait rien de personnel. S'il eût cessé de voir M. de Rênal, en huit jours il l'eût oublié, lui, son château, ses chiens, ses enfants et toute sa famille... Je l'ai forcé, je ne sais comment, à faire le plus grand sacrifice. Quoi! plus de cinquante écus par an! Un instant auparavant, je m'étais tiré du plus grand danger. Voilà deux victoires en un jour; la seconde est sans mérite, il faudrait en deviner le comment. Mais à demain les pénibles recherches.

Julien, debout sur son grand rocher, regardait le ciel, embrasé par un soleil d'août. Les cigales chantaient dans le champ au-dessous du rocher, quand elles se taisaient, tout était silence autour de lui. Il voyait à ses pieds vingt lieues de pays. Quelque épervier parti des grandes roches, au-dessus de sa tête était aperçu par lui, de temps à autre décrivant en silence ses cercles immenses. L'œil de Julien suivait machinalement l'oiseau de proie. Ses mouvements tranquilles et puissants le frappaient, il enviait cette force, il enviait cet isolement.

C'était la destinée de Napoléon*, serait-ce un jour la sienne?

Le Rouge et le Noir, 1831

Le passage est construit sur une double correspondance entre la position physique et la position morale de Julien d'une part, et les sentiments qu'il éprouve et la nature qui l'entoure, d'autre part. La scène se situe en 1830, en plein romantisme. Le souvenir de Napoléon qui hante le jeune héros est suggéré par le vol puissant et solitaire de l'épervier qui rappelle l'aigle napoléonien*.

L'IDENTIFICATION

CHATEAUBRIAND *est considéré comme le premier roman-* *tique* français. Il évoque ici son adolescence et, à partir de sa* *propre expérience, fait état de la concordance qui existe entre* *la nature et son humeur, et accorde aux paysages des saisons* *un caractère moral. Les étangs et les bois de Bretagne forment* *un tout avec ses sentiments, l'identification est entière et* *absolue :*

Plus la saison était triste, plus elle était en rapport avec moi; le temps des frimas, en rendant les communications moins faciles, isole les habitants des campagnes : on se sent mieux à l'abri des hommes.

Un caractère moral s'attache aux scènes de l'automne : ces feuilles qui tombent comme nos ans, ces fleurs qui se fanent comme nos heures, ces nuages qui fuient comme nos illusions, cette lumière qui s'affaiblit comme notre intelligence, ce soleil qui se refroidit comme nos amours, ces fleuves qui se glacent comme notre vie, ont des rapports secrets avec notre destinée.

Je voyais avec un plaisir indicible le retour de la saison des tempêtes, le passage des cygnes et des ramiers, le rassemblement des corneilles dans la prairie de l'étang et leur perchée à l'entrée de la nuit sur les plus hauts chênes du grand Mail. Lorsque le soir élevait une vapeur bleuâtre au carrefour des forêts, que les complaintes ou les lais du vent gémissaient dans les mousses flétries, j'entrais en pleine possession des sympathies de ma nature.

Mémoires d'Outre-tombe, 1830-1841

Sans doute cela est-il lié au sentiment religieux chez *Chateaubriand, qui a écrit* tout retrace les labyrinthes des *bois dans l'église gothique* (Génie du Christianisme).* *L'homme et la nature font partie de la création divine, et* *participent donc à une harmonie universelle mystérieuse,* *mais toujours présente.*

UN CRI D'ANGOISSE

FROMENTIN *fait une place importante à la mer, pratiquement* *découverte au XIXᵉ siècle en France avec le développement* *des chemins de fer et du tourisme. Ici, au bord de l'Atlantique,* *l'attrait inquiétant et mystérieux de l'excursion prend une* *valeur métaphysique :*

Je me souviens qu'un jour Madeleine et M. de Nièvres voulurent monter au sommet du phare. Il faisait du vent. Le bruit de l'air, que l'on n'entendait point en bas, grandissait à mesure que nous nous élevions, grondait comme un tonnerre dans l'escalier en spirale, et faisait frémir au-dessus de nous les parois de cristal de la lanterne. Quand nous débouchâmes à cent pieds du sol, ce fut comme un ouragan qui nous fouetta le visage, et de tout l'horizon s'éleva je ne sais quel murmure irrité dont rien ne peut donner l'idée quand on n'a pas écouté la mer de très haut. Le ciel était couvert. La marée basse laissait apercevoir entre la lisière écumeuse des flots et le dernier échelon de la falaise le morne lit de l'Océan pavé de roches et tapissé de végétations noirâtres. Des flaques d'eau miroitaient au loin parmi les varechs, et deux ou trois chercheurs de crabes, si petits qu'on les aurait pris pour des oiseaux pêcheurs, se promenaient au bord des vases, imperceptibles dans la prodigieuse étendue des lagunes. Au-delà commençait la grande mer, frémissante et grise, dont l'extrémité se perdait dans les brumes. Il fallait y regarder attentivement pour comprendre où se terminait la mer, où le ciel commençait, tant la limite était douteuse, tant l'un et l'autre avaient la même pâleur incertaine, la même palpitation orageuse et le même infini. Je ne puis vous dire à quel point ce spectacle de l'immensité répétée deux fois, et par conséquent double d'étendue, aussi haute qu'elle était profonde, devenait extraordinaire, vu de la plate-forme du phare, et de quelle émotion il nous saisit. Chacun de nous en fut frappé diversement sans doute; mais je me souviens qu'il eut pour effet de suspendre aussitôt tout entretien et que le même vertige physique nous fit subitement pâlir et nous rendit sérieux. Une sorte de cri d'angoisse s'échappa des lèvres de Madeleine, et, sans prononcer une parole, tous accoudés sur la légère balustrade qui seule nous séparait de l'abîme, sentant très distinctement l'énorme tour osciller sous nos pieds à chaque impulsion du vent, attirés par l'immense danger, et comme sollicités d'en bas par les clameurs de la marée montante, nous restâmes longtemps dans la plus grande stupeur, semblables à des gens qui, le pied posé sur la vie fragile, par miracle, auraient un jour l'aventure inouïe de regarder et de voir au-delà.

C'était là comme une place marquée.

Je sentis parfaitement que, sous un pareil frisson, une corde humaine devait se briser. Il fallait que l'un de nous cédât; sinon le plus ému, du moins le plus frêle.

Dominique, 1863

Par rapport à Madeleine, jeune femme mariée qu'aime *Dominique, l'épisode final a une signification symbolique.* *La montée par un escalier en spirale au sommet du phare* *a pour effet d'augmenter marche par marche la sensibilité* *des personnages jusqu'au moment où ils éprouvent le sentiment* *du vertige sur le bord d'un abîme. La mer est évoquée plus que* *décrite. L'auteur, qui est aussi peintre, ne fait pour ainsi dire* *pas appel aux couleurs, mais à l'espace, à l'immensité, au* *vent et à quelques images tristes ou sinistres pour créer l'im-* *pression recherchée.*

LA NATURE ET L'IMAGINAIRE

GUY DE MAUPASSANT *développe le thème de l'eau, dont Gaston Bachelard* a montré l'importance dans son étude* L'eau et les songes. *Ici, la simple réalité et les imaginations fantastiques se combinent dans une vision de paradis, d'autant plus saisissante qu'elle fait suite à une sorte de cauchemar :*

Je fus ébloui par le plus merveilleux, le plus étonnant spectacle qu'il soit possible de voir. C'était une de ces fantasmagories du pays des fées, une de ces visions racontées par les voyageurs qui reviennent de très loin et que nous écoutons sans les croire.

Le brouillard qui, deux heures auparavant, flottait sur l'eau, s'était peu à peu retiré et ramassé sur les rives. Laissant le fleuve absolument libre, il avait formé sur chaque berge une colline ininterrompue, haute de six ou sept mètres, qui brillait sous la lune avec l'éclat superbe des neiges. De sorte qu'on ne voyait rien autre chose que cette rivière lamée de feu entre ces deux montagnes blanches ; et là-haut, sur ma tête, s'étalait, pleine et large, une grande lune illuminante au milieu d'un ciel bleuâtre et laiteux.

LA SYMPHONIE DE L'EAU

Toutes les bêtes de l'eau s'étaient réveillées ; les grenouilles coassaient furieusement, tandis que, d'instant en instant, tantôt à droite, tantôt à gauche, j'entendais cette note courte, monotone et triste, que jette aux étoiles la voix cuivrée des crapauds. Chose étrange, je n'avais plus peur ; j'étais au milieu d'un paysage tellement extraordinaire que les singularités les plus fortes n'eussent pu m'étonner.

Combien de temps cela dura-t-il, je n'en sais rien, car j'avais fini par m'assoupir. Quand je rouvris les yeux, la lune était couchée, le ciel plein de nuages. L'eau clapotait lugubrement, le vent soufflait, il faisait froid, l'obscurité était profonde.

La Maison Tellier, éd. Albin Michel, 1881

Les couleurs jouent aussi un grand rôle, et ce n'est pas une simple coïncidence. Il faut réfléchir au fait que de très nombreux peintres ont été fascinés par l'eau, par exemple, pour ne parler que des Français, Boudin*, Claude Monet* et les impressionnistes* en général, Dufy* Marquet* et bien d'autres.

L'AUBE DE LA VIE

COLETTE *est née en Bourgogne près de Dijon dans un pays verdoyant et couvert de forêts. Colette est encore enfant au moment où elle reçoit cette vision de la nature, elle est à l'aube de sa vie :*

J'aimais tant l'aube, déjà, que ma mère me l'accordait en récompense. J'obtenais qu'elle m'éveillât à trois heures et demie, et je m'en allais, un panier vide à chaque bras, vers des terres maraîchères qui se réfugiaient dans le pli étroit de la rivière, vers les fraises, les cassis et les groseilles barbues.

A trois heures et demie, tout dormait dans un bleu originel, humide et confus, et quand je descendais le chemin de sable, le brouillard retenu par son poids baignait d'abord mes jambes, puis mon petit torse bien fait, atteignait mes lèvres, mes oreilles et mes narines plus sensibles que tout le reste de mon corps...

Sido, éd. Hachette, 1930

Là encore, odeurs et couleurs se mêlent.

LA PAIX DE LA FORÊT

MAURICE GENEVOIX *semble tirer une conclusion. Au cœur de la forêt, l'âme humaine devient tout entière paix, silence et immobilité :*

Ici la paix est reine. Ou plutôt ce qui règne sous l'immobilité des cimes, c'est un repos ample et puissant qui dispense le silence et la paix. Ni ce silence, ni cette paix ne sont tristes : le calme muet du sous-bois est tout empli d'une tiédeur feutrée ; dans l'ombre, qui s'étale avec une tranquillité d'étang, de longs rais de soleil tournent et lentement s'inclinent, au fil des heures sans sursauts.

De loin en loin un bruit léger s'émeut, qui se mêle au silence et participe de sa sérénité : une pomme écailleuse tombe à terre, rebondit sur l'épaisseur des aiguilles, roule un instant, s'immobilise... Un garenne surpris détale à travers les fougères d'un galop élastique et mat ; sa queue blanche disparaît à l'orée d'un terrier ; plus rien... Même les pies querelleuses qui criaillent au-dessus de nous et dont on aperçoit, par les trouées des branches, les plongeons désordonnés, ne parviennent pas à troubler la paix qui dort sous la pinède. Elles tirent de l'aile et disparaissent ; ou bien, calmées soudain inexplicablement, elles se juchent sur le même rameau, d'un petit saut fléchi qui ressemble à un salut.

Forêt voisine, éd. Flammarion, 1952

On sent que l'auteur participe d'une façon exceptionnelle et rare à la vie de la nature. L'art minutieux avec lequel il peint tous les détails, note toutes les sensations, nous aide à enrichir notre propre expérience.

MARCEL PROUST, *au cœur d'une riche plaine comme la Beauce retrouve, devant de simples haies d'aubépines, toute la splendeur de la nature :*

Mais j'avais beau rester devant les aubépines à respirer, à porter devant ma pensée qui ne savait ce qu'elle devait en faire, à perdre, à retrouver leur invisible et fixe odeur, à m'unir au rythme qui jetait leurs fleurs ici et là avec une allégresse juvénile et à des intervalles inattendus comme certains intervalles musicaux, elles m'offraient indéfiniment le même charme avec une profusion inépuisable, mais sans me le laisser approfondir davantage, comme ces mélodies qu'on rejoue cent fois de suite sans descendre plus avant dans leur secret. Je me détournais d'elles un moment, pour les aborder ensuite avec des forces plus fraîches. Je poursuivais jusque sur le talus qui, derrière la haie, montait en pente raide vers les champs, quelque coquelicot perdu, quelques bleuets restés paresseusement en arrière, qui le décoraient çà et là de leurs fleurs comme la bordure d'une tapisserie où apparaît clairsemé le motif agreste qui triomphera sur le panneau ; rares encore, espacés comme les maisons isolées qui annoncent déjà l'approche d'un village, ils m'annonçaient l'immense étendue où déferlent les blés, où moutonnent les nuages, et la vue d'un seul coquelicot hissant au bout de son cordage et faisant cingler au vent sa flamme rouge, au-dessus de sa bouée graisseuse et noire, me faisait battre le cœur, comme au voyageur qui aperçoit sur une terre basse une première barque échouée que répare un calfat, et s'écrie, avant de l'avoir encore vue : « La Mer! »

A la Recherche du Temps perdu, éd. Gallimard, 1913-1927

Pour l'auteur de la Recherche du Temps perdu, *la nature est un objet d'art qui offre un champ illimité d'analyse et d'effets où les parfums, les couleurs et les sons non seulement se répondent selon le vers célèbre de Baudelaire*, mais servent à composer de véritables paysages que ne renierait pas un peintre. La valeur esthétique des descriptions de ce grand romancier a contribué à le faire considérer comme un artiste dont l'œuvre écrite renferme des tableaux d'une richesse inégalée.*

LE PRINTEMPS DE LA JOIE

JEAN GIONO, *pour qui la connaissance de la terre ne se distingue pas de l'acte poétique, traduit à sa manière, dans ce passage, la beauté de la vie dans la nature. En réaction avec son temps, ce romancier a engagé, à travers une partie de son œuvre, un dialogue avec les éléments et la nature que sa conception panthéiste de la création anime et fait vivre. S'opposant au matérialisme, au progrès et aux techniques, il voudrait que ses lecteurs redécouvrent la joie de vivre :*

Partout les bourgeons s'ouvraient ; tous les arbres allumaient peu à peu des feuilles neuves. C'était comme la lueur de plusieurs lunes. Une lueur blanche pour les feuilles d'aulnes, les pétales d'érables, les feuilles de fayards, la mousse des peupliers ; une lueur mordorée pour les bouleaux dont le petit feuillage reflétait les troncs et se reflétait dans l'écorce ; une lueur de cuivre pour les saules ; une lueur rose pour les alisiers et un immense éclairage vert qui dominait tout, la lueur des feuillages sombres, les pins, les sapins et les cèdres.

Les odeurs coulaient toutes fraîches. Ça sentait le sucre, la prairie, la résine, la montagne, l'eau, la sève, le sirop de bouleau, la confiture de myrtille, la gelée de framboise où l'on a laissé des feuilles, l'infusion de tilleul, la menuiserie neuve, la poix de cordonnier, le drap neuf. Il y avait des odeurs qui marchaient et elles étaient si fortes que les feuilles se pliaient sur leur passage. Et ainsi elles laissaient derrière elles de longs sillages d'ombres. Toutes les salles de la forêt, tous les couloirs, les piliers et les voûtes, silencieusement éclairés, attendaient.

De tous les côtés on voyait les profondeurs magiques de la maison du monde.

Le vent se fit attendre.

Puis il vint.

Et la forêt se mit à chanter pour la première fois de l'an.

« Marthe! »

Elle était déjà tout contre lui. Elle cherchait l'abri de son épaule.

A ce moment il s'entendit appeler par une voix d'homme qui venait de l'autre côté de la clairière.

« C'est le grand printemps, dit la voix.

— C'est toi? cria Jourdan.

— Oui. »

Il vit la silhouette de Bobi se détacher en noir sur la phosphorescence des arbres.

« J'arrive, attendez-nous. »

Que ma Joie demeure, éd. Bernard Grasset, 1935

L'auteur, qui s'était fixé en Haute-Provence où se déroule toute une partie de son œuvre, nous fait vivre l'éclatement du printemps. Chaque détail éclate de vie : les visions et les couleurs, les odeurs, les goûts, les sensations tactiles, les bruits et les sons s'imposent à nous pour former une symphonie enivrante et envoûtante. Cette suite de correspondances pleine de reliefs débouche sur un message de Bobi qui unit le printemps retrouvé à la joie de la vie. L'homme ne peut trouver le bonheur qu'en redécouvrant la nature, ses rythmes et ses chants, et en se soumettant à ses lois.

LA NATURE ET L'HOMME

ALBERT CAMUS, *comme Giono, voit la nature sous une forme vivante, panthéiste. Dans ce paysage caractéristique des bords de la Méditerranée, la terre et les végétaux existent comme un énorme animal dont le vent serait la respiration :*

Dans le ciel dont on voyait le bleu profond, de gros nuages mettaient des taches. Avec la fin de l'après-midi, tombait une lumière argentée où tout devenait silence. Le sommet des collines était d'abord dans les nuages. Mais une brise s'était levée dont je sentais le souffle sur mon visage. Avec elle, et derrière les collines, les nuages se séparèrent comme un rideau qui s'ouvre. Du même coup, les cyprès du sommet semblèrent grandir d'un seul jet dans le bleu soudain découvert. Avec eux, toute la colline et le paysage d'oliviers et de pierres remontèrent avec lenteur. D'autres nuages vinrent. Le rideau se ferma. Et la colline redescendit avec ses cyprès et ses maisons. Puis à nouveau — et dans le lointain sur d'autres collines de plus en plus effacées, — la même brise qui ouvrait ici les plus épais des nuages les refermait là-bas. Dans cette grande respiration du monde, le même souffle s'accomplissait à quelques secondes de distance et reprenait de loin en loin le thème de pierre et d'air d'une fugue à l'échelle du monde. A chaque fois, le thème diminuait d'un ton : à le suivre un peu plus loin, je me calmais un peu plus. Et parvenu au terme de cette perspective sensible au cœur, j'embrassais d'un coup d'œil cette fuite de collines toutes ensemble respirant et avec elle comme le chant de la terre entière.

Noces, éd. Gallimard, 1945

On retrouve ici sous une autre forme cet art des correspondances qui donne au texte sa densité et sa beauté ; le souffle qui l'anime forme un chant qui se combine à l'immense harmonie des perspectives de l'horizon.

JEAN-PAUL SARTRE *adopte ici une attitude anti-romantique. Au début, il résume, pour s'en moquer, les réactions habituelles des écrivains devant la nature et les condamne avec violence,* rire, imbéciles, jamais regardé. *La première phrase du second paragraphe semble clore le débat. La description se situe au Havre, mais pourrait appartenir à n'importe quel lieu :*

Je me mis à rire parce que je pensais tout d'un coup aux printemps formidables qu'on décrit dans les livres, pleins de craquements, d'éclatements, d'éclosions géantes. Il y avait des imbéciles qui venaient vous parler de volonté de puissance et de lutte pour la vie. Ils n'avaient donc jamais regardé une bête ni un arbre ? Ce platane, avec ses plaques de pelade, ce chêne à moitié pourri, on aurait voulu me les faire prendre pour de jeunes forces âpres qui jaillissent vers le ciel. Et cette racine ? Il aurait sans doute fallu que je me la représente comme une griffe vorace, déchirant la terre, lui arrachant sa nourriture ? Impossible de voir les choses de cette façon-là. Des mollesses, des faiblesses, oui. Les arbres flottaient. Un jaillissement vers le ciel ? Un affalement plutôt ; à chaque instant je m'attendais à voir les troncs se rider [...], se recroqueviller et choir sur le sol en un tas noir et mou avec des plis. *Ils n'avaient pas envie* d'exister, seulement ils ne pouvaient pas s'en empêcher ; voilà. Alors ils faisaient toutes leurs petites cuisines, doucement, sans entrain ; la sève montait lentement dans les vaisseaux, à contrecœur, et les racines s'enfonçaient lentement dans la terre. Mais ils semblaient à chaque instant sur le point de tout planter là et de s'anéantir. Las et vieux, ils continuaient d'exister, de mauvaise grâce, simplement parce qu'ils étaient trop faibles pour mourir, parce que la mort ne pouvait leur venir que de l'extérieur : il n'y a que les airs de musique pour porter fièrement leur propre mort en soi comme une nécessité interne ; seulement ils n'existent pas. Tout existant naît sans raison, se prolonge par faiblesse et meurt par rencontre. Je me laissai aller en arrière et je fermai les paupières. Mais les images, aussitôt alertées, bondirent et vinrent remplir d'existences mes yeux clos : l'existence est un plein que l'homme ne peut quitter.

La Nausée, 1938, éd. Gallimard, Folio

Néanmoins, et contrairement à ce qu'on pouvait attendre après le premier paragraphe, l'attitude de Sartre n'est ni indifférente, ni neutre. La nature existe autant pour lui que pour les romantiques, mais d'une manière opposée, par exemple au jaillissement correspond un affalement. Au lieu d'être exalté, l'homme est écrasé par la nature. La célèbre phrase Tout existant naît sans raison, se prolonge par faiblesse et meurt par rencontre, *que l'on retrouve d'ailleurs dans le traité philosophique* L'Être et le Néant, *s'applique aux végétaux comme à l'homme qui se trouve ainsi en harmonie avec la nature, mais dans la tristesse et dans la dépression.*

L'INDIFFÉRENCE

JULIEN GRACQ, *dont le roman se situe en 1939-40, soit un an plus tard que* La Nausée, *repense aussi le problème des relations entre l'homme et la nature. Le balcon en forêt est un blockhaus de la ligne Maginot*, dans la grande forêt des Ardennes, au Nord-Est de la France. Là, des soldats se préparent, au printemps, pour l'offensive des blindés allemands qui s'annonce. Ces Français vivent sur un rythme de civilisation mécanique, celui de l'armée moderne :*

Il y avait un charme puissant à se tenir là, si longtemps après que minuit avait sonné aux églises de la terre, sur cette gâtine sans lieu épaissement saucée de flaques de brume et toute mouillée de la sueur confuse des rêves, à l'heure où les vapeurs sortaient des bois comme des esprits. Quand il faisait signe de la main à Hervouët, et que tous deux un moment suspendaient leur souffle, le grand large des bois qui les cernait arrivait jusqu'à leur oreille portée sur une espèce de musique basse et remuée, un long froissement grave de ressac qui venait des peuplements de sapins du côté des Fraitures, et sur lequel les craquements de branches au long d'une brisée de bête nocturne, le tintement d'une source, ou parfois un aboi haut qu'excitait la lune pleine montaient par instants de la cuve fumante des bois. A perte de vue sur la garenne vague flottait une très fine vapeur bleue, qui n'était pas la fumée obtuse du sommeil, mais plutôt une exhalaison lucide et stimulante qui dégageait le cerveau et faisait danser devant lui tous les chemins de l'insomnie. La nuit sonore et sèche dormait les yeux grands ouverts; la terre sourdement alertée était de nouveau pleine de présages, comme au temps où on suspendait des boucliers aux branches des chênes.

Derrière la sapinière des Fraitures, ils rejoignaient par une coulée de ravin la grande route, et ils s'asseyaient sur l'herbe du bas-côté, fumant en silence, jusqu'à l'heure où on entendait sonner sur l'asphalte, au-delà du coude de la route, les pas de la patrouille qui montait du bloc des Buttés.

Un Balcon en Forêt, éd. José Corti, 1958

Mais la forêt vit son rythme de toujours et de multiples signes annoncent aux soldats la venue du printemps. Ainsi l'homme comprend que la nature déroule son cycle avec une parfaite autonomie et semble totalement indifférente au destin des individus. Mais ce rapport est rendu beaucoup plus complexe parce que l'homme observe et parce que son corps, être vivant, fait lui-même partie de la nature qu'il observe.

LA MARCHE VERS LA VILLE

ROGER MARTIN DU GARD *évoque, d'une façon simple et directe, le dépeuplement des campagnes françaises, qui a correspondu au dépeuplement des campagnes dans tous les pays industrialisés, où les paysans ont quitté leurs villages pour aller travailler en usine et s'installer, avec leurs familles, dans les villes :*

— Tu ne veux pas rester à la ferme?
— Vous m'avez pas regardé, monsieur Joigneau!
— Ça, c'est du neuf!... Et où donc que tu veux aller?
— N'importe où... Ailleurs! Qu'est-ce qu'en penses, Nicolas?

Nicolas est une forte tête. Il travaille avec Joseph à la charronnerie, parce que le père Pouillaude n'accepterait jamais d'avoir un fils dans les écritures; mais il attend son service pour partir, — sans idée de retour.

Il approuve, d'une voix mordante :
— On est jeune, on veut vivre, quoi!
— Et nous, alors, on ne vit pas, peut-être? riposte le facteur.
— On ne dit rien contre personne, monsieur Joigneau, explique le grand Joux. Seulement, faut être juste : ici, tout est usé... Dans les grandes villes, quand même, le monde n'est pas retardé comme chez nous.

Vieille France, éd. Gallimard, 1933

La force de ce texte provient de son caractère concret. Il ne s'agit pas d'un traité de sociologie ni d'un manuel de géographie, mais d'un simple dialogue entre un jeune paysan qui a pris la décision de partir et ceux qui cherchent, en vain, à le retenir. On sent que des dialogues de ce genre ont été tenus des millions de fois en France depuis un siècle!

ANDRÉ CHAMSON *évoque le même thème, par un procédé analogue, mais dans des circonstances légèrement différentes. Combes est allé s'installer dans la ville de la contrée où il habite. Il a appris que la construction de la route demandait de nombreux ouvriers et il est revenu s'embaucher pour travailler, temporairement, dans la région où se trouvait sa ferme. Il s'agit des Cévennes, la chaîne de montagnes qui se dresse au sud du Massif Central :*

Tout le long du jour, Combes faisait équipe avec Audibert, un homme de la commune d'Esparron, descendu comme lui de la montagne. Ils creusaient tous deux des trous de mine dans les roches que les contremaîtres marquaient à la craie. Sur le tracé de la route.

« Tu vois ce pré, lui disait-il, contre le chemin de pierres, au-dessus des châtaigniers ? Il est à moi et le pré de dessous de même. Le champ qui le coupe est aux Payan de Maudagout, mais tout ce qui est au-dessus, jusqu'aux bruyères, est à moi... Tu vois aussi la maison, au-dessus des vignes ? C'est la mienne. Elle était commode : une grande salle et deux chambres. On a préféré vivre à la ville. C'est vrai que l'on pouvait travailler là-haut comme des bêtes, sans jamais devenir riches... Et nous ne sommes plus à une époque où l'on peut vivre solitaire. »

Audibert s'arrêtait alors de faire tourner la lourde barre de mine et regardait Combes en lui disant :

« Tu avais de l'espace, là-haut... mais si tu ne pouvais plus t'y plaire. »

« Je m'y plaisais bien... c'est la femme qui voulait vivre à la ville. »

« C'est tout pareil », disait Audibert en reprenant son ouvrage, et, penché sur la barre, « où qu'on travaille, on peut trouver sa tranquillité. »

Les Hommes de la Route, éd. Bernard Grasset, 1927

Il est certain qu'un homme comme Combes, dépourvu de toute ambition sociale, serait content de revenir à la terre. Mais sa femme apprécie le confort et les facilités de la vie en ville et l'empêche d'envisager un tel retour.

LE MYTHE DU RETOUR A LA TERRE

JEAN CHALON *montre comment ce rêve de retour à la terre semble avoir sauté deux ou trois générations pour se retrouver aujourd'hui. Le monde moderne, avec ses villes surpeuplées où les habitants s'efforcent de gagner toujours davantage d'argent pour pouvoir acheter des produits dont souvent ils ne ressentiraient pas le besoin sans les agressions de la publicité, donne naissance à des personnes qui souhaitent vivre à la campagne et y retrouver le paradis perdu :*

Ils rêvaient de vivre à la campagne, à l'abri de toute tentation. Leur vie serait frugale et limpide. Ils auraient une maison de pierres blanches, à l'entrée d'un village, de chauds pantalons de velours côtelé, des gros souliers, un anorak, une canne à bout ferré, un chapeau, et ils feraient chaque jour de longues promenades dans les forêts. Puis ils rentreraient, ils se prépareraient du thé et des toasts, comme les Anglais, ils mettraient de grosses bûches dans la cheminée; ils poseraient sur le plateau de l'électrophone un quatuor qu'ils ne se lasseraient jamais d'entendre, ils liraient les grands romans qu'ils n'avaient jamais eu le temps de lire, ils recevraient leurs amis.

Ces échappées champêtres étaient fréquentes, mais elles atteignaient rarement le stade des vrais projets. Deux ou trois fois, il est vrai, ils s'interrogèrent sur les métiers que la campagne pouvait leur offrir : il n'y en avait pas. L'idée de devenir instituteurs les effleura un jour, mais ils s'en dégoûtèrent aussitôt, pensant aux classes surchargées, aux journées harassantes. Ils parlèrent vaguement de se faire libraires ambulants, ou d'aller fabriquer des poteries rustiques dans un mas abandonné de Provence. Puis il leur plut d'imaginer qu'ils ne vivraient à Paris que trois jours par semaine, y gagnant de quoi vivre à l'aise le reste du temps, dans l'Yonne ou dans le Loiret. Mais ces embryons de départ n'allaient jamais bien loin. Ils n'en envisageaient jamais les possibilités ou, plutôt, les impossibilités, réelles.

Ils rêvaient d'abandonner leur travail, de tout lâcher, de partir à l'aventure. Ils rêvaient de repartir à zéro, de tout recommencer sur de nouvelles bases. Ils rêvaient de rupture et d'adieu.

Les Paradis provisoires, éd. Fayard, 1975

On rencontre actuellement de plus en plus de gens préoccupés d'écologie et de préservation de la nature. Ils souhaitent une vie plus simple et plus saine que celle des grandes villes et font le procès de la société dite de consommation. Certains n'hésitent pas à renoncer, au moins pour un certain temps, au confort artificiel urbain pour vivre à la campagne du travail de leurs mains.

Population et migrations

Un Français sur cinq dans la région parisienne

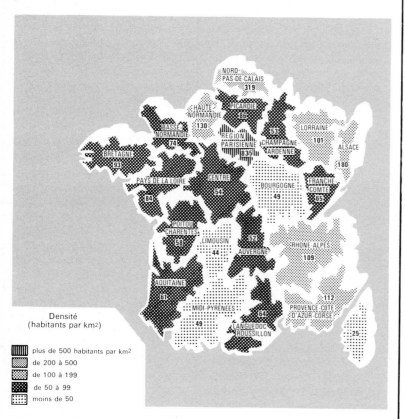

NORD PAS-DE-CALAIS 319
HAUTE NORMANDIE 130
PICARDIE 86
BASSE NORMANDIE 74
REGION PARISIENNE 835
LORRAINE 101
CHAMPAGNE ARDENNE 53
ALSACE 180
BRETAGNE 93
PAYS DE LA LOIRE 84
CENTRE 54
BOURGOGNE 49
FRANCHE COMTE 65
POITOU CHARENTES 58
LIMOUSIN 44
AUVERGNE 52
RHONE-ALPES 109
AQUITAINE 61
MIDI-PYRENEES 49
LANGUEDOC ROUSSILLON
PROVENCE-COTE D'AZUR-CORSE 112
64
25

Densité
(habitants par km2)

▦ plus de 500 habitants par km2
▦ de 200 à 500
■ de 100 à 199
▨ de 50 à 99
░ moins de 50

La France est un pays de propriétaires. La Révolution a éparpillé la propriété des terres depuis deux siècles. La crise du logement a largement diffusé la propriété immobilière depuis la fin de la guerre. Au total, plus de dix millions de Français possèdent quelques mètres carrés de terrain ou de logement.

L'Expansion, Jean Boissonnat.

A la Neyrette

Au temps jadis, lorsqu'on possédait une dizaine d'hectares de terre, en propre, et que l'on pouvait en louer autant, dans des régions comme le Dévoluy, on arrivait, compte tenu des conditions d'existence de l'époque, à faire vivre décemment sa famille. En 1977, il en va tout autrement. Les jeunes ont d'autres aspirations que leurs aînés, sollicités qu'ils sont par la société de consommation et les besoins qu'elle suscite. La migration rurale et la dépopulation des campagnes n'a pas eu d'autres origines que les mirages d'une vie apparemment plus confortable que dans la solitude des villages isolés parfois en hiver.

Yvon Sarrazin, facteur du Dévoluy le matin, paysan l'après-midi, appartient à cette génération d'hommes pour lesquels le choix ne pouvait être que sentimental. Il y a un peu plus de trente ans de cela. L'exploitation familiale avec son père, le moulin à faire tourner, et le port du courrier à Saint-Étienne et à Saint-Didier allaient lui suffire sur le plan matériel pour rester à la ferme.

Le temps a passé à la Neyrette au rythme des saisons ensoleillées ou froides, des étés chauds et des hivers glacés. Charles et Claudine, les deux enfants d'Yvon Sarrazin et de sa femme, sont aujourd'hui des adultes qui se sont trouvés devant le même dilemme que leurs parents, un quart de siècle plus tôt : rester au pays ou partir comme tant de jeunes ruraux de leur génération. Charles comme son père est resté, combinant l'activité agricole avec un métier de la neige à Super-dévoluy, puis à la Joue-du-Loup. Claudine s'est mariée avec Jean-Claude Muzard de Strasbourg, et elle s'en est allée avec son mari.

Le Moulin qui avait servi à la meunerie, puis à fournir le courant à la ferme, enfin à fabriquer l'aliment pour le bétail, quand Yvon Sarrazin avait encore onze vaches laitières, s'est arrêté de tourner. Le facteur philosophe, il y a quatre ans, a eu envie d'une pièce d'eau devant sa maison, pour pouvoir pêcher la truite quand il en aurait envie. Alors il a creusé la terre en bordure du ruisseau, qui chantonne en cascadant sous ses fenêtres. Pour alimenter l'étang artificiel ainsi créé, il a utilisé la chute hydraulique du moulin.

Dans cet oasis de calme, Yvon Sarrazin et son épouse pensaient couler des jours paisibles. En ouvrant leurs volets dans le petit matin, ils contemplent, en effet, un paysage de sérénité, avec la mère église des Gicons, autrefois templière, que le soleil auréole au-dessus de la forêt, les oiseaux qui s'ébattent au bord de leur étang, et de l'autre côté la perspective de la vallée qui fuit au loin vers Agnières, en ondulations vertes et roses. Le site se prêtait donc magnifiquement à une petite réalisation touristique familiale : le lac est devenu pêcherie où l'on prend soi-même, à la ligne aimablement prêtée par le propriétaire, son kilo de truites.

Depuis l'année dernière, jusqu'aux premiers jours de l'été, Yvon Sarrazin, son fils et son gendre ont transformé le moulin en restaurant, construit un abri-bar au bord du lac, autour duquel tables, chaises, et parasols permettent à ceux qui ne pêchent pas de se désaltérer ou de se reposer, en contemplant le paysage, ou en souriant des exploits des pêcheurs : « A chaque coup, ça mord !... et on en sort des belles ! »

Mme Y. Sarrazin, le gendre, servent au restaurant. Charles s'occupe du bar et de la pêcherie. Yvon, le père continue à porter ses lettres et à s'occuper des deux vaches qui restent à la ferme. Il contemple tout ça d'un air amusé, un peu sceptique :
— s'il n'y avait pas eu les enfants, avoue Y. Sarrazin, je ne sais pas si on se serait lancé dans une telle opération.

Le père s'attendrit... Mais l'agriculteur, qu'il est resté au fond de lui-même, s'inquiète de ce que deviendra l'agriculture quand tous les paysans seront reconvertis dans le tourisme. En attendant, la Neyrette est une bien jolie petite étape. Elle sera, avant longtemps une exemplaire réalisation agro-touristique.

J.-P. Peyretout

Publié avec l'autorisation du *Dauphiné Libéré*, Grenoble.

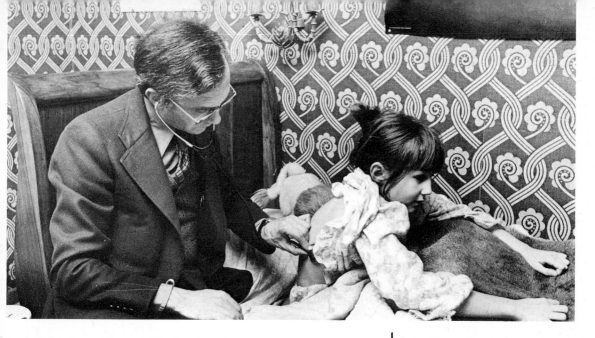

Les réflexions d'un médecin de campagne

Voyez-vous, le premier succès du médecin de campagne, c'est de comprendre son client et d'avoir le sens du contact humain. On considère encore ici la maladie comme une entité maléfique et le médecin représente un peu le magicien, le sorcier ou, selon un terme beaucoup plus moderne, le guérisseur.

En vérité, cela n'est pas tellement exagéré. Chaque malaise a une cause profonde que le praticien doit déterminer. Faites l'expérience : prenez cent patients, vous aurez de grandes chances d'en trouver 99 qui ne sont pas vraiment malades. Ils présentent des troubles fonctionnels ayant presque toujours une origine psychique. Je le vois bien à Montbraye : compte tenu de l'évolution de l'agriculture, les paysans sont de plus en plus obligés de faire appel au crédit. Eh bien, au moment où les gens ont des traites à payer, le nombre des visites augmente. Beaucoup de paysans se découvrent des maux d'estomac ou souffrent d'une anxiété intolérable.

A propos de contact avec les malades, je dois bien souligner le fait qu'ici je suis amené à côtoyer des gens assez frustes. Alors, à ce régime, je sens bien qu'intellectuellement, je me limite beaucoup. Mais ça ne diminue pas ma force, car même si j'ai oublié pas mal de choses, j'en connais tout de même davantage que mes interlocuteurs. Ma supériorité est donc acquise tout de suite, d'autant plus qu'il y a toute la considération qui entoure celui qui a fait des études, c'est-à-dire celui qui possède le savoir.

Dr Gallien, Montbraye, Sarthe,
Le français dans le monde, n° 104.
© Newbury House, Masson. U.S.A.

Les Français à travers eux-mêmes

La survivance du passé.

« C'est que la vie est bien dure ici. En été, on travaille dix-huit heures par jour. C'est incroyable le travail qu'on a, et la main-d'œuvre est rare. La jeunesse n'est pas gourmande de travailler la terre, elle se plaît à aller à la ville. La vallée se dépeuple et un vacher, aujourd'hui, c'est plus rare qu'un ministre! »

Un paysan d'Auvergne.

Écologie et protection du milieu naturel

Les parcs nationaux

La création d'un parc national a pour objectif fondamental de placer une portion du territoire national sous la garde de l'État afin de la préserver des interventions humaines et de lui conserver sa beauté naturelle (site et paysages) et ses richesses biologiques (faune et flore) pour l'agrément, la détente, l'éducation et la culture des générations présentes et futures.

Les parcs régionaux

La création d'un parc naturel régional résulte de l'engagement pris par un certain nombre de collectivités locales de réaliser l'aménagement de leur territoire selon un plan d'équipement précis, répondant aux besoins des citoyens de l'an 2000, qu'ils soient ruraux ou citadins, et assurant à tous la qualité de la vie. Cette politique se caractérise par trois actions fondamentales :

— le développement de l'activité économique, dans le but d'apporter des sources de revenus complémentaires aux activités agricoles restées prédominantes : développement de formes nouvelles d'accueil et de tourisme en milieu rural (gîtes ruraux, camping à la ferme, gîtes d'étapes, etc.); développement d'activités liées à la pratique des sports de plein air et des loisirs (équitation, canoë-kayak, voile, spéléologie, randonnées et escalades, ski de fond, etc.);

— l'animation du parc régional par la présentation d'expositions et de montages audio-visuels, l'organisation de rencontres-débats, la mise en place d'opérations d'aide architecturale; cette action se développe par l'intermédiaire d'un certain nombre d'équipements expérimentaux aidant à la fois à la découverte du milieu naturel (centre permanent d'initiation à l'environnement, musée écologique, sentiers et structures d'accueil) et à la connaissance de l'histoire économique et culturelle de la région (maisons des arts et traditions populaires, centres d'information sur la construction, etc.);

— la protection de la faune et de la flore, mais aussi des sites et des paysages menacés par la prolifération des infrastructures collectives et l'habitat anarchique (nulle réglementation spécifique n'est mise en œuvre mais des mesures adaptées peuvent être appliquées à l'initiative des collectivités locales).

Faisons le point

L'ancienne France paysanne et provinciale d'Alain-Fournier, qui vivait à l'ombre de ses clochers et dont l'école était devenue depuis les dernières années du XIXe siècle l'élément de progrès, est en train de disparaître sous les effets du progrès technique et de l'industrialisation. Alors qu'il y a environ un siècle deux tiers des Français vivaient à la campagne, de la terre ou de toutes sortes de métiers, aujourd'hui le rapport est inversé. Il n'y a plus qu'un tiers de la population qui vive à la campagne, les autres ont émigré vers les villes.

Au vaste mouvement d'urbanisation qui a marqué les cent dernières années correspond maintenant un désir et un besoin de vivre plus près de la nature, d'humaniser la vie, de donner à l'existence un rythme moins rapide et moins artificiel.

■ *Notez dans* Le Grand Meaulnes *les nombreuses références aux mois et aux saisons (en Europe il y a quatre saisons). Expliquez le sens et la valeur de ces indications pour quelqu'un qui vit à la campagne. Recherchez dans les autres textes des précisions du même ordre et montrez-en l'intérêt.*

■ *La vie à la campagne représente-t-elle la même chose pour le petit Olivier des* Noisettes sauvages*, pour le paysan de* La Terre *et pour Charles des* Peupliers de la Prétentaine*? Pourquoi?*

■ *Étudiez la manière dont Stendhal utilise la lumière, le silence et l'espace pour exprimer les sentiments de son héros.*

■ *Relevez dans le texte de Fromentin les images qu'utilise l'auteur et réfléchissez sur leur nature.*

■ *Étudiez la structure de la phrase proustienne en analysant la construction de la première phrase (a), puis du premier paragraphe (b) du passage.*

■ *Comparez la façon de traiter la nature (a) de Chateaubriand (b) de Fromentin (c) de Genevoix et (d) de Camus.*

■ *En relisant le texte de Rousseau et celui de Giono, et éventuellement d'autres écrivains cités, dites pourquoi la nature est devenue un élément important de la littérature.*

■ *Cherchez tous les passages qui décrivent des forêts et comparez-les. Quels sont les divers sentiments que les forêts éveillent chez les auteurs cités? Certains de ces passages vous rappellent-ils la littérature de votre pays? Si oui, expliquez comment et pourquoi.*

■ *Que pensez-vous des thèmes de l'eau, tels qu'ils sont traités à travers les étangs, les lacs, les marais, les cours d'eau et la mer?*

■ *Quels sont les auteurs qui prêtent à la nature une sorte de vie? Les préférez-vous aux autres? Expliquez votre réponse.*

■ *Quels sont les textes que vous trouvez particulièrement poétiques? Expliquez les raisons de votre choix.*

■ *Quels sont les trois auteurs qui vous paraissent aimer le mieux la nature? Justifiez votre réponse.*

■ *Habitez-vous à la ville ou à la campagne? Est-ce que vos grands-parents habitaient à la ville ou à la campagne? Souhaitez-vous changer de milieu et aller habiter ailleurs? Expliquez et commentez vos réponses dans un court essai.*

■ *Les textes sont groupés ainsi : (a) paysages de France; (b) visions romantiques de la nature; (c) beautés de la nature; (d) la vie à la campagne, avec le mouvement de la campagne à la ville et, aussi, la migration inverse, phénomène récent. Y aurait-il d'autres groupements possibles?*

■ *Comparez le texte de J.-J. Rousseau à celui de Lacarrière.*

■ *Avec l'écologie*, la lutte anti-pollution et la volonté de protéger l'environnement, la civilisation industrielle prend un nouveau tournant. Écrivez un dialogue entre un partisan de la société de consommation qui veut tout sacrifier à un développement industriel très rapide et une personne qui veut sauvegarder la nature, pense à l'épanouissement des individus et aux générations futures.*

LA VILLE ET LA VIE

Christiane Rochefort :

LES PETITS ENFANTS DU SIÈCLE

CHRISTIANE ROCHEFORT,

née à Paris en 1917, a grandi dans un quartier populaire. La peinture, le dessin, la sculpture, la musique et la poésie l'amusaient, ce qui lui laissait peu de temps pour suivre docilement les programmes officiels d'enseignement. Elle réussit cependant le baccalauréat*. A l'Université, elle manifeste son esprit d'indépendance et elle étudie successivement la médecine, la psychiatrie, l'ethnologie et même, à la Sorbonne*, la littérature. Elle refuse d'envisager le métier de professeur, trop régulier pour elle, aussi ne prépare-t-elle pas les concours qui mènent à l'enseignement comme l'agrégation. Elle travaille pour gagner sa vie : employée de bureau, journaliste, secrétaire, collaboratrice du directeur de la Cinémathèque française, H. Langlois, et des organisateurs du Festival de Cannes*.

En 1958, son premier roman, *Le Repos du guerrier*, la rend célèbre. Christiane Rochefort montre comment une jeune bourgeoise célibataire, pure et pleine de « principes », s'abandonne sans trop comprendre pourquoi à un anarchiste peu équilibré qu'elle a sauvé par hasard d'une tentative de suicide. Il fait d'elle son jouet, s'amuse à l'humilier et à la plonger dans la déchéance dès le début de leurs relations : « Nous faisions la tournée des cabarets : j'aimais les spectacles; Renaud, les consommations; le double emploi de ces lieux nous mettait, pour une fois, d'accord. » En 1962, un film tiré de ce roman avec Brigitte Bardot dans le rôle principal, remporte un immense succès. La franchise brutale du récit a provoqué un scandale. La censure a coupé certains passages du film avant de le projeter en public. Aujourd'hui il est difficile, avec la rapide évolution des mœurs, de voir pourquoi *Le Repos du guerrier*, comme *Madame Bovary*, fut jugé scandaleux. Il s'agit dans les deux cas de la peinture d'une réalité humaine et sociale : une femme veut se libérer et tombe, victime de ses actes.

Parmi les autres romans, nous citerons *Printemps au Parking*, récit de la découverte du monde à Paris par un adolescent qui a quitté sa famille après une querelle avec son père. Au moment où elle écrivait ce livre, Christiane Rochefort s'observait elle-même : « Quel dommage qu'on ne raconte jamais de bout en bout *l'histoire* d'un livre, d'où il est diable sorti, où il est arrivé, comment il s'est fait, du commencement à la fin, et même ensuite car après celui de l'écrivain vient le livre fait par les lecteurs, qui n'est pas du tout pareil parfois... » Il est sorti de cette analyse du créateur une étude profonde, *C'est bizarre l'écriture*.

Les petits enfants du siècle

LES PETITS ENFANTS DU SIÈCLE est un roman à la première personne. Josyane, fille aînée d'une famille nombreuse, raconte sa vie depuis le début : « Je suis née des Allocations et d'un jour férié dont la matinée s'étirait, bienheureuse au son de Je t'aime, Tu m'aimes joué à la trompette douce. »*

Cette première naissance marque la fin du bonheur du ménage Rouvier. L'enfant vient au monde le 2 août, pendant la fermeture annuelle de l'usine où travaillent le père et la mère, qui ne peuvent donc pas partir en vacances. De plus, les parents se querellent parce que Josyane (un prénom prétentieux), née plus de deux ans après leur mariage, ne leur permet pas à quinze jours près de toucher la prime de natalité. La famille est mal logée dans une vieille maison où elle occupe une seule chambre sans eau courante, dans un quartier de Paris près de la Porte d'Italie.

La famille s'agrandit rapidement. Au moment où elle compte cinq enfants, le quartier insalubre est démoli. Les Rouvier sont relogés par l'administration dans un grand ensemble de la banlieue Nord, à Bagnolet, situé à une quarantaine de kilomètres de l'endroit où ils avaient pris l'habitude d'habiter. C'est loin, mais le logement marque une amélioration importante, car « on avait reçu le nombre de pièces auquel nous avions droit selon le nombre d'enfants ». L'appartement H.L.M. se compose d'une grande cuisine servant de salle de séjour (où Josyane fait ses devoirs), d'une salle d'eau et de trois chambres : une pour les parents, une pour les filles, une pour les garçons.*

La mère, fatiguée et malade, attend un autre enfant. Josyane, âgée d'environ huit ans, s'occupe presque entièrement du logement, de sa sœur et de ses trois frères. Le père gagne peu, à peine plus que le S.M.I.G. : il passe* *sa vie à remplir des pots de moutarde dans une grande usine. Pour se distraire, il joue aux courses (P.M.U.*) et la famille, en dépit de toutes les aides sociales, manque d'argent; les traites* pour la machine à laver le linge sont réglées, mais le magasin fait reprendre le poste de télévision qu'on n'a pas pu continuer de payer. Le père, qui s'ennuie, reste le soir au café* et ne rentre que pour se coucher. Le bébé meurt à sa naissance, et la vie continue.*

Un an plus tard arrive un autre enfant, Nicolas, sauvé après de longs mois à l'hôpital. Les parents de cette famille nombreuse, grâce aux avantages sociaux (allocations familiales, prime de salaire unique*, aide au logement*, etc.), vont pouvoir réaliser leur rêve, acheter une automobile d'occasion à crédit. Certes, les Rouvier ont des excuses — ils vivent et travaillent dans un milieu inhumain, en cas de crise les services sociaux leur viennent en aide — mais aiment-ils vraiment leurs enfants ? Josyane constate : « La maîtresse avait écrit dans le livret Indifférence aux compliments comme aux reproches, mais comme personne n'avait jamais regardé ce livret elle aurait pu aussi bien marquer c'est le printemps, ou Toto aime Zizi ou cette fille est une nouille, ça n'aurait pas fait de différence. »

A treize ans, elle réussit l'examen du Certificat d'Études primaires* et les services d'Orientation professionnelle* s'occupent d'elle. Après une série de tests, des questions tirées de manuels de psychologie, tout se termine sur l'intervention de la mère : « Ça n'a pas d'importance qu'elle ne veuille rien faire, j'ai plus besoin d'elle à la maison que dehors. Surtout si on est deux de plus... » En effet, Mme Rouvier est de nouveau enceinte et le médecin lui a fait craindre l'arrivée de jumeaux !

Josyane travaille beaucoup à la maison, sa mère ne s'occupe pas du tout de ce qu'elle fait quand elle est sortie. L'adolescente fréquente diverses bandes de garçons, mène une vie déplorable sans avoir le sens du mal ou du péché, et triomphe lorsqu'elle peut demander à un camarade sa motocyclette sans qu'il refuse.

Avant les vacances, elle était tombée amoureuse d'un maçon italien, Guido, âgé d'une quinzaine d'années de plus qu'elle. Au retour, elle ne l'a pas retrouvé, car le chantier où il travaillait est fermé. L'espoir ne meurt pas au cœur de la jeunesse. Aussitôt qu'une amie a appris à Josyane que « les Italiens étaient à Sarcelles. Ils construisaient de nouvelles maisons », elle emprunte une motocyclette pour y aller :

On arrive à Sarcelles par un pont, et tout à coup, un peu d'en haut, on voit tout. Oh là! Et je croyais que j'habitais dans des blocs! Ça, oui, c'étaient des blocs! Ça c'était de la Cité, de la vraie Cité de l'Avenir! Sur des kilomètres et des kilomètres et des kilomètres, des maisons des
5 maisons des maisons. Pareilles. Alignées. Blanches. Encore des maisons. Maisons maisons maisons maisons maisons maisons maisons, maisons maisons maisons. Maisons. Maisons. Et du ciel; une immensité. Du soleil. Du soleil plein les maisons, passant à travers, ressortant de l'autre côté. Des Espaces Verts énormes, propres, superbes, des tapis, avec sur
10 chacun l'écriteau Respectez et Faites respecter les Pelouses et les Arbres, qui d'ailleurs ici avait l'air de faire plus d'effet que chez nous, les gens eux-mêmes étant sans doute en progrès comme l'architecture.

Les boutiques étaient toutes mises ensemble, au milieu de chaque rectangle de maisons, de façon que chaque <u>bonne femme</u> ait le même
15 nombre de pas à faire pour aller prendre ses nouilles; il y avait même de la justice. Un peu à part étaient posés des beaux chalets entièrement vitrés, on voyait tout l'intérieur en passant. L'un était une bibliothèque, avec des tables et des chaises modernes de toute beauté; on s'asseyait là et tout le monde pouvait vous voir en train de lire; un autre en bois
20 imitant la campagne était marqué : « Maison des Jeunes et de la Culture* »; <u>les Jeunes</u> étaient dedans, garçons et filles, on pouvait les voir rire et s'amuser, au grand jour.

bonne femme : expression de mépris, marque l'absence de personnalité; dans ces appartements semblables les femmes sont semblables.

chalet : maison basse et en bois — ce qui fait un contraste surprenant avec les blocs.

les Jeunes : la majuscule ici marque le mépris, celle qui parle est adolescente, mais a trop de travail, trop d'expérience et trop de responsabilités pour se considérer comme *Jeune*.

43

gosse : un enfant, langage familier.

faire l'école buissonnière : aller jouer dans les buissons, dans la campagne au lieu d'aller à l'école; manquer l'école sans motif.

le butin : le produit d'un vol.

une môme : argot; une jeune fille.

passer à la mairie : aller devant le maire pour se marier.

tournis : état où l'on n'arrive plus à voir clairement, où les choses semblent tourner.

une baraque : une maison en bois dont on se sert peu de temps.

jumelles (fém. pl.) : instrument qui rapproche ce que l'on regarde en le grossissant et permet de voir de loin. Certains habitants des blocs, qui s'ennuient, se servent de jumelles pour regarder les familles d'en face.

ragazza, piccoline : mots italiens; en français on dirait ma fille, ma petite.

Ici, on ne pouvait pas faire le mal; un gosse qui aurait fait l'école buissonnière, on l'aurait repéré immédiatement, seul dehors de cet âge
25 à la mauvaise heure; un voleur se serait vu à des kilomètres, avec son butin, un type sale, tout le monde l'aurait envoyé se laver. Et pour s'offrir une môme, je ne voyais pas d'autre moyen que de passer avant à la mairie, qui, j'espère pour eux, était prévue tout près aussi. Ça c'est de l'architecture. Et ce que c'était beau! J'avais jamais vu autant de
30 vitres. J'en avais des éblouissements, et en plus le tournis, à force de prendre la première à droite, la première à gauche, la première à droite, la première à gauche; j'étais dans la rue Paul-Valéry*, j'avais pris la rue Mallarmé*, j'avais tourné dans Victor-Hugo, enfilé Paul-Claudel*, et je me retombais dans Valéry et j'arrivais pas à en sortir. Où étaient les
35 baraques, où étaient les ouvriers, où était Guido? Même en supposant qu'il soit en ce moment en train de me chercher de son côté Guido, on pouvait se promener cent ans sans jamais se croiser, à moins d'avoir pris une boussole et un compas de marine. Mais ici ils n'avaient que des jumelles, j'en vis deux, on voyait l'intérieur des maisons, qui
40 s'observaient d'un bloc à l'autre en train de s'observer à la jumelle. Ça c'est une distraction, et puis ça fait penser.

Encore Verlaine*, je l'avais déjà vu celui-là, je me dis que je ferais mieux de foncer droit et j'aboutis sur un grillage. La limite. Il y avait une limite. Je refonçai dans l'autre sens, le chemin devint bourbeux,
45 sale, j'étais dans les chantiers. On ajoutait des maisons, une ou deux douzaines. Là on voyait la carcasse, les grands piliers de béton. Ce qui serait bientôt les belles constructions blanches. « C'est toi Guido qui fais ces maisons, toi qui es né sur les collines... » Il y eut une bouffée d'air parfumé, chaud. « Ragazza, ragazza. » Toi Guido, Gouiido.
50   « Guido comment?
   — Je ne sais pas.
   — Guoiido! Gouiido!
   — Eh petite, ragazza, qu'est-ce qu'il t'a fait ce Guido-là que les autres ne peuvent pas faire?
55   — Eh piccoline, tu ne veux pas que je sois ton Guido?
   — Si tu attends la fin de journée, je m'appellerai Guido toute la nuit! »

---

1. *Josyane cherche Guido, son premier amour. Est-ce une recherche romantique?*
2. *« la vraie Cité de l'Avenir! » Votre réaction tend-elle vers l'enthousiasme ou vers l'inquiétude? (Pensez aux répétitions qui suivent.)*
3. *Aimez-vous lire quand tout le monde peut vous voir? Expliquez votre réponse.*
4. *Pensez-vous que l'on puisse être libre à Sarcelles?*
5. *Toute fantaisie est absente de cette ville nouvelle et pourtant les rues portent des noms de poètes. Est-ce une nouvelle gloire pour ces poètes? Croyez-vous que cela puisse élever le niveau de culture générale des habitants?*

J'étais là en plein soleil devant tous ces hommes, avec mon noir aux yeux, et j'en avais mis justement un paquet, et ma jupe en <u>Vichy</u>, ma
60 seule bien, et j'avais encore grandi depuis, on me voyait les cuisses, le soleil me perçait, la lumière m'arrosait à flots, les types riaient, Italiens Arabes Espagnols, et le chef de chantier, Français lui, me regardait d'un sale œil, j'avais l'air de <u>faire le tapin</u> je faisais <u>tache</u>. Les garçons joyeux riaient d'un rire sain derrière leur vitrine là-bas avec les jeunes
65 filles au visage lisse; ils m'auraient envoyée me <u>débarbouiller</u>. Il faisait trop clair, trop clair. J'étais <u>nue</u> comme un ver. Je cherchais de l'ombre, un coin, un coin noir, un coin où me cacher, j'avais la panique, une <u>panique</u> folle, je ne retrouvais plus le <u>scooter</u>, je ne savais plus où je l'avais laissé. Paul-Valéry. Désordre et ténèbres. J'aurais
70 voulu une cabane à outils, un débarras, un placard à balais, une niche à chien; une caverne. Désordre et ténèbres, désordre et ténèbres, désordre et ténèbres. Je retrouvai le scooter, près d'une pelouse. Respectez et Faites Respecter.

le Vichy : sorte d'étoffe tissée en deux couleurs.

faire le tapin : expression d'argot, chercher un homme.

faire tache : être en contraste avec le reste.

se débarbouiller : se laver le visage.

nue : sens figuré, elle croit que les autres ont deviné ce qu'elle pense, elle a honte.

panique : une très grande peur — la jeune fille ne sait plus ce qu'elle fait.

scooter : une motocyclette légère avec de petites roues, très à la mode à ce moment-là.

---

1. *A-t-elle vraiment vu Verlaine? A-t-elle laissé le scooter à Paul-Valéry? Quelle est la signification de ce procédé de style?*
2. *Quel sens donnez-vous à l'idée de limite?*
3. *Une douzaine, ou deux — que pensez-vous de cette imprécision?*
4. *Elle parle à Guido (style direct). Expliquez pourquoi. Si vous sentez un reproche dans ce qu'elle lui dit, expliquez-le.*
5. *Montrez comme Guido disparaît pour se transformer en plusieurs ouvriers, en l'homme.*
6. *Pour quelles raisons Josyane découvre-t-elle si intensément la honte?*

C'était beau. Vert, blanc. Ordonné. On sentait l'organisation. Ils
75 avaient tout fait pour qu'on soit bien, ils s'étaient demandé : qu'est-ce
qu'il faut mettre pour qu'ils soient bien ? et ils l'avaient mis. Ils avaient
même mis de la diversité : quatre grandes tours pour varier le paysage ;
ils avaient fait des petites collines, des accidents de terrain, pour que ce
ne soit pas monotone ; il n'y avait pas deux chalets pareils ; ils avaient
80 pensé à tout, pour ainsi dire on voyait leurs pensées, là, posées, avec la
bonne volonté, le désir de bien faire, les efforts, le soin, l'application,
l'intelligence, jusque dans les plus petits détails. Ils devaient être rudement fiers ceux qui avaient fait ça.

Le matin, tous les hommes sortaient des maisons et s'en allaient à
85 Paris travailler ; un peu plus tard c'étaient les enfants qui se transfé-
raient dans l'école, les maisons se vidaient comme des lapins ; il ne
restait dans la Cité que les femmes les vieillards et les invalides, et
alors, toujours d'après Liliane, les ouvriers des chantiers montaient
chez les femmes ; si c'est vrai, ça ne devait pas passer inaperçu, mais en
90 tout cas, qu'est-ce qu'elles feraient quand les ouvriers ne seraient plus
là ? Le soir, tous les maris revenaient, rentraient dans les maisons,
trouvaient les tables mises, propres, avec de belles assiettes, l'appartement bien briqué, la douce chaleur, et voilà une bonne soirée qui partait, mon Dieu, mon Dieu, c'était la perfection. Dieu est un pur esprit
95 infiniment parfait je comprenais enfin.

vider un lapin : avant de
faire cuire un lapin, on le
vide, on enlève les parties
que l'on ne mange pas (il
devient très propre et comme
le bloc, semble complè-
tement mort !)

la table mise : les couverts
ont été placés et l'on peut se
mettre à table.

bien briqué : familier ; bien
propre, bien nettoyé (briquer
signifie frotter).

la Ville : la majuscule
marque la volonté de l'auteur de personnifier la ville.

une statue de sel : dans la
Bible, Dieu changea en
statues de sel les habitants
des villes de Sodome et
Gomorrhe, qui lui déso-
béissaient en se retournant
pour regarder leur ville.

Sur le pont en partant, je m'arrêtai encore, je me retournai vers la
Ville ; il ne faut pas se retourner quand on quitte une ville, on est
changé en statue de sel, ça doit être vrai, je ne pouvais pas me décider,
je ne me fatiguais pas de regarder. Les fenêtres commençaient à s'éclai-
100 rer. Que ça pouvait être beau ! je ne me fatiguais pas. Sarcelles c'était
Dieu, ici on pouvait commencer à croire qu'il avait créé le monde, car
s'il faut un ouvrier pour construire une maison. Amen.

En rentrant, notre Cité me parut pauvre, en retard sur son temps ;
une vraie antiquité. On était déjà hier nous autres, ça va vite, vite.
105 Même les blocs en face, les « grands », n'avaient l'air de rien. Douze
misérables baraques sur un petit terrain. Je n'irais sûrement plus y
pleurer.

Je me sentais à l'étroit, pour un peu j'aurais manqué d'air. Si on
veut rester content il ne faut pas voir le monde.
110 Je rencontrai Éthel. J'essayai de lui expliquer. C'est comme Dieu.
Voyons, pourquoi aller chercher Dieu, les hommes ça suffit pour construire. Oh ! non c'est pire ! Éthel riait. Je ne comprends pas ce qui te
rend triste : si c'est beau comme tu dis. Oui c'est beau. Alors ? Qu'est-
ce que tu veux ?

1. « Ils avaient pensé à tout. » *Trouvez-vous que cela suffit ? Comparez cette affirmation
aux idées exprimées dans le paragraphe suivant.*
2. « Si on veut rester content il ne faut pas voir le monde. » *Pourquoi ?*
3. *Montrez comment on passe de la perfection divine à l'idée socialiste.*

115 Désordre et ténèbres.

Tu veux que les gens soient sales? Tu veux qu'ils aient des poux? La tuberculose?

Je ne sais pas ce que je veux.

Si dans ce temps-là on avait regardé dans mon cœur on aurait
120 trouvé un sentiment caché : pour Frédéric Lefranc. Il n'était pas comme les autres. Il était plus sérieux, plus réfléchi. Mais justement à cause de cela il ne se mêlait pas à nous. Il avait autre chose à faire dans la vie. C'était ce qui m'attirait, cet « autre chose » : quelle chance il avait ce Frédéric! et comment faisait-il? Mais en même temps que ça
125 m'attirait ça le mettait à des kilomètres de moi, qui n'avais rien. Auprès de lui j'étais muette; ce que j'aurais pu dire n'aurait été pour lui que des sottises. C'est avec Éthel que je parlais, c'était plus facile, on avait fait nos classes ensemble, même on s'était quelquefois trouvées en rivalité; dans ce temps-là ça nous rendait ennemies; maintenant, ça
130 nous rapprochait. Je crois qu'Éthel regrettait pour moi que je n'aie pas continué; c'était comme quelqu'un qu'on est obligé de laisser sur la route parce qu'il est trop faible, et on ne peut rien pour lui; on se retourne, on a honte de sa propre force. Éthel était la seule personne au monde avec qui je pouvais parler d'analyse grammaticale; elle aurait
135 voulu m'aider, me prêter des livres, mais ça aurait servi à quoi? De toute façon je n'y avais plus la tête, j'étais hors de coup maintenant. Elle me dit que dans un pays socialiste on m'aurait fait poursuivre mes études, même si ma famille était encore plus pauvre; dans un pays socialiste, chacun faisait ce pour quoi il était fait; je lui dis qu'à
140 l'Orientation on avait cherché quoi me faire faire, mais on n'avait rien trouvé; elle me dit que c'est parce qu'on ne m'avait proposé que des métiers en rapport avec la condition de mes parents, qui exigeaient que je gagne tout de suite ma vie; dans un pays socialiste on n'aurait pas tenu compte de ça, mais seulement de mes goûts et de mes capacités. Je
145 lui dis qu'alors c'était comme sur Mars, et je partis à lui raconter que quand j'étais gosse j'avais inventé une planète Mars où tout le monde se comprenait sans même parler rien qu'en se regardant, et où les arbres ne perdaient jamais leurs feuilles, et où... Elle me dit que c'était de l'Évasion, qu'il ne fallait pas faire de l'Évasion, que ma planète
150 Mars c'était ici qu'il fallait la faire. Toujours son petit côté sérieux vous tombait dessus au moment où on commençait à folailler, pour la rigolade elle n'était bonne à rien. Gentiment, elle essayait d'expliquer. Mais moi je n'étais pas aussi intelligente qu'elle, je n'étais pas allée assez à l'école, ce n'était pas ma faute. Il venait un moment où je lâchais. Et de
155 toute façon, chaque fois que je me mettais à penser à des choses sérieuses ça me rendait triste. Comme elle me demandait pour la vingtième fois : « Mais au fond, qu'est-ce que tu veux? » je me mis à pleurer. Elle m'emmena dîner chez eux, pour me remonter, je ne me le fis pas dire deux fois, rien que l'idée de voir Frédéric et j'étais redevenue
160 gaie comme un pinson. Jeannot fit une crème. Ce qui me frappa chez

l'Orientation : ici : l'orientation professionnelle.

je partis à : ici, je commençai à...

folailler : verbe formé sur fol (fou) et inventé par la romancière. Ce néologisme signifie : penser des choses folles, sans rapport ni avec le réel, ni avec le possible.

rigolade : nom argot, formé sur le verbe rigoler, rire — la rigolade est tout ce qui amuse, qui n'est pas sérieux.

lâcher : ici, cesser de suivre un argument, une explication; ne plus comprendre.

remonter quelqu'un : lui redonner du courage.

embaucher quelqu'un : lui donner du travail.

avec des gants : (familier) avec une grande politesse, en prenant des précautions.

envoyer chier : expression très grossière; dire non, refuser avec violence.

réchaud à alcool : donc, la chambre n'a ni cheminée pour mettre une cuisinière à charbon, ni gaz, ni électricité.

on a bougé : familier pour « on a changé de maison, on a déménagé ».

les Lefranc, c'est que les deux garçons, les plus jeunes, Jean et Marc, s'occupaient de la cuisine, ils firent la vaisselle, et ils avaient l'air de trouver ça naturel par-dessus le marché. Je dis que chez nous ça ne se passait pas comme ça, on n'avait même pas idée de leur demander.
165 « Mais pourquoi ça? Ils ont bien deux mains? » dit Mme Lefranc. Je me dis que je ferais bien d'importer la méthode chez nous, s'il n'était pas trop tard; je me souvenais d'une fois où la mère avait essayé d'embaucher Patrick, exceptionnellement, et avec des gants encore, aucune fille n'était disponible, et comment il l'avait envoyé chier dans
170 des termes que j'oserais pas répéter, et pour finir concluant : « Papa dit que c'est pas mon travail » — qu'est-ce qui était son travail on se le demande d'ailleurs. En tout cas la mère fit preuve de faiblesse, et le père confirma le principe.

« Dix mille logements, tous avec l'eau chaude et une salle de bains!
175 c'est quelque chose! » disait Éthel.

Ils discutaient de Sarcelles, j'avais raconté mon voyage.

« Oui, dit M. Lefranc.

— Oui, dit après lui Frédéric.

— Vous n'avez pas l'air enthousiastes, dit Éthel.
180 — Si, dit le père.

— Si si, dit le fils. C'est très bien, quoi.

— Bien sûr que c'est très bien! dit Éthel. Il y a encore des gens qui sont entassés à six dans une chambre d'hôtel avec un réchaud à alcool pour faire la cuisine, j'en connais.
185 — Même toi tu as vécu comme ça, lui dit son père. Tu ne peux pas te rappeler, tu avais six mois quand on a bougé.

Elle ne retrouvera jamais Guido. A la maison, la naissance de deux petites filles, sœurs jumelles, accroît encore le travail de l'aînée. A mesure que ses camarades partent pour faire leur service militaire, Josyane, attristée, pense de plus en plus à s'enfuir.

Alors, elle rencontre Philippe, et avec lui retrouve toute l'innocence et l'impétuosité de la jeunesse :

— Philippe mon amour!

— Jo ma chérie. Comme on va être heureux!

— Heureux?

— Et comment qu'on va être heureux! Tu as du mal à y croire hein ma pauvre chérie? Tu n'as pas eu une bien bonne vie, hein? Mon pauvre petit amour. Mais c'est fini maintenant, c'est fini, je suis là, ne sois pas triste, je suis là tu verras, je suis là maintenant. Rien ne t'arrivera plus.

Il avait vingt-deux ans. Il était monteur de télévision. Il venait d'entrer dans une grosse boîte, d'avenir. Il gagnerait bien sa vie.

Hélas, Josyane n'a pas le temps de rêver, car elle se trouve enceinte presque tout de suite : « Il n'attendait que ça, dit-il, pour qu'on se marie pour de bon. » Elle a moins de dix-sept ans... Va-t-elle imiter sa mère? Deux remarques à la fin du roman nous laissent dans l'incertitude : le jeune ménage touchera la prime à la première naissance et Philippe va demander un logement à Sarcelles.

CH. ROCHEFORT *Les Petits Enfants du siècle,*
éd. Grasset, 1961

1. *Essayez d'expliquer les raisons de la tristesse de Josyane.*
2. *Comment la rivalité peut-elle rapprocher?*
3. *Que pensez-vous de l'idéal représenté par la planète Mars?*
4. *« Ils ont bien deux mains? » Commentez cette remarque.*
5. *« Je me dis... » et le récit dialogué devient un monologue intérieur. Quelle est la raison principale de ce changement de style?*

LA LANGUE ET LE STYLE

Le conditionnel et l'idée de condition

L'emploi du conditionnel n'est pas forcément lié à l'expression d'une condition. Le conditionnel se rencontre en effet dans des propositions indépendantes, ou subordonnées quand l'idée exprimée par le verbe est imaginaire, rêvée ou souhaitée. *Si je le trouvais je lui dirais monte. Un gosse qui aurait fait l'école buissonnière, on l'aurait repéré immédiatement... un voleur se serait vu à des kilomètres avec son butin.* Le conditionnel sert aussi à traduire l'idée du futur quand le verbe principal est à un temps du passé, c'est ce qu'on appelle le futur du passé : *là on voyait la carcasse, les grands piliers de béton, ce qui serait bientôt les belles constructions blanches.* Il faut aussi rappeler l'existence d'un conditionnel dit de politesse : *voudriez-vous me donner ce livre* est moins impératif que *voulez-vous me donner ce livre* (cette dernière forme moins impérative que *veuillez me donner ce livre*).

Si l'on considère à nouveau le premier exemple, *si je le trouvais je lui dirais monte*, on constate que la condition se trouve dans une proposition introduite par *si* dont le verbe est à l'imparfait de l'indicatif; quant au verbe principal, il est au conditionnel présent. L'ordre des propositions n'a, il faut le souligner, aucune importance, on aurait pu aussi bien écrire *je lui dirais monte, si je le trouvais.*

Mais quand la condition est exprimée au plus-que-parfait de l'indicatif, le verbe principal est toujours au conditionnel passé, ce qui est le cas dans la phrase, *si dans ce temps-là on avait regardé dans mon cœur on aurait trouvé un sentiment caché.* Par conséquent la jeune fille fait une faute de français

lorsqu'elle dit *on m'aurait fait poursuivre mes études même si ma famille était encore plus pauvre.* Si elle n'appartenait pas à un milieu très simple ou si elle avait fait des études elle aurait évité la faute et dit : *même si ma famille avait été encore plus pauvre, on m'aurait fait poursuivre mes études.* De même pour *si c'est vrai ça ne devait pas passer inaperçu* il aurait fallu dire : *si c'était vrai, ça ne devait pas passer inaperçu.*

Reste un dernier cas : lorsque la condition s'exprime au présent, le verbe principal est au futur, *si c'est vrai cela ne devra pas passer inaperçu,* ou à l'impératif, *si c'est vrai, dis-le.*

Les emplois du mot *on*

Le mot *on* est d'un emploi fréquent. Ce pronom indéfini est bien commode dans la mesure où il peut avoir plusieurs significations, *on arrive à Sarcelles par un pont et tout à coup, un peu d'en haut, on voit tout ;* ici, *on* signifie les gens en général; mais dans la phrase, *si dans ce temps-là on avait regardé dans mon cœur, on aurait trouvé un sentiment caché, on* a plutôt le sens de quelqu'un.

Le sens de *on* est encore différent dans *on ne pouvait pas faire le mal,* la tournure impersonnelle a l'avantage d'éviter l'emploi de la forme passive peu appréciée en français, mais le sens est bien *le mal ne pouvait pas être fait.* On sait que pour éviter le passif il y a une autre façon de procéder : grâce à la forme pronominale on exprimerait la même idée en disant *le mal ne pouvait pas se faire.* Enfin, il est juste de rappeler que dans la langue parlée on a de plus en plus tendance à employer *on* au lieu de *nous : on s'était parfois trouvé en révolte* pour *nous nous étions parfois trouvé en révolte,* forme nettement plus convenable.

Pour mieux comprendre

du XIXᵉ siècle au XXIᵉ

La jeune fille d'aujourd'hui se raconte en un style clair, direct et brutal

— Elle est aussi unie à sa motocyclette que le chevalier (héros du Moyen Age) ou le cow-boy (héros du XIXᵉ siècle) l'était à son cheval.

— Elle est très exaltée et imaginative; comme ces héros d'épopées (Croisades, conquête du Far West) elle se sent conquérante et veut dominer.

La ville d'aujourd'hui s'impose, tend à créer un nouveau modèle d'homme

— Elle n'est plus à l'échelle humaine, écrase l'individu par sa taille et par la simple répétition des mêmes formes.

— Tout a été calculé d'avance et déterminé une fois pour toutes : la machine à habiter, le centre commercial, la machine à lire et la « Maison des Jeunes ».

— Même le paysage et la campagne sont artificiels.

— La morale est déterminée par l'environnement et les grands auteurs (Verlaine, Valéry, etc.) jouent un rôle qu'ils n'avaient pas prévu.

Un style télégraphique et populaire : le style de l'avenir?

— Style télégraphique : des phrases courtes, sans verbes, qui expriment la constatation pure, l'impression enregistrée à l'état brut, sans descriptions ni commentaires : *Sur des kilomètres... des maisons,* etc.

— Style populaire, par exemple :

qu'est-ce que ça doit pas	pour	qu'est-ce que cela ne doit pas...
qu'est-ce que je fonçais	pour	comme je fonçais (comme j'allais vite !)
j'avais jamais vu	pour	je n'avais jamais vu
chaque bonne femme	pour	chaque femme
ça, mis toujours...	pour	cela, mis toujours...

le bonheur dans une cité nouvelle

Une famille bien adaptée

— Éthel Lefranc poursuit ses études (progression sociale).

— Frédéric ne fait pas partie des bandes de jeunes gens.

— Les travaux du ménage sont partagés et chacun aide les autres.

Un choix nouveau, où le sens religieux est absent, entre

— l'évasion (imagination) ;

— la politique (le socialisme) ;

— conséquence : *Je me mis à pleurer.*

Alfred de Musset a écrit, en 1836, l'histoire de la société française après les guerres européennes et la chute de l'empereur Napoléon Iᵉʳ. Son livre s'appelle « La Confession d'un enfant du siècle » et nous montre la jeunesse entre un passé détruit et un avenir incertain. Par le choix de son titre, Christiane Rochefort s'inscrit donc dans une tradition.

organisateurs et organisés

Comme dans les films (F. Truffaut, *Fahreinheit 451*) ou les romans d'anticipation (G. Orwell, *1984 ;* A. Huxley, *Le meilleur des mondes*), comme chez les abeilles et les fourmis (décrites par Maeterlinck), le monde moderne se divise entre ceux qui organisent et les masses soumises à l'organisation.
— Une intention excellente, fondée sur une grande habileté technique : *Ils avaient tout fait pour que tout soit bien.*
— Résultat : une ville où l'on dort, une cité-dortoir, mais qui s'impose : *Sarcelles, c'était Dieu.* Hors de la discipline, pas de salut, et impossibilité de sortir de ce paradis, *on est changé en statue de sel.*
— Le progrès va trop vite, l'homme n'a pas le temps de prendre racine. La famille Rouvier a été chassée d'une vieille maison il y a quinze ans pour occuper une Cité nouvelle qui, à côté de Sarcelles, est déjà *une vraie antiquité.*
— Conclusion, symbolique de la masse : *Je ne sais pas ce que je veux.*

Pour être juste envers les urbanistes, il faut noter que Sarcelles fut la première tentative française de créer une ville nouvelle après la guerre. On a tiré les leçons de ce semi-échec. Maintenant les problèmes de la vie collective, de l'animation et de la participation sont étudiés avec soin au même titre que l'habitat pur et simple. Les cités nouvelles d'Évry, de Cergy-Pontoise, de Marne-la-Vallée, de Saint-Quentin-en-Yvelines et de Créteil témoignent des efforts faits pour répondre aux questions qui se posaient.

la personne contre le système

Josyane retrouve sa personnalité en sortant de Sarcelles : deux symboles, le grillage et un chemin boueux

— Les maisons montrent leur vérité, les piliers qui les soutiennent.
— Les hommes, travailleurs immigrés venant de pays moins développés, sont restés sains et montrent leur vérité, le désir et la gaîté.
— Une atmosphère de fête, presque magique.

Le charme est rompu

— Le chef de chantier, avec ses mauvaises pensées, fait triompher la morale.
— Brusquement, la honte envahit la jeune fille.
— Deux symboles : *Désordre et ténèbres, respectez et faites respecter,* renforcés par de nombreuses répétitions.

AU TEMPS DE LA RÉVOLUTION INDUSTRIELLE

L'ANONYMAT DES PREMIERS GRANDS ENSEMBLES

ÉMILE ZOLA *montre dans ce passage comment, vers la fin du XIX*e *siècle, vivaient les travailleurs dans un ensemble de maisons (le coron) construit par les propriétaires des mines :*

Au milieu des champs de blé et de betteraves, le coron des Deux-Cent-Quarante dormait sous la nuit noire. On distinguait vaguement les quatre immenses corps de petites maisons adossées, des corps de caserne ou d'hôpital, géométriques, parallèles, que séparaient les trois larges avenues, divisées en jardins égaux. Et, sur le plateau désert, on entendait la seule plainte des rafales, dans les treillages arrachés des clôtures.

Chez les Maheu, au numéro 16 du deuxième corps, rien ne bougeait. Des ténèbres épaisses noyaient l'unique chambre du premier étage, comme écrasant de leur poids le sommeil des êtres que l'on sentait là, en tas, la bouche ouverte, assommés de fatigue. Malgré le froid vif du dehors, l'air alourdi avait une chaleur vivante, cet étouffement chaud des chambrées les mieux tenues, qui sentent le bétail humain.

Quatre heures sonnèrent. [...]. Et, brusquement, ce fut Catherine qui se leva. Dans sa fatigue, elle avait, par habitude, compté les quatre coups du timbre, à travers le plancher, sans trouver la force de s'éveiller complètement. Puis, les jambes jetées hors des couvertures, elle tâtonna, frotta enfin une allumette et alluma la chandelle. Mais elle restait assise, la tête si pesante, qu'elle se renversait entre les deux épaules, cédant au besoin invincible de retomber sur le traversin.

Maintenant, la chandelle éclairait la chambre, carrée, à deux fenêtres, que trois lits emplissaient. Il y avait une armoire, une table, deux chaises de vieux noyer, dont le ton fumeux tachait durement les murs, peints en jaune clair. Et rien autre, des hardes pendues à des clous, une cruche posée sur le carreau, près d'une terrine rouge servant de cuvette.

Germinal, 1885.

Déjà une machine à habiter, avec des formes géométriques simples encore dépersonnalisées davantage par les numéros. Des femmes esclaves, des hommes écrasés de fatigue, des enfants malheureux — ces corons, par leur existence même, annoncent la grève et la révolte.

LA VIE DES MISÉRABLES

VICTOR HUGO *a donné l'immortalité à un jeune garçon de Paris, âgé d'une douzaine d'années — le mot* gavroche *figure maintenant dans les dictionnaires comme nom commun pour désigner un gamin turbulent, moqueur, spirituel et brave :*

Pourtant, si abandonné que fût cet enfant, il arrivait parfois, tous les deux ou trois mois, qu'il disait : « Tiens, je vas voir maman! » Alors il quittait le Boulevard, le Cirque, la Porte Saint-Martin, descendait aux quais, passait les ponts, gagnait les faubourgs, atteignait la Salpêtrière, et arrivait où? Précisément à ce double numéro 50-52 que le lecteur connaît, à la masure Gorbeau.

A cette époque, la masure 50-52, habituellement déserte et éternellement décorée de l'écriteau : « Chambres à louer », se trouvait, chose rare, habitée par plusieurs individus qui, du reste, comme cela est toujours à Paris, n'avaient aucun lien ni aucun rapport entre eux. Tous appartenaient à cette classe indigente qui commence à partir du dernier petit-bourgeois gêné et qui se prolonge de misère en misère dans les bas-fonds de la société jusqu'à ces deux êtres auxquels toutes les choses matérielles de la civilisation viennent aboutir, l'égoutier qui balaie la boue et le chiffonnier qui ramasse les guenilles.

La « principale locataire » du temps de Jean Valjean était morte et avait été remplacée par une toute pareille. Je ne sais quel philosophe a dit : « On ne manque jamais de vieilles femmes. »

Cette nouvelle vieille s'appelait Mme Burgon, et n'avait rien de remarquable dans sa vie qu'une dynastie de trois perroquets, lesquels avaient successivement régné sur son âme.

Les plus misérables entre ceux qui habitaient la masure étaient une famille de quatre personnes, le père, la mère et deux filles déjà assez grandes, tous les quatre logés dans le même galetas, une de ces cellules dont nous avons déjà parlé.

Cette famille n'offrait au premier abord rien de très particulier que son extrême dénuement; le père en louant la chambre avait dit s'appeler Jondrette. Quelque temps après son emménagement, qui avait singulièrement ressemblé, pour emprunter l'expression mémorable de la principale locataire, à *l'entrée de rien du tout*, ce Jondrette avait dit à cette femme qui, comme sa devancière, était en même temps portière et balayait l'escalier : « Mère une telle, si quelqu'un venait par hasard demander un Polonais ou un Italien, ou peut-être un Espagnol, ce serait moi. »

Cette famille était la famille du joyeux petit va-nu-pieds. Il y arrivait, et il y trouvait la pauvreté, la détresse, et, ce qui est plus triste, aucun sourire; le froid dans l'âtre et le froid dans les cœurs. Quand il entrait, on lui demandait : « D'où viens-tu? » Il répondait : « De la rue. » Quand il s'en allait, on lui demandait : « Où vas-tu? » Il répondait : « Dans la rue. » Sa mère lui disait : « Qu'est-ce que tu viens faire ici? »

Cet enfant vivait dans cette absence d'affection comme ces herbes pâles qui viennent dans les caves. Il ne souffrait pas d'être ainsi et n'en voulait à personne. Il ne savait pas au juste comment devaient être un père et une mère.

Du reste sa mère aimait ses sœurs.

Nous avons oublié de dire que sur le boulevard du Temple on nommait cet enfant le petit Gavroche. Pourquoi s'appelait-il Gavroche? Probablement parce que son père s'appelait Jondrette.

Casser le fil semble être l'instinct de certaines familles misérables.

Les Misérables, 1862

Cet enfant de Paris, héritier des traditions révolutionnaires, est tué sur une barricade en 1832. Dans le texte de présentation du Livre de Poche, *on trouve sur Josyane Rouvier le paragraphe suivant : « Cette sœur de Gavroche n'a ni les yeux, ni la langue dans sa poche : pas un rapport de sociologue ou de statisticien ne donnerait sur* Les Petits Enfants du siècle *une idée aussi vivante que cette chronique acidulée qui déclenche le rire en même temps que la réflexion. »*

AU DÉBUT DU SIÈCLE, PARIS : SES OPPOSITIONS

LES CONTRASTES DE LA VILLE

ARAGON se sert d'une description de Paris pour insister sur les contrastes, sur les inégalités et sur l'absence de justice sociale :

Les rêves de la ville avec la tombée de la nuit se prolongent et se précisent comme de déchirantes fumées, et, au-delà du quartier militaire, vers la Seine, il y a de grands silences abandonnés, car ici, passé de petites entreprises, commencent de longs murs enfermant des usines. Les chimères de la gloire font place à des machines maintenant immobiles. Personne ne songe plus dans ces bâtisses assombries où l'acier dort à cette heure. Sur l'autre rive débutent les beaux quartiers. Ouest paisible, coupé d'arbres, aux édifices bien peignés et clairs, dont les volets de fer laissent passer à leurs fentes supérieures la joie et la chaleur, la sécurité, la richesse.

Paris... Mais au nord, à l'est et au sud, Paris commence et dort, pesamment, écrasé, sans rêves, à perte de vue, Paris, chair vannée, maisons, hommes sans toits, bicoques, fortifications, zône, Paris, Paris qui se poursuit au-delà de lui-même dans la suie et le bric-à-brac, dans le désordre pauvre des faubourgs, des chantiers, des usines, de Paris qui s'effile dans sa banlieue interminable, où les édifices espacés surgissent des débris d'un monde de palissades et de démolition, Paris qui fait autour de lui-même de grands moulinets blancs de routes, qui s'étire à travers des cités de sueur, vers une campagne pelée, comme un souvenir de bonheur.

Les Beaux Quartiers, éd. Denoël, 1936

Les cités nouvelles comme Sarcelles étaient destinées à diminuer la menace représentée par la différence excessive entre « les beaux quartiers » et ce que l'administration appelle « les zones insalubres ». Pour que l'objectif soit atteint il faudra que les architectes et les urbanistes mettent à profit les leçons que l'on peut tirer du semi-échec de Sarcelles. Les réalisations actuelles montrent que l'erreur n'a pas été inutile.

LE MYTHE DE LA GRANDE VILLE OU LES SCULPTEURS D'ESPACE

GEORGES DUHAMEL nous montre, par les yeux de Laurent Pasquier enfant, une image de Paris :

Père avait demandé quatre pièces au moins : il y avait quatre pièces. Elles donnaient toutes les quatre, magnifiquement, sur la rue, et, comble d'orgueil, sur un balcon. La rue, le moignon de la rue, qui pouvait y penser d'abord ? Elle était en bas, tout en bas, noyée parmi les ombres infernales. A peine la fenêtre ouverte, l'âme s'envolait sur Paris. Ce n'était pas le Paris clair et bien dessiné qu'on découvre du haut des collines illustres. C'était une immensité confuse de toits, de murs, de hangars, de réservoirs, de cheminées, de bâtiments difformes. A gauche, en se penchant, on apercevait la tour Eiffel enfouie à mi-corps dans ce chaos rocheux, et qui, lors de notre emménagement, était à peine achevée.

La Chronique des Pasquier,
I, *Le Notaire du Havre,* éd. Mercure de France, 1933

Jeune médecin humaniste, il contemple, vingt ans plus tard, une ville plus ordonnée et médite sur les problèmes de l'urbanisme :

Et maintenant respirez, regardez Paris. Écoutez aussi, car cette immense rumeur laborieuse, c'est le souffle et la respiration de Paris. C'est une très grande ville. Si elle s'étalait au milieu d'une vaste plaine, comme d'autres grandes villes du monde, on n'en verrait pas les limites ; mais vous pouvez découvrir presque partout les collines vertes, la campagne. Quelle bonne leçon de modestie ! Paris ne peut pas s'enivrer de sa grandeur. Quand les Romains célébraient un de leurs chefs, il y avait toujours près du triomphateur un esclave qui répétait sans arrêt : « Souviens-toi que tu n'es qu'un homme ! » La glorieuse ville triomphe, mais, de partout, les arbres et les herbes lui disent, avec leurs millions de voix, que les plus grandes villes du monde ne sont pas infinies. Partout d'ailleurs, la nature végétale crève la pierre et le bitume. Partout des arbres, partout des jardins, partout de somptueux espaces vides. La plus grande beauté d'une ville n'est pas dans les édifices, elle est dans l'espace libre entre les édifices. Les plus grands artisans de villes sont les sculpteurs d'espace.

La Chronique des Pasquier,
VIII, *Le Combat contre les Ombres,*
éd. Mercure de France, 1938

La ville, certes, est vivante et gigantesque, mais elle n'aliène pas l'homme. On peut même espérer qu'elle va devenir une sorte d'amie.

LES ÉLÉMENTS D'UN DÉCOR

FRANÇOIS NOURISSIER s'engage plus avant quand il écrit, pour donner l'idée générale du passage : « Entre un homme et sa ville, c'est le mariage. » A l'indifférence des habitants des grands ensembles à l'égard de leur ville (où presque tous ne vivent que la nuit), l'auteur oppose la complicité qui unit l'homme à son quartier, au décor dans lequel sa vie se passe :

De vieilles maisons, de vieilles vies, voilà mon décor. Il a imprégné tout ce que je pense, mes gestes, mes habitudes. Entre un homme et sa ville, c'est le mariage. Mon décor a donné à la fois leur lourdeur et leur solidité à mes jours. Il est là, connu jusqu'à l'écœurement, saturé de vie, de ma vie, avec ses usages appris, puis oubliés, ses métamorphoses si lentes et, malgré l'apparition de nouveaux visages, un sentiment d'offusquante immobilité. Pourtant, immobile entre tous, et le lieu de ma propre immobilité, mon quartier m'a aussi appris, je m'en aperçois, le passage de tout, la vanité des établissements, des audaces. Il paraissait ne pas changer, ne devoir jamais changer, mais dans le même temps, il m'enseignait les vieillissements par quoi les paysages urbains, comme les corps, s'altèrent. Immuable, il était secrètement le lieu d'un inexorable mouvement. De sorte que je sentis à la fois durer et passer tout ce qui m'entourait, et que mes obsessions — de ce qui est invulnérable et de ce qui sans cesse se détruit — m'ont guetté pendant vingt-trois années dans un quadrilatère à peu près dessiné par la Seine au nord, le Luxembourg* au sud, la rue de la Montagne-Sainte-Geneviève* à l'est et la rue des Saints-Pères à l'ouest. Mes enfants sont nés ici. Ils y ont jusqu'à ce jour vécu. C'est ce noir, c'est cette crasse, avant que la mode ne fût au nettoyage, qu'ils ont appelés maisons, sur ces trottoirs qu'ils ont appris à lâcher nos mains pour courir, loin devant nous, jusqu'aux vitrines où l'on voyait des jouets. Ce sont ces rues (devenues entre-temps d'affreux égouts à voitures) qu'ils ont un jour — victoire des petits garçons — traversées seuls pour la première fois.

Un Petit-bourgeois, éd. Grasset, 1963

L'homme et son milieu ne font qu'un, ils souffrent, s'usent et vieillissent ensemble, malgré leur différence de nature.

LE BISTROT OU LA VIE DU QUARTIER

ROBERT SABATIER *a lui aussi été sensible aux rapports qui s'établissent entre la ville et l'homme. Dans une grande ville comme Paris ceux-ci se situent au niveau du quartier ou même de la rue. Certaines rues de Paris sont restées des sortes de villages où chacun se connaît. Olivier, un jeune garçon qui habite depuis la mort de sa mère chez son oncle dans les beaux quartiers de Paris qu'il n'aime pas, a gardé la nostalgie de la Butte Montmartre où il a grandi librement dans une atmosphère chaleureuse. Il décide d'y retourner et s'arrête un moment au café qui se trouve au coin de la rue où il est né :*

Par les escaliers de la rue du Mont-Cenis, Olivier atteignit la rue Caulaincourt. Au coin de la rue Bachelet, son cœur battit plus fort. Il revint en arrière, traversa la rue, entra au Balto et, au comptoir, commanda :

— Un p'tit crème !

On lui servit un verre brûlant dans lequel il mit trois sucres. Les croissants dans les corbeilles étaient dorés, croustillants, et répandaient une bonne odeur de beurre chaud, mais Olivier craignait de manquer d'argent. Il se contenta de respirer les odeurs du bistrot*. Le délicieux café-crème lui donnait des forces. Il regarda la vapeur

s'échapper du percolateur, les bouteilles de spiritueux colorés, les rangées de verres. Les mouvements du garçon étaient vifs et précis. Il augurait la commande du client : un crème*, un noir, un blanc, un blanc-Vichy*? Non, un demi*. Et la bière partait à l'assaut du verre. Le garçon écartait la mousse avec une règle plate en buis, laissait juste ce qu'il fallait de faux col et servait en disant : « Un demi, boum! »

Autour d'Olivier, les conversations portaient sur le temps, le P.M.U.*, le Tour de France*. Il reconnut des visages familiers : Lulu, l'aveugle, et aussi une naine avec un gros chignon roux piqué d'une multitude d'épingles, et qui semblait lui demander : « Qu'est-ce que tu fais là, toi? » Et Olivier redressait sa taille, s'accoudait au comptoir comme un vieil habitué.

Trois Sucettes à la Menthe, éd. A. Michel, 1972

Dans ces cafés ou bistrots, les gens se connaissent ou font connaissance, on commente autour du comptoir les nouvelles du jour, on parle de sport, de politique, des voisins. Les sociologues constatent que la fonction sociale du café est un élément important de la communication urbaine.

ASPECTS DE LA VILLE

BLAISE CENDRARS *voit le grand port français sur la Méditerranée avec les yeux du voyageur qui retrouve son pays :*

Je n'ai jamais habité Marseille et une seule fois dans ma vie j'y ai débarqué descendant d'un paquebot, le *d'Artagnan*, mais Marseille appartient à celui qui vient du large.

Marseille sentait l'œillet poivré, ce matin-là.

Marseille est une ville selon mon cœur. C'est aujourd'hui la seule des capitales antiques qui ne vous écrase pas avec les monuments de son passé. Son destin prodigieux ne vous saute pas aux yeux, pas plus que ne vous éblouissent sa fortune et sa richesse ou que ne vous stupéfie par son aspect ultra-ultra (comme tant d'autres ports *up to date*) le modernisme du premier port de France, le plus spécialisé de la Méditerranée et l'un des plus importants du globe. Ce n'est pas une ville d'architecture, de religion, de belles-lettres, d'académie ou de beaux-arts. Ce n'est point le produit de l'histoire, de l'anthropogéographie, de l'économie politique ou de la politique, royale ou républicaine. Aujourd'hui elle paraît embourgeoisée et populacière. Elle a l'air bon enfant et rigolarde. Elle est sale et mal foutue. Mais c'est néanmoins une des villes les plus mystérieuses du monde et des plus difficiles à déchiffrer.

Je crois tout simplement que Marseille a eu de la chance, d'où son exubérance, sa magnifique vitalité, son désordre, sa désinvolture. Oui, Marseille est selon mon cœur...

L'Homme foudroyé, éd. Denoël, 1945

L'homme ne peut pas rester séparé de ce qui l'entoure. L'image de cette ville fait naître en lui la joie, l'enthousiasme, l'appétit de vivre et de comprendre. Le romancier découvreur de mondes a conscience de son pays retrouvé.

JEAN-PAUL SARTRE *situe son premier roman à Bouville (nous savons que c'est le grand port qui se trouve à l'embouchure de la Seine, le Havre). Voici un paysage de ce quartier industriel et ouvrier :*

Ici il n'y a que du noir. Le vent m'apporte par intermittence une petite sonnerie solitaire, qui vient de loin. Les bruits domestiques, le ronflement des autos, les cris. les aboiements ne s'éloignent guère des rues éclairées, ils restent au chaud. Mais cette sonnerie perce les ténèbres et parvient jusqu'ici : elle est plus dure, moins humaine que les autres bruits.

Je m'arrête pour l'écouter. J'ai froid, les oreilles me font mal; elles doivent être toutes rouges. Maïs je ne me sens plus; je suis gagné par la pureté de ce qui m'entoure; rien ne vit; le vent siffle, des lignes raides fuient dans la nuit. Le boulevard Noir n'a pas la mine indécente des rues bourgeoises, qui font des grâces aux passants. Personne n'a pris soin de le parer : c'est tout juste un envers. L'envers de la rue Jeanne-Berthe-Cœuroy, de l'avenue Galvani. Aux environs de la gare, les Bouvillois le surveillent encore un petit peu; ils le nettoient de temps en temps, à cause des voyageurs. Mais, tout de suite après, ils l'abandonnent et il file tout droit, aveuglément, pour aller se cogner dans l'avenue Galvani. La ville l'a oublié. Quelquefois, un gros camion couleur de terre le traverse à toute vitesse, avec un bruit de tonnerre. On n'y assassine même pas, faute d'assassins et de victimes. Le boulevard Noir est inhumain. Comme un minéral. Comme un triangle. C'est une chance qu'il y ait un boulevard comme ça à Bouville. D'ordinaire on n'en trouve que dans les capitales, à Berlin, du côté de Neukôlln ou encore vers Friedrichshain — à Londres derrière Greenwich. Des couloirs droits et sales, en plein courant d'air, avec de larges trottoirs sans arbres. Ils sont presque toujours hors de l'enceinte, dans ces étranges quartiers où l'on fabrique les villes, près des gares de marchandises, des dépôts de tramways, des abattoirs, des gazomètres. Deux jours après l'averse, quand toute la ville est moite sous le soleil, et rayonne de chaleur humide, ils sont encore tout froids, ils conservent leur boue et leurs flaques.

La Nausée, éd. Gallimard, 1938

Cet homme jeune, parisien de cœur, se sentait isolé et exilé au Havre. Un adjectif caractérise ce paysage inhumain et les détails susceptibles de donner la nausée au philosophe sont nombreux et frappants (rien ne vit, les lignes raides fuient dans la nuit, un envers, couleur de terre, sale, abattoirs, boue, etc.).

L'AME COLLECTIVE

PARIS DESCEND AU TRAVAIL

JULES ROMAINS est l'inventeur de l'Unanimisme, perspective dans laquelle les groupes humains ont une âme particulière, distincte de celle de chacun des individus. Les artistes seuls peuvent saisir cette âme collective, dont nous sentons tous la présence, et la décrire. A Paris, tous ceux qui se rendent au travail le matin du 7 octobre 1933 donnent à cette partie de la ville qui semble se déplacer une existence séparée, chaque personne est comme une cellule dans un immense organisme :

De ses collines, de ses plaines faiblement surélevées et penchantes, Paris descend au travail. Son mouvement est un peu le même qu'il y a vingt-cinq ans, un peu autre. Comme le centre a bougé vers l'ouest, beaucoup d'itinéraires, à partir des quartiers périphériques et des faubourgs, se sont inclinés aussi du côté du couchant. Mais surtout ce remuement matinal a gagné en ampleur et en complication. Les banlieues se sont peuplées, étendues. Les points de départ se distribuent dans tous les secteurs d'un vaste territoire. Il ne s'agit plus du ruissellement quasi naturel d'une grande ville vers sa cuvette centrale. Par centaines de milliers, ces déplacements d'hommes et de femmes, du logis au lieu de travail, sont devenus des voyages laborieux, concertés par une longue réflexion, améliorés par l'expérience, servis par des moyens dont l'ajustement réclame de l'étude, de la promptitude, de la chance. Des centres de travail ont apparu ou démesurément grossi là où régnait jadis de l'habitation éparse, du terrain vague, du jardin maraîcher. Ils attirent à eux de nombreux mouvements nés tout au loin. Le quai de Javel, Billancourt, vont chercher dans leur lit des gens de Belleville, de la Plaine-Saint-Denis, du Kremlin-Bicêtre. Les moyens de transport ont suivi, ou parfois précédé et orienté, ce développement abstrait. Le piéton qui descend, d'un pas juste un peu pressé, une rue de Montmartre ou de Ménilmontant, en lisant son journal, avec un coup d'œil de temps en temps à une horloge, n'est pas encore une survivance. Mais il prend déjà quelque chose

d'anachronique et de privilégié; comme un artisan de la rue Pixérécourt, à qui son cousin, monteur à la chaîne des usines Citroën, rend visite. Le travailleur d'octobre 1933, en route vers son travail, est plutôt un homme debout, serré entre beaucoup d'autres, sur la plate-forme d'un tramway de banlieue. Il a une main tendue tout au bout du bras pour s'accrocher tant bien que mal à une barre, à une courroie. De l'autre main il tient un journal plusieurs fois replié, qu'un voisin écrase contre lui. Il fait des prouesses de jongleur pour continuer de page en page la lecture d'un article, car les journaux ont justement inventé de couper ceux de leurs articles qui ont quelque intérêt en au moins deux tronçons qui, de la page 1 à la page 7, se dissimulent comme des chenilles dans l'herbe. Il s'énerve à cause des arrêts et des ralentissements. Malgré toute l'habitude qu'il peut avoir, il ne cesse de penser à la bouche de métro qui s'ouvrira tout à l'heure à cinquante mètres de l'arrêt du tram; à ces cinquante mètres qu'il lui faudra franchir plus vite que d'autres; à l'escalier qu'il faudra descendre.

Les Hommes de bonne volonté, éd. Flammarion, 1944

Comme tout corps vivant, la ville a évolué, mûri et peut-être vieilli. Le nombre d'usines et de bureaux s'est accru, et également, par conséquent, le nombre de gens qui habitent loin de leur travail. Le romancier pressent les problèmes d'aliénation et de dépersonnalisation que soulève le déplacement quotidien d'une multitude de personnes et l'on peut voir, aujourd'hui où des contestataires ont inventé le slogan Métro, boulot, dodo*, comme cette description est juste, prophétique même. La fin du passage évoque une autre cause collective de tension : la situation politique est grave, Hitler* et Mussolini* font des discours agressifs. Chaque matin, avant le travail, les gens cherchent dans leurs journaux des motifs d'espoir, et ils y trouvent au contraire des nouvelles qui font naître la peur, la colère ou le dégoût.

LA VIE QUOTIDIENNE ET LA PART DU RÊVE

PAUL GUIMARD attire aussi notre attention sur un aspect particulier aux grandes villes, les mouvements quotidiens de population. Beaucoup de gens vivent loin de leurs lieux de travail; voici les pensées de M. Verne qui habite à 25 km de Paris et fait donc chaque jour 50 km dans le train :

Étant donné que j'ai pris à Garches le train de huit heures treize, je ne peux pas douter qu'il soit huit heures quarante et une minutes à l'instant où je débarque à Saint-

Lazare. Les trains de banlieue sont trop bien dressés pour que je puisse conserver là-dessus la moindre incertitude et pourtant, chaque matin en posant le pied sur le pavé de la Cour de Rome, je lève vers la grande horloge de la gare un œil plein de candeur. C'est sans doute ce que l'on appelle « la part de rêve ». Les banlieusards mériteraient qu'une fois dans leur vie le train biquotidien, oubliant qu'il n'est qu'un moyen de transport, leur offre le miracle d'un vrai voyage. On monterait à Pont-Cardinet. En sortant de la gare on lèverait les yeux vers l'horloge de Saint-Lazare*, mais ce serait Venise. Neuf heures sonneraient au campanile de Saint-Marc, l'heure exquise...

Le miracle n'est pas pour aujourd'hui. J'ai tout juste le temps de franchir les cent mètres de la rue du Havre, et Mme Benett-Desbordes aime que ses collaborateurs — son staff — soient exacts. En arrivant en retard, je m'exposerais à un sec « Bonjour, Verne », au lieu de « Comment allez-vous, mon petit François ? », impérieusement amical, que me méritera mon respect de l'horaire.

Il me reste quelques minutes pour songer que je vais quitter Irène. J'aurai de la peine, elle aura mal. Tout cela est peut-être inutile mais je sais que je vais quitter Irène, que cet arrachement nous laissera écorchés et vulnérables mais pour des raisons différentes, c'est tout le problème.

Lorsque je vais ouvrir la porte de mon bureau, je n'aurai plus le temps de penser à Irène. Je travaille à la maquette de « La Maison du Bonheur ».

« Mon petit François, dira Mme Benett-Desbordes, je vous le demande comme un service, ayez du génie. » Dans la publicité, on n'a pas peur des mots.

Irène, mon cœur, comment analyser notre future solitude quand je dois présenter le bonheur en trois pièces tout confort, en trois ans de crédit, le bonheur à la portée de tous les cœurs, de toutes les bourses et de tous les goûts ?

Rue du Havre, éd. Denoël, 1957

Le banlieusard qui passe plus d'une heure par jour dans les transports publics pour se rendre à son travail entre dans un système parfaitement organisé qui se répète quotidiennement et ne laisse aucune place à l'imprévu ou à la fantaisie. C'est cette sensation que certains ont appelé l'aliénation urbaine. Le seul moyen d'échapper à cette mécanique implacable qui impose sa loi aux travailleurs des grandes villes, c'est le rêve, d'où l'importance des verbes au conditionnel dans ce texte. Dans la seconde partie, les deux thèmes du travail et de la vie personnelle s'entrecoupent, s'enlacent et se fondent.

MARGUERITE DURAS *se rappelle la petite ville du centre de la France qui se confond avec son enfance et son adolescence, petite ville qui, sans l'imagination, aurait pu devenir une prison :*

Nevers où je suis née, dans mon souvenir, est indistinct de moi-même.

C'est une ville dont un enfant peut faire le tour.

Délimitée d'une part par la Loire*, d'autre part par les Remparts.

Au-delà des Remparts il y a la forêt.

Nevers peut être mesurée au pas d'un enfant.

Nevers « se passe » entre les Remparts, le fleuve, la forêt, la campagne. Les Remparts sont imposants. Le fleuve est le plus large de France, le plus renommé, le plus beau.

Nevers est donc délimitée comme une capitale.

Quand j'étais une petite fille et que j'en faisais le tour, je la croyais immense. Son ombre, dans la Loire, tremblait, l'agrandissant encore.

Cette illusion sur l'immensité de Nevers je l'ai gardée longtemps, jusqu'au moment où j'ai atteint l'âge d'une jeune fille.

Alors Nevers s'est fermée sur elle-même. Elle a grandi comme on grandit. Je ne savais rien des autres villes. J'avais besoin d'une ville à la taille de l'amour même. Je l'ai trouvée dans Nevers même.

Dire de Nevers qu'elle est une petite ville est une erreur du cœur et de l'esprit. Nevers fut immense pour moi.

LA PETITE VILLE D'AUTREFOIS

Le blé est à ses portes. La forêt est à ses fenêtres. La nuit, des chouettes en arrivent jusque dans les jardins. Aussi faut-il s'y défendre d'y avoir peur.

L'amour y est surveillé comme nulle part ailleurs.

Des gens seuls y attendent leur mort. Aucune autre aventure que celle-là ne pourra faire dévier leur attente.

Dans ces rues tortueuses se vit donc la ligne droite de l'attente de la mort.

L'amour y est impardonnable. La faute, à Nevers, est d'amour. Le crime, à Nevers, est le bonheur. L'ennui y est une vertu tolérée.

Des fous circulent dans ces faubourgs. Des bohémiens. Des chiens. Et l'amour.

Dire du mal de Nevers serait également une erreur de l'esprit et du cœur.

Hiroshima mon amour, éd. Gallimard, 1960

Cette jeune Française élevée en province trouve, dans l'atmosphère de Nevers marquée par l'étroitesse d'esprit, la force de ses rêves. Elle brise les barrières artificielles des préjugés et de la politique : elle aime d'abord un Allemand de l'armée d'occupation, puis un Japonais... Le roman, et le célèbre film Hiroshima mon amour *(réalisé par Alain Resnais), sont nés d'une soif de fraternité humaine.*

LA VIE EN DIRECT : RÉPONSES A UNE ENQUÊTE

Châteaux en Espagne

« Être propriétaire d'une de ces habitations andalouses du sud de l'Espagne, cachées à l'ombre des citronniers et des orangers. Elles ont une petite cour dallée de marbre frais et sont garnies d'une multitude de fleurs suaves. A leur centre s'élève un petit bassin intérieur d'où l'on entend le bruissement très doux d'une eau fraîche et transparente. Le calme profond, la sérénité, la douceur et la fraîcheur des ombres intérieures de ces maisons sont propices à toutes les poésies, à toutes les méditations, à tous les raffinements d'une sensualité quasi métaphysique.
Hélas ! une telle maison « seigneuriale » doit coûter très cher, et son prix est hors de proportion avec un salaire d'employé de la R.A.T.P.* (mon rêve secret était de devenir médecin psychiatre. Aux antipodes, n'est-ce pas?). Alors, quand je m'approche de ma fenêtre, que j'observe le béton planté en face, le ciel gris et triste, la foule du petit matin qui se rend à son travail et que je transporte dans mon autobus, c'est vrai, c'est exactement à tout cela que j'aspire, et tant pis pour moi si ce que j'ai écrit peut prêter à sourire... »
Pierre Allouche - BAGNEUX.

Le ghetto des « artistes »

« ... J'habite une H.L.M. dans un quartier de banlieue, assez déshérité en structures culturelles et nous aimerions avec quelques femmes, créer des ateliers, des lieux de rencontre, mais cela est très difficile, et pourtant, isolément, chacune se plaint du manque d'échanges, de contacts... Déjà, lorsque j'étais étudiante, j'avais souffert du peu de place réservé à l'art, sous quelques formes que ce soit. Et le mépris, le « ghetto » dans lequel on enferme les « artistes », mal considérés. Ce que l'on a du mal à admettre quand on voit tant de laideur autour de soi, il y aurait tant à faire... Mais ne rêvons-nous pas notre vie, au lieu de vivre nos rêves?... Justement, ne sommes-nous pas trop individualistes, ne pensons-nous pas trop à notre petit bonheur personnel? »
Mme Cooper, 46 ans, mère de famille, SURESNES.

Solitude des grands ensembles

« ... J'habite une de ces villes de banlieue, sans intérêt, où les espaces verts sont rares..., où pratiquement personne ne se connaît... Si je suis seule et que je rencontre une personne de mon immeuble, nous nous croisons en osant à peine nous regarder, encore moins nous parler. Si je croise cette même personne et que j'ai mon bébé dans les bras, le contact s'établit presque toujours.
L'homme ou la femme sourit à l'enfant et par ricochet, à la mère... C'est grâce à mon fils que j'ai pu par exemple, faire la connaissance de ma voisine qui a un petit garçon du même âge que le mien. Du coup, nous nous sommes souri, nous avons parlé vaccin, maladies, éducation et depuis, nous nous rendons mutuellement service, nous nous rendons visite... »
Claire Doyard - ATHIS-MONS.

Chaleur humaine

« Quand je ne travaille pas... j'aime beaucoup aimer. Je souhaiterais beaucoup de spontanéité, de chaleur, de folie, dans les rapports humains. J'aimerais pouvoir adresser la parole à quelqu'un dans la rue ou à un feu rouge parce qu'il a une tête sympa.
J'aurais envie de multiplier dans le pays des radios pirates, des associations dynamiques préoccupées à la fois par un changement de société et par les aspirations sentimentales et spirituelles des individus. »
Mme C. BAYONNE.

LA VILLE ET LA VIE

Les techniques nouvelles ont permis de construire beaucoup plus vite, beaucoup plus haut et, pour remédier à la terrible pénurie de logements qui sévissait en Europe à la fin de la Deuxième Guerre mondiale, on a visé davantage à la quantité qu'à la qualité.

« ... l'avènement des grands ensembles uniformise et banalise la vie quotidienne des individus et leurs conditions générales d'existence, c'est ce qu'on a appelé le processus de massification. Contre les effets aliénants de la nouvelle modernisation, les hommes éprouvent le besoin de s'affirmer individuellement et collectivement dans des communautés qui demeurent à leur échelle, à leur mesure. »

P. Fougeyrollas

Vivre dans la ville

Édifier des grands ensembles ou des petites cités. Construire des tours ou des maisons individuelles. Créer des espaces verts ou des écoles. Tracer des routes ou des chemins pour les piétons. Faire en sorte que tous ces choix soient pour organiser au mieux la ville. Tel est l'objectif difficile à atteindre de l'urbanisme. Il y a aujourd'hui 30 millions de Français qui résident dans des villes de plus de 2 000 habitants. Il y en aura 45 millions en 1985 (soit 73 pour 100 de la population) et 58 millions en l'an 2000 (soit 77 pour 100 de la population). D'ici à trente ans, les citadins seront environ deux fois plus nombreux. Il faudra en quelques dizaines d'années aménager des agglomérations aussi vastes que Paris, Lyon ou Marseille qui se sont construites lentement au cours de plusieurs siècles.

L'ampleur et la rapidité de l'urbanisation, dues à la poussée démographique et au passage d'une économie surtout agricole à une économie surtout industrielle, inquiètent. Entre les plans des techniciens qui promettent des cités de rêve et la réalité quotidienne vécue par chacun, le divorce est souvent trop net. Les villes anciennes envahies par le bruit et la circulation automobile deviennent « invivables », se plaint-on. Les cités modernes dépourvues de distractions et d'équipements sociaux ou culturels n'ont guère d'attrait. La laideur des bâtiments défigure les paysages. La montée des prix des terrains oblige à construire en hauteur. Les immeubles de luxe chassent les habitants les plus pauvres dans les banlieues, loin des lieux de travail. Les décisions sont prises sans tenir compte des véritables besoins.

Un nouvel urbanisme est encore à inventer. Les schémas directeurs actuellement mis au point fourniront peut-être cette occasion. Ici et là, des efforts sont faits pour informer les habitants et les consulter sur le cadre de vie qu'ils souhaitent. Les urbanistes eux-mêmes évoluent et cherchent à aménager des villes à une échelle plus « humaine ». Les Pouvoirs publics prennent conscience de l'enjeu, sans toutefois prendre toujours les décisions nécessaires, qu'il s'agisse du prix trop élevé des sols ou du respect des plans édictés.

Étienne Mallet.
Le Monde « Dossiers et Documents »,
n° 4, juin 1973.

ON S'APERÇOIT MAINTENANT DE PLUS EN PLUS QU'IL Y A UNE RELATION ENTRE LE BIEN-ÊTRE MENTAL ET L'HABITAT.

Au cours des Entretiens de Bichat le cas des dépressions nerveuses a fait l'objet de larges discussions.

Le docteur P. Solignac, médecin généraliste (Paris), a fait remarquer que les dépressions secondaires dues à l'épuisement physique et nerveux, sont de plus en plus nombreuses en milieu urbain. Elles touchent le plus souvent les cadres moyens et supérieurs ayant d'importantes responsabilités ou les hommes entre quarante et soixante ans exerçant une profession libérale. Ils ont en commun l'amour de leur métier, se sentent responsables si ce n'est indispensables, ne pratiquent aucun sport et n'ont pas de passe-temps favori.

Ces malades, qui ne consultent que rarement leur médecin, présentent en premier lieu des symptômes d'épuisement — qu'ils traitent par le mépris — et ensuite des manifestations dépressives, telles que l'angoisse, l'indécision, l'irritabilité, la colère, des phobies multiples... Ces symptômes sont du reste minimisés par les malades qui consultent leur médecin « pour obtenir la permission de continuer à se surmener et l'ordonnance qui leur permettra de continuer ».

La tâche du praticien est souvent difficile car il faut obtenir du malade un vrai repos associé à des toniques classiques. Si le premier stade de l'épuisement n'a pas été traité avec vigueur, il n'est pas rare que le malade sombre dans un état de dépression grave et doive être alors hospitalisé.

Les victimes de ces grands syndromes d'épuisement sont souvent des personnalités fragiles, anxieuses, supportant mal les responsabilités et les agressions inhérentes à leur métier. Ils compensent la baisse progressive de leur rendement physique et intellectuel par une hyperactivité et une agitation qui précipitent l'effondrement. Plus ils sont fatigués plus ils travaillent, en une sorte de toxicomanie d'un genre particulier favorisée par la structure des sociétés modernes.

Il est utile, comme l'a fait le docteur Solignac, de dénoncer l'abusive « psychiatrisation » de ces syndromes d'épuisement, et, devant l'augmentation de leur fréquence, de dénoncer également le caractère pathologique des structures de travail ou de vie professionnelle et sociale qui les sécrètent.

(BNF* 18-10-75)

LA SOLUTION : RECONSTRUIRE LES VILLES A LA CAMPAGNE

En fait, la politique de décentralisation ne fait guère que commencer et il ne faut pas oublier qu'il aura fallu plus de 20 ans pour mener à bien celle de l'industrie, dont on ne commence que seulement à entrevoir la fin. Cette tâche prioritaire sera celle de la société post-industrielle dans laquelle nous entrons.

Faisons le point

Les petits Enfants du siècle, roman écrit en 1961, se situe dans un des premiers grands ensembles urbains construits en France après la guerre. Les faits que rapporte Christiane Rochefort, le décor et le milieu dans lesquels les personnages évoluent, les problèmes que pose le récit, fournissent depuis une vingtaine d'années des sujets d'études aux urbanistes et des sujets de réflexion aux municipalités, aux syndicats et aux pouvoirs publics.

En effet, les Français deviennent de plus en plus un peuple de citadins, ils sont à l'heure actuelle près de 35 millions à résider dans des villes de plus de 2 000 habitants : les migrations professionnelles commencées au début du siècle (par ex. la famille de Georges Duhamel), le développement industriel, celui du secteur tertiaire (les activités dites de service), ont eu pour effet d'accélérer l'urbanisation.

Ce phénomène de croissance urbaine rapide est dû non seulement au passage d'une économie surtout agricole à une économie surtout industrielle entraînant une forte augmentation du nombre des travailleurs étrangers, mais aussi à une assez sensible poussée démographique.

Malgré les différentes tentatives de décentralisation des différents gouvernements de la Vᵉ République, la région de Paris compte aujourd'hui environ 9 millions d'habitants, près d'un Français sur six vit donc à l'intérieur de l'agglomération parisienne et s'y déplace...

L'urbanisation n'a pas que des conséquences économiques, sociales ou culturelles immédiates, elle contribue aussi à accentuer le brassage de la population : les mariages se font davantage en dehors des cercles traditionnels; le choix du conjoint intervient au sein de groupes différents et plus vastes qu'autrefois, ce qui entraîne de profonds changements dans la façon de vivre, de se comporter et de penser des Français.

L'ampleur et la rapidité du développement urbain ne sont aucunement limitées aux métropoles comme Paris, Marseille, Lyon, Lille, Bordeaux, Strasbourg, Grenoble, Toulouse, Rennes ou Clermont-Ferrand, il affecte tout autant les villes moyennes ou même petites.

Cette croissance accélérée pose de multiples problèmes dont la société française a pris peu à peu conscience, l'opinion publique s'en préoccupe et s'y intéresse souvent avec passion. Certes, une politique de l'aménagement du territoire s'efforce de remédier aux différents déséquilibres engendrés par les mutations en cours. Elle a pour objet à la fois de limiter la croissance de villes anciennes et de les préserver du bruit et des automobiles qui les envahissent et les asphyxient, et de créer des villes nouvelles, de les aménager et de les animer de telle façon que ceux qui les habitent aient non seulement le goût d'y vivre, mais également le temps d'y vivre en dépit des déplacements et des transports dont parlent Jules Romains et Paul Guimard.

Comme Nourissier, les Français attachent toujours beaucoup d'importance, même quand ils y sont habitués, au décor de la vie quotidienne que composent pour eux les maisons qui les entourent; ils restent particulièrement sensibles aux échanges humains et aux formes de la vie collective que ressent si bien le jeune Olivier lorsqu'il retrouve, dans le bistrot de son ancien quartier, l'écho de conversations déjà entendues. Ce besoin de familiarité avec un décor qui ne soit pas anonyme, tout comme ce sentiment de complicité banale avec les autres, exprime en fait le désir de chacun de s'isoler du gigantisme urbain et de retrouver dans son quartier le village d'autrefois.

■ *Montrez comment les textes cités conduisent progressivement à une sorte de réconciliation de l'individu et de la ville. Analysez l'hostilité que l'on trouve dans les deux premiers extraits. Montrez comment les autres romanciers admettent leur ville et, d'une certaine manière, l'aiment.*

■ *Comparez le comportement des enfants dans les textes de Rochefort, Hugo, Sabatier et Duhamel.*

■ *Examinez les rapports de la ville et de la campagne, d'abord chez les deux romancières citées, Rochefort et Duras, et ensuite chez les romanciers, Zola, Duhamel, Sartre et Romains.*

■ *Comparez la notion de voyage chez Romains et Guimard.*

■ *Le milieu urbain et les classes sociales : présentez leurs rapports tels qu'ils existent chez Zola, Aragon, Nourissier, Sabatier et Rochefort.*

■ *Commentez cette phrase de Duhamel :* Les grands artisans des villes sont des sculpteurs de l'espace.

■ *Pourquoi les hommes ont-ils tant de mal à se sentir solidaires dans les villes nouvelles? Quelle différence, d'après ces passages, y a-t-il entre la vie à Paris et la vie en banlieue?*

■ *Si je puis dire un mot aux jeunes, c'est celui-ci :* Regardez en vous et reconnaissez que vous procédez d'un milieu qui est indissociable de toutes vos sensations et de toutes vos initiatives. *(Le Corbusier) Commentez cette affirmation du grand architecte suisse contemporain en vous servant des textes de l'ensemble.*

Thème de réflexion et de discussion

Le problème de la communication et celui de la participation ne sont-ils pas fondamentaux? Peut-on espérer que les architectes et les urbanistes y apporteront des solutions dans les villes de demain?

RELIGION, FOI ET CROYANCES

Georges Bernanos :

JOURNAL D'UN CURÉ DE CAMPAGNE

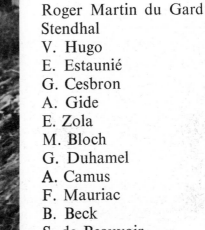

Roger Martin du Gard
Stendhal
V. Hugo
E. Estaunié
G. Cesbron
A. Gide
E. Zola
M. Bloch
G. Duhamel
A. Camus
F. Mauriac
B. Beck
S. de Beauvoir
H. de Montherlant
A. Chamson

GEORGES BERNANOS,

est un des plus grands romanciers catholiques de notre siècle.

Il est né, en 1888, à Paris où son père, d'origine lorraine et d'ascendance espagnole, était tapissier décorateur. Sa mère venait d'une famille de paysans du Berry. Bernanos est donc, comme beaucoup de Parisiens, né de parents ayant encore des attaches solides avec la province française. Il reçut une éducation entièrement catholique.

De 1906 à 1913, il fait ses études supérieures à Paris, à la Faculté de Droit et à l'Institut catholique*.

Dès l'âge de seize ans, il se fait remarquer par le nombre et la variété de ses lectures (Balzac, Zola, Walter Scott*, etc.) et par une exubérante activité politique. Admirateur de « l'Action Française* » et des écrivains d'extrême-droite (Maurras*, Drumont*, Daudet*) il participe avec fougue à des manifestations, d'abord à Arras puis à Paris. Il serait trop long de faire la liste de ses démêlés avec la police. De cette période de sa vie, il écrira *Pour tout dire, j'aimais le bruit.*

A partir de 1913, pendant un an, il dirige un hebdomadaire royaliste, « L'Avant-Garde de Normandie » et poursuit une violente polémique contre le philosophe libéral Alain*, qui écrivait dans « Le Journal de Rouen. »

En 1914, au début de la Grande Guerre, il est réformé pour raisons de santé mais multiplie les démarches pour s'engager. Finalement, il réussit et fera toute la guerre dans un régiment de dragons; il est blessé plusieurs fois. En 1917, il épouse Jeanne Talbert d'Arc, descendante directe d'un frère de Jeanne d'Arc.

A la fin de la guerre, en désaccord avec la politique de l'Action Française, Bernanos ne reprend pas son activité de journaliste et devient, d'abord à Paris puis en Lorraine, agent d'une compagnie d'assurances. En même temps, il fait ses débuts d'écrivain dans les trains et les hôtels et c'est au hasard de ses voyages, sur des coins de table, qu'il écrit son premier roman, *Sous le Soleil de Satan : J'écris dans les salles de café ainsi que j'écrivais jadis dans les wagons de chemin de fer, pour ne pas être dupe de créatures imaginaires, pour retrouver d'un regard sur l'inconnu qui passe, la juste mesure de la joie ou de la douleur.* (Préface des *Grands Cimetières sous la Lune.*)

Sous le Soleil de Satan paraît en 1926, c'est un triomphe; Paul Claudel y admire *cette qualité royale, la force.* Bernanos décide de quitter la compagnie d'assurances et de vivre grâce à ses droits d'auteur. Dès lors commence une vie agitée, faite de nombreux déplacements et marquée par des changements de domicile. Pendant toute cette période, il traverse plusieurs crises morales; la condamnation de l'Action Française par le Pape, la mort de son père, celle de sa mère l'affectent profondément.

Le 31 juillet 1933, un accident de motocyclette le rend infirme et il va connaître, avec la naissance d'un sixième enfant, la pauvreté. Il emmène sa famille aux Baléares, où le coût de la vie est moins élevé qu'en France, tous les biens qu'il laisse derrière lui sont vendus aux enchères pour payer ses dettes. C'est à Majorque qu'il écrit le *Journal d'un curé de campagne.* Il poursuit en même temps la rédaction de quatre œuvres supplémentaires, *M. Ouine, Un mauvais Rêve, La nouvelle histoire de Mouchette* et *Un crime.* Cette période très féconde est interrompue par la guerre civile en Espagne. Bernanos est d'abord favorable au général Franco, puis il découvre les atrocités fascistes et constate l'abdication du clergé catholique devant ces cruautés. Écœuré, il décide de rentrer en France.

Là il récrit, parce qu'il en avait perdu le manuscrit, le texte d'un violent ouvrage contre Franco, *Les grands cimetières sous la lune.* La capitulation des démocraties occidentales devant Hitler à Munich provoque en Bernanos une telle révolte qu'il quitte l'Europe pour l'Amérique du Sud quinze jours plus tard.

Il ne reste pas au Paraguay, le pays de ses rêves, et s'installe au Brésil où, après plusieurs échecs, il réussit à faire vivre sa famille en dirigeant une ferme de modèle français non loin de Belo Horizonte. Il appelle les Français et les Européens à la résistance et expose ses idées politiques dans des ouvrages tels que *Nous autres Français* et *Lettre aux Anglais.* Ses fils et un de ses neveux s'engagent dans les armées de la France Libre. Au Brésil, il termine *M. Ouine.*

Rentré en France en 1945, sur un appel du général de Gaulle, il reste peu de temps à Paris, déploie une grande activité (articles et conférences), termine une pièce de théâtre devenue célèbre qui fait partie du répertoire de la Comédie-Française, Le *Dialogue des Carmélites.*

Il meurt le 5 juillet 1948 d'une maladie de foie contractée au Brésil. Selon son confesseur, ses dernières paroles s'adressaient à Dieu : *maintenant à nous deux!*

Journal d'un curé de campagne

JOURNAL D'UN CURÉ DE CAMPAGNE (1936)
est un roman auquel son auteur se sent lié de façon
particulière : Il m'est très pénible de parler de ce livre,
parce que je l'aime. *Voici comment, dans une* Lettre à
un ami, *il parle de la genèse de l'ouvrage :* J'ai résolu
de faire le journal d'un jeune prêtre, à son entrée dans
une paroisse. Il va chercher midi à quatorze heures, se
démener comme quatre, faire des projets mirifiques,
qui échouent naturellement, se laisser plus ou moins
duper par des imbéciles, des vicieuses ou des salauds
et alors qu'il croira tout perdu, il aura servi le bon Dieu
dans la mesure même où il croira l'avoir desservi. Sa
naïveté aura eu raison de tout, et il mourra tranquillement d'un cancer.

Ce livre est devenu très vite un classique, et l'on
considère aujourd'hui le Journal *d'un curé de campagne*
comme un des trois ou quatre romans les plus représen-
tatifs du courant de pensée qui inspire les écrivains fran-
çais entre 1927 et 1936. On le met sur le même plan que
Thérèse Desqueyroux *de François Mauriac,* **La Condi-**
tion humaine *de Malraux et* **Vol de nuit** *de Saint-*
Exupéry, dans la mesure où les héros de chacun de ces
romans — qu'ils croient au ciel ou qu'ils n'y croient pas —
se ressemblent par une commune exigence de vérité,
d'authenticité et d'absolu. Le succès du **Journal** *a large-*
ment contribué à faire connaître Bernanos, et la person-
nalité de son héros rappelle le caractère entier et tour-
menté du romancier.

Un journal est un récit au jour le jour. Les événements,
qui durent à peine trois mois (de la fin novembre **au début**
de février), sont racontés dans un ordre chronologique.
En apparence, cette présentation évite tout problème de
technique romanesque, en réalité, elle met le personnage
et le lecteur en contact direct, aussi le romancier doit-il
s'efforcer de disparaître, ce qui n'est pas aisé. Bernanos
imagine et laisse parler un être plein d'innocence (vous
... à qui je n'ai pas osé donner un nom, cher curé d'un
Ambricourt imaginaire), jeune prêtre pauvre qui s'efface
derrière la vision chrétienne qu'il a du monde.

Le roman se situe à deux niveaux :
— celui de la conscience, de la nuit intérieure, du
narrateur qui écrit et qui ne voit pas clair, qui se débat
dans l'incohérence du monde et le péché et qui, sûr de
sa foi, n'a pas besoin de comprendre.
— celui de la signification plus générale que Bernanos
donne à ce roman, à savoir la démission des élites, le
triomphe de l'injustice bourgeoise, la compromission de
l'Église avec un milieu déchristianisé.

Ambricourt est un petit village, situé en Artois près
de Lille, comme il en existe des milliers en France. Le
paysage, les maisons, les habitants, tout est triste, banal,
et se présente comme une sorte de pâte sans forme dont
le jeune prêtre devra nourrir ce beau rêve appelé la foi
apostolique mais qui se heurte à l'apathie, à l'in-
compréhension et aussi à l'hostilité de ceux qui l'en-
tourent.

une *paroisse* : une partie de territoire placée sous la responsabilité d'un curé.

le centre de gravité : le point de rencontre et d'équilibre des forces en présence.

la densité : le poids et l'épaisseur.

passer pour : avoir la réputation d'être...

une boutade : un bon mot pour plaisanter.

le presbytère : la maison d'un curé.

dévorer : manger voracement, rapidement.

hideux : très laid.

une pâture : les prés où les bestiaux viennent manger, les pâturages.

une étable : la maison où couchent certains bestiaux comme les vaches, les bœufs, etc.

un asile : un endroit où l'on se réfugie, où l'on est reçu et mis à l'abri de tout.

Ma paroisse est une paroisse comme les autres. Toutes les paroisses se ressemblent. Les paroisses d'aujourd'hui, naturellement. Je le disais hier à M. le curé de Norenfontes : le bien et le mal doivent s'y faire équilibre, seulement le centre de gravité est placé bas, très bas. Ou, si vous aimez mieux, l'un et l'autre s'y superposent sans se mêler, comme

5 deux liquides de densité différente. M. le curé m'a ri au nez. C'est un bon prêtre, très bienveillant, très paternel et qui passe même à l'archevêché pour un esprit fort, un peu dangereux. Ses boutades font la joie des presbytères, et il les appuie d'un regard qu'il voudrait vif et que je

10 trouve au fond si usé, si las, qu'il me donne envie de pleurer.

Ma paroisse est dévorée par l'ennui, voilà le mot. Comme tant d'autres paroisses! L'ennui les dévore sous nos yeux et nous n'y pouvons rien. Quelque jour peut-être la contagion nous gagnera, nous découvrirons en nous ce cancer. On peut vivre très longtemps avec ça.

15 L'idée m'est venue hier sur la route. Il tombait une de ces pluies fines qu'on avale à pleins poumons, qui vous descendent jusqu'au ventre. De la côte de Saint-Vaast, le village m'est apparu brusquement, si tassé, si misérable sous le ciel hideux de novembre. L'eau fumait sur lui de toutes parts, et il avait l'air de s'être couché là, dans l'herbe

20 ruisselante, comme une pauvre bête épuisée. Que c'est petit, un village! Et ce village était ma paroisse. C'était ma paroisse, mais je ne pouvais rien pour elle, je la regardais tristement s'enfoncer dans la nuit, disparaître... Quelques moments encore, et je ne la verrais plus. Jamais je n'avais senti si cruellement sa solitude et la mienne. Je pensais à ces

25 bestiaux que j'entendais tousser dans le brouillard et que le petit vacher, revenant de l'école, son cartable sous le bras, mènerait tout à l'heure à travers les pâtures trempées, vers l'étable chaude, odorante... Et lui, le village, il semblait attendre aussi — sans grand espoir — après tant d'autres nuits passées dans la boue, un maître à suivre vers

30 quelque improbable, quelque inimaginable asile.

Oh! je sais bien que ce sont des idées folles, que je ne puis même pas prendre tout à fait au sérieux, des rêves... Les villages ne se lèvent

---

1. Ma paroisse est dévorée par l'ennui... Je me disais que le monde est dévoré par l'ennui. *Commentez cette progression.*

2. *On s'ennuie lorsqu'on n'attend rien de l'avenir, lorsque chaque jour répète le précédent. Montrez que l'ennui peut résulter de la perte d'une foi religieuse.*

3. *Quelles sont les images et les comparaisons qui font, selon vous, la richesse et la densité du texte?*

4. *Relevez tous les mots relevant du vocabulaire de la maladie et commentez-les.*

5. *Les choses, les animaux, les hommes et le prêtre : montrez que ce dernier, représentant de Dieu, n'est jamais absent du monde qui souvent s'oppose à lui.*

6. *Évidemment, ce sont là des pensées que je garde pour moi. Commentez cette remarque par rapport (a) à la technique romanesque (b) au caractère du personnage central.*

7. *Pensez-vous, comme Bernanos et son héros, que l'absence d'idéal provoque la contagion de l'ennui, la lèpre morale du monde moderne.*

pas à la voix d'un petit écolier, comme les bêtes. N'importe! Hier soir,
je crois qu'un saint l'eût appelé.

35   Je me disais donc que le monde est dévoré par l'ennui. Naturellement, il faut un peu réfléchir pour se rendre compte, ça ne se saisit pas
tout de suite. C'est une espèce de poussière. Vous allez et venez sans la
voir, vous la respirez, vous la mangez, vous la buvez, et elle est si fine,
si <u>ténue</u> qu'elle ne craque même pas sous la dent. Mais que vous vous
40 arrêtiez une seconde, la voilà qui recouvre votre visage, vos mains.
Vous devez vous agiter sans cesse pour secouer cette pluie de <u>cendres</u>.
Alors, le monde s'agite beaucoup.
    On dira peut-être que le monde est depuis longtemps familiarisé
avec l'ennui, que l'ennui est la véritable condition de l'homme. Possible
45 que la semence en fût répandue partout et qu'elle germât çà et là, sur
un terrain favorable. Mais je me demande si les hommes ont jamais
connu cette contagion de l'ennui, cette <u>lèpre</u>? Un désespoir <u>avorté</u>, une
forme <u>turpide</u> du désespoir, qui est sans doute comme la fermentation
d'un christianisme décomposé.
50   Évidemment, ce sont là des pensées que je garde pour moi.

ténu : extrêmement fin, mince.

la cendre : la poussière grise qui reste d'un feu éteint.

la lèpre : très grave maladie de la peau.

avorté : tué avant de voir le jour.

turpide : laid et honteux.

Cependant le héros n'est pas seul. Non loin de son village se trouve Torcy, dont le vigoureux curé est un bon pasteur, plein de santé et d'équilibre moral. Chef de paroisse au sens traditionnel, conscient de ses responsabilités, il essaie d'aider le plus possible son jeune confrère. Celui-ci est malade, il souffre de l'estomac, se nourrit très mal et dort rarement. Il fait preuve d'une grande activité qui le fatigue beaucoup mais n'obtient que des résultats déplorables. Par ailleurs, dans ce village qu'il ne connaît pas, il va de maladresse en maladresse.

Le curé dérange les habitudes des gens du village, ses initiatives sont mal interprétées, il a des projets nouveaux pour l'époque ; il voudrait par exemple attirer la jeunesse en mettant à sa disposition un terrain de sports.

A la suite d'une visite au château et d'un entretien qu'il a eu avec le comte, il considère avec inquiétude les bien-pensants, c'est-à-dire tous ces catholiques du village qui obéissent plus aux traditions qu'à la foi. Totalement désintéressé, le jeune prêtre ne se sent aucun point commun avec eux.

Le comte devine les sentiments qui l'animent et considère de son devoir d'avertir le nouveau curé des difficultés qui l'attendent s'il persiste dans son attitude intransigeante.

déférent : respectueux.

un civet : manière de faire cuire le gibier, préparé avec une sauce.

se régaler : manger avec grand plaisir.

une sonneuse : celle qui est chargée de sonner la cloche de l'église.

gaver : donner de trop grandes quantités de nourriture, au propre et au figuré.

M. le comte est venu me voir. Très aimable, à la fois <u>déférent</u> et familier, comme toujours. Il m'a demandé la permission de fumer sa pipe, et m'a laissé deux lapins qu'il avait tués dans les bois de Sauveline. « Mme Pégriot vous cuira ça demain matin. Elle est prévenue. »

55 Je n'ai pas osé lui dire que mon estomac ne tolère plus en ce moment que le pain sec. Son <u>civet</u> me coûtera une demi-journée de la femme de ménage, laquelle ne se <u>régalera</u> même pas, car toute la famille du garde-chasse est dégoûtée du lapin. Il est vrai que je pourrai faire porter les restes par l'enfant de chœur chez ma vieille <u>sonneuse</u>,

60 mais à la nuit, pour n'attirer l'attention de personne. On ne parle que trop de ma mauvaise santé.

M. le comte n'approuve pas beaucoup mes projets. Il me met surtout en garde contre le mauvais esprit de la population qui, gavée depuis la guerre, dit-il, a besoin de cuire dans son jus. « Ne la cherchez

65 pas trop vite, ne vous livrez pas tout de suite. Laissez-lui faire le premier pas. »

A son tour, le curé doyen de Blangermont, village voisin dont dépend la cure d'Ambricourt, s'efforce de mettre en garde son jeune confrère dont il redoute les *idées trop entières sur l'inégalité sociale ; la discussion qui les oppose porte sur l'argent, la religion, la société.*

J'ai vu hier M. le doyen de Blangermont qui m'a — très paternellement mais très longuement aussi — entretenu de la nécessité pour un jeune prêtre de surveiller attentivement ses comptes. « Pas de dettes,
70 surtout, je ne les admets pas ! » a-t-il conclu. J'étais un peu surpris, je l'avoue, et je me suis levé bêtement, pour prendre congé. C'est lui qui m'a prié de me rasseoir (il avait cru sans doute à un mouvement d'humeur) ; j'ai fini par comprendre que Mme Pamyre se plaignait d'attendre encore le paiement de sa note (les bouteilles de quinquina).

> le *quinquina* : ici, boisson alcoolisée à base de vin, qui donne de l'appétit.

75 De plus il paraît que je dois cinquante-trois francs au boucher Geoffrin et cent dix-huit au marchand de charbon Delacour. M. Delacour est conseiller général*. Ces messieurs n'ont d'ailleurs fait aucune réclamation, et M. le doyen a dû m'avouer qu'il tenait ces renseignements de Mme Pamyre. Elle ne me pardonne pas de me fournir d'épicerie chez
80 Camus, étranger au pays, et dont la fille, dit-on, vient de divorcer. Mon supérieur est le premier à rire de ces potins qu'il juge ridicules, mais a montré quelque agacement lorsque j'ai manifesté l'intention de ne plus remettre les pieds chez M. Pamyre. Il m'a rappelé des propos tenus par moi, au cours d'une de nos conférences trimestrielles chez le curé de
85 Verchocq, à laquelle il n'assistait pas. J'aurais parlé en termes qu'il estime beaucoup trop vifs du commerce et des commerçants. « Mettez-vous bien dans la tête, mon enfant, que les paroles d'un jeune prêtre inexpérimenté comme vous seront toujours relevées par ses aînés, dont le devoir est de se former une opinion sur les nouveaux confrères. A
90 votre âge, on ne se permet pas de boutades. Dans une petite société aussi fermée que la nôtre, ce contrôle réciproque est légitime, et il y aurait mauvais esprit à ne pas l'accepter de bon cœur. Certes, la probité commerciale n'est plus aujourd'hui ce qu'elle était jadis, nos meilleures familles témoignent en cette matière d'une négligence blâmable. Mais la
95 terrible Crise a ses rigueurs, avouons-le. J'ai connu un temps où cette modeste bourgeoisie travailleuse, épargnante, qui fait encore la richesse et la grandeur de notre cher pays, subissait presque tout entière l'influence de la mauvaise presse. Aujourd'hui qu'elle sent le fruit de son travail menacé par les éléments de désordre, elle comprend que

> un *potin* : ce que l'on répète sans savoir si cela est vrai.

> la *crise* : la crise économique de 1934.

> *illicite* : contraire à la loi.

> *denier* : dans l'ancien temps, la plus petite pièce de monnaie.

> un *contempteur* : celui qui méprise.

---

1. **Déférent** *et* **familier** : *montrez la valeur de ces deux adjectifs placés l'un à côté de l'autre.*
2. **Il m'a demandé la permission... Elle est prévenue.** *Ces deux phrases indiquent des attitudes contradictoires, expliquez-les.*
3. *Commentez et expliquez la répétition du verbe* **cuire**.
4. *Pour un homme qui, comme le curé, prend possession d'un poste, est-il sage de se livrer tout de suite, c'est-à-dire de ne pas observer avant d'agir ? Expliquez votre réponse en trouvant des exemples de métiers et d'occupations.*

100 l'ère est passée des illusions généreuses, que la société n'a pas de plus solide appui que l'Église. Le droit de propriété n'est-il pas inscrit dans l'Évangile? Oh! sans doute, il y a des distinctions à faire, et dans le gouvernement des consciences vous devez appeler l'attention sur les devoirs correspondant à ce droit, néanmoins... »

105 Mes petites misères physiques m'ont rendu horriblement nerveux. Je n'ai pu retenir les paroles qui me venaient aux lèvres et, pis encore, je les ai prononcées d'une voix tremblante dont l'accent m'a surpris moi-même.

« Il n'arrive pas souvent d'entendre au confessionnal un pénitent
110 s'accuser de bénéfices illicites! »

M. le doyen m'a regardé droit dans les yeux, j'ai soutenu son regard. Je pensais au curé de Torcy. De toute manière l'indignation, même justifiée, reste un mouvement de l'âme trop suspect pour qu'un prêtre s'y abandonne. Et je sens aussi qu'il y a toujours quelque chose
115 dans ma colère lorsqu'on me force à parler du riche — du vrai riche, du riche en esprit — le seul riche, n'eût-il en poche qu'un denier — l'homme d'argent, comme ils l'appellent... Un homme d'argent!

« Votre réflexion me surprend, a dit M. le doyen d'un ton sec. J'y crois discerner quelque rancune, quelque aigreur... Mon enfant, a-t-il
120 repris d'une voix plus douce, je crains que vos succès scolaires n'aient jadis un peu faussé votre jugement. Le séminaire n'est pas le monde. La vie au séminaire n'est pas la vie. Il faudrait sans doute bien peu de chose pour faire de vous un intellectuel, c'est-à-dire un révolté, un contempteur systématique des supériorités sociales qui ne sont point
125 fondées sur l'esprit. Dieu nous préserve des réformateurs!

— Monsieur le doyen, beaucoup de saints l'ont été pourtant.

— Dieu nous préserve aussi des saints! »

---

1. paternellement, longuement; *que pensez-vous de ces deux adverbes placés l'un à côté de l'autre?*

2. *Que pensez-vous des idées du curé doyen sur l'argent (Mais la terrible Crise, etc.).*

3. *Essayez de retracer les arguments pour et contre la sainteté.*

4. *Montrez que le doyen, dans les trois derniers paragraphes, fait le procès de la jeunesse. Est-ce juste de demander à un jeune prêtre de renoncer à son idéal?*

La religion et la société ne font qu'une seule et même chose pour le doyen alors que pour le curé d'Ambricourt, c'est la foi qui compte et non pas les pratiques religieuses. Le conflit qui oppose les deux prêtres est total. Le doyen qui a accepté de vivre en accord avec ses paroissiens ne comprend pas la foi brûlante, la soif d'authenticité et de pureté de son jeune confrère, qu'il écrase de sa condescendance au nom de son expérience : Dieu nous préserve des saints, ne donnez pas dans l'abstrait, voyez les hommes. *La vie au château semble être un modèle d'union et de bonheur. Le curé, qui est un homme pauvre et simple, s'en fait une haute idée, mais il va rapidement découvrir les luttes, la souffrance des trois femmes qui y habitent : Mlle Louise l'institutrice, qui est la maîtresse du comte, Chantal, la fille de ce dernier, qui n'ignore rien de leur liaison et que la colère et la jalousie à l'égard de son père mine et dévore, la comtesse qui semble ne rien savoir mais dont il pressent le drame caché. Le curé va se trouver mêlé à ce drame. Le comte a décidé d'éloigner sa fille sous le prétexte de lui faire apprendre l'anglais, le jeune prêtre vient de découvrir la vérité quand il entend l'institutrice en confession.*

L'institutrice s'est présentée ce matin au confessionnal. Je sais qu'elle a pour directeur mon confrère d'Heuchin, mais je ne pouvais
130 refuser de l'entendre. Ceux qui croient que le sacrement nous permet d'entrer d'emblée dans le secret des âmes sont bien naïfs! Que ne pouvons-nous les prier de faire eux-mêmes l'expérience! Habitué jusqu'ici à mes petits pénitents du séminaire, je ne puis réussir encore à comprendre par quelle affreuse métamorphose les vies intérieures arrivent à
135 ne donner d'elles-mêmes que cette espèce d'image schématique, indéchiffrable... Je crois que, passé l'adolescence, peu de chrétiens se rendent coupables de confessions <u>sacrilèges.</u> Il est si facile de ne pas se confesser du tout! Mais il y a pis. Il y a cette lente cristallisation, autour de la conscience, de menus mensonges, de <u>subterfuges</u>, d'équi-
140 voques. La <u>carapace</u> garde vaguement la forme de ce qu'elle recouvre, c'est tout. A force d'habitude, et avec le temps, les moins subtils finissent par se créer de toutes pièces un langage à eux, qui reste incroyablement abstrait. Ils ne cachent pas grand-chose, mais leur sournoise franchise ressemble à ces verres dépolis qui ne laissent passer
145 qu'une lumière diffuse, où l'œil ne distingue rien.

Que reste-t-il alors de l'aveu? A peine <u>effleure-t-il</u> la surface de la conscience. Je n'ose pas dire qu'elle se décompose par-dessous, elle se <u>pétrifie</u> plutôt.

Nuit affreuse. Dès que je fermais les yeux, la tristesse s'emparait de
150 moi. Je ne trouve malheureusement pas d'autre mot pour qualifier une défaillance qui ne peut se définir, une véritable hémorragie de l'âme. Je m'éveillais brusquement avec, dans l'oreille, un grand cri — mais est-ce encore ce mot-là qui convient? Évidemment non.

sacrilège : impie, qui s'attaque à ce qui est sacré.

un subterfuge : un faux prétexte pour se tirer d'embarras, un détour, un faux fuyant.

une carapace : matière dure qui protège.

effleurer : toucher à peine, frôler.

se pétrifier : s'immobiliser définitivement; au sens propre : se changer en pierre.

---

1. *Pensez-vous qu'ici la confession soit bien choisie pour révéler la grandeur et l'humilité du prêtre?*
2. *Est-ce que le curé a communiqué vraiment avec la pénitente? Expliquez votre réponse.*
3. *Développez l'idée exprimée par l'expression* hémorragie de l'âme. *En quoi est-elle liée aux idées exprimées par les verbes* décomposer *et* pétrifier?
4. *Que pensez-vous de l'importance ici du choix des mots?*

La vie continue, et les maladresses aussi. Le garçon choisi pour animer la société sportive a une réputation d'homosexuel. Mlle Chantal, poussée par une haine presque digne du démon, se sert du curé pour la satisfaire. Celui-ci, au cours de plusieurs visites, cherche le mal qui détruit lentement la comtesse. Le prêtre réagit toujours sans calcul, comme le fit le Christ lui-même; il se donne, il s'offre, il veut prendre la place de ceux qui souffrent. Ainsi finit-il par découvrir la vraie cause du mal : la comtesse a perdu un fils âgé de dix-huit mois et elle en a conçu la haine de Dieu. Elle ne veut pas être sauvée. Dans une scène dramatique où le prêtre n'écoute que la divine inspiration et son destin, il amène la comtesse à renoncer, à jeter au feu le portrait de son petit garçon; il se brûle les doigts pour arracher le médaillon aux flammes. Elle le soigne et alors la paix que j'avais appelée sur elle était descendue sur moi. La comtesse meurt peu après, sauvée.

Mais Chantal poursuit le curé de sa haine, elle va le retrouver à la porte de la sacristie de l'église.

confessionnal : lieu où le prêtre entend la confession d'un pénitent.

imprégnées : ici pénétrées.

« Mademoiselle, ai-je repris, je ne poursuivrai pas cet entretien ici
155 au milieu de l'église. Il n'y a qu'une place où je puisse vous entendre »,
et je l'ai poussée doucement vers le <u>confessionnal</u>. Elle s'est mise d'elle-
même à genoux. « Je n'ai pas envie de me confesser. — Je ne vous le
demande pas. Pensez seulement que ces cloisons de bois ont entendu
l'aveu de beaucoup de hontes, qu'elles en sont comme <u>imprégnées</u>.
160 Vous avez beau être une demoiselle noble, l'orgueil ici est un péché
comme les autres, un peu plus de boue sur un tas de boue. — Assez là-
dessus! a-t-elle dit. Vous savez très bien que je ne demande que la
justice. D'ailleurs, je me fiche de la boue. La boue, c'est d'être humiliée
comme je suis. Depuis que cette horrible femme est entrée dans la
165 maison, j'ai mangé plus de boue que de pain. — Ce sont des mots que
vous avez appris dans les livres. Vous êtes une enfant, vous devez
parler en enfant. — Une enfant! il y a longtemps que je ne suis plus
une enfant. Je sais tout ce qu'on peut savoir, désormais. J'en sais assez
pour toute une vie. — Restez calme! — Je suis calme. Je vous souhaite
170 d'être aussi calme que moi. Je les ai entendus cette nuit. J'étais juste
sous leur fenêtre, dans le parc. Ils ne prennent même plus la peine de
fermer les rideaux. (Elle s'est mise à rire, affreusement. Comme elle
n'avait pas voulu rester à genoux, elle devait se tenir pliée en deux, le
front contre la cloison, et la colère aussi l'étouffait.) Je sais parfaite-

coûte que coûte : à n'importe quel prix.

se tordre : se plier en deux sous l'effet d'une douleur, d'une émotion, ici se tordre de rire.

gober : avaler sans mâcher.

175 ment qu'ils s'arrangeront pour me chasser, <u>coûte que coûte</u>. Je dois
partir pour l'Angleterre, mardi prochain. Maman a une cousine là-bas,
elle trouve ce projet très convenable, très pratique... Convenable! Il y a
de quoi se <u>tordre</u>! Mais elle croit tout ce qu'ils lui disent, n'importe
quoi, absolument comme une grenouille <u>gobe</u> une mouche. Pouah!... —
180 Votre mère, ai-je commencé... » Elle m'a répondu par des propos
presque ignobles, que je n'ose pas rapporter. Elle disait que la malheureuse femme n'avait pas su défendre son bonheur, sa vie, qu'elle était
imbécile et lâche. « Vous écoutez aux portes, ai-je repris, vous regardez
par le trou des serrures, vous faites le métier d'espionne, vous, une
185 demoiselle, et si fière! Moi, je ne suis qu'un pauvre paysan, j'ai passé
deux ans de ma jeunesse dans un mauvais <u>estaminet</u> où vous n'auriez
pas voulu mettre les pieds, mais je n'agirais pas comme vous, quand ce
serait pour sauver ma vie. » Elle s'est levée brusquement, s'est tenue

estaminet : nom donné à un café populaire dans le Nord de la France.

devant le confessionnal, tête basse, le visage toujours aussi dur. J'ai
190 crié : « Restez à genoux. A genoux!... » Elle m'a obéi de nouveau.

Je m'étais reproché l'avant-veille d'avoir pris au sérieux ce qui
n'était peut-être qu'obscure jalousie, rêveries malsaines, cauchemars.
On nous a tellement mis en garde contre la malice de celles que nos
vieux traités de morale appellent si drôlement « les personnes du
195 sexe »! J'imaginais très bien alors le haussement d'épaules de M. le
curé de Torcy. Mais c'est que je me trouvais seul à ma table, réfléchis-
sant aux paroles machinalement retenues par la mémoire et dont
l'accent s'était perdu sans retour. Au lieu que j'avais devant moi maintenant un visage étrange, défiguré non par la peur, mais par une
200 _panique_ plus profonde, plus intérieure. Oui, j'ai l'expérience d'une
certaine altération des traits assez semblable, seulement je ne l'avais
observée jusqu'alors que sur des faces d'agonisants et je lui attribuais,

la panique : la peur.

une altération : un profond
changement.

75

une agonie : les moments qui précèdent la mort.

naturellement; une cause banale, physique. Les médecins parlent volontiers du « masque de l'agonie ». Les médecins se trompent souvent.

205   Que dire, que faire en faveur de cette créature blessée dont la vie semblait couler à flots de quelque mutilation invisible ? Et malgré tout, il me semblait que je devais garder le silence quelques secondes encore, courir ce risque. J'avais d'ailleurs retrouvé un peu de force pour prier. Elle se taisait aussi.

210   A ce moment, il s'est passé une chose singulière. Je ne l'explique pas, je la rapporte telle qu'elle. Je suis si fatigué, si nerveux, qu'il est bien possible, après tout, que j'aie rêvé. Bref, tandis que je fixais ce trou d'ombre où, même en plein jour, il m'est difficile de reconnaître un visage, celui de Mlle Chantal a commencé d'apparaître peu à peu, par 215 degrés. L'image se tenait là, sous mes yeux, dans une sorte d'instabilité merveilleuse, et je restais immobile comme si le moindre geste eût dû l'effacer. Bien entendu, je n'ai pas fait la remarque sur-le-champ, elle ne m'est venue qu'après coup. Je me demande si cette espèce de vision n'était pas liée à ma prière, elle était ma prière même peut-être ? Ma 220 prière était triste, et l'image était triste comme elle. Je pouvais à peine soutenir cette tristesse, et en même temps, je souhaitais de la partager, de l'assumer tout entière, qu'elle me pénétrât, remplît mon cœur, mon âme, mes os, mon être. Elle faisait taire en moi cette sourde rumeur de voix confuses, ennemies, que j'entendais sans cesse depuis deux 225 semaines, elle rétablissait le silence d'autrefois, le bienheureux silence au-dedans duquel Dieu va parler — Dieu parle...

G. Bernanos, *Journal d'un Curé de campagne,*
© éd. Plon, 1936

Peu à peu, le cercle de la vengeance publique se resserre autour du héros, rongé de l'intérieur par un cancer qui lui cause d'effroyables souffrances.

Le comte est décidé à chasser le curé de sa paroisse lorsque celui-ci, un saint sans nul doute, meurt, confessé par un de ses camarades qui avait abandonné l'église.

---

1. *Y a-t-il la moindre communication entre le curé et la jeune Chantal? Expliquez votre réponse.*

2. *Le style direct : le curé rapporte les paroles de la jeune fille, il rapporte aussi ses propres paroles, mais souvent y ajoute ses pensées et ses explications. Donnez des exemples et dites ce que vous pensez de ce déséquilibre.*

3. *Expliquez les raisons pour lesquelles la situation dans laquelle se trouve le curé est particulièrement difficile.*

4. *L'argent, la violence, le diable, la sainteté, le sacerdoce, le rôle de l'église : connaissez-vous d'autres romanciers catholiques qui n'hésitent pas à soulever avec tant de force des problèmes aussi importants ? Citez-les et comparez leur art à celui de Bernanos.*

LA LANGUE ET LE STYLE

La répétition

Répéter un mot dans une même phrase, dans un même paragraphe ou de façon trop rapprochée est le signe d'un style pauvre. Il convient pour éviter la répétition de recourir à un synonyme ou à une image, comparaison abrégée appelée métaphore.

Par contre, répéter volontairement à dix-sept reprises les mots *paroisse, village, ennui* comme le fait Bernanos au début de son roman, alors que les phrases qui les contiennent ne comptent qu'un nombre limité de substantifs, c'est vouloir créer un effet de style. *Ma paroisse est une paroisse comme les autres. Toutes les paroisses se ressemblent, les paroisses d'aujourd'hui, naturellement... Ma paroisse est dévorée par l'ennui, voilà le mot, comme tant d'autres paroisses! L'ennui les dévore sous nos yeux... Que c'est petit un village! Et ce village était ma paroisse. C'était ma paroisse, mais je ne pouvais rien pour elle... Et lui le village, il semblait attendre... Je me disais donc que le monde est dévoré par l'ennui... On dira peut-être que le monde est depuis longtemps familiarisé avec l'ennui, que l'ennui est la véritable condition de l'homme...*

La paroisse, le village, sont personnifiés. L'ennui, tel un animal malfaisant, dévore, que le verbe dévorer soit employé à la forme active ou à la forme passive.

La paroisse et le village forment un tout pour le curé, l'emploi de l'adjectif possessif *ma* pour déterminer *paroisse* qui sert d'attribut à *ce village* est significatif à cet égard.

Enfin *Je me disais donc* marque la conséquence, le thème de l'ennui est étendu au genre humain.

L'imparfait du subjonctif, une élégance de style

L'emploi du style soutenu dans le discours littéraire suppose que l'on respecte les règles de la concordance des temps, *une tradition séculaire voulait qu'un discours épiscopal ne s'achevât jamais,...* on constate que le verbe vouloir, d'une part, commande le subjonctif, et d'autre part est à un des temps du passé, d'où la nécessité de l'imparfait ou du plus-que-parfait du subjonctif, selon les cas.

Il en aurait été de même si le verbe principal avait été à un des temps du conditionnel, *j'aurais souhaité que M. le Comte montrât plus d'enthousiasme...*

Dans la langue courante, on se contente d'employer le présent ou le passé du subjonctif comme on l'aurait fait si le verbe de la proposition principale avait été au présent ou au futur de l'indicatif, *une tradition séculaire veut qu'un discours épiscopal ne s'achève jamais...,* on aurait donc dit ou écrit *une tradition séculaire voulait qu'un discours épiscopal ne s'achève jamais...*

Pour ce qui est du plus-que-parfait du subjonctif, c'est une forme d'un emploi déroutant, *hier soir je crois qu'un saint l'eût appelé...* Il s'agit d'une façon d'exprimer le conditionnel passé (deuxième forme) dans la langue littéraire. Dans la langue courante, parlée ou écrite, on s'exprimerait de la façon suivante, *hier soir je crois qu'un saint l'aurait appelé...* enfin on rencontre aussi, parfois, le plus-que-parfait du subjonctif employé à la place du plus-que-parfait de l'indicatif, généralement dans des phrases de ce type, *s'il l'eût dit nous l'eussions cru* ou *nous l'aurions cru.*

Pour mieux comprendre

une paroisse comme les autres

C'est le premier contact du jeune prêtre avec la paroisse d'Ambricourt dont il a reçu la charge. Dès les premières lignes du *Journal* un certain nombre de thèmes s'imposent et orientent la méditation du nouveau pasteur :
— c'est une paroisse comme les autres ;
— un ennui la dévore ;
— la société est détruite par la fermentation d'un christianisme en décomposition ;
— la résignation et la démission du clergé traditionnel sont alarmantes.
Cependant le prêtre débutant conserve *l'idée folle* qu'il sera capable de sauver du mal le village auquel il est prêt à s'identifier et parle du cancer qui le ronge sans savoir qu'il en mourra lui-même.
Ainsi le début du *Journal* annonce-t-il sa fin.
Dans le même temps, face à la déchristianisation de sa paroisse, il pressent son impuissance. Il contemple le triste spectacle qui s'offre à lui *sous le ciel hideux de novembre,* il ne sait pas encore qu'il va se heurter à l'hostilité générale de ses paroissiens et que ses supérieurs ne lui seront d'aucun secours dans l'exercice d'un sacerdoce qu'il conçoit comme un apostolat.

Le tableau présenté est matériel et spirituel

— Le mal correspond à la laideur, à la couleur du ciel, aux conditions atmosphériques, à l'ennui de la population et à un certain état de l'église.
— Le bien correspond au rêve, à la naïveté du petit écolier, à l'optimisme des supérieurs et au thème du saint et du martyr.

un premier avertissement

Comme le chœur dans la tragédie antique, le comte prévoit l'avenir et ne comprend pas.
— Il s'est dérangé en personne, ce qui montre la gravité de la situation.
— Le comte est riche, noble, et a sans doute le même âge que le père du curé, pauvre, issu du peuple. Il respecte dans le prêtre l'Église et veut rendre service au prêtre et l'aider à servir l'Église.

La structure du passage est intéressante

— Premier paragraphe : à propos d'un lapin, le comte se montre incapable de comprendre la situation réelle ; il impose sa volonté fondée sur une erreur d'appréciation.
— Second paragraphe : comment le jeune prêtre ne penserait-il pas que le comte commet aussi des erreurs au sujet du village ?
— Première ironie : la suite du *Journal* montre que le comte était loin de se tromper.
— Deuxième ironie : le comte ne pressent pas plus que le héros ce cancer à l'estomac. La terrible maladie du curé donnera une dimension tragique à l'épisode du lapin, et le cancer a déjà servi de symbole pour le mal et pour l'ennui.
Ce passage montre le talent exceptionnel de Bernanos.

l'église et les biens de ce monde

Il ne s'agit ici ni d'un commentaire de l'Histoire Sainte ni d'un cours de théologie :
— Le curé doyen de Blangermont, village voisin, parle de la propriété au jeune curé, ses commentaires vont introduire l'idée de *sainteté* qui va déterminer tout le reste du roman.
— Ce prêtre expérimenté est d'abord un fonctionnaire de l'Église, un administrateur.
— Il accepte sans les mettre en doute les accusations que des gens *respectables* portent contre le jeune curé dont il est le chef.
— Il veut mettre son subordonné en état d'infériorité, car il sent en lui l'ennemi de la société bourgeoise et conservatrice.
— De cette querelle sur un sujet *ridicule* naît une opposition de principe entre l'église conservatrice, représentée par le doyen, et l'église évangélique, dont le jeune curé est le porte-parole.
— Le doyen a le dernier mot, cruel dans la bouche d'un prêtre : *Dieu nous préserve aussi des saints !* L'église qu'il représente n'a pas de place pour les hommes exceptionnels, mais elle a besoin des hommes d'ordre et d'argent.
Il est certain que toutes les sympathies de Bernanos vont à son pauvre curé de campagne.

grandeur et misère du sacerdoce

Un homme, devenu prêtre, doit représenter Dieu, mais ce sacerdoce n'a pas que des moments grandioses :
— Le curé est bouleversé par la confession de l'institutrice. Si cette confession est mauvaise, si elle laisse à désirer, le prêtre est responsable aussi.
— Le curé analyse, avec toute la lucidité de sa passion religieuse, son ennemi le mal : *Que restera-t-il alors de l'aveu ?* La réponse à cette question est un constat d'échec.
— Le curé souffre comme un homme, dans son corps et dans son âme ; cette souffrance déjà se dépasse dans le calme.
Ainsi apparaissent chez ce jeune curé les qualités qui font les saints.
— La mission du curé n'est pas seulement d'ordre religieux, il doit s'opposer au crime (*Je la tuerai ou je me tuerai,* lui a dit Chantal). Pour le curé comme pour Bernanos, le diable existe vraiment, il y a un pouvoir d'exorcisme dans ces paroles : *ce n'est pas moi qui vous offense, c'est le démon que j'ai dans le cœur.*
— Le prêtre alors impose sa volonté et substitue la hiérarchie divine à l'ordre du monde. *Elle m'a obéi...* Il possède cette autorité parce que, selon sa mission, il offre sa foi brûlante pour sauver cette âme qui risque de se damner.
Le curé mène cette lutte spirituelle au moment même où le cancer est en train de détruire son corps.

ASPECTS DE LA TRADITION CATHOLIQUE

LE CONTRAIRE D'UN APOSTOLAT

ROGER MARTIN DU GARD, sous le titre VIEILLE FRANCE, *écrit un livre satirique qui évoque la France provinciale des années 1930 en une série de croquis villageois d'un humour sévère :*

M. le curé est un vieillard au teint sombre, au regard chaud; maigre et maladivement nerveux.

Il y a trente-cinq ans qu'il a débarqué à Maupeyrou, avec un zèle de jeune apôtre dans son bagage de séminariste. Les premières années, pour lutter contre la frigidité religieuse de ce vieux pays sclérosé, où chacun ne pense qu'à soi, à son petit commerce, à sa petite épargne, à sa petite sécurité, il a tout mis en œuvre pour créer entre ses ouailles un esprit d'entraide chrétienne. Peine perdue. Tous, même les pratiquants, se sont dérobés à ses initiatives. Le patronage, l'ouvroir, le comité charitable, qu'il a théoriquement fondés, n'ont jamais fonctionné, faute de recrutement. Impossible de réchauffer l'âme de ces travailleurs à petit profit. Depuis trop de générations, l'exercice quotidien d'une économie vitale a étouffé tous leurs instincts généreux. C'est maintenant une race méfiante, envieuse, calculatrice, que la cupidité ravage comme un chancre. En a-t-il toujours été ainsi? C'est une question que le prêtre se pose souvent avec angoisse. Pendant des siècles, ce petit peuple de France est pourtant venu s'agenouiller dans cette église qu'il déserte aujourd'hui. Qu'est-ce qui l'y amenait? L'amour? La foi? Des besoins spirituels, maintenant atrophiés?... N'était-ce pas plutôt la crainte? La crainte de Dieu, la crainte du clergé? Le respect routinier de l'ordre établi? L'abbé Verne sait bien que ces leviers-là sont cassés. D'ailleurs, il répugnerait à s'en servir.

Peu à peu, l'indifférence générale a eu raison de son courage, de sa patience, — de sa santé. Alors il s'est replié sur soi, s'est fabriqué à son usage une règle de trappiste. Son refuge, c'est ce potager, que la Providence, dans sa sollicitude, lui a donné grand, pourvu d'eau et fertile. Dix heures par jour, il retourne sa terre. Et, comme le casuel est insignifiant, il fait des primeurs, que Loutre lui achète à bas prix : ça permet de vivre, — et même de distribuer quelques aumônes.

Il a livré sans combat le presbytère, l'église, et enfin la paroisse, au despotisme criard de sa sœur. On ne le voit au saint lieu qu'à l'heure des offices. Chaque dimanche, à la grand-messe, si réduite que soit l'assistance, il monte consciencieusement en chaire, et parle, du mieux qu'il peut, aux quelques femmes et aux vieilles filles restées fidèles à Mlle Verne et à Dieu.

Vieille France, éd. Gallimard, 1953

Le curé qui a vu son rôle progressivement diminuer, qui se sent de plus en plus négligé, a changé de personnalité, il fait partie de ces hommes qui sont vaincus par la vie et par les circonstances. Il se dégage de ce passage une impression d'abandon et de tristesse. Certes, le prêtre continue son apostolat, mais comme un acteur qui joue un rôle sans amour et sans conviction dans l'indifférence générale.

UN MOYEN DE FAIRE CARRIÈRE

STENDHAL *avec Julien Sorel nous propose un héros qui ne se soucie guère de la foi mais qui voit dans la religion la possibilité de faire carrière. Il est vrai que* LE ROUGE ET LE NOIR *se situe en 1830 après la chute du Premier Empire* et sous la Restauration*, à un moment où le catholicisme était pour un fils du peuple le seul moyen de sortir de sa condition sociale. Sous Napoléon, un jeune ambitieux aurait choisi le rouge, c'est-à-dire la carrière militaire, pour s'élever socialement :*

Tout à coup Julien cessa de parler de Napoléon; il annonça le projet de se faire prêtre, et on le vit constamment, dans la scierie de son père, occupé à apprendre par cœur une bible latine que le curé lui avait prêtée. Ce bon vieillard, émerveillé de ses progrès, passait des soirées entières à lui enseigner la théologie. Julien ne faisait paraître devant lui que des sentiments pieux. Qui eût pu deviner que cette figure de jeune fille, si pâle et si douce, cachait la résolution inébranlable de s'exposer à mille morts plutôt que de ne pas faire fortune !

Pour Julien, faire fortune, c'était d'abord sortir de Verrières; il abhorrait sa patrie. Tout ce qu'il y voyait glaçait son imagination.

Dès sa première enfance, il avait eu des moments d'exaltation. Alors il songeait avec délices qu'un jour il serait présenté aux jolies femmes de Paris, il saurait attirer leur attention par quelque action d'éclat. Pourquoi ne serait-il pas aimé de l'une d'elles, comme Bonaparte*, pauvre encore, avait été aimé de la brillante madame de Beauharnais* ? Depuis bien des années, Julien ne passait peut-être

pas une heure de sa vie sans se dire que Bonaparte, lieutenant obscur et sans fortune, s'était fait le maître du monde avec son épée. Cette idée le consolait de ses malheurs qu'il croyait grands, et redoublait sa joie quand il en avait.

La construction de l'église et les sentences du juge de paix l'éclairèrent tout à coup; une idée qui lui vint le rendit comme fou pendant quelques semaines, et enfin s'empara de lui avec la toute-puissance de la première idée qu'une âme passionnée croit avoir inventée.

« Quand Bonaparte fit parler de lui, la France avait peur d'être envahie; le mérite militaire était nécessaire et à la mode. Aujourd'hui, on voit des prêtres de quarante ans avoir cent mille francs d'appointements, c'est-à-dire trois fois autant que les fameux généraux de division de Napoléon*. Il leur faut des gens qui les secondent. Voilà ce juge de paix, si bonne bête, si honnête homme, jusqu'ici, si vieux, qui se déshonore par crainte de déplaire à un jeune vicaire* de trente ans. Il faut être prêtre. »

Le Rouge et le Noir, 1830

Le romancier nous montre la société française comme elle apparaît aux yeux de Julien. A cette époque triomphent ensemble le catholicisme symbolisé par l'église et l'injustice représentée par le vieux juge et ses décisions. Le héros de Stendhal, qui cherche le pouvoir et l'argent, comprend qu'une seule voie lui est offerte, exprimée à la fin du texte en une phrase de quatre mots. Sa vocation religieuse ne devra rien à la foi.

VICTOR HUGO illustre une autre conception, celle de la religion charité. Jean Valjean, échappé du bagne où il a été envoyé pour avoir volé un pain, vole des couverts en argent à un prêtre qui lui avait donné l'hospitalité. Rattrapé sur la route par les gendarmes, il est ramené chez ce religieux qui n'est autre que l'évêque* de Digne. Le saint homme, pour sauver le coupable, ment et dit qu'il lui a donné ces couverts :

Les trois hommes étaient des gendarmes; l'autre était Jean Valjean.

Un brigadier de gendarmerie, qui semblait conduire le groupe, était près de la porte. Il entra et s'avança vers l'évêque en faisant le salut militaire.

— Monseigneur... dit-il.

A ce mot, Jean Valjean, qui était morne et semblait abattu, releva la tête d'un air stupéfait.

— Monseigneur! murmura-t-il. Ce n'est donc pas le curé?...

— Silence! dit un gendarme. C'est monseigneur l'évêque.

Cependant Mgr Bienvenu s'était approché aussi vivement que son grand âge le lui permettait.

— Ah! vous voilà! s'écria-t-il en regardant Jean Valjean. Je suis aise de vous voir. Eh bien mais! je vous avais donné les chandeliers aussi, qui sont en argent comme le reste et dont vous pourrez bien avoir deux cents francs. Pourquoi ne les avez-vous pas emportés avec vos couverts?

Jean Valjean ouvrit les yeux et regarda le vénérable évêque avec une expression qu'aucune langue humaine ne pourrait rendre.

— Monseigneur, dit le brigadier de gendarmerie, ce que cet homme disait était donc vrai? Nous l'avons rencontré. Il allait comme quelqu'un qui s'en va. Nous l'avons arrêté pour voir. Il avait cette argenterie...

— Et il vous a dit, interrompit l'évêque en souriant, qu'elle lui avait été donnée par un vieux bonhomme de prêtre chez lequel il avait passé la nuit? Je vois la chose. Et vous l'avez ramené ici? C'est une méprise.

— Comme cela, reprit le brigadier, nous pouvons le laisser aller?

— Sans doute, répondit l'évêque.

Les gendarmes lâchèrent Jean Valjean qui recula.

— Est-ce que c'est vrai qu'on me laisse? dit-il d'une voix presque inarticulée et comme s'il parlait dans le sommeil.

— Oui, on te laisse, tu n'entends donc pas? dit un gendarme.

— Mon ami, reprit l'évêque, avant de vous en aller, voici vos chandeliers. Prenez-les.

Il alla à la cheminée, prit les deux flambeaux d'argent et les apporta à Jean Valjean. Les deux femmes le regardaient sans un mot, sans faire un geste, sans un regard qui pût déranger l'évêque.

Jean Valjean tremblait de tous ses membres. Il prit les deux chandeliers machinalement et d'un air égaré.

— Maintenant, dit l'évêque, allez en paix. — A propos, quand vous reviendrez, mon ami, il est inutile de passer par le jardin. Vous pourrez toujours entrer et sortir par la porte de la rue. Elle n'est fermée qu'au loquet jour et nuit.

Puis se tournant vers la gendarmerie :

— Messieurs, vous pouvez vous retirer.

Les gendarmes s'éloignèrent.

Jean Valjean était comme un homme qui va s'évanouir.

L'évêque s'approcha de lui, et lui dit à voix basse :

— N'oubliez pas, n'oubliez jamais que vous m'avez promis d'employer cet argent à devenir honnête homme.

Jean Valjean, qui n'avait aucun souvenir d'avoir rien promis, resta interdit. L'évêque avait appuyé sur ces paroles en les prononçant. Il reprit avec une sorte de solennité :

— Jean Valjean, mon frère, vous n'appartenez plus au mal, mais au bien. C'est votre âme que je vous achète; je la retire aux pensées noires et à l'esprit de perdition, et je la donne à Dieu.

Les Misérables, 1862

Monseigneur Bienvenu est un homme de Dieu. Il sait se servir de toutes les situations, même les plus surprenantes, pour faire le bien et sauver les âmes. La suite du roman montre que, grâce à Mgr Bienvenu, Valjean deviendra aussi une sorte de saint.

LES DÉFIS A LA TRADITION

RAISON ET SENSIBILITÉ RELIGIEUSE

MARTIN DU GARD *se fait l'écho de la crise religieuse pro-voquée, à la fin du XIXe siècle et au début du XXe, par les progrès de la science et ceux des diverses philosophies maté-rialistes. Il faut noter ici le dialogue entre un croyant qui a perdu la foi et un prêtre qui a été fort près de la perdre :*

SCHERTZ. — « Jusqu'à l'ordination, je n'avais pas beau-coup étudié les sciences, mais j'étais très attiré, depuis longtemps; et j'ai commencé à étudier, aussitôt prêtre. Je me rends bien compte, à distance, de ce qui s'est passé; et cela arrive à beaucoup. » (Avec respect.) « C'est la *disci-pline scientifique!* On la découvre tout à coup; on s'y soumet passionnément; elle prend possession de vous; elle vous forge un cerveau neuf. Et puis, plus tard, un jour, quand on se tourne vers le passé, tout est changé : les choses autrefois habituelles, on les regarde, et c'est comme si on les voyait pour la première fois : on les juge... Et, de ce jour-là, c'est fini, *on ne peut plus ne pas juger!* Pas vrai?... Voilà la *disci-pline scientifique!* »

JEAN. — « Oui : on ne peut plus s'empêcher de voir... »

SCHERTZ (souriant). — « Moi, je ne savais pas, j'ai cru que je pouvais retourner en arrière. J'ai fermé tous les livres, et je suis parti pour le monastère de Brügen. » (Hési-tant.) « Une... »

JEAN. — « Une retraite? »

SCHERTZ. — « Une retraite. Cinq mois, pendant le plein hiver... D'abord, j'ai tenté une consultation des pères; beaucoup étaient instruits. Mais ils affirmaient, et moi je raisonnais; c'était toujours le même malentendu. Ils riaient à la fin, et disaient toujours : « Rien d'impossible pour Dieu. » Alors, quoi répondre?

« L'un m'a dit, un jour : « Ce qui m'étonne, c'est que, avec des pareilles pensées, vous n'ayez pas perdu la foi... » *Ach,* j'ai beaucoup réfléchi là-dessus. C'était vrai : ma foi n'était pas diminuée. Comme vous le disiez tout à l'heure pour vous. J'avais la conviction intérieure — pour ainsi dire une certitude — que rien n'était modifié. Impossible d'éprouver un remords. Je me sentais soumis à quelque chose qui était plus fort que ma volonté, et, en même temps, très élevé, et si respectable...

Jean Barois, éd. Gallimard, 1913

Le prêtre catholique essaie de transmettre son expérience religieuse la plus intime, il montre que la foi authentique finit non par résoudre, mais par ignorer les problèmes posés par la raison. C'est une grande force pour ceux qui sont appelés par Dieu; malheureusement, cette force peut difficilement se transmettre. Jean Barois perd la foi, ce qui le conduit à l'athéisme et à la libre-pensée.

ÉDOUARD ESTAUNIÉ *peint un autre aspect de la même crise.*
Léonard a été élevé très religieusement, à la fois par sa famille
et par les Jésuites*. Mais il a cessé de croire et vient chercher
l'aide d'un prêtre. Ce dernier est un homme médiocre il ne
comprend pas qu'il est en face d'un désespéré et réagit de
manière banale :

L'abbé, prévenu, s'approcha :
— Une confession? passons à côté... Un peu vite,
n'est-ce pas? le salut va commencer.

Il emmena Léonard dans une salle voisine, décorée de
boiseries en rocaille et d'oraisons *ante missam*. Puis, l'ayant
installé sur un prie-Dieu, il s'arrondit en boule, pencha sa
tête grise et attendit, résigné, la petite pluie d'ennuis qui
arrose ce genre de corvées :
— Avez-vous fait vos Pâques*?... bien, bien. Qu'est-ce
qui vous amène?

— Vous qui êtes prêtre, qui devez croire et savoir
pourquoi, pouvez-vous me prouver que le Christ soit Dieu?

Le prêtre, qui avait compté sur une peccadille de jeune
homme à nettoyer d'une brève absolution, laissa tomber
ses bras :
— Mon Dieu! est-ce possible!

Au même instant, le rire des enfants de chœur venus
pour le salut* retentit à côté. Instinctivement, l'anxiété du
sacristain redoubla, à l'idée qu'il ne pourrait surveiller
leur défilé.

— Voyons, mon ami, reprit-il, vous admettez bien qu'il
y a un Dieu?
— Comment le démontrer?
— Il faut pourtant être raisonnable! n'avez-vous pas
lu nos saints Évangiles*, qui l'affirment?
— Je ne crois plus aux Évangiles.
— Voilà votre péché. Il faut y croire.
— Pourquoi?
— Parce que Notre-Seigneur — il souleva sa barrette
à ce nom respecté — parce que Notre-Seigneur nous l'or-
donne. Ne pas admettre la divinité de Notre-Seigneur!

De quelle manière expliqueriez-vous donc sa résurrection,
dont les Apôtres* furent témoins?
— C'est de cette résurrection même que je doute.
— L'Évangile parle de César*, et vous croyez bien
à l'existence de César? De même...

La cloche des offices interrompit sa phrase. Il soupira,
finit en hâte :
— Il est incompréhensible que votre esprit se refuse
à la lumière. Promettez-moi que vous ferez désormais vos
efforts pour ne plus succomber à cette tentation. Je vais
vous indiquer un moyen qui vous y aidera. Chaque matin,
pendant huit jours, récitez une dizaine de chapelet et priez
la sainte Vierge*...
— Est-ce tout ce que vous pouvez me dire?
— Je vais encore vous donner l'absolution*.

Léonard se leva, révolté :
— Je n'en veux pas : je n'ai pas le repentir!
— Cela ne fait rien : elle vous soutiendra.
— Inutile de commettre un sacrilège : vous n'y ferez
plus rien.

Il rentra dans l'église.

Voilà donc le secours que Dieu lui réservait : des pratiques de dévotes, une absolution vaine! Encore, s'il avait
pu prier! Mais comment? Quels mots adresser à un Dieu
qu'on soupçonne de n'être pas?

Il regarda la nef. En dépit de l'office, qui allait son
train, elle était vide. Des voix de chantres montaient vers
les voûtes avec une régularité de besogne payée. L'autel
était pareil à une idole, l'officiant pétrifié dans la chape; des
enfants de chœur riaient. Léonard eut la sensation d'une
religion réduite au décor.

L'Empreinte, © Librairie Académique Perrin

Est-ce Dieu qui a conduit Léonard vers un prêtre peu effi-
cace et peu dévoué, un simple fonctionnaire de l'Église? Est-ce
que Léonard représente un cas désespéré que personne ne
pouvait sauver? Dans l'un ou l'autre cas, le résultat reste le
même, le héros du roman ne rentrera jamais dans le sein de
l'Église, il ne retrouvera jamais la foi de son enfance.

GILBERT CESBRON *présente une autre forme des tentatives du clergé catholique, face à la crise d'indifférence du milieu du siècle, pour essayer de regagner, au moins en partie, le terrain perdu. Les prêtres ouvriers ont cherché à rétablir le contact avec les travailleurs, notamment en partageant leur vie et en réduisant le plus possible l'aspect formel et extérieur du culte. Pierre, un ouvrier qui s'est fait curé, est finalement plus proche du secrétaire communiste de syndicat que du curé de Sagny-le-Haut, qui représente tous les éléments conservateurs de l'Église catholique :*

— C'est une chimère, fit le curé en levant les bras, non pas au ciel mais jusqu'à son visage rose, une honorable chimère!

— Monsieur le curé, quand les Onze sont partis évangéliser le monde entier, c'était une folie plus grande encore!

— C'est vrai, dit la sœur, et Pierre vit luire une braise sous la cendre de son regard.

— Écoutez, reprit le curé en se rasseyant, j'ai la charge d'un troupeau, moi. Le garder, le conduire à Dieu, voilà ma tâche.

— Non, fit Pierre obstinément, vous avez la charge d'une paroisse. On dit : « Voici un quartier de seize mille *âmes.* » Je n'en vois pas une seule qui ne soit votre enfant!

— Je le voudrais bien, mais soyez raisonnable!

— Il n'est pas du tout « raisonnable » de laisser tout le troupeau pour partir à la recherche d'une brebis égarée! Pourtant, c'est le commandement.

— Tout à fait raisonnable, au contraire, quand on sait que le troupeau restera fidèle durant ce temps! Malheureusement, il est prouvé...

— Mais il ne doit pas vous quitter! C'est avec lui tout entier que vous partez à la conquête des âmes : ce n'est pas un troupeau, mais une armée! Sans quoi...

— Allons, chacun son rôle!

— Non, monsieur le curé, chacun ses méthodes; mais tous les chrétiens ont le même rôle!

— Tous *militants*? Je sais, c'est un mot à la mode!

— *Patronage* aussi fut un mot à la mode, dit Pierre avec douceur. Tenons-nous-en donc plutôt aux mots qui ne passent pas : *Apostolat* en est un.

La belle main s'impatienta.

— Cet apostolat, dans ce quartier-ci, vous vous en occupez... à votre manière. N'empiétez pas sur la paroisse, voilà tout!

— Je lui apporte, au contraire : je recrute de nouveaux chrétiens qui tôt ou tard...

— Vous empiétez sur elle en détournant d'elle, involontairement, un vicaire et une ...militante! Quant à vos néophytes, je crains beaucoup que jamais ils ne soient à leur aise dans le milieu paroissial.

— C'est aussi ma seule crainte, monsieur le curé, et le seul vrai problème.

— La faute à qui?

— Au « milieu paroissial » dont vous parliez, dit Pierre résolument en se levant à son tour : aux autres chrétiens qui ne les accueillent pas avec un regard de frère aîné, mais de cohéritier.

— C'est la faute des bons paroissiens et de leur clergé, n'est-ce pas?

— Quand un enfant blesse un de ses camarades, c'est le père qu'on en tient responsable. Est-ce injuste?

— Voilà, dit la sœur comme pour elle seule : pas coupable, mais responsable...

— Je ne pensais pas, fit amèrement le vieux prêtre en joignant ses mains, que je trouverais ici mon juge!

Des deux poings Pierre s'appuya sur la table et, se penchant vers lui :

— Pardonnez-moi. Mais n'étiez-vous pas venu ici en accusateur? Et quant à juger, non! J'ai appris d'eux à ne jamais juger.

— D'eux?

— Des ouvriers.

— Ce sont eux qui vous forment? (Pierre abaissa la tête en souriant.) C'est le monde à l'envers!

— Le Christianisme, c'est le monde à l'envers! Les premiers seront les derniers... Heureux ceux qui pleurent!... Et malheur aux riches!

Les Saints vont en Enfer, éd. Robert Laffont

On sent que ce dialogue conduit à une séparation totale, il n'y a pas de compromis possible entre deux conceptions si différentes du rôle que doit jouer le catholicisme en France. Pierre, chassé de sa paroisse, envoyé dans un couvent près de Lille pour y faire retraite et y méditer, renonce à sa vie de prêtre pour aller s'embaucher comme mineur de fond. Admettant, comme ses chefs, qu'on ne peut pas être prêtre et en même temps ouvrier, il en tire une conclusion inverse à celle de la hiérarchie catholique à laquelle il s'oppose et choisit d'être ouvrier.

ASPECT DU PROTESTANTISME

ANDRÉ GIDE *a été élevé dans la religion protestante, et il s'inspire d'un souvenir de sa jeunesse. Au cours du culte, le pasteur développe et explique le passage de la Bible qui développe l'idée que le péché est facile, trop facile, alors que la vertu est difficile. Les Protestants français avaient, au temps de Gide, une réputation d'austérité et d'extrême rigueur morale — pour le jeune homme, la voie étroite est la plus dure, celle qui l'éloigne d'Alissa, la jeune fille qu'il aime :*

Dans la petite chapelle, il n'y avait, ce matin-là, pas grand monde. Le pasteur Vautier, sans doute intentionnellement, avait pris pour texte de sa méditation ces paroles du Christ : *Efforcez-vous d'entrer par la porte étroite.*

Alissa se tenait à quelques places devant moi. Je voyais de profil son visage; je la regardais fixement, avec un tel oubli de moi qu'il me semblait que j'entendais à travers elle ces mots que j'écoutais éperdument. Mon oncle était assis à côté de ma mère et pleurait.

Le pasteur avait d'abord lu tout le verset : *Efforcez-vous d'entrer par la porte étroite, car la porte large et le chemin spacieux mènent à la perdition, et nombreux sont ceux qui y passent; mais étroite est la porte et resserrée la voie qui conduisent à la Vie, et il en est peu qui les trouvent.* Puis, précisant les divisions du sujet, il parlait d'abord du chemin spacieux. L'esprit perdu, et comme en rêve, je revoyais la chambre de ma tante; je revoyais ma tante étendue, riante; je revoyais le brillant officier rire aussi... et l'idée même du rire, de la joie, se faisait blessante, outrageuse, devenait comme l'odieuse exagération du péché.

Et nombreux sont ceux qui y passent, reprenait le pasteur Vautier; puis il peignait et je voyais une multitude parée, riant et s'avançant folâtrement, formant cortège où je sentais que je ne pouvais, que je ne voulais pas trouver place, parce que chaque pas que j'eusse fait avec eux m'aurait écarté d'Alissa. — Et le pasteur ramenait le début du texte, et je voyais cette porte étroite par laquelle il fallait s'efforcer d'entrer. Je me la représentais, dans le rêve où je plongeais, comme une sorte de laminoir, où je m'introduisais avec effort, avec une douleur extraordinaire où se mêlait pourtant un avant-goût de la félicité du ciel. Et cette porte devenait encore la porte de la chambre d'Alissa; pour entrer je me réduisais, me vidais de tout ce qui subsistait en moi d'égoïsme... *Car étroite est la voie qui conduit à la Vie,* continuait le pasteur Vautier. Et par-delà toute macération, toute tristesse, j'imaginais, je pressentais une autre joie, pure, mystique, séraphique et dont mon âme déjà s'assoiffait. Je l'imaginais, cette joie, comme un chant de violon à la fois strident et tendre, comme une flamme aiguë où le cœur d'Alissa et le mien s'épuisaient.

La Porte étroite, éd. Mercure de France

Cet extrait nous fait assister à une cérémonie religieuse à travers les réactions d'un jeune homme qui y participe; on entend les paroles du pasteur et on voit l'effet qu'elles ont sur lui. Comme chez Chateaubriand, on peut constater qu'au moment de l'adolescence, de la formation spirituelle, les hommes sont susceptibles de réactions extrêmes et d'émotions religieuses très vives. Il y a eu longtemps en France une rivalité entre les religions catholique et protestante. Cette opposition a d'ailleurs pratiquement cessé d'exister aujourd'hui, sauf dans quelques milieux intégristes.*

ASPECTS DE L'ATHÉISME

ÉMILE ZOLA *donne la parole à un libre-penseur qui a une haute idée de la morale sociale. Venant des rangs des trois religions, catholique, protestante ou juive, de nombreux Français ont, pour diverses raisons, cessé de croire en Dieu. Peu ont renoncé aux principes moraux et au désir de lutter contre le mal dans le monde :*

Et tout est là, il n'y a, dans le monde, pas d'autre volonté que cette force qui pousse tout à la vie, à une vie de plus en plus développée et supérieure.

Il s'était levé, le geste large, et une telle foi le soulevait, que la jeune fille le regardait, surprise de le trouver si jeune, sous ses cheveux blancs.

LA RELIGION DE LA RAISON

— Veux-tu que je te dise mon *Credo**, à moi, puisque tu m'accuses de ne pas vouloir du tien... Je crois que l'avenir de l'humanité est dans le progrès de la raison par la science. Je crois que la poursuite de la vérité par la science est l'idéal divin que l'homme doit se proposer. Je crois que tout est illusion et vanité, en dehors du trésor des vérités lentement acquises et qui ne se perdront jamais plus. Je crois que la somme de ces vérités, augmentées toujours, finira par donner à l'homme un pouvoir incalculable, et la sérénité, sinon le bonheur... Oui, je crois au triomphe final de la vie.

Et son geste, élargi encore, faisait le tour du vaste horizon, comme pour prendre à témoin cette campagne en flammes, où bouillaient les sèves de toutes les existences.

Le Docteur Pascal, 1893

LA FIDÉLITÉ AUX ANCÊTRES

MARC BLOCH *dans ce testament écrit après la défaite de 1940 proclame en universitaire son agnosticisme. Professeur à la Sorbonne, ce grand historien sera fusillé en 1944 en combattant dans les rangs de la Résistance française. L'esprit de vérité et de probité qui l'anime le pousse à affirmer, au moment où les Juifs français sont persécutés et menacés, le judaïsme de ses ancêtres en même temps que son incroyance :*

Je n'ai point demandé que, sur ma tombe, fussent récitées les prières hébraïques dont les cadences, pourtant, accompagnèrent vers leur dernier repos tant de mes ancêtres et mon père lui-même. Je me suis, toute ma vie durant, efforcé de mon mieux vers une sincérité totale de l'expression et de l'esprit. Je tiens la complaisance envers le mensonge, de quelques prétextes qu'il se puisse parer, pour la pire lèpre de l'âme. Comme un beaucoup plus grand que moi, je souhaiterais volontiers que, pour toute devise, on gravât sur ma pierre tombale ces simples mots : *Dilexit veritatem*. C'est pourquoi il m'était impossible d'admettre qu'en cette heure des suprêmes adieux, où tout homme a pour devoir de se résumer soi-même, aucun appel fût fait en mon nom aux effusions d'une orthodoxie, dont je ne reconnais point le Credo.

Mais il me serait plus odieux encore que, dans cet acte de probité, personne pût rien voir qui ressemblât à un lâche reniement. J'affirme donc, s'il le faut, face à la mort, que je

suis né juif ; que je n'ai jamais songé à m'en défendre, ni trouvé aucun motif d'être tenté de le faire. Dans un monde assailli par la plus atroce barbarie, la généreuse tradition des prophètes hébreux, que le christianisme, en ce qu'il a de plus pur, reprit pour l'élargir, ne demeure-t-elle pas une de nos meilleures raisons de vivre, de croire et de lutter ? Étranger à tout formalisme conventionnel comme à toute solidarité prétendument raciale, je me suis senti, durant ma vie entière, très simplement français. Attaché à ma patrie par une tradition familiale déjà longue, nourri de son héritage spirituel et de son histoire, incapable en vérité d'en concevoir une autre où je puisse respirer à l'aise, je l'ai beaucoup aimée et servie de toutes mes forces. Je n'ai jamais éprouvé que ma qualité de juif mît à ces sentiments le moindre obstacle. Au cours des deux guerres, il ne m'a pas été donné de mourir pour la France. Du moins puis-je, en toute sincérité, me rendre ce témoignage : Je meurs comme j'ai vécu, en bon Français.

L'Étrange défaite, éd. Colin, 1940

Les arguments des rationalistes et des athées s'appuient sur le raisonnement et ne peuvent convaincre que ceux dont la foi est déjà ébranlée. Ils laissent indifférents les croyants qui vivent de mystère et d'irrationnel. Selon la célèbre pensée de Pascal Le cœur a ses raisons que la raison ne connaît pas.

GEORGES DUHAMEL *crée un personnage devenu célèbre, totalement inadapté aux exigences de la vie moderne, Salavin. Lorsque celui-ci prend conscience de son échec, à la fois dans son travail et ses affections (sa mère, sa femme), il décide de se transformer et de devenir un saint, hors de toute religion. Sans Dieu, un homme qui devient saint fait triompher l'humanisme à l'état pur :*

A mon avis, ce n'est pas spécialement la ferveur religieuse qui fait le saint, c'est la conduite humaine d'un homme ou, mieux encore, bien que je me défie du langage pompeux, c'est l'ordonnance de sa vie morale. Je suis persuadé que, si Dieu existe, s'il est vraiment bon, délicat, s'il n'est point aveuglé par l'égoïsme ou l'orgueil, s'il n'est point étourdi par les louanges intéressées de ses adorateurs, s'il est suffisamment libre et s'il consent à m'écouter, je suis persuadé qu'il m'approuve, en ce moment, du moins *in petto*.

Dans la vie des saints légendaires, on a toujours observé, en dehors des prières et des gestes que l'on peut, somme toute, appeler professionnels, un admirable concours d'actions purement humaines. C'est là que je reconnais la sainteté. C'est à une telle forme de sainteté que j'aspire.

Je n'y suis pas poussé par mon humeur. Je n'ai même aucune disposition à la sainteté. Il y a dix ans, le projet que je viens de former m'eût paru dément ; plus exactement : bouffon. Je dois, pour être sincère, ajouter que, placé comme Hercule* entre le vice et la vertu, j'eusse, en ce temps-là, longuement balancé. La carrière du vice est assez difficile pour qui ne souffrirait pas d'y rester médiocre. Je n'ai jamais eu l'audace ou, comme disent les gens du peuple, « l'estomac » qu'il faut pour soutenir un grand vice. Depuis longtemps, la question ne se pose plus. Nul choix : la sainteté ou le néant.

Précisons. Je ne demande pas à faire des miracles. Je suis raisonnable et modeste. Je n'attends aucune récompense de personne. Je trouverai ma récompense dans le fait. Saint Augustin* a dit fort justement qu'un saint n'est un saint que pour soi-même. Je veux, pour commencer, m'en tenir là.

Journal de Salavin, éd. Mercure de France, 1927

Le chemin de la sainteté est une autre voie étroite. Salavin puise en lui-même la force de faire de bonnes actions (souvent méconnues ou ridiculisées) puis de tout abandonner pour chercher une nouvelle vie. Il mourra de la peste à Tunis après avoir été volontaire pour soigner des malades.

UN SAINT SANS DIEU ?

ALBERT CAMUS *peint les diverses révoltes de l'homme contre un monde où triomphe un mal — encore symbolisé par la peste — qu'il se refuse à accepter. Tarrou, jeune homme idéaliste qui aide le Dr Rieux à lutter contre l'épidémie de peste, cherche à s'expliquer comment on peut être héroïque simplement par amour de l'humanité :*

Après un silence, le docteur se souleva un peu et demanda si Tarrou avait une idée du chemin qu'il fallait prendre pour arriver à la paix.

— Oui, la sympathie.

Deux timbres d'ambulance résonnèrent dans le lointain. Les exclamations, tout à l'heure confuses, se rassemblèrent aux confins de la ville, près de la colline pierreuse. On entendit en même temps quelque chose qui ressemblait à une détonation. Puis le silence revint. Rieux compta deux clignements de phare. La brise sembla prendre plus de force, et du même coup, un souffle venu de la mer apporta une odeur de sel. On entendait maintenant de façon distincte la sourde respiration des vagues contre la falaise.

— En somme, dit Tarrou avec simplicité, ce qui m'intéresse, c'est de savoir comment on devient un saint.

— Mais vous ne croyez pas en Dieu.

— Justement. Peut-on être un saint sans Dieu, c'est le seul problème concret que je connaisse aujourd'hui.

Brusquement, une grande lueur jaillit du côté d'où étaient venus les cris et, remontant le fleuve du vent, une clameur obscure parvint jusqu'aux deux hommes. La lueur s'assombrit aussitôt et loin, au bord des terrasses, il ne resta qu'un rougeoiement. Dans une panne de vent, on entendit distinctement des cris d'hommes, puis le bruit d'une décharge et la clameur d'une foule. Tarrou s'était levé et écoutait. On n'entendait plus rien.

— On s'est encore battu aux portes.

— C'est fini maintenant, dit Rieux.

Tarrou murmura que ce n'était jamais fini et qu'il y aurait encore des victimes, parce que c'était dans l'ordre.

— Peut-être, répondit le docteur, mais vous savez, je me sens plus de solidarité avec les vaincus qu'avec les saints. Je n'ai pas de goût, je crois, pour l'héroïsme et la sainteté. Ce qui m'intéresse, c'est d'être un homme.

— Oui, nous cherchons la même chose, mais je suis moins ambitieux.

La Peste, éd. Gallimard, 1947

Peut-être la sainteté est-elle liée à la nature même de certaines personnes et la religion proprement dite serait alors une condition extérieure, mais non déterminante, de la foi. Si cela était vrai, le nombre de saints dans une société donnée resterait pratiquement constant.

L'APPEL DE L'ÊTRE SUPRÊME

LA JOIE PROFONDE DU CROYANT

FRANÇOIS MAURIAC, *dans un roman autobiographique, montre un homme qui a besoin du secours de Dieu pour accomplir ce qu'il veut faire. Jean-Louis s'abandonne à la prière et, après des instants d'angoisse et d'inquiétude spirituelle, retrouve la paix dans laquelle l'entraîne la foi comme dans un fleuve :*

Et soudain, il se rappela qu'il avait oublié de réciter sa prière. Alors, cet homme fit exactement ce qu'il aurait fait à dix ans, il se leva sans bruit de sa couche et se mit à genoux sur la descente de lit, la tête dans les draps. Le silence n'était troublé par aucun souffle; rien ne décelait qu'il y eût dans cette chambre une femme et un petit enfant endormis. L'atmosphère était lourde et chargée d'odeurs mêlées, car Madeleine redoutait l'air du dehors, comme tous les gens de la campagne; son mari avait dû s'habituer à ne plus ouvrir les fenêtres, la nuit.

Il commença par invoquer l'Esprit : « *Veni, Sancte Spiritus, reple tuorum corda fidelium et tui amoris in eis ignem accende...* » Mais tandis que ses lèvres prononçaient la formule admirable, il n'était attentif qu'à cette paix qu'il connaissait bien, et qui en lui, sourdait de partout comme un fleuve lorsqu'il naît : oui, active, envahissante, conquérante,

pareille aux eaux d'une crue. Et il savait, par expérience, qu'il ne fallait tenter aucune réflexion, ni céder à la fausse humilité qui fait dire : « Cela ne signifie rien, c'est une émotion à fleur de peau... » Non, ne rien dire, accepter; aucune angoisse ne subsistait... Quelle folie d'avoir cru que le résultat apparent de nos efforts importe tant soit peu... Ce qui compte, c'est ce pauvre effort lui-même pour maintenir la barre, pour la redresser — surtout pour la redresser... Et les fruits inconnus, imprévisibles, inimaginables de nos actes se révéleront un jour dans la lumière, ces fruits de rebut, ramassés par terre, que nous n'osions pas offrir... Il fit un bref examen de conscience : oui, demain matin, il pourrait communier. Alors il s'abandonna. Il savait où il se trouvait, et continuait d'être sensible à l'atmosphère de la chambre. Une seule pensée obsédante : c'était qu'en ce moment il cédait à l'orgueil, il cherchait un plaisir... Mais au cas où ce serait Vous, Mon Dieu... »

Le Mystère Frontenac, éd. Grasset, 1933

Pour un catholique, la foi rapproche de la vie exemplaire de Jésus-Christ et permet de trouver l'héroïsme et le courage sans tomber dans le péché d'orgueil.

LA CONVERSION

BEATRIX BECK, *romancière d'après-guerre qui a beaucoup d'affinités avec A. Gide, nous montre comment un prêtre catholique moderne accueille une jeune femme qui veut se convertir. Léon Morin ne veut pas se contenter des apparences, il ne veut pas d'une conversion temporaire provenant d'un coup de tête :*

— Pourquoi est-ce que vous voulez vous convertir ?

— Je ne veux pas, je suis obligée.

— Qu'est-ce que c'est, pour vous, une conversion ?

— Se mettre à suivre les préceptes du Christ.

— Quels préceptes ?

— Être toujours pauvre. Se mettre à aimer les gens, faire le maximum pour eux, renoncer à soi-même et à ses intérêts, prier Dieu, recevoir les sacrements, entrer dans l'Église, enfin.

— Il vaudrait mieux que vous réfléchissiez avant de prendre une décision qui engage toute la vie.

— Ce n'est pas une décision. Je n'ai pas le choix.

— Il vous semble que vous n'avez pas le choix parce que vous êtes un peu nerveuse et exaltée.

— Oh! non, j'étais d'un calme, dans le grenier, toute seule.

— Et qu'est-ce qui est arrivé, dans le grenier ?

— Il n'est rien arrivé du tout, au contraire ; tout a été fini.

— Comment ça ?

— Comme quand l'arsenal a sauté.

— Elle est complètement braque, cette fille, mumura Morin.

— Croyez bien que si je me convertis, c'est à mon corps défendant.

— Voilà une possédée, s'extasia la prêtre. Il va falloir que je vous exorcise.

— Monsieur l'abbé, vous qui, naturellement, avez agi en tous points de manière à me christianiser, on dirait que maintenant, vous voudriez réellement m'empêcher de suivre votre seigneur.

— Pourquoi est-ce que vous le suivriez ?

— Parce que je ne suis pas sûre que ce qu'il a dit était faux.

— Vous allez vous empoisonner l'existence, vous allez gâcher votre vie.

— Oui. C'est vrai. Vous, vous dites cela pour m'éprouver, c'est évident. Mais moi, je sais bien que rien ne m'est jamais arrivé, ni ne pouvait m'arriver de pire.

— Vous n'avez jamais pensé à devenir protestante ? Ils sont souvent merveilleux, ces gens-là.

— Pourquoi est-ce que vous vous moquez de moi à ce point-là, monsieur l'abbé ?

— Je ne me moque pas, je dis ce qui est.

— C'est impossible pour moi de devenir protestante, puisque le Christ a fondé une seule Église, avec Pierre à sa tête. Pour être fidèle au Christ, il faut rester dedans, même si elle est pourrie. Il a dit que les forces de l'enfer ne prévaudraient pas contre elle. Moi, je trouve qu'elles ont prévalu, seulement ce n'est peut-être pas définitif, pas total. Et puis, il y a une raison plus grave encore qui fait que les protestants, même s'ils sont saints, ne seront jamais des chrétiens.

— Quelle raison ? J'ai l'impression que vous battez un peu la campagne.

— La raison, c'est que le Christ a dit : « Ma chair est vraie nourriture et mon sang est vrai breuvage. » Et les protestants ne croient pas à cette affirmation du Christ, ils nient la présence réelle.

Léon Morin, prêtre, éd. Gallimard, 1952

On remarque l'habileté avec laquelle Léon Morin amène la jeune candidate à prendre position et à analyser les raisons pour lesquelles le protestantisme ne lui convient pas, en dépit du fait qu'il serait plus facile pour elle de s'y adapter.

SIMONE DE BEAUVOIR évoque ce qu'elle était, une jeune fille rangée, très obéissante, très naïve, très croyante, ouverte à toutes les influences. Mais elle a une vive intelligence et tire la conclusion logique de sa foi ; elle décide d'entrer au couvent pour consacrer sa vie à Dieu :

Chaque année, je faisais une retraite; toute la journée, j'écoutais les instructions d'un prédicateur, j'assistais à des offices, j'égrenais des chapelets, je méditais; je déjeunais au cours, et pendant le repas une surveillante nous lisait la vie d'une sainte. Le soir, à la maison, ma mère respectait mon silencieux recueillement. Je notais sur un carnet les effusions de mon âme et des résolutions de sainteté. Je souhaitais ardemment me rapprocher de Dieu, mais je ne savais pas comment m'y prendre. Ma conduite laissait si peu à désirer que je ne pouvais guère l'améliorer; d'ailleurs je me demandais dans quelle mesure elle concernait Dieu. La plupart des fautes pour lesquelles ma mère nous réprimandait, ma sœur et moi, c'étaient des maladresses et des étourderies. Poupette se fit durement gronder et punir pour avoir perdu un collet de civette. Quand, pêchant des écrevisses avec mon oncle Gaston dans la « rivière anglaise », je tombai à l'eau, ce qui m'affola, ce fut l'algarade que je prévoyais et que d'ailleurs on m'épargna. Ces impairs n'avaient rien de commun avec le péché, et en les évitant, je ne me perfectionnais pas. Ce qu'il y avait d'embarrassant, c'est que Dieu interdisait beaucoup de choses, mais ne réclamait rien de positif, sinon quelques prières, quelques pratiques qui ne modifiaient pas le cours des journées. Je trouvais même bizarre, quand les gens venaient de communier, de les voir si vite se replonger dans le train-train habituel; je faisais comme eux, mais j'en étais gênée. Au fond, ceux qui croyaient, ceux qui ne croyaient pas menaient tout juste la même existence; je me persuadai de plus en plus qu'il n'y avait pas place dans le monde profane pour la vie surnaturelle. Et pourtant, c'était celle-ci qui comptait : elle seule. J'eus brusquement l'évidence, un matin, qu'un chrétien convaincu de la béatitude future n'aurait pas dû accorder le moindre prix aux choses éphémères. Comment la plupart d'entre eux acceptaient-ils de demeurer dans le siècle? Plus je réfléchissais, plus je m'en étonnais. Je conclus qu'en tout cas je ne les imiterais pas : entre l'infini et la finitude, mon choix était fait. « J'entrerai au couvent », décidai-je.

Mémoires d'une jeune fille rangée, éd. Gallimard, 1958

Ses parents s'opposeront à cette vocation prématurée et trop enthousiaste. La petite fille pieuse va devenir un des chefs du mouvement de libération féminine et de la pensée philosophique athée!

« QU'EST-CE AU JUSTE QUE LA FOI? »

HENRY DE MONTHERLANT, rappelant ses propres souvenirs dans un des plus célèbres collèges catholiques de France, Sainte-Croix de Neuilly, montre deux prêtres qui se heurtent au sujet de la discipline à imposer aux élèves.

« Allez et enseignez toutes les nations. » Nous devons enseigner la vérité, qui est chrétienne. Vous en êtes-vous assez soucié?
— La religion n'est pas pour moi une obsession, dit l'abbé, qui avait un peu d'impudence naturelle.
— Si la religion n'est pas une obsession, elle n'est pas du tout, dit le supérieur, qui avait lui aussi de la pointe quand il le fallait.
— Je vous communique toujours les articles que je donne à *Dieu vivant*. Qu'y fais-je d'autre qu'enseigner?
— Je vous parle de l'enseignement concret, pratique, quotidien, celui que vous devez donner à nos élèves.
— Ils deviendront de toute façon des demi-croyants. N'avons-nous pas exprimé à satiété notre communauté de vues sur ce que valent les parents, du point de vue religieux? Ils sont parents, et deviendront ce que sont leurs parents. J'ai pensé qu'il était plus efficace de mettre l'accent moins sur la foi que sur ce que je puis appeler : la morale courante. Ce qui a été enté sur la morale restera davantage en eux que ce qui a été enté sur la foi, parce que la morale restera en eux plus que la foi. Je vous l'ai dit déjà l'autre jour.
Ce n'était pas du tout cela qu'il avait dit. Il avait dit :
« Nous avons mêlé la religion à leurs passions. Ils se souviendront toujours de leurs passions, et la religion restera avec elles. » Mais il était inutile et inopportun de revenir aujourd'hui sur les passions; on avait épuisé les passions l'autre jour. C'était sans doute aussi l'avis du supérieur, qui ne releva pas l'inexactitude, bien qu'il l'eût remarquée.
Un mot lui voletait dans la tête, comme un mauvais bourdon, enfermé, qu'il avait entendu dire à Mgr L...., évêque de... : « Le plus grand service que nous puissions rendre aux dogmes est d'en parler le moins possible. » N'était-ce pas cela que pensait M. de Pradts?
Celui-ci sortit de sa poche un carnet relié de noir et lut :
— « Un pédagogue anglais a écrit : " Je peux former des hommes chrétiens, mais non des adolescents chrétiens." »

Les Garçons, éd. Gallimard, 1973

L'abbé, et son élève, comme le romancier lui-même, vont perdre la foi. Des cas comme ceux de Simone de Beauvoir et d'Henry de Montherlant sont nombreux; ne faut-il pas voir la cause du recul de ce sentiment religieux dans le développement de la civilisation matérialiste (société de consommation*) et aussi dans une crise générale de la discipline et de l'autorité en Occident? Certains pensent que les diverses religions doivent cesser de s'opposer et s'unir pour lutter contre la contagion de l'indifférence et les progrès de l'athéisme. Tels sont les hommes qui veulent revenir à Dieu par l'œcuménisme*.

LE RESPECT DES MORTS

ANDRÉ CHAMSON est un romancier protestant qui, dans une description vécue, nous montre comment catholiques, protestants, juifs participent à la même cérémonie religieuse où se rejoignent, comme l'écrivait le grand poète Aragon :

> Celui qui croyait au Ciel
> Celui qui n'y croyait pas

C'est dans une prairie que nous avait donnée le maire du village que se déroulaient nos cérémonies funèbres. Je revois cette prairie avec ses fosses fraîchement ouvertes, les tertres de terre brune et le mât avec son drapeau en berne. Une compagnie rendait les honneurs, formée en carré. Malraux, Jacquot et moi-même nous placions au centre de ce carré, devant les cercueils alignés pour une dernière parade.

Il devait y avoir, dans cette unité alsacienne, presque autant de protestants que de catholiques, et même quelques juifs, dont certains m'étaient particulièrement chers, à cause de leur caractère, des malheurs qu'il leur avait fallu traverser et de la façon dont ils leur faisaient face.

Ce caractère particulier de la brigade, ce non-alignement sur le totalitarisme religieux qui est presque la règle dans notre pays, nous avait fait décider que toutes les religions seraient présentes devant les cercueils de nos soldats. Pour un homme comme moi, venu, lui aussi, d'une des rares terres de France non totalitaires en ce qui concerne les croyances, rien n'était plus émouvant que cette entente.

AU-DELA DES CROYANCES

Spectacle insolite que celui de cette liberté! Nous ne manquions pas d'hommes de Dieu à la brigade. Il y avait deux pasteurs et deux prêtres catholiques. Le pasteur Weiss fut très gravement blessé à la gorge par un éclat de mortier, presque à son arrivée au Bois-le-Prince. C'était donc le pasteur Frantz qui commençait le service en lisant quelques versets de la Bible. Il les commentait en quelques mots et disait le Notre Père, dans lequel les protestants étaient alors les seuls à tutoyer l'Éternel. L'abbé Bockel déployait ensuite l'antique cérémonial de l'Église catholique. Après avoir béni les cercueils, il tendait le goupillon à Malraux. Celui-ci le prenait et traçait des signes de croix sur les dépouilles de ses hommes. Il passait alors le goupillon à Jacquot, libre penseur non masqué, au scandale des officiers de carrière, ses camarades, dont la plupart n'imaginaient pas, dans la naïveté de leurs cœurs, que l'on pût être autre chose que catholique romain. Jacquot aspergeait les cercueils et c'était à mon tour de recevoir l'instrument papiste que tous mes ancêtres avaient refusé de prendre dans leurs mains, malgré les galères, les bastonnades et la mort et, moi aussi, je faisais le signe de croix sur nos pauvres tués de la veille.

La Reconquête, éd. Plon

Ainsi en 1944 les malheurs de la guerre avaient rapproché les Français au point que les distinctions philosophiques et religieuses entre eux étaient presque effacées.

— Suis-je croyante? A vrai dire, je ne crois pas vraiment que je le sois. Pratiquante, non. Je voudrais bien espérer qu'il y a un bon Dieu avec une grande barbe qui vous prend dans ses bras quand tout va mal. Ce serait bien agréable. C'est un refuge. J'envie les gens qui sont croyants parce qu'en fin de compte, quand ils ont besoin de s'accrocher à quelque chose, ils peuvent attraper cette idée, cette image. Très franchement, je ne crois pas que ce bonheur du ciel existe...

Brigitte Bardot.

L'appel du silence

« Parfois, je me mets à la recherche de ma « vraie vie » et c'est dans le silence d'une abbaye que je la trouve. C'est là que je fais provision d'oxygène, c'est là que je mets tout au « point mort » et tout repart avec une vigueur nouvelle. La « vraie vie » c'est, à mon sens, un éclairage particulier de celle que l'on a effectivement. C'est un recul puis un élan pour s'y plonger à nouveau. »

B., 30 ans,
professeur, VINCENNES.

J'ai rencontré le Christ

« Toujours sur la route, je prends beaucoup d'auto-stoppeurs (et si vous saviez combien j'y ai gagné!). Donc, un jour, remontant d'Angoulême à Poitiers, j'ai pris un vieil Arabe qui allait de Bordeaux à Paris. Il n'avait pas mangé depuis plusieurs jours, et il allait à pied, puisque personne n'en voulait ; c'est normal, il avait une allure de vagabond, avec un physique d'Arabe.

Si vous saviez ce que ça peut être de porter le Christ dans sa voiture! Je ne suis pas mystique, loin de là. Je m'enthousiasme souvent, mais je ne suis ni exalté, ni évaporé. Je crois rester toujours critique. Pourtant c'était bien LUI dans ma voiture. Il n'était pas là pour moi, je n'étais pas visé. Il attendait au bord de la route et n'importe qui pouvait le prendre. D'ailleurs, d'autres l'ont porté après moi. Comment expliquer à quel point je sens physiquement, que c'était le Christ qui était là. C'est extraordinaire, inouï... »

V. délégué médical,
père de 4 enfants, CHATELLUX.

La vraie vie

« Je suis pleinement femme et bien dans ma peau. Dans quelque temps, je partirai dans un monastère, « au désert », quelque part dans un coin perdu, pour y passer ma vie à chercher et célébrer le Dieu-Amour, certaine que ma découverte passera au monde, que cette « ivresse de Dieu » se diffusera.

Je mets tout en œuvre pour « aller vers celui qui vient ». Et tout prend une saveur particulière : les discussions syndicales, les soirées entre amis ou en famille, l'auto-stoppeur pris au hasard, et aussi ce travail qu'on voudrait ne pas faire et qui n'est qu'une étape à dépasser. Et je peux continuer ; les sorties en bateau, ce marché si méditerranéen, ou ces moments de recueillement pleins de lumière.

La vraie vie, c'est de savoir que nous sommes tous en route, tous des « allant vers » et que par notre action de tous les jours aussi banale, pénible ou heureuse soit-elle, nous contribuons chacun personnellement à l'évolution de ce monde vers son but ultime. »

Marie-Anne, NICE.

L'Église nous a-t-elle abandonnés ?

« Petits patrons dans un petit bourg (80 salariés), nous avons une formation « sur le tas », une ascendance de paysans, d'artisans, une famille nombreuse dans le Haut Doubs, une appartenance de toujours à l'Église, par hérédité et par conviction personnelle, un attachement au sol par un atavisme paysan, le flambeau de la foi que nous n'avons pu transmettre à nos enfants, et l'Église qui nous a lâchés, nous et surtout nos jeunes...

L'Église semble nous considérer (puisque patrons) comme des exploiteurs et ne manque aucune occasion de nous le montrer, nous sommes restés fidèles quand même par attachement à Jésus-Christ. Quelle épreuve ! On se sent valable pour le denier du culte, la gestion de l'école libre, l'organisation de la kermesse, et en quarantaine dans la vie de l'Église.

Mais joie tout de même, à plein cœur, parce que vivant en pleine nature... Alors, l'allégresse de l'environnement vaut bien mieux que nos tourments... »

R.,
DORMOIS.

On va répétant que nos campagnes sont déchristianisées. Mais, dites-moi messieurs, comment peut-on avoir la prétention de parler d'une manière si absolue ? Car enfin, il ne faut pas oublier qu'il y a campagne et campagne ! Moi-même, j'ai été curé dans des communes hostiles au clergé. J'ai connu des paroisses travaillées par la libre pensée. Les enterrements s'y faisaient avec drap rouge et donnaient lieu à des discours appropriés ! Choses bien affligeantes s'il en est !

Pourtant, quand je suis arrivé à Montbraye, il y a treize ans, j'ai trouvé quelque chose de bien réconfortant : une population animée d'une foi certes un peu rudimentaire, mais solide, vivante... Ici, on croit aux grandes vérités du christianisme, dans les moments graves, on a recours à la prière...

A Montbraye, on va très librement à l'église — les hommes comme les femmes d'ailleurs — et je ne sens pas une pression sociale, d'où qu'elle vienne, qui commande de le faire. Certes, on va plus ou moins souvent à la messe et ce qu'on comprend de cette grande prière, c'est hélas une autre histoire ! En vérité, il y a tellement de nuances dans la foi de nos gens !

S'il y a des nuances sur le plan religieux, il y en a aussi sur le plan social. Ici, par exemple, je constate l'existence de petits groupes, je sens le poids de certaines barrières entre les classes. Pourtant, je suis bien accueilli partout et, que je sois avec les notables ou avec les fermiers, je fais bien peu de différence entre les uns et les autres car enfin, ce qui fait le fond de l'amitié d'un prêtre pour ses paroissiens se situe sur un plan spirituel.

Bien sûr que mon rôle a des implications temporelles ! Je suis celui à qui les Montbraysiens exposent leurs doléances. Mais attendent-ils de moi un engagement social ? Non, je ne le crois pas, car ils comprennent que le but de l'Église est surtout de former, d'éduquer les consciences. Comme vous pouvez le constater, je ne m'occupe pas de la gestion de Montbraye. Je ne veux pas m'immiscer dans les affaires du pays. Si j'avais mon mot à dire, ce serait d'âme à âme, si vous préférez.

Vraiment, je ne me vois pas engagé ! Et pour quoi faire mon Dieu ? Participer au travail des champs pour être plus près des cultivateurs ? Allons, cela leur paraîtrait une pure fantaisie, aux paysans, si j'allais faire les foins avec eux. D'ailleurs, à Montbraye, il y a des gens des villes qui passent. J'en connais. Eh bien, ils me racontent que l'engagement tellement humain de certains prêtres en milieu urbain ne correspond peut-être pas au désir des fidèles. Ce qu'ils voudraient, c'est avoir un clergé plus à l'écoute de leurs problèmes spirituels. A Montbraye, c'est aussi, dans le fond, ce dont nos gens ont besoin. C'est pour cela que je m'efforce dans ce petit village de ne pas trahir ma mission.

Le curé de Montbraye.
Le français dans le monde, n° 104.

L'analyse de trois résultats

Allez-vous à la messe?

	%	%
Tous les dimanches	22	16
De temps en temps	27	26
Uniquement pour les cérémonies .	35	51
Jamais	14	7

En 1975, les 16 % de pratique régulière s'appliquent uniquement aux catholiques (84 % des Français), soit 13,5 % des Français.

La vie en direct

Consacrez-vous du temps à la méditation ou à la prière en dehors de toute participation à des cérémonies religieuses?

	%
● Oui	30

(Plus de 65 ans : 45 %)

■ Non	70

(Moins de 25 ans : 76 %. Ouvriers : 75 %)

Si vous ne consacrez pas de temps à la méditation ni à la prière, est-ce...

● Par manque de temps ..	10
■ Parce que vous n'en éprouvez pas le besoin .	82

Pensez-vous à la mort...

● Souvent	14
■ De temps en temps	40
● Rarement	22
● Jamais	24

Croyez-vous à une forme de survie après la mort?

● Oui	34

(Cadres supérieurs : 45 %)

■ Non	54

(Ouvriers : 65 %)

Sondage SOFRES
Journal *La Croix.*

Jésus est un homme extraordinaire, mais il n'est pas Dieu

	1971	1975
	%	%
D'accord........	40	34
Pas d'accord	36	43
Sans opinion	24	23

Jésus est aujourd'hui réellement vivant.

	1971	1975
	%	%
D'accord........	41	36
Pas d'accord	36	40
Sans opinion	27	24

Sondage SOFRES, *La Croix.*

Faisons le point

La France, « fille aînée de l'Eglise », a été au cours des siècles passés un pays de foi vive comme en témoignent les églises de ses villages, les abbayes de ses campagnes, les cathédrales de ses grandes villes. Longtemps à partir du XVIᵉ siècle les luttes y ont été ardentes entre les catholiques et les protestants.

Jusqu'au début de notre siècle l'union de l'Eglise et de l'État était demeurée une réalité, bien que, depuis la Révolution française et la Déclaration* des droits de l'homme et du citoyen, chaque Français se soit vu reconnaître la liberté de ses croyances.

Au cours du XIXᵉ siècle, le courant philosophique né au siècle précédent n'a cessé de se développer; les progrès de la science et de la technique ont donné naissance au positivisme* puis au scientisme*. Parallèlement, le nombre des athées et des agnostiques a considérablement augmenté.

Cette évolution a entraîné sous la IIIᵉ République, en 1904, le vote au parlement français de la loi de séparation de l'Église et de l'État, ce qui provoque une grave crise dans les rapports du gouvernement français et du Vatican.

L'État cesse alors de payer les ministres du culte, proclame sa neutralité vis-à-vis des croyances de chacun, la laïcité devient un des principes de la vie publique. La société française est passée en moins de deux cents ans de l'unanimité religieuse à la diversité et au pluralisme des croyances, au nombre desquelles il faut compter l'incroyance, c'est-à-dire l'agnosticisme et l'athéisme. C'est ce que les différents textes qui composent cet ensemble cherchent à montrer.

De nos jours, la tolérance est une réalité et la liberté de penser est un des droits de l'homme auquel le citoyen français est profondément attaché.

La France compte 55 millions d'habitants dont 40 millions de catholiques, 750 mille protestants et 550 mille juifs. On estime le nombre des incroyants à plus du tiers de la population.

La Deuxième Guerre mondiale a contribué à rapprocher croyants et incroyants et le concile* convoqué par le pape Jean XXIII* a favorisé le rapprochement entre catholiques et protestants, dans le mouvement œcuménique.

Le succès continu du *Journal d'un curé de campagne* tient, entre autres raisons, au fait que de plus en plus de catholiques entendent accorder leur vie aux exigences de la foi et refusent une église figée et moralisante dont on se contente de respecter les pratiques. Par contre, les extraits de *Jean Barois*, de *La Peste* et du *Journal de Salavin* s'inscrivent dans une ligne tout à fait différente, ils illustrent le courant de pensée agnostique issu de la pensée philosophique du XVIIIᵉ siècle. Ces textes veulent montrer que les religions ne sauraient annexer la morale, ce que certains bien-pensants auraient tendance à croire. Enfin, les autres passages cherchent à illustrer le dialogue qui se poursuit depuis la Réforme* entre catholiques et protestants et depuis trois siècles entre ceux qui croient au ciel et ceux qui n'y croient pas; ils montrent à la fois l'importance des problèmes posés et le souci des uns et des autres de justifier leur foi ou leurs croyances.

■ *Les différents prêtres que Bernanos met dans son roman illustrent les diverses façons d'envisager le rôle de l'église dans la société. Essayez de les analyser et de les exposer.*

■ *Comparez les divers récits de confession que l'on trouve dans ces passages. Expliquez l'importance de la confession. Classez ces confessions en deux groupes, celles qui réussissent et celles qui échouent.*

■ *Camus a dit que La Peste était le livre le plus anti-chrétien qu'il ait jamais écrit. En quoi ce jugement vous paraît-il justifié par le personnage de Tarrou?*

■ *Quels sont parmi les textes de cet ensemble ceux qui vous paraissent témoigner de la part d'anxiété et d'inquiétude que comporte souvent la foi chrétienne?*

■ *Quels sont les textes au contraire qui illustrent la certitude dans la foi ou la croyance. Commentez votre choix et comparez-le au texte choisi pour répondre à la troisième question.*

■ *Par rapport à la crise d'indifférence religieuse qui a caractérisé en France le milieu du siècle, que pensez-vous des conceptions exposées par le docteur Rieux, par Salavin et par Jean Barois?*

■ *Est-ce que les deux textes du XIXᵉ siècle (Stendhal : la religion-carrière; Hugo : la religion-charité) vous semblent présenter des situations encore possibles aujourd'hui? Justifiez votre réponse.*

■ *Relevez tous les personnages d'adolescents ou d'adolescentes dans les textes cités et montrez leurs différentes façons de réagir devant la religion.*

■ *Relevez tous les passages où il est question d'argent ou de classe sociale. Groupez ceux retraçant des attitudes analogues que vous commenterez.*

■ *Le problème de l'éducation religieuse s'est présenté en France d'une manière très aiguë pendant plus de cinquante ans après 1904. Cherchez les passages qui traitent des rapports entre l'éducation et la foi religieuse. Montrez, après avoir relu l'extrait de La Porte étroite, en quoi consiste la rigueur protestante.*

■ *Souvent, les libres-penseurs montrent que les religions ont divisé les hommes et fait couler le sang. Quels sont les arguments de ceux qui voient dans l'œcuménisme la solution fraternelle de l'avenir?*

■ *Le texte tiré de la Reconquête vous paraît-il particulièrement significatif? Commentez vos raisons.*

DURETÉS ET BANALITÉS DE L'EXISTENCE

Gilbert Cesbron:

UNE ABEILLE CONTRE LA VITRE

L.-F. Céline
R. Vailland
S. Weil
J. Kessel
Stendhal
Voltaire
Barbusse
J. Lartéguy
G. Simenon
E. Zola
Maupassant
F. Nourissier
R. Sabatier
J.-P. Sartre
R. Escarpit

GILBERT CESBRON,
fils d'un médecin, est né à Paris le 13 janvier 1913. Il a fait de brillantes études au Lycée Condorcet, puis à la faculté de Droit de l'Université de Paris et à l'École des sciences politiques*. Ses diplômes obtenus, il est aussitôt engagé par une compagnie privée de radiodiffusion, « le Poste parisien ». Marié en 1939, il a quatre enfants.

Mobilisé au début de la guerre comme officier d'artillerie, il est chargé de liaison avec l'armée britannique. Encerclé à Dunkerque avec cette armée, il réussit à s'échapper.

Pendant l'occupation de la France (1940-1944), il est nommé à un poste de direction au « Secours National », organisme chargé de coordonner l'aide à apporter à toutes les victimes de la guerre (veuves et orphelins, femmes et enfants de prisonniers, réfugiés et sans-abris, victimes des bombardements, enfants abandonnés et sous-alimentés, etc.). Il se donne à cette tâche, poussé par son sens social et ses profonds sentiments religieux : *Que chacun d'entre nous, avant chaque décision, se demande : Que ferait le Christ à ma place?*

En 1945, il est engagé par un poste périphérique, Radio-Luxembourg (devenu aujourd'hui R.T.L.) comme directeur des programmes, puis comme administrateur. Ce travail impose des horaires et des disciplines dont Cesbron s'est fort bien accommodé : *Voici vingt ans que j'écris en marchant, allant vers le bureau, où j'exerce mon second métier, et m'en revenant toujours à pied — dix heures de marche par semaine, le carnet à la main. Tous mes livres ont été écrits de la sorte. Je marche, observant, laissant songer, et notant* (« Journal sans date »).

Il perdit à Dunkerque le manuscrit de son premier ouvrage, *Les Innocents de Paris.* Il se remet à écrire une seconde version de ce roman, où il décrit *l'enfance à l'état pur,* durant l'occupation. Il fait sortir de France en fraude son texte qui est publié en Suisse en 1944. Après avoir lu ce livre, la grande romancière Colette écrit à Cesbron pour le féliciter.

Il ne se définit pas comme un écrivain social ou militant, mais toutes ses œuvres ont pour but de *changer quelque chose;* il refuse l'étiquette de romancier catholique et veut être *un chrétien qui écrit des livres, comme d'autres chrétiens fabriquent du pain ou façonnent des sabots* (« Journal sans date »).

Cependant les romans de Cesbron ont toujours un thème universel, auquel nul ne peut rester indifférent, par exemple la vie de l'enfant à l'école, fondée sur ses expériences du lycée Condorcet, *Notre Prison est un royaume* (1948); le problème du christianisme et du communisme avec l'aventure sociale des prêtres ouvriers*, *Les Saints vont en enfer* (1952); la tragédie de la délinquance des enfants et leur vie dans un centre de redressement, *Chiens perdus sans collier* (1954); la question de l'euthanasie* au sujet d'un cancéreux, *Il est plus tard que tu ne penses* (1958); le conflit des jeunes gens ambitieux, les jeunes loups, et des vieillards sans défense, *Avoir été* (1960); la violence en temps de guerre, *Entre chien et loup* (1960); le meurtre moral d'un enfant dont les parents divorcent, *C'est Mozart qu'on assassine* (1966); la question raciale dans les nouveaux États d'Afrique avec *Je suis mal dans ta peau* (1969).

François Mauriac admirait ce jeune romancier, catholique comme lui. Il situait ainsi Cesbron *accordé au monde tel qu'il est. Il ne survole pas, comme je l'ai toujours fait, le problème du mal, m'en remettant à une promesse, me fiant d'une parole. Il ne se voile pas la face, il ne la détourne pas non plus* (Figaro littéraire, 6 janvier 1965).

Cesbron reste, avec sa foi profonde, le contraire d'un idéologue : *Il y a longtemps que je connais le drame de la terre et sa merveille, aussi, qui est que chacun a raison, que rien ni personne n'est entièrement bon ou mauvais, juste ou injuste* (Ce Siècle appelle au secours, 1955.) Actuellement, Gilbert Cesbron a écrit une quarantaine d'œuvres, la plupart des romans, mais aussi des recueils de nouvelles, sans jamais dévier de son idéal : *Tout ce que j'ai écrit, tout ce que j'ai fait, c'était uniquement pour lutter contre le désespoir, mon ennemi, mon démon, contre le désespoir né du spectacle de la douleur du monde* (« Journal sans date », 1963).

Une abeille contre la vitre

UNE ABEILLE CONTRE LA VITRE cherche à voler vers l'espace et la lumière, sans cesse elle se cogne, finit par s'épuiser et tombe. Il s'agit dans le roman d'une jeune fille, pleine de qualités morales, possédant un corps admirable mais disgraciée par un visage très laid. Elle se heurte si souvent à cette laideur, obstacle qui la sépare de la vie qu'elle aurait voulu vivre, qu'elle tente de se suicider.

Alertés par l'odeur de gaz, les voisins ont téléphoné à Police secours; le car de police a transporté Isabelle à l'hôpital le plus proche mais son cas est jugé si grave qu'on décide de la transférer dans le service spécialisé d'un autre hôpital. Nous assistons au récit de ce dramatique voyage au cours duquel la mourante est mise sous la responsabilité d'un étudiant en médecine qui se trouve placé devant son premier cas d'urgence :

Sans répit l'ambulance émettait son signal monotone, aussi angoissant, obstiné que le battement d'un cœur. Par un minuscule <u>hublot</u> dans la <u>vitre dépolie</u>, le garçon observa que la voiture brûlait tous les <u>feux rouges</u> et cela le rassura : chaque minute, chaque seconde comp-
5 tait pour la forme étendue sous cette couverture blanche. Blanches la cabine, la <u>civière</u>, la couverture; et davantage encore cette inconnue dont la respiration se faisait, d'instant en instant, plus laborieuse, plus rapide aussi, comme pour rejoindre le rythme <u>lancinant</u> du signal sonore.
10 « Soif d'air... elle a soif d'air », murmura le garçon.
C'était l'expression d'un de ses professeurs. Apprenti médecin, il se sentait ici parfaitement impuissant, déguisé dans sa blouse, enfermé dans cette cellule blanche avec une femme elle-même plus profondément enfermée dans le <u>coma</u>. Il tenait entre ses doigts son poignet
15 froid. Cette infime pulsation pareille aux coups que le mineur <u>enseveli</u> frappe contre la paroi, c'était pour la maintenir à tout prix que l'ambulance traversait aveuglément Paris, que les autres voitures s'écartaient devant elle et que s'immobilisaient les passants tandis que des visages apparaissaient aux fenêtres encore <u>vivantes</u> à cette heure. Le signal
20 plaintif mais impérieux laissait un <u>sillage</u> de curiosité, de compassion ou seulement de rassurement égoïste.
« Plus vite! » pensait l'étudiant, mais il se retenait de le dire au chauffeur. Si ces poumons <u>s'engorgeaient</u> tout à fait, si ce cœur s'arrêtait... Et il lui semblait miraculeux que celui-ci s'obstinât encore à
25 battre tandis que la mort invisible était à l'œuvre silencieusement dans ce corps immobile. Pourquoi un cœur bat-il? — A cette question ses maîtres fournissaient des réponses <u>péremptoires</u> dont il ressentait, cette nuit, <u>l'inanité.</u>

un hublot : une fenêtre ronde.

une vitre dépolie : une vitre traitée de façon à ce qu'on ne voit pas nettement à travers.

brûler un feu rouge : passer sans s'arrêter quand le feu est rouge.

une civière : un lit léger pour transporter un malade ou un blessé.

lancinant : qui revient sans cesse d'une manière désagréable.

coma : inconscience due à la maladie.

enseveli : prisonnier sous terre.

vivantes : ici, éclairées, les habitants ne dormant pas encore.

sillage : les vagues en forme de V que laisse derrière lui un bateau.

s'engorger : se boucher, se bloquer.

péremptoire : qui ne supporte pas de discussion.

l'inanité (fém.) : une absence de justification, de sens.

---

1. *Expliquez la comparaison auditive de la première phrase et dites ce que vous en pensez.*
2. *Commentez de la même manière l'expression* soif d'air. *Relevez dans la suite du texte toutes les expressions qui suivent cette idée.*
3. *Est-ce que la jeune femme avait vraiment l'intention de se donner la mort?*
4. *Cesbron nous plonge dans cette action dès les premières lignes du roman. Ceci vous paraît-il un bon début? Expliquez votre réponse.*

un *interne* : un médecin attaché, en permanence, à un hôpital.

un *barbiturique* : un médicament qui sert à faire dormir, il cause la mort si on dépasse la dose normale.

un *comprimé* : un cachet.

puer : sentir mauvais.

sordide : sale, d'un aspect pénible à supporter.

indiscernable : que l'on ne peut pas sentir (ou voir, ou entendre); ici, très faible.

inerte : sans vie en apparence.

Claude-Bernard : le nom d'un hôpital parisien.

le *pouls* : le battement que l'on sent au poignet et qui correspond au battement du cœur.

c'est foutu (argot) : tout est perdu, il n'y a plus d'espoir.

rigide : raide.

une *syncope* : un arrêt du cœur, de courte durée.

rabrouer : rejeter avec colère.

A minuit douze, dans la cour de l'hôpital, un car bleu de la police
30 avec son chargement accoutumé : cinq hommes et un corps. Claquement de portières. L'interne avait interrogé le brigadier :
« Suicide? Gaz ou barbituriques? Je veux dire : des comprimés ou bien...
— Les deux.
35 — Aïe! Étienne, Marc, aidez-moi... »
Parce qu'il y avait là ce corps étendu et ces braves types ensommeillés qui puaient l'homme, le décor était devenu sordide et angoissant; le Temps, d'un seul coup, avait pris possession de cette nuit informe. Seconde après seconde... — et c'était ce pouls presque indiscernable qui
40 le marquait. Huit hommes debout et une femme allongée, bien plus qu'inerte : absente.
« Coma profond. Étienne, commande une ambulance.
— Avec secours respiratoire?
— Bien sûr. Marc, tu vas l'accompagner. Je téléphone à Claude-
45 Bernard*.
— Mais je n'ai jamais...
— Il faut bien commencer. Surveille le pouls et la respiration sans arrêt. Sans arrêt, mon petit vieux! Une syncope en route et c'est foutu...
50 — Pour les papiers, avait hasardé le brigadier.
— On verra plus tard : les papiers, ça peut toujours attendre; elle, non. »
Les autres devaient remplir les papiers à présent; mais lui n'avait plus affaire qu'à ce corps rigide, à ce poignet froid et à ces quatre
55 mots : « Une syncope en route... »
Il fit glisser la vitre qui le séparait du conducteur.
« Est-ce qu'on arrive bientôt?
— Peux pas aller plus vite! »
Avant même de parler, le garçon savait qu'il se ferait rabrouer; mais
60 il avait besoin d'une voix, d'une haleine.

---

1. *Expliquez l'emploi du mot* garçon. *Faites ensuite la liste des mots par lesquels le romancier désigne Marc dans le passage et commentez les changements.*

2. *Est-il vrai que le chauffeur de l'ambulance ne puisse pas aller plus vite? Expliquez votre réponse.*

3. Son devoir était simple, et l'étudiant l'envia. *Quel est le devoir du chauffeur? Quelles sont les causes de l'envie de Marc? A ce propos, vous expliquerez tout particulièrement la définition du* métier de médecin *donnée au paragraphe précédent.*

4. criant, surcroît d'angoisse... et, après l'arrêt du souffle de la mourante, trembler, maladroitement, désemparée, dérisoire, haletante, sueur : *reprenez chacune de ces expressions et montrez comment elles se combinent pour peindre la crise que traverse l'étudiant en médecine.*

5. *Pourquoi la question qu'il se pose est-elle de nature à le faire sortir de cette crise?*

6. *Montrez comment, depuis les deux premiers mots du roman (*sans répit), *le temps joue dans ce récit un rôle d'une importance majeure.*

« Pourquoi? reprit le chauffeur. Ça ne va pas?

— Si, mais...

— Peux pas aller plus vite », répéta l'autre — mais il accéléra.

« Quelle heure peut-il bien être? » se demanda le garçon. Il quitta
65 des yeux la fausse morte pour consulter sa montre; mais les deux
aiguilles et le dessin qu'elles formaient ne signifiaient plus rien : seule,
la trotteuse, l'aveugle, l'impitoyable insecte à grignoter la vie gardait un
sens. Et cette phrase de ses manuels lui revint en mémoire : « En
respiration, chaque minute compte; en circulation, chaque seconde... »
70 Allait-il désormais passer son existence à vérifier, aux frontières de la
mort, les affirmations de ses livres? C'était donc cela, le métier de
médecin! Et le garçon se demandait s'il aurait la force de le supporter
— ou plutôt celle de s'endurcir sans se blinder.

Tandis qu'il suivait avec une sorte de gratitude cette petite aiguille
75 dont chaque tour allégeait sa responsabilité, la respiration de la femme
se fit rauque, enrouée, et comme étrangère au corps qu'elle alimentait
si laborieusement.

« Elle étouffe », cria l'étudiant.

Il avait besoin de partager, en le criant, ce brusque surcroît
80 d'angoisse; mais le chauffeur ne l'entendit pas : son mégot mort aux
lèvres, il fonçait à travers Paris. Son devoir était simple, et l'étudiant
l'envia. Il voulut décrocher le... — A ce moment, le souffle de la femme
s'arrêta tout à fait. Les mains qui dépliaient l'appareil respiratoire de
secours se mirent à trembler si fort qu'un petit verrou parut se coincer,
85 et le garçon s'acharna si maladroitement à le redresser qu'il le bloqua
sans recours. Il demeura quelques instants désemparé puis faillit com-
mander au conducteur de s'arrêter. Arrêter l'ambulance en plein milieu
de maisons mortes, à trois heures du matin, alors que « chaque minute
compte »! L'appareil pendait contre la paroi, accordéon dérisoire. Le
90 garçon tenta encore de le décrocher; sa propre respiration était devenue
haletante; une goutte de sueur tomba sur la couverture blanche.
« Chaque minute... » — Combien en avait-il déjà laissé passer?

Brusquement, il se pencha sur l'inconnue et renversa sa tête vers
l'arrière. Le cou où plus rien ne semblait vivre, le cou de cire se tendit
95 démesurément. L'étudiant ouvrit de force cette bouche crispée sur son
refus comme un coquillage. Ses mains ne tremblaient plus. Il respira
profondément puis, collant sa bouche à celle-ci qui lui parut glacée, il
vida en elle, très lentement, tout l'air qu'il venait d'inspirer. Sous la
couverture, la poitrine se souleva paisiblement; il la laissa s'affaisser de
100 nouveau puis, vingt, cinquante fois de suite, répéta cette manœuvre au
rythme de sa propre respiration.

Tandis qu'il insufflait ainsi la vie à pleins poumons, il lui vint la
pensée bizarre que c'était du même geste brutal qu'il avait embrassé
une fille pour la première fois — et il revit le visage renversé, les yeux
105 clos.

accélérer : aller plus vite.

trotteuse : l'aiguille qui marque les secondes.

grignoter : manger du bout des dents, par tout petits morceaux.

un manuel : un livre destiné aux études.

se blinder : ici, n'avoir plus aucune sensibilité.

un surcroît : une augmentation.

un mégot : un reste éteint de cigarette.

un verrou : ce qui sert à fermer ou à maintenir en place.

s'acharner : faire des efforts répétés.

sans recours : sans possibilité de réparer.

dérisoire : qui fait tristement sourire.

haletant : respirant par saccades.

crispée : raidie.

insuffler : donner par le souffle.

vicié : contraire de pur.

un prophète : une personne désignée par Dieu et qui annonce l'avenir.

exaltation : une surexcitation d'esprit.

escorté : suivi.

Cochin : nom d'un hôpital parisien. La plupart de ces hôpitaux portent le nom d'un grand médecin du passé.

maussade : de mauvaise humeur.

hirsutes : en désordre, très mal peignés.

articulé : qui peut former plusieurs angles.

gisant d'albâtre : sculpture mortuaire en roche blanche et translucide, moins dure que le marbre.

la déclive : une sorte d'inclinaison.

récidive : action que l'on a recommencée.

aboli : totalement supprimé.

la cornée : la partie avant du globe de l'œil, très sensible.

livide : couleur du plomb, sorte de gris.

torche : lampe électrique de poche.

un bec-de-lièvre : une déformation de la mâchoire, des lèvres et des dents qui fait ressembler à un lapin.

strier : ici, couper en travers.

arquer : recourber.

La poitrine se soulevait et s'abaissait comme une machine. Il éprouvait une sorte de honte à dispenser à ce corps sans défense un air vicié ; et, dans le même temps, il ressentait la fierté naïve du sauveteur. Il savait déjà qu'il raconterait cet épisode avec une fausse indifférence,
110 mais jamais il n'avait ressenti une telle exaltation. « Quand les prophètes s'étendaient, corps à corps, bouche à bouche, sur un cadavre qu'ils ranimaient, que faisaient-ils de plus ? » Il n'oubliait que la Grâce...

Lorsque l'ambulance s'arrêta enfin devant le pavillon faussement
115 endormi, l'inconnue avait retrouvé une respiration fragile et rauque mais la sienne. La porte était ouverte à deux battants ; le chariot s'avança, escorté d'infirmiers dont l'un demanda seulement :

« Cochin ?*

— Oui, dit l'étudiant. Je...
120 — Tout à l'heure. »

Le médecin de garde arrivait à grands pas d'un pavillon voisin en achevant de boutonner sa blouse. Un sommeil bref, brutalement interrompu, lui faisait un visage d'enfant maussade, et il passait en vain sa main dans ses cheveux hirsutes. L'étudiant alla au-devant de lui :
125 « C'est moi qui...

— Tout à l'heure. »

Cette fois, chaque seconde comptait. Ils trouvèrent la femme déjà étendue sur un lit articulé.

« Carrière ?
130 — Il arrive. »

Cela avait été murmuré sans que le médecin quittât des yeux le corps : il avait rabattu la couverture, d'un coup, et celui-ci, à peine vêtu, était apparu, gisant d'albâtre, si ferme, si parfait que l'étudiant, presque aussitôt, détourna les yeux comme s'il se sentait indiscret de
135 contempler ce corps offert.

« Déclive 30 degrés. »

On inclina le lit. Le premier geste du médecin avait été de vérifier au poignet gauche puis au poignet droit si aucune cicatrice... — Non, l'inconnue ne s'était jamais ouvert les veines et ce suicide n'était pro-
140 bablement pas une récidive. Bon. Il avait pincé la chair du bras, ici et là, puis, de son marteau, frappé les chevilles, les genoux. Ce n'était qu'une formalité, comme de murmurer : « Douleur abolie..., réflexes abolis... » et comme, pour l'infirmière à son côté, de le noter.

Il se pencha sur l'inconnue, souleva les paupières, toucha la cornée,
145 plongea son regard vivant dans ce regard mort. L'étudiant vit alors pour la première fois la face livide que la pénombre de l'ambulance lui avait dérobée mais que la torche du médecin éclairait si durement, et il tressaillit : « Comme elle est laide ! » Il en ressentait une déception inexplicable, ou du moins inavouable. Visage contre visage, le médecin
150 non plus n'était pas beau avec ce bec-de-lièvre dont la cicatrice striait de biais l'épaisse moustache rousse et qui arquait son nez et retroussait

104

les coins de sa bouche à la ressemblance d'un chien. Mais la disgrâce particulière à l'autre visage provenait de ce que cette laideur jurait avec un corps de statue et — un geste du médecin venait d'achever de la
155 dénouer — une chevelure admirable, vieil or, velours et soie. La lumière crue de la torche creusait d'ombres un visage presque masculin que les vestiges du fard achevaient de rendre insolite. Un nez de lutteur, des maxillaires excessivement larges, un menton lourd. Visage à la fois trop dur et trop mou, plat et bosselé, marbre et cire; œuvre inache-
160 vée, abandonnée, où le pouce du sculpteur avait laissé ses empreintes brutales. Visage de hasard qui trahissait son corps à la manière triviale de ces albums découpés où les enfants peuvent combiner n'importe quel torse avec n'importe quelle tête — trahissait ce corps et sans doute, plus profondément, cette âme.
165   L'étudiant ne pouvait en détacher son regard. Il ne vit pas entrer l'interne et sursauta en l'entendant parler.
      « Coma profond?
      — Barbiturique plus gaz. Cochin m'avait prévenu.
      — Alors, intubation?
170   — Intubation. »
      C'était plutôt un ordre qu'une réponse. Un chariot couvert d'instruments se trouva là presque aussitôt, et chacun, sans un mot, sans un heurt, prit sa place comme le font les comédiens quand on annonce la reprise d'une répétition. Seul l'étudiant demeurait à l'écart, les mains
175 inutiles, le cœur battant, le regard exorbité. Mais, il ne vit rien qu'un rempart de blouses blanches, et n'entendit guère que le cercle des souffles attentifs. L'opération ne lui parut durer que quelques secondes. Les blouses se séparèrent et le chariot s'éloigna; mais l'infirmière qui tenait le poignet de la femme dit très vite :
180   « Le pouls s'en va.
      — Stéthoscope! (Le médecin se pencha, écouta un instant. Le visage immobile était devenu d'une pâleur absolue.)
      — Branchez l'appareil, 15 litres d'oxygène... Carrière, massage cardiaque, vite! »

le fard : la poudre et la couleur pour orner le visage.

insolite : très surprenant.

la lutte : sport où l'on se bat; comme les boxeurs, les lutteurs ont souvent le nez cassé, déformé par les coups.

trivial : très vulgaire.

une intubation : l'action de passer un tube jusqu'à l'estomac pour le vider avec une pompe aspirante.

exorbité : les yeux semblent sortir de la tête.

un stéthoscope : un instrument qui sert à écouter le cœur.

cardiaque : adjectif formé sur cœur.

---

1. *Est-ce que le récit de la seconde crise vous paraît aussi intéressant que le premier? Expliquez votre réponse.*
2. *Faites une comparaison précise entre la description du bouche à bouche et celle du massage cardiaque. Quelles différences y a-t-il, à votre avis, entre le texte d'un manuel de médecine et celui du romancier?*
3. *Comme elle est laide! En quelle mesure la rêverie de Marc durant le bouche à bouche est-elle liée à cette exclamation? Pensez-vous que la description du visage faite par le romancier puisse entièrement justifier cette exclamation? Expliquez votre réponse.*
4. *La laideur peut-elle jamais justifier un suicide? Par le choix d'un médecin au bec-de-lièvre, quel commencement de réponse Cesbron donne-t-il à cette question?*
5. *Cette partie, comme les deux précédentes, se termine sur le thème du temps. Expliquez très précisément ici l'opposition entre bonne nuit et tout à l'heure.*

185 Il écarta sans ménagement les deux pans de la robe de nuit et mit à nu deux seins de marbre. Si angoissé, l'étudiant (son cœur aussi lui paraissait s'être arrêté), qu'il ne s'aperçut pas aussitôt de cette perfection.

L'interne avait placé la paume de sa main droite au bas de la poi-190 trine blanche, puis son autre main sur la première et, de tout son poids, il la comprimait. Puis il se retira; puis il recommença le même mouvement, avec l'application pesante d'un artisan. Il respirait très fort; son visage exprimait une patience sans émoi et la détermination de continuer à masser ce corps inerte jusqu'à ce que le sang y circulât de nou-195 veau. Il le chassait ainsi vers les vaisseaux, et le cœur défaillant se remplissait, malgré lui, chaque fois que les mains de plomb relâchaient leur pression.

Après quelques minutes :

« Tout est reparti, dit l'autre médecin à voix haute. Carrière, allez 200 dormir à présent, mon vieux.

— Et vous?

— Un petit tour dans le service. Mademoiselle Langlois, venez avec moi! Jeannine, on ne quitte pas celle-ci de la nuit, hein? »

L'interne se retourna, sur le seuil :

205 « Vous craignez du nouveau?

— Vous connaissez la devise du service, Carrière : Tout craindre et tout espérer.

— C'est fatigant, murmura l'autre.

— Et miraculeux. Je ne vous dis pas « bonne nuit »...

210 — Non, plutôt « à tout à l'heure! »

Du même mouvement ils haussèrent les épaules en souriant.

Resté seul, le médecin au bec-de-lièvre prit le poignet inerte et le garda longuement entre ses doigts épais qui semblaient le pétrir comme un objet. « Elle est sa chose, pensa l'étudiant avec une sorte d'envie. Le 215 malade se sent appartenir au médecin comme l'enfant à sa mère, et cela le rassure. » Cette statue qui respirait, les larges mains, si chaudes, si sûres, la recouvrirent d'un geste lent dont la pudeur contrastait avec le dépoitraillement de tout à l'heure. Le médecin se retourna; ses épaules s'affaissèrent; son regard était devenu vague, comme si une immense 220 lassitude lui eût tenu lieu de pensée. A présent, la poitrine, dont le drap ne parvenait pas à masquer les formes, se soulevait et s'abaissait comme l'aurait fait celle d'une dormeuse paisible. Mais la souple brutalité de la machine qui respirait à sa place, son cliquetis ténu, ces cadrans mystérieusement vivants, le tube rigide, toute cette aveugle 225 merveille d'acier, de verre et de caoutchouc, conférait au souffle une fragilité angoissante. L'étudiant se rappela les poitrines débordantes ou décharnées que révélait l'échancrure des grosses chemises d'hôpital, camisoles d'échafaud, et que les vieilles malades laissaient voir avec une impudeur inconsciente. Mais peut-être avaient-elles oublié leur sexe, 230 oublié que le corps pouvait être autre chose qu'un souffre-douleur.

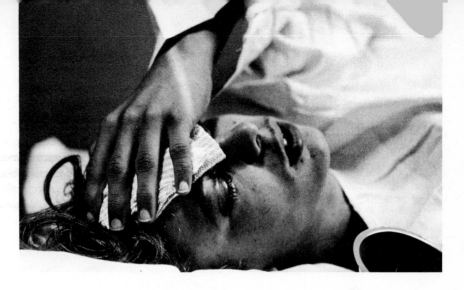

« Vous ne m'écoutez pas, reprit doucement le médecin.

— Je vous demande pardon.

— Et moi je vous demandais : pas d'incident en route ?

— Si, la respiration s'est arrêtée. Ou peut-être l'ai-je cru seulement,
235 ajouta-t-il plus bas.

— C'est malheureusement la même chose en médecine. Appareil
respiratoire de secours ?

— Il ne fonctionnait pas.

— Ou peut-être l'avez-vous cru seulement, dit le médecin en lui
240 posant une main sur l'épaule. Alors ?

— Bouche à bouche.

— Bien. Vous avez eu peur ?

— Très. »

Ses deux mains se mirent à trembler comme alors. L'autre eut un
245 sourire qui se voulait ironique mais n'était que timide.

« Tant mieux. Si vous cessez jamais d'avoir peur, vous serez peut-
être un patron très calé, vous ne serez plus un bon médecin.

— Elle... (Il avala sa salive.) Elle est hors de danger ?

— Oui, mentit l'autre. Retournez vite à Cochin : on y a peut-être
250 besoin de vous. »

Le garçon ne s'y laissa pas prendre.

« Besoin de l'ambulance, rectifia-t-il.

calé (argot) : savant.

la salive : liquide formé
par les glandes de la bouche.

---

1. *le 17... expliquez et dites quelles réflexions cela vous inspire.*
2. *Le chapitre se termine sur l'évocation du* pathétique baiser. *Relevez toutes les autres
remarques où le vocabulaire de l'amour vient se mêler à celui de l'action médicale
et dites ce que vous en pensez.*
3. *Imaginez les réflexions de Marc devant le lit vide, dans la cabine blanche de l'ambulance pendant le trajet de retour à l'hôpital Cochin.*

une *bourrade* : un coup amical.

une *conque (ancien)* : une grande coquille creuse.

scellé : enfermé totalement. Les hommes de loi mettent un sceau sur une porte qu'on ne doit pas ouvrir.

un *phantasme* : une vision imaginaire.

une *ornière* : image; le creux que les roues font sur la terre.

sceller : marquer officiellement comme un acte, avec un sceau de cire.

les *fiançailles (fém.)* : une promesse de mariage.

— Content de vous connaître. On se reverra sûrement. Allez! (Il lui donna une <u>bourrade</u> un peu trop brutale et lui tourna le dos.) Made-
255 moiselle Langlois, commençons par le 17. »

« Vous montez devant? demanda le chauffeur.

— Non. J'ai quelque chose à vérifier à l'intérieur. »

Lorsqu'il se retrouva dans la cabine blanche, devant la couverture qui avait conservé l'empreinte du corps et ressemblait à une <u>conque</u>
260 vide, l'étudiant ressentit un profond désarroi en même temps qu'une solitude inexplicable : comme si cette femme, disparue avec sa vérité <u>scellée</u> en elle, eût été plus vraie, plus sûrement vivante que lui-même. Sans doute payait-il seulement, mais d'un coup, la fatigue et l'anxiété de cette nuit. Tenir la vie d'une inconnue entre ses mains puis être
265 assuré de ne plus jamais la revoir, voilà qui tenait de l'absurde. Pourtant, n'avait-il pas choisi, et non sans exaltation, que cela composât désormais sa vie? — Il ne savait pas encore qu'un nouveau matin efface les <u>phantasmes</u> de la nuit et nous rend aux bonnes <u>ornières</u> quotidiennes : pas encore qu'on ne vit que pas à pas, comme l'incon-
270 nue, là-bas, seconde après seconde, respirait.

L'appareil de secours, témoin de son inexpérience et de sa nervosité, pendait intact, à demi décroché. « Peut-être l'avez-vous cru seulement... » — Mais ce qu'il savait, ce dont son cœur, à grands coups, le persuadait en ce moment même, c'était que jamais il n'oublierait ce
275 froid, ce pathétique baiser donné à une inconnue et qui, à son insu, venait de <u>sceller</u>, cette nuit, ses vraies <u>fiançailles</u> avec la Médecine.

G. Cesbron, *Une Abeille contre la Vitre*,
éd. R. Laffont, 1964

La jeune fille guérira et, grâce au médecin qui l'a sauvée, retrouvera le courage de vivre en oubliant sa laideur.

Elle réussira une belle carrière, ce succès lui donnera de l'assurance et son visage, reflétant un rayonnement profond de l'être, aura de l'attrait : un mariage heureux viendra couronner le bonheur de la jeune femme et sa laideur ne sera bientôt plus qu'un mauvais souvenir.

Ainsi la volonté et la force spirituelle peuvent vaincre les obstacles en apparence les plus infranchissables, il ne faut donc jamais perdre l'espoir qui permet de triompher des duretés de l'existence.

4. *Expliquez avec précision la devise* Tout craindre et tout espérer *et comparez votre réponse à celle que vous venez de donner à la question précédente. Tirez vos conclusions.*

5. *Est-ce que cette devise pourrait s'appliquer à la vie en général? Commentez votre réponse.*

6. *Connaissez-vous d'autres textes littéraires concernant la médecine? Lesquels? Si oui, comparez-les à celui de Gilbert Cesbron.*

LA LANGUE ET LE STYLE

Un style elliptique

*Blanches, la cabine, la civière, la couverture ;
et davantage encore cette inconnue dont la
respiration se faisait d'instant en instant plus
laborieuse, plus rapide... A minuit douze, dans
la cour de l'hôpital, un car bleu de police avec
son chargement accoutumé : cinq hommes et
un corps.*

Claquement de portières.

L'interne avait interrogé le brigadier :

*Suicide ? Gaz ou barbiturique ? Je veux dire
des comprimés ou bien...*

— Les deux.

— Aïe ! Étienne, Marc aidez-moi...

Plusieurs verbes ne sont pas exprimés, leur
absence contribue à traduire l'émotion qui
s'est emparée de l'apprenti médecin. Le
trouble qui l'a saisi est communiqué au lecteur par une suite d'impressions qui affectent
successivement les différents sens de l'homme.
La sensation qui domine d'abord est celle
de la blancheur qui envahit tout et s'ajoute
à l'obsession sonore provoquée par le signal
de l'ambulance au rythme lancinant ; puis
c'est la sensation de froid et enfin l'effort
d'attention qu'il lui faut faire pour percevoir
les infimes pulsations de la mourante. Cet
ensemble de sensations d'ordre visuel, auditif
et tactile crée l'atmosphère d'angoisse et de
malaise dans laquelle se trouve plongé pour
la première fois l'étudiant en médecine.

Il faut souligner l'effet de choc provoqué par
l'adjectif *blanches,* placé en tête d'une phrase
sans verbe. Il est comme mis en apposition
aux trois substantifs qui suivent ; mais ce qui
est intéressant à souligner, c'est qu'il qualifie
aussi l'inconnue alors qu'un point virgule
sépare les deux membres de la phrase.

Le passage au style direct consiste en un
dialogue rapide, haché, fait de phrases tron-
quées, sans verbes ou inachevées, où les points
d'interrogation et d'exclamation trahissent
les sentiments des personnages alors que les
tournures elliptiques et les points de suspension traduisent leur hâte.

L'idée de comparaison avec *comme*

Employé plus souvent pour amener une
comparaison que pour introduire une idée
de temps ou de cause, le mot *comme* n'appelle
aucun commentaire particulier quand la
comparaison porte sur un nom, *la poitrine
se soulevait et s'abaissait comme une machine.*
Si la comparaison porte sur une proposition
et s'il s'agit d'une comparaison réelle, le
verbe est à l'indicatif *chacun sans un mot,
sans un heurt, prit sa place comme le font
les comédiens,* mais si la comparaison est
imaginée, le verbe se met au conditionnel,
*chacun, sans un mot, sans un heurt, prit sa
place comme le feraient des comédiens.*

Pour ce qui est de *comme si* dont l'emploi
est fréquent, *il la regardait comme si elle
ne lui avait pas été inconnue,* il importe de
ne pas oublier que cette locution est toujours
suivie d'un verbe au plus-que-parfait ou à
l'imparfait de l'indicatif. Certes, on trouve
bien dans le texte de Cesbron, *comme si une
immense lassitude lui eût tenu lieu de pensée,*
mais il s'agit d'une élégance de style. C'est
l'équivalent d'un plus-que-parfait de l'indicatif que demande *comme si ;* dans la langue
courante, on aurait écrit, *comme si une
immense lassitude lui avait tenu lieu de pensée.*

Pour mieux comprendre

le stylo caméra

Les producteurs de films appartenant à « la nouvelle vague* » ont popularisé l'expression « caméra stylo », car ils se servent de leur appareil pour saisir la vie et la retracer. Ici, le romancier nous montre un déplacement multiple (*travelling* en langage de cinéma).

— L'ambulance traverse Paris dans une course où chaque seconde compte. Il s'agit d'arriver à l'hôpital avant que la jeune fille meure.

— L'étudiant en médecine n'est que témoin sans être acteur. Il mesure le temps double, celui du parcours de l'ambulance, celui de la vie qui reste à la malade.

— Conscience du présent (le chauffeur est trop occupé pour en avoir conscience, et la jeune fille trop malade), cet étudiant se sent solitaire et seul gardien de la vie. Conclusion : une inanité, un sens absurde de son inutilité.

— Glissement vers le passé, le jeune médecin revoit le drame depuis le début. Ce drame va de la brève évocation de la tentative de suicide *(Les deux.)* aux quatre mots pleins de menace *(Une syncope en route...)*.

Technique du romancier : il peint une situation angoissante et tragique où le temps de la vie se mesure à la vitesse de l'ambulance. Son lecteur, qui a souvent vu des ambulances passer à toute vitesse et pensé à la personne qui était transportée, vit concrètement le drame évoqué par la description.

A ce drame d'ordre général s'ajoute le drame particulier de Marc, esquissé en un bref dialogue, sans commentaire de la part du romancier : *tu vas l'accompagner... — Mais je n'ai jamais...*

la première crise

Plusieurs signes annoncent cette crise dans l'ambulance

— L'opposition qui se fait, dans l'esprit de Marc, entre *les papiers* et *le corps rigide*.

— L'étudiant en médecine est seul responsable de la malade, avec l'obsession de la syncope, comme le chauffeur est seul responsable de l'ambulance. Néanmoins le chauffeur a aussi l'intuition de la mort et prend de nouveaux risques, *il accéléra*.

— Un monologue intérieur de Marc, long en apparence, bref en réalité car les pensées se succèdent vite, marque un moment de répit, brusquement interrompu à l'adjectif *rauque*.

La crise se déroule en deux phases

— D'abord l'étudiant en médecine est dépassé par la crise. Il a trois réactions maladroites (crier « elle étouffe » à l'intention du chauffeur, trembler au moment où il veut se servir de l'appareil à oxygène, songer à arrêter l'ambulance).

— Ensuite le jeune médecin a le réflexe qui sauve, *brusquement*. Il pratique le bouche à bouche comme on le lui a appris, il sait que son traitement est le bon et, dans l'action, il reprend le contrôle de lui-même *(Ses mains ne tremblaient plus)*.

Alors un nouveau rythme s'établit où la mort, au lieu de se rapprocher, s'éloigne. Le temps cesse de se mesurer : *vingt, cinquante fois de suite*.

La double fin de la crise

— Marc a l'intuition de la défaite de la mort. Son esprit cesse de se concentrer sur la lutte et se laisse aller à deux courants de pensée, le premier sur l'amour, le second sur la religion.

— L'inconnue n'est pas morte, mais elle n'est sauvée qu'en apparence, comme le montrent les réactions rapides et méthodiques des médecins du service de l'hôpital spécialisé en ces sortes de cas.

Après l'exaltation du combat, Marc est un peu déçu par le brutal *Tout à l'heure*, qui rappelle la brutalité du médecin au premier hôpital envers le brigadier de police : *les papiers, ça peut toujours attendre : elle, non*.

la seconde crise

Plusieurs signes annoncent cette nouvelle crise, qui se déroule à l'hôpital

— Dans le service spécialisé, tout le monde était prêt à agir dès l'arrivée de l'ambulance.
— A l'étudiant se substituent maintenant deux médecins aidés d'infirmières. Ceux-ci, tout à leur travail, oublient Marc, comme Marc, pratiquant le bouche à bouche, avait oublié le chauffeur.
— Ainsi l'acteur de la première crise est devenu le témoin de la seconde.

Comme la précédente, cette crise se divise en deux phases

Le traitement de la malade par des experts dont l'expérience s'oppose à l'inexpérience de Marc tout à l'heure.
— Néanmoins, la tragédie se répète. Au *souffle de la femme s'arrêta tout à fait* dans l'ambulance correspond maintenant la constatation de l'infirmière, *le pouls s'en va*, au *bouche à bouche* de tout à l'heure correspondent *l'oxygène* et le *massage cardiaque*.

De nouveau, la mort s'éloigne

Marc croyait, dans son inexpérience, avoir sauvé définitivement la jeune malade, les spécialistes du service de réanimation sont plus prudents : *tout craindre et tout espérer*. Un nouvel élément apparaît au cours de la seconde crise : la mourante cesse d'être objet et Marc, parce qu'il a cessé d'être médecin pour devenir simple témoin, la voit comme une femme. Il découvre un bizarre contraste entre un visage extraodinairement laid, une chevelure et un corps extraordinairement beaux. Ceci explique à la fois la cause de la tentative de suicide et toute la suite du roman.

la médecine en action

Ce début de chapitre comporte quatorze personnages dont treize luttent pour sauver le quatorzième.
— Les huit auxiliaires (les cinq agents de police secours, le chauffeur de l'ambulance, les deux infirmières).
— Les cinq membres du corps médical (Marc, les deux médecins de l'hôpital Cochin et, dans le service spécialisé de réanimation de l'autre hôpital, le chef et son adjoint).
On note que, par deux fois, le médecin se substitue aux appareils pour maintenir la vie.

les deux médecins et leur malade :

— Carrière, interne chargé des cas d'urgence, fait des gestes de fraternité humaine, puis s'abandonne à une *immense lassitude*. Il reçoit tant de personnes ayant essayé de se suicider !
— Par intuition, Marc, encore étudiant, se met à la place de Carrière, il observe et médite.
— Suit un dialogue tout en nuances. Dès le rapport du jeune homme, Carrière a compris la crise que Marc vient de traverser. Sans que rien ne soit souligné, ni même clairement dit, une sympathie profonde est née entre les deux hommes qui ont le même métier, qui poursuivent le même combat contre la mort.
— Carrière protège Marc *(Bien, tant mieux, mentit, besoin de vous, content de vous connaître)* et tire une importante leçon des événements. « *Si vous cessez jamais d'avoir peur, ... vous ne serez plus un bon médecin.* »

Conclusion

Marc vient *de sceller, cette nuit, ses vraies fiançailles avec la Médecine*. On comprend cette phrase en se reportant à deux faits précédents :
— Devant la mort menaçante, l'étudiant a fait une grave erreur (Carrière la suggère délicatement, sans insister, Marc la vérifie par lui-même) en croyant que l'appareil à oxygène de l'ambulance était en panne.
— Il a su lui-même rectifier son erreur par son intervention personnelle et a, en pratiquant le bouche à bouche, sauvé la malade au dernier moment.

VARIATIONS SUR L'ENFER

L'HOMME MACHINE

L.-F. CÉLINE a écrit une vaste autobiographie plus ou moins romancée, Voyage au bout de la Nuit, *qui est une des plus grandes œuvres littéraires d'entre les deux guerres mondiales. Son importance est d'abord d'avoir libéré le langage, rapproché le français écrit du français parlé; il a su renoncer au français soutenu qu'on employait, dans l'écriture, depuis le début du XVIIe siècle, pour s'exprimer dans la langue de tous les jours. Il était médecin mais, sans travail au cours d'un séjour aux États-Unis, il s'engage dans une usine et le voici plongé dans l'enfer industriel américain :*

— Ça ne vous servira à rien ici vos études, mon garçon! Vous n'êtes pas venu ici pour penser, mais pour faire les gestes qu'on vous commandera d'exécuter... Nous n'avons pas besoin d'imaginatifs dans notre usine. C'est de chimpanzés dont nous avons besoin... Un conseil encore. Ne nous parlez plus jamais de votre intelligence! On pensera pour vous mon ami! Tenez-vous-le pour dit.

Il avait raison de me prévenir. Valait mieux que je sache à quoi m'en tenir sur les habitudes de la maison. Des bêtises, j'en avais assez à mon actif tel quel pour dix ans au moins. Je tenais à passer désormais pour un petit peinard. Une fois rhabillés, nous fûmes répartis en files traînardes, par groupes hésitants en renfort vers ces endroits d'où nous arrivaient les fracas énormes de la mécanique. Tout tremblait dans l'immense édifice et soi-même des pieds aux oreilles possédé par le tremblement, il en venait des vitres et du plancher et de la ferraille, des secousses, vibrés de haut en bas. On en devenait machine aussi soi-même à force et de toute sa viande encore tremblotante dans ce bruit de rage énorme qui vous prenait le dedans et le tour de la tête et plus bas vous agitant les tripes et remontait aux yeux par petits coups précipités, infinis, inlassables. A mesure qu'on avançait on les perdait les compagnons. On leur faisait un petit sourire à ceux-là en les quittant comme si tout ce qui se passait était bien gentil. On ne pouvait plus ni se parler ni s'entendre. Il en restait à chaque fois trois ou quatre autour d'une machine.

On résiste tout de même, on a du mal à se dégoûter de sa substance, on voudrait bien arrêter tout ça pour qu'on y réfléchisse, et entendre en soi son cœur battre facilement, mais ça ne se peut plus. Ça ne peut plus finir. Elle est en catastrophe cette infinie boîte aux aciers et nous on tourne dedans et avec les machines et avec la terre. Tous ensemble!

Voyage au bout de la Nuit, éd. Gallimard, 1932

Nous assistons, entre la première et la dernière phrase du passage, à un processus de déshumanisation forcenée. Le premier paragraphe évoque une opération peu éloignée de ce que l'on appelle aujourd'hui le lavage de cerveau, la réduction de l'auteur à un animal qui ressemble vaguement à un homme. Pour ce romancier, pessimiste dans l'âme, la situation est sans remède puisque l'homme moderne veut profiter des biens matériels que fournissent ces usines.

L'HOMME ROBOT

ROGER VAILLAND, *qui appartient à la génération suivante, trouve un espoir dans le souhait de la fin du capitalisme. Son roman nous décrit la tragédie d'un prolétaire qui a besoin en 1956 de 325 000 francs pour acheter un fonds de commerce et épouser celle qu'il aime. Pour gagner cette somme importante il va donc, contrairement aux règles de son syndicat, offrir à un industriel de travailler aux pièces :*

Le cylindre de la machine de Busard, posé sur quatre poteaux comme un lion sur ses pattes, mesure deux mètres.

Le piston glisse dans le cylindre et projette la matière en fusion dans le moule, au travers d'un étroit conduit où elle se pulvérise.

Le moule, à l'extrémité du cylindre opposée au réservoir, est comme le ventre de la presse. Une tête cylindrique : le réservoir, emmanchée d'un long cou posé horizontalement; le cylindre, aboutissant à un ventre court : le moule; telle apparaissait la machine confiée à Busard.

Busard contempla avec plaisir, allongée devant lui comme un bel animal, la puissante machine qui allait lui permettre d'acheter la liberté et l'amour.

Le ventre dans lequel ses mains allaient avoir à travailler pendant cent quatre-vingt-sept jours n'était plus séparé de lui que par le réseau à jours octogonaux de la grille de sécurité. Le moule ne s'ouvrira que quand il aura levé la grille, ne se fermera que quand il l'aura abaissée. C'est pour l'empêcher d'oublier par mégarde sa main dans la matrice, au moment où la partie femelle va s'ajuster à la partie mâle. Ce ventre peut à l'occasion se transformer en mâchoire capable de broyer n'importe quel poing.

L'objet que fabrique vingt-quatre heures sur vingt-quatre la presse confiée à Bernard Busard, est un carrosse Louis quatorzième*, aux angles surmontés de plumets. Un jouet, qu'on peut acheter au rayon Enfants de certains magasins à succursales multiples. Les quatre chevaux et le timon sont moulés par d'autres presses, et le tout assemblé à l'étage au-dessus, dans les ateliers de femmes. Le moule a été acheté d'occasion en Amérique. Là-bas on ne l'injectait pas en rouge génarium, mais en noir, et l'objet fabriqué ne portait pas le nom de carrosse, mais, maquette d'un corbillard de première classe, servait pour la publicité d'une entreprise de pompes funèbres.

Dans le ventre à serpentins, la matière plastique refroidit en trente secondes. L'ouverture et la fermeture du ventre, et l'injection de la matière en fusion exigent dix secondes. La presse fabrique un objet toutes les quarante secondes.

Busard calcula qu'en cent quatre-vingt-sept jours, il produirait 201 960 corbillards-carrosses...

325 000 francs, éd. Buchet-Chastel, Paris 1956

Busard n'essaie pas de lutter contre la déshumanisation, il veut simplement qu'elle prenne fin pour lui le plus tôt possible. Afin de parvenir plus rapidement à son but, il bloque le système de sécurité de la machine, ce qui lui permet de produire davantage et de gagner plus... jusqu'au moment où l'accident anéantira tous ses espoirs. Ainsi l'auteur prouve sa thèse en montrant le sort d'une victime du capitalisme. Mais ne combat-il pas plutôt l'obsession de productivité qui caractérise la plupart des sociétés industrielles, quel que soit le régime politique qui les dirige?

DURETÉ ET CONQUÊTE

SIMONE WEIL, *professeur de philosophie, a refusé de vivre en pure intellectuelle et a décidé de travailler comme ouvrière dans une usine :*

L'usine pourrait combler l'âme par le puissant sentiment de la vie collective que donne la participation au travail d'une grande usine. Tous les bruits ont un sens, tous sont rythmés, ils se fondent dans une espèce de grande respiration du travail en commun à laquelle il est enivrant d'avoir part. C'est d'autant plus enivrant que le sentiment de solitude n'en est pas altéré. Il n'y a que des bruits métalliques, des roues qui tournent, des morsures sur le métal; des bruits qui ne parlent pas de nature ni de vie, mais de l'activité sérieuse, soutenue, ininterrompue de l'homme sur les choses. On est perdu dans cette grande rumeur, mais en même temps on la domine, parce que sur cette base soutenue,

permanente et toujours changeante, ce qui ressort, tout en s'y fondant c'est le bruit de la machine qu'on manie soi-même. Aux heures sombres des matinées et des soirées d'hiver, quand ne brille que la lumière électrique, tous les sens participent à un univers où rien ne rappelle la nature, où rien n'est gratuit, où tout est choc dur et en même temps conquérant, de l'homme avec la matière.

La Pesanteur et la Grâce, éd. Plon, 1946

Si pénible soit-elle, l'expérience dont elle nous fait part n'est pas désespérée, cette frêle jeune femme refuse de se laisser déshumaniser. Transcendant les contraintes matérielles du travail en usine, elle n'en voit que l'esprit collectif d'une entreprise communautaire, l'emprise de l'homme sur la machine et la supériorité de l'esprit sur la matière.

LA VIE ET LA MORT

JOSEPH KESSEL raconte la vie des pionniers de l'aviation civile, lors de l'établissement de la ligne commerciale qui devait relier Toulouse à l'Amérique du Sud. Le pilote risque sa vie avec grandeur et sa tâche est exaltante; le danger n'aboutit pas à une déshumanisation, au contraire. L'homme sait qu'il participe à une œuvre qui le dépasse, qui demeurera après sa mort :

A trois heures et demie, Guillaumet embarqua les deux pilotes sur la vedette qui les conduisit jusqu'au ponton où était amarrée la *Croix du Sud**. Avant de monter, Mermoz salua joyeusement de la main Guillaumet. Celui-ci écouta les moteurs tourner au point fixe et regarda l'hydravion. Puis il alla se coucher. Vers six heures, il fut réveillé par le bruit d'un appareil qui revenait à la base. C'était la *Croix du Sud*. Une des quatre hélices à pas variable passait mal au grand pas. Mermoz en amérissant demanda s'il n'y avait pas un avion prêt sur-le-champ.

« Il faudra quelques heures, lui répondit-on.

— Alors je repartirai sur la *Croix du Sud*, décida Mermoz. Le courrier a déjà trop attendu. »

L'hélice fut vite réparée. Un peu avant sept heures, Mermoz décolla de nouveau.

Jusqu'à 10 heures 47, le radio Cruvelhier passa T.V.B.* Mermoz pilotait, Pichodou sommeillait, le capitaine au long cours Ezam faisait le point et le mécanicien Lavidalie inspectait de temps en temps les quatre moteurs. Le rythme habituel du vol et de l'équipage.

A 10 heures 47 et comme la *Croix du Sud* se trouvait à 800 kilomètres environ de la côte, le poste de Dakar reçut de l'hydravion ce commencement de messsage :

L'AVENTURIER DU CIEL

« Coupons moteur arrière droit... »

L'émission s'arrêta net.

Quelques heures après, Guillaumet décolla à la recherche de la *Croix du Sud*. Les bateaux alertés se déroutèrent pour fouiller la mer dans les parages mêmes où le *Comte de la Vaulx*, six ans plus tôt, s'était englouti. On ne trouva rien. On n'a rien trouvé.

« Le temps était si beau, la mer si belle », m'a dit Guillaumet.

Les techniciens assurent qu'une hélice, ayant sauté par vibration, a cisaillé le fuselage et que la *Croix du Sud* est allée comme une pierre par le fond. Tout porte à croire que Mermoz volait à 200 mètres au-dessus de l'eau.

Quand, par un jeu atroce de câbles, on crut Mermoz retrouvé, ce fut pour quelques heures une joie nationale. Maintenant, Mermoz a une statue à Buenos Aires, un phare à Natal, une stèle à Dakar, une rue à Paris. La ligne France-Amérique porte son nom. Une légende l'entoure. Les enfants l'apprendront bientôt.

Mermoz, éd. Gallimard 1966 et Folio

Ce romancier, qui a connu lui-même de nombreuses aventures et souvent risqué sa vie, fait une description minutieuse des dernières heures vécues par Mermoz avant son départ. Ces détails prennent soudain un caractère pathétique au moment où le silence indique le moment du destin, l'émission s'arrêta net. Grâce à leur courage et à leur sens du devoir, des hommes comme Mermoz et Saint-Exupéry ont pu établir des lignes aériennes qui aujourd'hui couvrent le monde.

Mais l'héroïsme n'est pas toujours aussi constructif, il naît souvent des duretés de la guerre, qui font partie de l'histoire des peuples et la marquent.

LA GUERRE VUE DE LOIN

STENDHAL décrit, à travers le jeune Fabrice del Dongo, la plus grande défaite de Napoléon, celle de Waterloo :

Il entendit un cri sec auprès de lui : c'étaient deux hussards qui tombaient atteints par des boulets; et, lorsqu'il les regarda, ils étaient déjà à vingt pas de l'escorte. Ce qui lui sembla horrible, ce fut un cheval tout sanglant qui se débattait sur la terre labourée, en engageant ses pieds dans ses propres entrailles; il voulait suivre les autres : le sang coulait dans la boue.

Ah! m'y voilà donc enfin au feu! se dit-il. J'ai vu le feu! se répétait-il avec satisfaction. Me voici un vrai militaire.

A ce moment, l'escorte allait ventre à terre, et notre héros

comprit que c'étaient des boulets qui faisaient voler la terre de toutes parts. Il avait beau regarder du côté d'où venaient les boulets, il voyait la fumée blanche de la batterie à une distance énorme, et, au milieu du ronflement égal et continu produit par les coups de canon, il lui semblait entendre des décharges beaucoup plus voisines; il n'y comprenait rien du tout.

La Chartreuse de Parme, 1839

Le jeune soldat, qui n'a jamais participé à un seul combat, ne voit pas le danger et n'y comprend rien. Sa sympathie va aux chevaux, vraies victimes de la guerre puisqu'ils n'appartiennent pas à l'espèce humaine et ne sont en rien coupables.

VOLTAIRE, *qui entendait lutter contre la guerre, essaie dans ce passage célèbre de la démystifier, de la priver de tout motif d'admiration :*

Rien n'était si beau, si leste, si brillant, si bien ordonné que les deux armées. Les trompettes, les fifres, les hautbois les tambours, les canons, formaient une harmonie telle qu'il n'y en eut jamais en enfer. Les canons renversèrent d'abord à peu près six mille hommes de chaque côté; ensuite la mousqueterie ôta du meilleur des mondes environ neuf à dix mille coquins qui en infectaient la surface. La baïonnette fut aussi la raison suffisante de la mort de quelques milliers d'hommes. Le tout pouvait bien se monter à une trentaine de mille âmes. Candide, qui tremblait comme un philosophe, se cacha du mieux qu'il put pendant cette boucherie héroïque.

Enfin, tandis que les deux rois faisaient chanter des *Te Deum**, chacun dans son camp, il prit le parti d'aller raisonner ailleurs des effets et des causes. Il passa par-dessus des tas de morts et de mourants, et gagna d'abord un village voisin; il était en cendres : c'était un village abare que les Bulgares avaient brûlé, selon les lois du droit public. Ici des vieillards criblés de coups regardaient mourir leurs femmes égorgées, qui tenaient leurs enfants à leurs mamelles sanglantes; là des filles, éventrées après avoir assouvi les besoins naturels de quelques héros, rendaient les derniers soupirs d'autres, à demi brûlées, criaient qu'on achevât de leur donner la mort. Des cervelles étaient répandues sur la terre à côté de bras et de jambes coupés.

Candide s'enfuit au plus vite dans un autre village : il appartenait à des Bulgares, et les héros abares l'avaient traité de même. Candide, toujours marchant sur des membres palpitants, ou à travers des ruines, arriva enfin hors du théâtre de la guerre.

Candide, 1756

Candide qui se veut malgré tout optimiste et croit en la divine providence, reste tout de même un sage. Estimant qu'il n'a rien à faire avec ces fous et ces assassins qui se détruisent mutuellement sans motif réel, il déserte.

LA TRAGÉDIE DE L'ABSURDE

BARBUSSE *peint une autre guerre, la « Grande Guerre », celle de 1914-1918, où les combattants, au lieu de se déplacer (guerre de mouvement), restent sur place dans les tranchées (guerre de position). Ils souffrent le martyre et, dans cet enfer, ils semblent n'être là que pour se faire tuer :*

On erra cinq jours, six jours dans les lignes, presque sans dormir. On stationnait des heures, des demi-nuits, des demi-jours, en attendant que fussent libres des passages qu'on ne voyait pas. On gardait des tranchées, on s'adaptait à quelque sinistre coin dénudé qui se profilait sur le crépuscule carbonisé ou sur le feu. On était condamnés à voir les mêmes gouffres toujours.

Pendant deux nuits, on s'acharna à raccommoder une vieille tranchée de troisième ligne par-dessus ses vieux raccommodages cassés; on répara le long squelette mou et noir des charpentes; on ramona l'égout desséché plein de débris d'équipements, d'armes pétrifiées, de vêtements décomposés et de mangeaille, d'une sorte de démolition de forêt et de maison, — sale, équipement sale, sale à l'infini. On travaillait la nuit, on se cachait le jour. Il n'y avait d'éclaircie pour nous que dans l'aube lourde du soir où on nous tirait du sommeil : la nuit éternelle était répandue sur la terre.

Après le labeur, dès que le petit jour commençait à remplacer la nuit par la tristesse, on s'ensevelissait en ordre au fond des cavernes qui étaient là. Il n'y pénétrait qu'une rumeur amortie, mais la pierre remuait à cause des tremblements de terre. Quand quelqu'un allumait sa pipe, à cette lueur on se regardait. On était tout équipés, on pouvait repartir d'un moment à l'autre; il était défendu d'ôter d'autour de soi la lourde chaîne cliquetante des cartouchières.

Le Feu, éd. Flammarion, 1917

Ces hommes forment une chaîne humaine dont l'objet est de couper la route aux moyens mécaniques de destruction. Ils ont perdu toute individualité, enfoncés qu'ils sont dans cette tragédie de la vie absurde et de la mort qu'est la guerre. on embrasse la terre puisqu'on n'a plus qu'elle à embrasser. Puis le mouvement nous reprend, trouve-t-on quelques lignes plus loin.

JEAN LARTÉGUY *peint un type de héros qui se découvre lui-même en 1940, lors des combats que l'armée française livre pour défendre le pays. Les Allemands ont déjà envahi la moitié du territoire national, la plupart des militaires français ont cessé de se battre, mais Rebuffal combat encore sur la Loire :*

Un coup sec le frappa à la poitrine et à l'épaule; une grenade venait d'éclater à côté de lui. Dans la bouche, il avait un goût salé. Il se trouva séparé de la guerre et des hommes, de son passé et de ses souvenirs. Ce qu'il voyait encore, la mitrailleuse sagement accroupie, le fleuve et le pont rompu, tout disparut, noyé dans un sang pourpre.

Il entendit cependant le chant du grillon qui s'élevait dans le silence enfin revenu.

L'aspirant Rebuffal reprit connaissance dans un hôpital de la Wehrmacht*. Il n'aperçut tout d'abord qu'une lumière confuse qui cernait une ombre. Cette ombre devint le visage d'un médecin aux petits yeux enfoncés dans des orbites grasses.

— Vous avez eu de la chance, leutnant, lui dit-il en assez bon français. Aucun organe essentiel de touché; mais vous avez perdu beaucoup de sang. Il faut vous reposer et oublier la guerre. Elle est finie! Depuis huit jours, votre gouvernement a signé l'armistice*.

Il haussa tristement les épaules et, les mains croisées derrière sa blouse blanche, s'en alla à petits pas en répétant :

— C'est la guerre... c'est la guerre...

L'armistice... Ce mot ne produisait en lui aucune réaction, ni de honte ni de joie. Il était seulement un peu étonné de se retrouver vivant. Il se sentait très fatigué à la pensée qu'il devrait recommencer à vivre.

Les Mercenaires, Presses de la cité

Il n'acceptera pas la paix et s'engagera comme mercenaire, lors de la guerre de Corée, retrouvant alors une raison de vivre.

GEORGES SIMENON est l'auteur de langue française ayant le plus grand succès mondial et son personnage central, le commissaire Maigret, est entré dans la légende. Voici, au début du roman, le récit d'un interrogatoire plein de réalisme :

« Vous êtes arrivé en France, voilà trois ans, en compagnie de votre sœur Else. Vous avez vécu un mois à Paris. Vous avez loué ensuite une maison de campagne sur la route nationale de Paris à Etampes, à trois kilomètres d'Arpajon, au lieu dit carrefour des Trois-Veuves. »

Carl Andersen approuva d'un léger signe de tête.

« Depuis trois ans, vous vivez là-bas dans l'isolement le plus strict, au point que les gens du pays n'ont pas vu cinq fois votre sœur. Aucun rapport avec vos voisins. Vous avez acheté une voiture de 5 CV, d'un type démodé, dont vous vous servez pour faire vous-même vos provisions au marché d'Arpajon. Chaque mois, toujours avec cette voiture, vous venez à Paris.

— Livrer mes travaux à la maison Dumas et Fils, rue du 4-septembre, c'est exact !

— Travaux consistant en maquettes pour des tissus d'ameublement. Chaque maquette vous est payée cinq cents francs. Vous en produisez en moyenne quatre par mois, soit deux mille francs... »

Nouveau signe approbateur.

« Vous n'avez pas d'amis. Votre sœur n'a pas d'amies. Samedi soir, vous vous êtes couché comme d'habitude aussi, vous avez enfermé votre sœur dans sa chambre, voisine de la vôtre. Vous expliquez cela en prétendant qu'elle est très peureuse... passons !... A sept heures du matin, le dimanche, M. Émile Michonnet, agent d'assurances, qui habite un pavillon à cent mètres de chez vous, pénètre dans son garage et s'aperçoit que sa voiture, une six cylindres neuve, d'une marque connue, a disparu et a été remplacée par votre tacot... »

Andersen ne bougea pas, eut un geste machinal vers sa poche vide où devaient se trouver généralement des cigarettes.

« M. Michonnet qui, depuis quelques jours, ne parlait dans tout le pays que de sa nouvelle auto, croit à une mauvaise plaisanterie. Il se rend chez vous, trouve la grille fermée et sonne en vain. Une demi-heure plus tard, il raconte sa mésaventure à la gendarmerie et celle-ci se rend à votre domicile... On n'y trouve ni vous ni votre sœur... par contre, dans le garage, on aperçoit la voiture de M. Michonnet et, sur le siège avant, penché sur le volant, un homme mort, tué d'un coup de feu tiré à bout portant dans la poitrine... On ne lui a pas volé ses papiers... C'est un nommé Isaac Goldberg, diamantaire à Anvers... »

Maigret rechargea le poêle, tout en parlant.

« La gendarmerie fait diligence, s'adresse aux employés de la gare d'Arpajon, qui vous ont vu prendre le premier train pour Paris, en compagnie de votre sœur... On vous cueille tous les deux à votre arrivée à la gare d'Orsay... vous niez tout...

— Je nie avoir tué qui que ce soit...

— Vous niez aussi connaître Isaac Goldberg...

— Je l'ai vu pour la première fois, mort, au volant d'une voiture qui ne m'appartient pas, dans mon propre garage...

— Et au lieu de téléphoner à la police, vous avez pris la fuite avec votre sœur...

— J'ai eu peur...

— Vous n'avez rien à ajouter ?

— Rien !

— Et vous maintenez que vous n'avez rien entendu pendant la nuit de samedi à dimanche ?

— J'ai le sommeil très lourd. »

C'était la cinquantième fois qu'il répétait exactement les mêmes phrases et Maigret, excédé, toucha le timbre électrique. Le brigadier Lucas arriva.

La Nuit du Carrefour, éd. Presses de la Cité, 1932

Maigret laissera croire aux vrais criminels qu'il considère Andersen comme coupable, ceux-ci vont relâcher leur attention et se faire arrêter après de multiples péripéties. Ainsi le roman policier peint-il les duretés comme les banalités de l'existence.

LA PEINE DES HOMMES

LE TRAVAIL ET LE CAPITAL

ZOLA écrit au moment où les pays de l'Europe occidentale s'industrialisaient. Des puissances financières se constituent sous la forme de grandes compagnies qui semblent parfois éprouver pour l'argent la même passion que l'homme lui-même. Grâce au capital de leurs actionnaires, elles construisent des chemins de fer, exploitent des mines de charbon, fournissent le gaz et l'électricité. A cause d'une crise économique, la direction des mines a baissé les salaires et la lutte commence :

— Si la Compagnie a des économies à faire, elle agit très mal en les réalisant uniquement sur l'ouvrier.

— Ah! nous y voilà! cria M. Hennebeau. Je l'attendais, cette accusation d'affamer le peuple et de vivre de sa sueur! Comment pouvez-vous dire des bêtises pareilles, vous qui devriez savoir les risques énormes que les capitaux courent dans l'industrie, dans les mines par exemple? Une fosse tout équipée, aujourd'hui, coûte de quinze cent mille francs à deux millions; et que de peine avant de retirer un intérêt médiocre d'une telle somme engloutie! Presque la moitié des sociétés minières, en France, font faillite... Du reste, c'est stupide d'accuser de cruauté celles qui réussissent. Quand leurs ouvriers souffrent, elles souffrent elles-mêmes.

Croyez-vous que la Compagnie n'a pas autant à perdre que vous, dans la crise actuelle? Elle n'est pas la maîtresse du salaire, elle obéit à la concurrence, sous peine de ruine. Prenez-vous en aux faits, et non à elle. Mais vous ne voulez pas entendre, vous ne voulez pas comprendre!

— Si, dit le jeune homme, nous comprenons très bien qu'il n'y a pas d'amélioration possible pour nous, tant que les choses iront comme elles vont, et c'est même à cause de ça que les ouvriers finiront, un jour ou l'autre, par s'arranger de façon à ce qu'elles aillent autrement.

Cette parole, si modérée de forme, fut prononcée à demi-voix, avec une telle conviction, tremblante de menace, qu'il se fit un grand silence. Une gêne, un souffle de peur passa dans le recueillement du salon. Les autres délégués, qui comprenaient mal, sentaient pourtant que le camarade venait de réclamer leur part, au milieu de ce bien-être.

Germinal, 1885

Le romancier avait déclaré vouloir peindre ce qui serait la situation au XXᵉ siècle. Écrit il y a presque cent ans, ce texte semble d'une étonnante actualité.

LA TRAGÉDIE DE L'HONNÊTETÉ

MAUPASSANT raconte une histoire particulièrement tragique et montre comment l'argent fait le malheur de gens honnêtes. Mme Loisel a emprunté pour aller au bal un collier, une rivière de diamants. Elle perd ce bijou de grande valeur, achète à crédit le même et le rend, sans rien dire, à son amie Mme Forestier. Il lui faudra des années pour rembourser :

Or, un dimanche, comme elle était allée faire un tour aux Champs-Élysées pour se délasser des besognes de la semaine, elle aperçut tout à coup une femme qui promenait un enfant. C'était Mme Forestier, toujours jeune, toujours belle, toujours séduisante.

Mme Loisel se sentit émue. Allait-elle lui parler? Oui, certes. Et maintenant qu'elle avait payé, elle lui dirait tout. Pourquoi pas?

Elle s'approcha.

— Bonjour, Jeanne.

L'autre ne la reconnaissait pas, s'étonnant d'être appelée ainsi familièrement par cette bourgeoise. Elle balbutia :

— Mais... madame! Je ne sais... Vous devez vous tromper.

— Non. Je suis Mathilde Loisel.

Son amie poussa un cri :

— Oh!... ma pauvre Mathilde, comme tu es changée!...

— Oui, j'ai eu des jours bien durs, depuis que je ne

t'ai vue; et bien des misères... et cela à cause de toi!...

— De moi... Comment ça?

— Tu te rappelles bien cette rivière de diamants que tu m'as prêtée pour aller à la fête du Ministère.

— Oui. Eh bien?

— Eh bien, je l'ai perdue.

— Comment! puisque tu me l'as rapportée.

— Je t'en ai rapporté une autre toute pareille. Et voilà dix ans que nous la payons. Tu comprends que ça n'était pas aisé pour nous, qui n'avions rien... Enfin c'est fini, et je suis rudement contente.

Mme Forestier s'était arrêtée.

— Tu dis que tu as acheté une rivière de diamants pour remplacer la mienne?

— Oui. Tu ne t'en étais pas aperçue, hein! Elles étaient bien pareilles.

Et elle souriait d'une joie orgueilleuse et naïve.

Mme Forestier, fort émue, lui prit les deux mains.

— Oh! ma pauvre Mathilde! Mais la mienne était fausse. Elle valait au plus cinq cents francs!

La Parure (1884)

Cette dernière réplique est ce qu'on appelle « un coup de théâtre ».

LE ROMAN QUOTIDIEN

LE BRASSAGE SOCIAL

FRANÇOIS NOURISSIER *évoque, avec les idées d'un petit-bourgeois, une vie fondée sur la banalité, une volonté de trouver, pour éviter de vrais jugements de valeur, des points de repère artificiels. La supériorité du petit-bourgeois est un dogme que lui-même ne met jamais en doute :*

Avant 1940 je ne possédais aucune notion des différences sociales. Quand on disait, chez moi, dans mon enfance, et sur quel ton ! « elle n'est pas de son milieu », c'était qu'un cousin voulait épouser une traînée. *Classe, milieu, monde* : on ne faisait appel à cette artillerie qu'en désespoir de cause. On ignorait, et comment les eût-on connus ? les raffinements de la fusillade mondaine. Peut-être avais-je eu, vaguement, en surprenant le regard d'un copain devant la maison ou bien à l'évocation des vacances dont nous n'étions pas économes, l'intuition que je n'étais pas tout à fait pauvre ? Je n'en suis même pas sûr. En tout cas tout cela, après la mort de mon père, s'émietta vite.

L'installation à Paris m'apporta des révélations. Je découvris les rues, les quartiers, leurs univers contradictoires et leurs lois. Je découvris qu'on pouvait vivre autrement que nous vivions, et dans des décors bien différents. Je découvris que ces différences nourrissent l'envie et le dédain. Je découvris quels petits ennemis peuvent être des enfants bourgeois élevés dans des familles irrémédiablement étrangères. Mon lycée, Saint-Louis, était un établissement asocial, bûcheur. On y venait de tout Paris et de province préparer les grandes Écoles*. Le brassage social y était donc considérable et m'ouvrit rapidement les yeux.

Mais l'essentiel de mon apprentissage se fit vraiment à propos des maisons. Quand je marchais dans les rues, une opération mentale instantanée se déroulait désormais en moi, afin de juger chaque immeuble, de le classer, dans une des catégories sommaires que je m'étais définies. Bien entendu, le comble du bon ton me paraissait alors la ressemblance. Ne pas me singulariser, habiter un immeuble de la même sorte, et du même âge, et du même style que ceux où habitaient les parents de mes amis, tel était mon suprême et inaccessible vœu. Cette rage d'être en tout point conforme est une maladie de l'adolescence. J'en perçois déjà les symptômes chez mes fils. Mon rêve me destinait donc, hélas ! à aimer ces « maisons de rapport ».

Un Petit-bourgeois, éd. Grasset, 1963

Le monde s'est révélé au romancier avec ses catégories, ses préjugés, ses distinctions sociales, intellectuelles et cette foi a été ébranlée, surtout dans un lycée où les élèves sont admis seulement en fonction de leur intelligence et de leur capacité de travail et aussi dans le Paris occupé par les Allemands en 1940, où beaucoup de Français tendaient à oublier leurs différences. Néanmoins, l'auteur reconnaît ne jamais s'être débarrassé de certaines habitudes de petit-bourgeois, qu'il a d'ailleurs transmises à ses enfants sans le vouloir !

RÉFLEXIONS SUR LA VIE

ROBERT SABATIER *raconte l'histoire d'Olivier que la vie a brutalement fait changer de milieu. Son père a été tué à la guerre. A la mort de sa mère qui l'élevait avec peine il est recueilli par son oncle et sa tante qui mènent une tout autre vie que celle qu'il a jusqu'ici connue :*

La vie de l'appartement obéissait à un cérémonial bien réglé. La cuisine bourgeoise aux menus préalablement fixés en donnait le rythme hebdomadaire. Le lundi, jour de lessive, on mangeait les tranches froides du gigot de la veille avec des pommes de terre en mayonnaise. Le mardi était le jour du haricot de mouton*. Le mercredi régnaient les côtes de porc à la sauce tomate avec câpres et arôme Patrelle. Le jeudi, c'était quelque ragoût : bœuf mode* ou Stroganoff, veau en blanquette ou à la provençale, lapin rôti à l'auvergnate ou potée*. Le vendredi apparaissait du poisson, parfois des harengs à la sauce moutarde que l'oncle Henri préparait lui-même. Quant au samedi, c'était le jour de la poule au pot* (avec du riz Caroline) ou du pot-au-feu*, de la griffe* avec beaucoup de légumes dont les navets piqués de clous de girofle.

Deux fois par semaine, Olivier était admis à la grande table. Le dimanche, il aimait regarder son oncle visser le manche à gigot autour de l'os et couper la viande cuite à point en fines tranches.

— Tu veux la souris ? Mais, je te préviens : quand Marceau sera là, il a une vieille option...

La tante Victoria inclinait le plat et lui faisait boire quelques cuillerées de sang :

— Ta bouche...

— Ta bouche bébé t'auras une frite ! risqua une fois Olivier.

« Décidément, pensait la tante, il ne parviendra pas à oublier le langage de la rue Labat. » En pareil cas elle observait : « Voyons, on ne s'exprime pas ainsi... » Aussi, Olivier, avant de parler, préparait ses phrases, ce qui le faisait bafouiller.

Les Allumettes suédoises, éd. Albin-Michel, 1969

Le jeune garçon qui a grandi dans la chaleureuse ambiance d'une rue populaire de Paris et qui y a mené une vie difficile mais libre découvre brutalement qu'il y a une autre façon de vivre et a bien des difficultés à se faire aux habitudes de son nouveau milieu social, essentiellement bourgeois. Le comique naît du contraste des attitudes.

JEAN-PAUL SARTRE *s'attache souvent à peindre la banalité de l'existence et son personnage, sorte d'anti-héros, se sent écrasé par le décor qui l'entoure :*

Dehors. Tout est dehors : les arbres sur le quai, les deux maisons du pont, qui rosissent la nuit, le galop figé d'Henri IV* au-dessus de ma tête : tout ce qui pèse. Au-dedans, rien, pas même une fumée, il n'y a pas de *dedans*, il n'y a rien. Moi : Je suis libre, se dit-il, la bouche sèche.

Au milieu du Pont-Neuf*, il s'arrêta, il se mit à rire : cette liberté, je l'ai cherchée bien loin; elle était si proche que je ne pouvais pas la voir, que je ne peux pas la toucher, elle n'était que moi. Je suis ma liberté. Il avait espéré qu'un jour il serait comblé de joie, percé de part en part par la foudre. Mais il n'y avait ni foudre ni joie : seulement ce dénuement, ce vide saisi de vertige devant lui-même, cette angoisse que sa propre transparence empêchait à tout jamais de se voir. Il étendit les mains et les promena lentement sur la pierre de la balustrade, elle était rugueuse, crevassée, une éponge pétrifiée, chaude encore du soleil d'après-midi. Elle était là, énorme et massive, enfermant en soi le silence écrasé, les ténèbres comprimées qui sont le dedans des choses. Elle était là : une plénitude. Il aurait voulu s'accrocher à cette pierre, se fondre à elle, se remplir de son opacité, de son repos, Mais elle ne pouvait lui être d'aucun secours : elle était dehors, pour toujours. Il y avait ses mains, pourtant, sur la balustrade blanche : quand il les regardait, elles semblaient de bronze. Mais, justement parce qu'il pouvait les regarder, elles n'étaient plus à lui, c'étaient les mains d'un autre, dehors, comme les arbres, comme des reflets qui tremblaient dans la Seine, des mains coupées. Il ferma les yeux et elles redevinrent siennes : il n'y eut plus contre la pierre chaude qu'un petit goût acide et familier, un petit goût de fourmi très négligeable. Mes mains : l'inappréciable distance qui me révèle les choses et m'en sépare pour toujours. Je ne suis rien, je n'ai rien. Aussi inséparable du monde que la lumière et pourtant exilé, comme la lumière, glissant à la surface des pierres et de l'eau, sans que rien, jamais, ne m'accroche ou ne m'ensable. Dehors. Dehors. Hors du monde, hors du passé, hors de moi-même, : la liberté c'est l'exil et je suis condamné à être libre.

Les Chemins de la liberté, I, *Le Sursis,* éd. Gallimard, 1945

Ce passage est le développement poussé dans ses extrêmes conséquences du mot dehors, *qui revient d'ailleurs comme un leit-motiv et traduit une sorte d'obsession. Si tout est dehors, comment éviter de conclure que* rien n'est dedans, *que l'existence humaine est pur ennui, dénuée de toute valeur. Ainsi l'existentialisme apparaît comme un mal du siècle.*

LA VIE ARTIFICIELLE

ROBERT ESCARPIT *ne peint pas un néant philosophique, mais l'existence de grands bourgeois provinciaux, faite de comportements médiocres et de joies artificielles. Les Duprat vivent pour les autres avec égoïsme :*

Cette année-là, les Duprat annulèrent la croisière au cap Nord qu'ils avaient prévue. Le voyage de la fin juin — avant les tarifs de la haute saison — faisait partie du rituel de l'année. Tantôt c'était la Grèce ou le Maroc, tantôt les Açores ou les capitales nordiques. L'essentiel était que cela se fît en classe de luxe afin que Gaston pût se créer des relations intéressantes parmi ses partenaires de bridge, tandis qu'Émilie montrait ses toilettes.

Elle les faisait faire à bon compte par une vieille couturière, ancienne première main de chez Dior*, retirée à Bazas, avec des tissus qu'elle achetait dans un magasin de soldes au pied de Montmartre* lors des voyages bisannuels que les Duprat faisaient à Paris. Chez deux ou trois couturiers son œil vigilant enregistrait dans la collection les quelques détails qui donneraient de la classe à ses robes et à ses manteaux.

La croisière, deux soirées par an au Lido* ou au Casino de Paris*, les banquets des confréries vinicoles*, le gala du Mai de Bordeaux* étaient les occasions d'arborer ces signes de distinction sociale. C'étaient aussi des occasions de dépenser de l'argent avec une prodigalité mesurée.

Le reste du temps, on vivait modestement à Mazères, presque chichement. Les repas de tous les jours étaient frugaux. Quand on recevait, un beau poulet devait « faire » au moins pour six personnes et laisser assez d'abattis pour une sauce en famille le lendemain. Mais on mangeait dans de la vieille faïence bordelaise de David Johnston, dont chaque pièce était un trésor.

Tout au long de l'année, Émilie Duprat portait le même genre de tailleur sombre égayé seulement, pour la messe du dimanche et des jours de fête, par une broche ancienne de diamants authentiques montée en clip. Elle n'était jamais négligée, même quand elle mettait la main à la pâte pour montrer aux domestiques ce qu'elle attendait d'eux. une fois par mois elle allait à Bordeaux renouveler sa permanente et mettre sa coiffure à jour de la mode avec ce tantinet de retard qui est la marque de la vraie distinction.

Appelez-moi Thérèse, éd. Flammarion, 1975

Ce texte est une satire de la bourgeoisie bordelaise que l'auteur connaît bien, plus soucieuse des apparences extérieures que de la profondeur et de la richesse intérieure. D'une certaine façon, ces Français représentent le passé.

Un artisan parle

« Je suis né avant 1900. En ce temps-là, la vie n'était pas comme aujourd'hui. A la maison, nous étions sept à table. Mon père travaillait dans les fours d'Usinor comme maçon. Il partait à cinq heures pour commencer son travail à six heures. Il devait faire cinq kilomètres à pied le matin et autant le soir, après dix heures de travail pénible pour gagner cent sous! Le jeudi (c'était en 1909) je lui portais sa gamelle et, souvent, j'ai pu le voir descendre le torse nu, dans les fours encore très chauds, pour placer quelques briques et sortir rouge de sueur. A onze ans et demi, je quittais l'école pour aller travailler dans une charcuterie. Il fallait aussi se lever très tôt pour faire également dix heures par jour et le dimanche de sept à douze heures. Mais, chaque mois, je rapportais fièrement à ma mère cinq grosses pièces de cinq francs. Je suis entré dans une grande usine comme forgeron outilleur et deux ans après je me suis installé comme artisan ferronnier. Je faisais le métier que j'avais choisi et j'étais bien heureux. En 1958, j'ai fait le concours du Meilleur Ouvrier de France en ferronnerie d'art. J'ai réussi et j'en suis fier. »

M. Sauguais, MULHOUSE.

Travail sans intérêt...

« Alors que tant de jeunes et vieux chômeurs cherchent du travail j'ai un peu honte de vous dire que moi, à 56 ans, j'en ai ras le bol. Ras le bol de travailler, de partir tous les matins à la même heure et d'aliéner ce que j'appelle « liberté » de 9 h à 17 h 45. Pour moi, les moments les plus importants de ma semaine, les jours auxquels je tends sont le samedi et le dimanche. Alors j'ai la liberté de faire ce qui me convient, sans contrainte, me reposant quand cela me plaît... »

Louise P., secrétaire,
PARIS.

Le 1er mai est une fête nationale.

Tous les Français, toutes les Françaises l'acclament de tout leur cœur.

Fête nationale! Parce qu'elle est, par excellence, la fête des travailleurs. De ceux qui, de leurs mains, remuent la bonne vieille terre de France, de ceux qui, de leurs mains, la fouillent pour tirer métaux et charbon, de ceux dont les mains fabriquent, à l'usine ou à l'atelier, tout ce qui rend meilleur la vie des autres.

Fête nationale! Parce que, dans les pires drames de notre Histoire, c'est du peuple laborieux que se levèrent toujours les grandes vagues profondes dont la patrie sortit sauvée, libérée, renouvelée.

(Discours prononcé à la Radio de Londres, le 30 avril 1942.)
Général de Gaulle.

La grève

« ... Je vous écris un jour de grève, après avoir fait quelques travaux ménagers, participé à la manif, déjeuné avec des amis, assisté à la projection d'un film et visité une petite exposition de peinture... C'est pourquoi, bien que persuadée de l'inefficacité des grèves de 24 heures, je les fais quand même, simplement pour prendre le temps de vivre... »

Mme S., 54 ans, contrôleur P.T.T.,
LA BAULE.

Perdre son temps

« ... Quand je ne travaille pas, je commence, en pleine conscience et avec délices, par perdre du temps!
On m'a appris quantités de belles choses sur le temps qu'il ne faut pas perdre, c'est immoral... c'est presque un vol (!) eh bien, j'ai découvert peu à peu que ça pouvait devenir nécessaire, vital, de rompre le rythme des horaires et de la vie coupée en tranches. Ce que j'aimerais surtout faire : changer de métier et cesser d'être professeur... »

Marianne S.,
LA BOURBOULE.

J'aime mon métier

« J'ai 63 ans et suis coiffeur pour dames. Mon métier me plaît et je trouve un grand plaisir à créer de la beauté. Mes problèmes sont ceux de tous les artisans; charges sociales sans cesse accrues, paperasses, tracasseries de l'administration... La retraite à 60 ans? Oui, pour les gens qui travaillent en usine ou dans les mines. Pour les autres, croyez-vous qu'un homme en bonne santé soit fini à 60 ans? Mon souhait : travailler le plus tard possible. »

Jacques Bedel,
PARIS.

Malédiction?

« Je suis parfois désespéré de penser que, pendant 30 ans, je ferai la même chose. Écrasant certains par négligence ou obligation, écrasé par d'autres. Je préfère l'imprévisible, le changement... »

Jean S., étudiant ingénieur,
VENCE.

Je suis atterré

« Le travail libérateur », le travail bienfaiteur, gardien de la santé, que n'a-t-on pas inventé pour lever la malédiction biblique ! Du travail qui ne devrait être qu'un moyen simple de subvenir à ses besoins, les uns ont fait une malédiction divine que d'autres ont transformée en rédemption sociale. Dans un cas comme dans l'autre on l'a sacralisé pour le plus grand profit des exploiteurs. On a culpabilisé le loisir à partir de là. Combien de fois ai-je entendu dire « quand je lis, je reste inquiet, j'ai l'impression d'avoir quelque chose d'autre à faire », c'est-à-dire « lire n'est rien faire ». Rien en tout cas de matériellement positif; ce qui signifie bien où passe la démarcation du mal. Je suis atterré par les comportements qui en découlent. Avec les vacances, ce faux relâchement, cette fausse rupture, vite récupérée par le système.

M. Cordier, 52 ans, ajusteur,
LE PUY.

Comme tout le monde, je constate que, de nos jours, le machinisme domine l'univers. De là s'élève le grand débat du siècle : la classe ouvrière sera-t-elle victime ou bénéficiaire du progrès mécanique en cours? De là sont sortis, hier, les vastes mouvements : socialisme, communisme, fascisme, qui s'emparèrent de plusieurs grands peuples et divisèrent tous les autres. De là vient, qu'en ce moment, les étendards des idéologies adverses : libérale, marxiste, hitlérienne, flottent dans le ciel des batailles.

(Mémoires de guerre, tome III, Le Salut.)
Général de Gaulle.

LA VIE EN DIRECT : RÉPONSES A UNE ENQUÊTE

Parmi les choses suivantes, quelles sont les trois dont vous avez le sentiment de manquer le plus ? En 1er En 2e En 3e

	%	%	%
• De loisirs	12	8	7
• De culture	12	8	6
• De chance	13	8	7
• D'affection	5	3	2
• De nature, de vert	7	8	6
• De silence	4	5	3
■ Argent	17	13	10
• De considération	1	2	2
• De solitude	1	2	2
• De temps	13	12	10
• D'autorité, d'influence	1	2	2
• De dons	2	5	5
• D'espace	2	5	7
• De relations	4	7	7

Durée moyenne hebdomadaire de travail :

• Ensemble population active	47
• Agriculteurs	59,5
• Patrons industrie, commerce	55,8
• Employés	40
• Ouvriers	45

Si la tendance à la réduction du temps de travail se poursuit dans les années à venir, quelle solution aurait votre préférence ?

	%
• Davantage de temps libre chaque jour	23
■ Davantage de temps libre en fin de semaine	37
• Davantage de congés annuels	25

Pour avoir plus de temps libre, êtes-vous prêt à gagner un peu moins d'argent ? %

	%
■ Oui	46
• Non	41

Vous arrive-t-il de vous ennuyer ? %

	%
• Souvent	8
• De temps en temps	27
• Rarement	26
■ Jamais	39

Avez-vous le sentiment d'avoir en vous des possibilités ou des capacités que la vie que vous menez laisse inemployées ? %

	%
• Oui	38
■ Non	54

Ont le sentiment d'avoir des capacités inemployées :

	%
■ Capacités artist., cultur., créatrices	24
• Capacités intellectuelles	13
• Capacités de travail	11
• Avoir un métier différent	9
• Capacités physiques ou sportives	7
• Capacités à aider les autres	6
• Capacités à exercer des responsabilités	6
• Non utilisat. connaiss. acquises durant scolarité	6

Êtes-vous plutôt de ceux qui ont toujours besoin de faire quelque chose ou vous accommodez-vous très bien de ne rien faire ? %

	%
■ Toujours besoin de faire quelque chose	80
• S'accommodent très bien de ne rien faire	17

Avez-vous dans votre vie une activité qui occupe votre temps libre, un loisir préféré, une passion ? %

	%
■ Oui	63
• Non	35

Quelle est cette activité de loisir préférée ? %

	%
■ Lecture	17
• Sport (autre que tennis, équitation)	16
• Musique	9
• Couture-tricot	9
• Pêche-chasse	7
• Bricolage	7
• Marche à pied	7
• Jardinage	6
• Peinture, dessin	4
• Tennis, golf, équitation	3
• Cinéma	3
• T.V.	2
• Famille	2
• Politique	2
• Jeux de cartes	2
• Théâtre, Opéra	2
• Moto	1
• Bateau	1
• Danse	1

Faisons le point

Cet ensemble, comme la vie, n'a pas d'unité de ton. Certains passages sont âpres, brutaux, et nous frappent par une action dramatique. D'autres au contraire sont paisibles, ironiques et vides, ou presque, d'action. Cette rupture d'équilibre correspond aux deux aspects du monde et de la société tels que nous les connaissons.

■ *Vous chercherez dans le texte de Cesbron tous les aspects de la dureté. Quels rapports ont-ils avec le travail déshumanisé (Céline, Vailland), avec les métiers dangereux et héroïques (Kessel) et avec la guerre (Voltaire, Barbusse et Lartéguy) ?*

■ *Vous chercherez ensuite dans le texte de Cesbron tous les aspects de la banalité. Quels rapports ont-ils avec le travail déshumanisé et fait de répétition (Céline, Vailland) et avec des existences jugées sans intérêt par ceux qui les vivent (Nourissier, Sartre) ?*

■ *En quoi la conception qu'a S. Weil du travail en usine s'oppose-t-elle à celle développée par Céline ? Appuyez-vous sur des phrases empruntées aux deux textes ?*

■ *Analysez, partout où il se trouve, le thème de la peur. Comparez les diverses manières dont ce thème est traité.*

■ *Quels sont les textes où la jeunesse et l'inexpérience jouent un rôle ? Précisez, chaque fois, ce rôle.*

■ *Exprimez le message qui pourrait convenir pour exprimer le sens des textes sur la guerre, de Voltaire à Lartéguy.*

■ *Il est difficile de parler de la vie sans évoquer la mort. Dans le premier passage s'opposent la volonté de mourir et la volonté de sauver. L'évocation de certaines vies dans les extraits suivants permet de se demander si ces ouvriers d'usine, ces bourgeois, ne sont pas des morts vivants. Cependant, comme dans la vie, l'espoir sauve.*
Essayez de trouver, dans les textes de l'ensemble, toutes les remarques évoquant l'espoir, tous les faits qui montrent que la vie est l'ensemble des forces qui résistent à la mort. Ensuite vous commenterez vos deux listes, celle des remarques et celle des faits.

■ *La lucidité permet de connaître ses propres défauts ou ceux de la société à laquelle on appartient, et par-là donne un espoir de les corriger. Quelle est la valeur des textes de Nourissier, de Sabatier, dans cette perspective ?*

LA FAMILLE ET

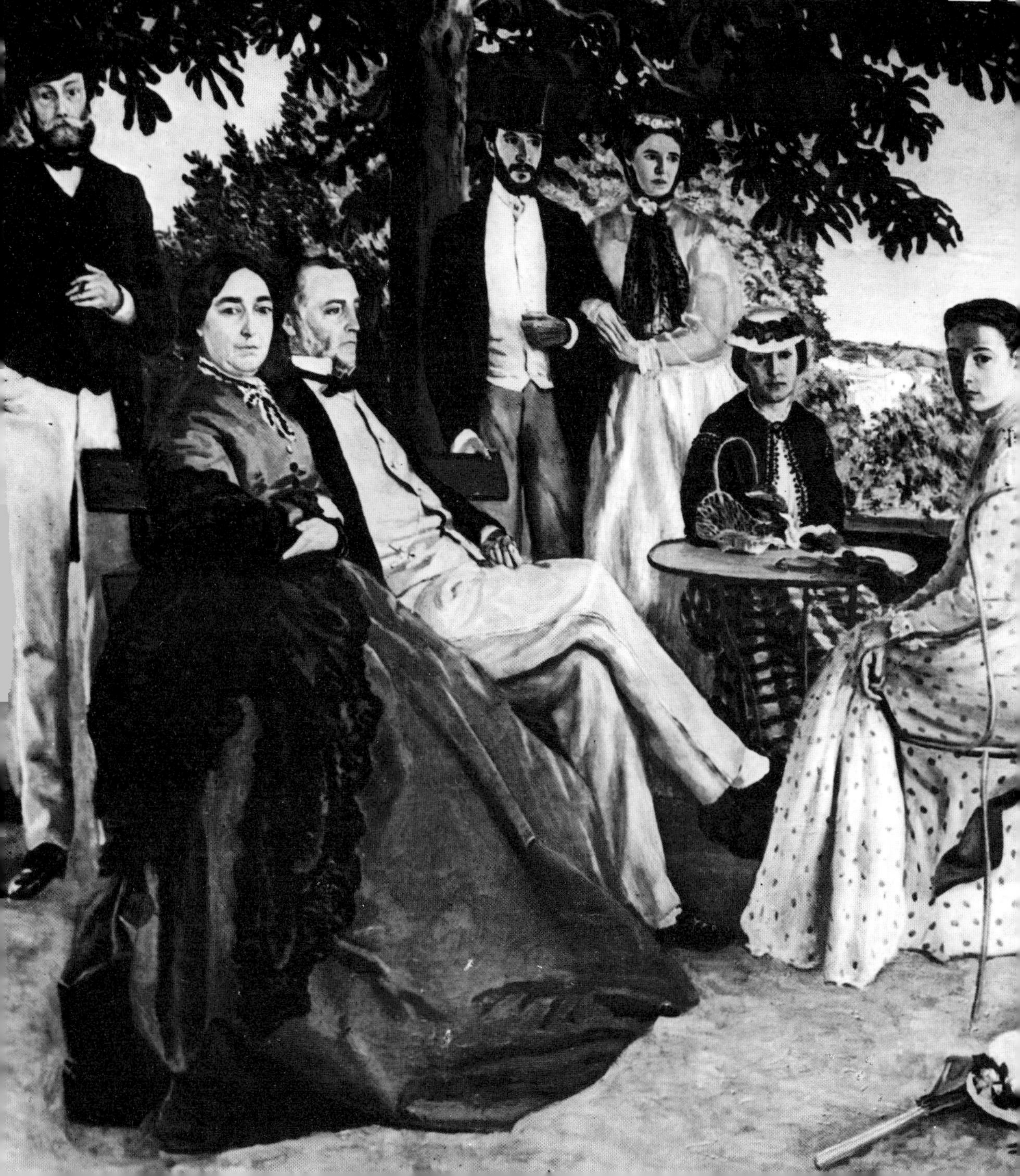

L'AUTORITÉ

ENSEMBLE 5

Roger
Martin du Gard :

LES THIBAULT

G. Duhamel
Balzac
Colette
F. Nourissier
Balzac
P. Hériat
Chateaubriand
Stendhal
S. de Beauvoir
F. Mauriac
M. Aymé
H. Bazin
M. Pagnol
J.-L. Curtis

ROGER MARTIN DU GARD,

Né en 1881, a voulu être en France ce que Tolstoï fut en Russie : celui qui, à travers des personnages de roman, peint son pays, son temps et l'âme de son époque. Dès sa jeunesse, il a conçu l'idée d'une œuvre littéraire solidement construite où, comme en architecture, chaque partie soutiendrait l'ensemble et en dépendrait. A partir de sa vingtième année, il fait des études à l'École des Chartes* : il y gagne le goût de la vérité et le souci de la précision, il se préoccupe des rapports entre la politique et l'histoire.

Le roman *Jean Barois* (1913) se développe sur deux plans :
— l'histoire spirituelle d'un homme qui perd la foi chrétienne de son enfance : *le courant actuel est indiscutablement orienté vers une société sans Dieu, vers une conception scientifique de l'univers!* Il meurt après avoir fait la paix avec Dieu, mais que vaut cette foi retrouvée à la fin d'une vie? Dans son testament, écrit *en pleine force et en plein équilibre intellectuel*, n'avait-il pas renié par avance *la prière agonisante du déchet humain que je puis devenir?* Sous les yeux de l'abbé Levys, qui reste immobile, Cécile Barois devenue religieuse jette au feu le dernier message où son père proclamait, fidèle à lui-même : ... *je sais que ma personnalité n'est qu'une agglomération de particules matérielles, dont la désagrégation entraînera la mort totale.*
— une vaste peinture de la France au moment d'une crise politique et morale très grave, l'affaire Dreyfus*.

La technique du jeune romancier est remarquable : « Ce dossier se lit comme un roman d'aventures parce que sa forme insolite épouse, en profondeur, l'histoire qu'il raconte » (A. Camus).

Après la Grande Guerre*, Roger Martin du Gard commence à mettre en ordre les documents qu'il a accumulé et construit le plan d'un vaste roman cyclique*, *Les Thibault*. Vingt années durant il va travailler aux dix volumes qui attirent définitivement sur lui l'attention à travers le monde et qui lui vaudront en 1937, au moment où il commence l'*Épilogue*, le Prix Nobel* de littérature.

Vers 1941, le romancier met en train un vaste projet intitulé « Souvenirs du colonel de Maumort » : *Un « livre-somme », le total d'une vie et d'une expérience* (celle de Maumort); *l'utilisation d'un millier de fiches accumulées depuis quarante ans; le testament d'une génération à la veille d'une scission complète entre deux âges de l'humanité* (« Journal », 15 avril 1942)! L'œuvre devait comporter deux parties : une biographie du colonel notée au jour le jour et interrompue en 1945, puis la rédaction des souvenirs du personnage retraçant les mêmes événements, mais avec toutes les déformations causées par le recul du temps, par le rôle croissant de l'imagination. Alors que la première partie était fixe, la seconde devait rester ouverte : *une œuvre qui ne sera jamais achevée pour moi, et qui cependant pourra être, à n'importe quel moment, interrompue par ma mort. Il suffira de quelques points de suspension et d'une note de l'éditeur,* « Ici se termine le manuscrit du colonel de Maumort, terrassé par une congestion dans la nuit du... » (Journal, 15 juin 1942). Cinq jours plus tard, Roger Martin du Gard écrivait à André Gide, auquel le liait une longue amitié : *Le tout ou rien m'est imposé depuis le jour où ce trop vaste sujet s'est installé en moi. Si je vis, si la vie qui nous sera faite offre un minimum de stabilité, si je suis, quelques années encore, capable de travailler bien, je puis gagner cette hasardeuse partie. Sinon... eh bien, j'emporterai avec moi ce beau rêve irréalisé.*

Cette crainte est devenue une prophétie, en 1958 le romancier meurt avant d'avoir achevé la documentation biographique sur son personnage central. Il est resté fidèle à l'idéal qui lui avait été transmis par ses professeurs à l'École des Chartes : *J'ai appris, non seulement à respecter mais à considérer comme indispensable, pour accomplir une œuvre digne de confiance et d'estime, la « rigueur » qu'appliquaient à leurs recherches ces historiens impartiaux, qui ne se seraient pas permis la plus petite affirmation sans s'être livrés au préalable à une documentation méticuleuse.*

Les Thibault

LES THIBAULT (1922-1940) : dans cette somme romanesque en huit parties[1], Roger Martin du Gard présente le début du XXe siècle en Europe à travers l'histoire de deux familles, l'une catholique, les Thibault, l'autre protestante, les Fontanin. Les Thibault tiennent plus de place, ce qui est normal puisqu'à cette époque la France est un pays de catholiques en majorité pratiquants, avec seulement un million de protestants. Les caractères propres à cette famille tiennent :

— à la période qui précède la guerre de 1914. Les traditions bourgeoises sont encore solides mais craquent déjà. On est à la veille d'une révolution des mœurs et, pour une part, des structures familiales. Le nouveau siècle reste impuissant à naître et, cependant, il naît.

— à la position sociale des Thibault, bourgeois et parisiens, soumis aux traditions. Roger Martin du Gard les décrit en entomologiste, comme l'observateur d'une variété particulière d'insectes.

— à la conception personnelle que le romancier se faisait, ou s'était faite, de la famille. Il y voyait un groupe composé de personnes fortement individualisées; certes subsiste un sentiment de parenté, de solidarité, mais sans vraie chaleur, d'où l'importance des rapports avec ceux qui ne sont pas des Thibault, soulignée dès le début du roman.

Deux adolescents, Jacques Thibault et Daniel de Fontanin, deviennent amis. Le père de Jacques, Oscar Thibault, un notable, c'est-à-dire un personnage connu qui occupe dans la société une place importante, s'oppose à cette amitié pour des motifs moraux, politiques et religieux[2]. Les deux garçons s'enfuient et la police les retrouve à Marseille, où ils cherchent à prendre un bateau pour l'Afrique du Nord. Par sa révolte, Jacques s'est défini comme un jeune homme libre qui refuse d'accepter l'ordre injuste du monde.

Oscar Thibault, décidé à faire obéir son fils, donne ordre de l'enfermer à la campagne dans une maison de redressement, institution qui ressemble beaucoup plus à une prison qu'à une école. Son frère aîné Antoine, jeune médecin, lui rend un jour visite et voit aussitôt qu'en essayant de briser la volonté de Jacques, on détruit son intelligence et sa personnalité. Antoine, volontaire et solide, intervient avec force auprès d'Oscar Thibault — il essaie d'éviter l'affrontement et, grâce à son calme et à sa volonté inflexible, il obtient la libération de Jacques qu'il accueille chez lui. L'adolescent réussit à se réadapter à la vie : très intelligent, doué pour les lettres, il termine brillamment ses études secondaires et réussit le concours d'entrée à l'École normale supérieure*.

Son avenir semble alors déterminé : une quarantaine d'années au service de l'État comme professeur, suivies d'une honorable retraite. Jacques écoute les confidences d'un vieil universitaire qu'il admire beaucoup, prend peur à l'idée de cette sécurité paralysante, refuse la carrière de fonctionnaire qui s'ouvre devant lui. Il décide de fuir et il échappe de nouveau à sa famille et à son milieu; les siens ignorent où il se trouve : c'est sa seconde révolte.

Un jour, en lisant une revue littéraire d'avant-garde*, Antoine trouve une nouvelle* signée d'un pseudonyme. Certains détails biographiques et le style même du récit permettent au docteur de penser que Jacques est l'auteur du texte. Comme leur père est atteint d'une maladie mortelle, Antoine Thibault décide de partir pour la Suisse où il a appris que se trouve son frère, sans toutefois expliquer aux siens l'objet de son voyage.

---

1. Les Thibault : 1. Le cahier gris, 2. Le pénitencier, 3. La belle saison, 4. La consultation, 5. La Sorellina, 6. La mort du père, 7-8-9. L'été 14, 10. Épilogue.

2. Jacques reçoit une éducation catholique dans un collège privé dirigé par des religieux, Daniel est l'élève d'un lycée, établissement d'État laïc, c'est-à-dire neutre du point de vue religieux.

Tandis que Léon préparait un sac pour le voyage, Antoine monta rapidement chez son père, qu'il n'avait pas vu depuis la veille.

L'état général avait certainement empiré. M. Thibault, qui ne s'alimentait plus, était très faible, et ne cessait pas de souffrir.

empiré : devenu pire, plus grave. Le malade va de plus en plus mal.

5 Antoine dut faire effort pour lancer, comme de coutume, ce « Bonjour, père! » qui était, pour le malade, une quotidienne gorgée de cordial. Il s'assit à sa place habituelle et procéda, d'un air attentif, à l'interrogatoire quotidien, évitant comme un piège le moindre silence. Il regardait son père en souriant, bien qu'il ne parvînt pas, ce soir, à

10 chasser cette idée fixe : « Il va bientôt mourir. »

faire effort : s'efforcer; Antoine a beaucoup de mal à cacher son inquiétude.

gorgée : une petite quantité de liquide, ce qu'on peut avaler en une seule fois.

un cordial : un liquide qui donne de la force, du courage, ici au sens figuré une parole qui réconforte.

le moindre : le plus petit. Même petit, un silence est dangereux parce qu'il permet au malade de poser une question précise sur son état.

A plusieurs reprises, il fut frappé du regard absorbé que son père tournait vers lui; ce regard semblait poser une question.

« Jusqu'à quel point est-il inquiet de son état? » se demandait Antoine. M. Thibault prononçait souvent sur sa mort des paroles

15 résignées et solennelles. Mais, en son for intérieur, que pensait-il?

à plusieurs reprises : plusieurs fois.

absorbé : concentré sur une seule pensée.

résigné : qui montre l'état d'esprit de celui qui accepte sans se révolter, qui est prêt à tout accepter.

Pendant quelques minutes, le père et le fils, murés l'un et l'autre dans leur secret — qui, peut-être, était le même, — échangèrent des propos insignifiants sur la maladie, sur les plus récents remèdes. Puis Antoine se leva, prétextant une visite urgente à faire avant le dîner

20 M. Thibault, qui souffrait, ne tenta rien pour le retenir.

solennel : plein d'un style cérémonieux; Oscar Thibault aimait discourir.

en son for intérieur : en lui-même.

muré : enfermé, sens fort.

insignifiant : sans signification importante, dénué d'importance.

prétexter : donner une fausse raison pour cacher la vraie.

Antoine n'avait encore prévenu personne de son départ. Son intention était d'avertir seulement la religieuse qu'il s'absentait pour trente-six heures. Mais elle se trouvait malencontreusement occupée auprès du malade, lorsqu'il quitta la chambre.

25 L'heure pressait. Il attendit quelques minutes dans le couloir; et, comme la sœur ne venait pas, il alla trouver Mlle de Waize qui écrivait une lettre dans sa chambre.

« Ah, lui dit-elle, tu vas m'aider, Antoine; j'ai un colis de légumes qui s'est égaré... »

30 Il eut beaucoup de peine à lui faire comprendre qu'il était, cette nuit, mandé en province pour un cas grave, qu'il ne serait probablement pas là le lendemain, mais qu'il ne fallait s'inquiéter de rien : le Dr Thérivier, au courant de cette absence, se tenait prêt à accourir au premier appel.

mandé : demandé, appelé.

obséder : ici, poursuivre sans répit, sans cesse, assiéger.

l'intrépidité (fém.) : le courage, la qualité de celui qui n'a pas peur, qui ne tremble pas.

une prouesse : une action exceptionnelle.

35 Il était huit heures passées. Antoine avait juste le temps d'arriver au train.

Le taxi roulait à vive allure vers la gare; les quais déjà déserts, le pont noir et luisant, la place du Carrousel, défilèrent au rythme accéléré d'un film d'aventures; et, pour Antoine qui voyageait rarement, l'exci-

40 tation de cette course dans la nuit, l'inquiétude de l'heure, mille pensées qui l'obsédaient, le risque aussi de ce qu'il allait tenter, tout le jetait déjà hors de lui-même, dans une atmosphère d'intrépidité et de prouesses.

---

1. *Le vrai et le faux : analysez le mensonge et la vérité dans ce passage.*
2. *Énumérer les nombreuses idées, images et impressions exprimées dans le court paragraphe qui décrit la traversée de Paris par Antoine en taxi.*

Après une nuit passée en chemin de fer, Antoine *de famille où son frère loge, ainsi qu'il l'a appris grâce*
arrive à Lausanne et part à la recherche de la pension *à un détective privé.*

Antoine déchiffra : *Pension J.-H. Cammerzinn.* C'était là.

Avoir <u>langui</u> trois années sans nouvelles, avoir senti l'univers entre
45 son frère et lui, et se trouver ainsi à quelques mètres de Jacques, à
quelques minutes de l'instant où il allait le revoir... Mais Antoine
dominait bien son émotion; le métier l'avait <u>dressé</u> : plus il rassemblait
son énergie, plus il devenait insensible et <u>lucide</u>. « Huit heures et
demie », se dit-il. « Il doit être là. Au lit, peut-être. L'heure <u>classique</u>
50 des arrestations. S'il est chez lui, <u>j'allègue</u> un rendez-vous, je vais à sa
chambre sans me laisser annoncer, et j'entre. » Se <u>dissimulant</u> sous son
parapluie, il traversa la chaussée d'un pas ferme et franchit les deux
pierres du perron.

Un couloir <u>dallé</u>, puis un ancien escalier à <u>balustres</u>, spacieux, bien
55 entretenu, mais obscur. Pas de portes. Antoine se mit à gravir les
marches. Il distinguait confusément un bruit de voix. Lorsque sa tête
eut dépassé le niveau du palier, il aperçut, à travers la baie vitrée d'une
salle à manger, une dizaine de <u>convives</u> autour d'une table. Il eut le
temps de se dire : « Heureusement l'escalier est sombre, on ne me voit
60 pas », puis : « Le petit déjeuner en commun. *Il* n'y est pas. *Il* va descendre. » Et tout à coup... Jacques... le <u>timbre</u> de sa voix!... Jacques
avait parlé! Jacques était là, vivant, indiscutable comme un fait!

Antoine <u>vacilla</u>, et, cédant à une seconde de panique, descendit
précipitamment quelques marches. Il respirait avec effort : une ten-
65 dresse, <u>surgie</u> des profondeurs, se <u>dilatait</u> soudain dans sa poitrine,
l'étouffait. Et tous ces inconnus... Que faire? Partir? Il se ressaisit : le
goût de la lutte le poussait en avant : ne pas remettre, agir. Il souleva
prudemment la tête. Jacques lui apparaissait de profil, et seulement par
<u>intermittences</u>, à cause des voisins. Un petit vieux, à barbe blanche,
70 présidait; cinq ou six hommes, d'âges divers, étaient <u>attablés</u>; vis-à-vis
du vieux, une femme blonde, belle, encore jeune, entre deux petites
filles. Jacques se penchait; sa parole était rapide, animée, libre; et, pour
Antoine, dont la présence, comme une imminente menace, <u>planait</u> au-
dessus de son frère, c'était saisissant de constater avec quelle sécurité,
75 quelle inconscience de la minute qui va suivre, l'homme peut vivre les
instants les plus chargés de destin. La table, d'ailleurs, s'intéressait au
débat : le vieux riait; Jacques semblait tenir tête aux deux jeunes gens
placés en face de lui. Il ne se retournait jamais du côté d'Antoine. Deux
fois de suite, il <u>ponctua</u> son dire de ce geste tranchant de la main
80 droite, qu'Antoine avait oublié; et brusquement, après un échange de
mots plus vifs, il sourit. Le sourire de Jacques!

Alors, sans réfléchir plus longtemps, Antoine remonta les marches,
atteignit la porte vitrée, l'ouvrit doucement, et se <u>découvrit</u>.

Dix visages s'étaient tournés vers lui, mais il ne les vit pas; il ne
85 s'aperçut pas que le petit vieux quittait sa place et lui posait une ques-

languir : attendre en trouvant le temps long.
dresser : imposer une stricte
discipline. Ici, il avait appris
à se dominer grâce à son
métier.
lucide : qui voit clair, qui
comprend tout.
classique : ici, sens de
habituel.
alléguer : donner pour prétexte...
se dissimuler : se cacher.

une dalle : une pierre plate
qui sert à couvrir le sol;
dallé : couvert de dalles.
à balustres : avec une rampe
faite de petits piliers de
forme travaillée.
des convives : des gens qui
partagent un repas.
timbre : la particularité d'un
son.
vaciller : sembler perdre
l'équilibre, comme si on
allait tomber.
surgir : sortir d'un seul coup.
se dilater : augmenter de
volume.
par intermittences : par moments.
être attablés : être assis
autour d'une table.
planer : ici, se trouver au-
dessus de lui d'une façon
menaçante.

ponctuer son dire : souligner
ce que l'on dit.
se découvrir : retirer son
chapeau.

131

tion. Ses yeux, hardis, joyeux, s'étaient fixés sur Jacques; et Jacques, les pupilles dilatées, les lèvres entrouvertes, regardait, lui aussi, son frère. Interrompu net au milieu d'une phrase, il conservait sur son visage pétrifié l'expression d'une gaîté dont ne subsistait que la grimace. Cela ne dura qu'une dizaine de secondes. Déjà Jacques s'était dressé, mû par cet unique souci : avant tout, donner le change, pas de scandale.

D'un pas raide et précipité, avec une amabilité gauche qui pouvait faire croire qu'il attendait le visiteur, il fonça sur Antoine qui, se prêtant à la feinte, recula sur le palier. Jacques l'y rejoignit, fermant derrière lui le battant vitré. Il dut y avoir une machinale poignée de mains, dont aucun d'eux ne prit conscience; mais pas un mot ne put franchir leurs lèvres.

Jacques parut hésiter, ébaucha un geste hagard qui semblait inviter Antoine à l'accompagner, et s'engagea dans l'escalier.

Un étage, un second, un troisième.

Jacques montait pesamment, s'accrochant à la rampe et ne se retournant pas. Antoine suivait, redevenu très maître de lui : au point qu'il fut surpris de se sentir si peu ému en un pareil moment. Plusieurs fois, déjà, il s'était demandé avec inquiétude : « Que penser d'un sang-froid si facile? Présence d'esprit, — ou absence de sentiment, froideur? »

Au troisième palier, une seule porte, que Jacques ouvrit. Dès qu'ils furent tous deux dans la chambre, il donna un tour de clé, puis enfin leva les yeux vers son frère.

« Qu'est-ce que tu me veux? » souffla-t-il, d'une voix rauque.

Mais son regard agressif se heurta au sourire affectueux d'Antoine, qui, sous ce masque débonnaire, veillait, circonspect, résolu à temporiser, mais prêt à tout.

Jacques baissa la tête :

« Quoi? Qu'est-ce qu'on me veut? » répéta-t-il. L'accent était pitoyable, lourd de rancune, tremblant d'angoisse; mais Antoine, le cœur étrangement sec, dut simuler de l'émotion :

« Jacques », murmura-t-il en s'approchant davantage. Et, tout en jouant son rôle, il observait son frère d'un œil actif, lucide, et il s'étonnait de lui trouver une carrure, des traits, un regard, différents de ceux d'autrefois, différents de ceux qu'il avait imaginés.

Les sourcils de Jacques se crispèrent; il essaya en vain de se raidir; sa bouche, contractée, parvint à réprimer un sanglot; puis, avec un soupir où s'exhalait sa colère, s'abandonnant soudain comme décou-

---

1. *Que pensez-vous de la comparaison* univers/quelques mètres, quelques mètres quelques minutes?
2. le métier l'avait dressé : *la phrase qui suit caractérise-t-elle un bon médecin.*
3. *Quelles pensées fait naître en vous le mot* arrestations?
4. *Montrez comment, au fond, les réactions des deux frères sont semblables.*

125 ragé de sa faiblesse, il laissa tomber son front sur l'épaule d'Antoine, et
répéta de nouveau, les dents serrées :

« Mais qu'est-ce qu'on me veut ? Qu'est-ce qu'on me veut ? »

Antoine eut l'intuition qu'il fallait répondre tout de suite ; et frapper
droit :

130 « Père est au plus mal, Père va mourir. » Il prit un temps, et ajouta :
« Je viens te chercher, mon petit. »

Jacques n'avait pas <u>bronché.</u> Son père ? Pensait-on que la mort de
son père pouvait l'atteindre dans cette vie toute neuve qu'il s'était faite,
le <u>débucher</u> de son refuge, changer quoi que ce fût aux motifs qui
135 avaient exigé sa disparition ? Dans les paroles d'Antoine, la seule chose
qui le bouleversait profondément, c'étaient ces derniers mots : « Mon
petit », qu'il n'avait pas entendus depuis des années.

ne pas broncher : ne pas réagir, rester sans mouvement.

débucher : faire sortir un animal du bois où il se cache.

Vol. 6, *La Mort du Père,* éd. Gallimard, 1929

Jacques consent à revenir à Paris. Oscar Thibault souffre le martyre et les secours de la religion ne lui servent pas plus que ceux de la médecine. Antoine est révolté, médecin déjà éminent, il ne voit pas pourquoi il refuserait d'abréger d'inutiles souffrances. A demi-mots, le problème de l'euthanasie est posé et résolu dans un dialogue pathétique entre les deux frères, dialogue où Antoine se montre le plus révolutionnaire :

« Tu le ferais, toi ? »

La question était rude, directe, mais il y avait, dans la voix, une imperceptible fêlure. Jacques, cette fois, évita le regard de son frère. Il finit par répondre, entre ses dents :

« Je ne sais plus, peut-être que non. »

« Eh bien, moi, si ! » fit Antoine aussitôt.

Il s'était levé avec brusquerie. Cependant, il restait debout, immobile. Il eut vers Jacques un geste hésitant de la main, et se pencha :

« Tu me désapprouves ? »

Jacques doucement, sans hésiter, répondit :

« Non, Antoine. »

Coïncidence peut-être, mais Oscar Thibault, grand bourgeois traditionnel parisien, symbole d'une société ordonnée, rigide et disciplinée, meurt au moment où celle-ci va sombrer dans la tragédie de la Grande Guerre. Jacques, militant révolutionnaire et pacifiste, est chargé de missions en France et voyage beaucoup de Lausanne à Paris. A la déclaration de guerre, le 3 août 1914, il refuse de se soumettre aux ordres de l'armée et il quitte son pays pour mieux lutter pour la paix, décision qui fait de lui un déserteur. Depuis longtemps, Jacques Thibault et Jenny, la sœur de son ami Daniel de Fontanin, s'aiment profondément : elle se donne à lui dans un hôtel, près de la gare de Lyon, le jour de son départ pour la Suisse.

Ils ne se reverront plus. Le 10 août 1914, Jacques s'envole avec un ami pour aller lancer sur les armées ennemies des tracts pacifistes, écrits en français et en allemand. L'avion est abattu, Jacques, les jambes brisées, est arrêté comme espion, puis assassiné par les gendarmes qui le gardaient.

---

1. *Relevez tous les détails qui rappellent la profession d'Antoine et commentez chacun d'eux.*
2. *Quels sont les points communs entre les deux dialogues d'Antoine, le premier avec son père et celui-ci, avec son frère ?*
3. *Essayez de décrire le caractère de Jacques.*
4. *Quel personnage vous paraît le plus sympathique, Jacques ou Antoine ? Justifiez votre réponse.*

Antoine, médecin militaire, a respiré un gaz de combat, l'ypérite, et il se sait condamné : au cours de l'Épilogue, il suit les progrès de la blessure aux poumons dont il ne peut pas guérir. Daniel de Fontanin, mutilé de guerre, décide de son côté que la vie d'un homme diminué ne vaut pas la peine d'être vécue et se suicide. Antoine se fera une piqûre mortelle au moment où ses souffrances deviendront trop fortes (il n'a donc pas changé d'attitude depuis La mort du père).

Mais la vie ne s'éteint pas pour autant, car Jenny a donné le jour à un petit garçon, héritier du sang des Thibault et de celui des Fontanin. Cette immense fresque tragique se termine sur une note d'espoir, d'autant plus frappante qu'elle est exprimée ici par les deux oncles de l'enfant, tous deux gravement blessés et victimes de la guerre.

La scène rappelle d'abord à Antoine le temps de sa jeunesse, celui où il croyait avoir un bel avenir.

un portail : une grande porte à l'entrée d'un domaine, d'une propriété.
un acacia : une sorte d'arbre.
un gamin : un jeune garçon.

une répétition : ici, une leçon particulière.
errer : marcher sans savoir où l'on va, aller à l'aventure.
un bambin : un petit enfant (terme d'affection).
son jargon : sa langue composée de mots déformés.
une tignasse : des cheveux épais et mal peignés.
gigoter : bouger dans tous les sens, se débattre.
le gaillard : ici, le bonhomme.
quasi : presque.
hanneton : une sorte d'insecte.
choir : tomber, d'où le nom chute (fém.).

Ce portail ombragé d'acacias lui rappelait l'année où, encore un gamin, il allait pendant les vacances prendre des répétitions chez un professeur de lycée, en villégiature à Maisons. Souvent, à la tombée du jour, en septembre, pour qu'il n'errât pas seul dans le parc, Mademoi-
5 selle et Jacques venaient l'attendre à ce portail. Il revit son frère, bambin de trois ans, s'échappant des mains de Mademoiselle, courant à sa rencontre, et se suspendant à son bras pour lui conter dans son jargon les menus faits de sa journée...

Il y rêvait encore lorsqu'il arriva au chalet. Et quand il eut poussé la
10 petite porte, et qu'il vit, à l'entrée du jardin, Jean-Paul quitter soudain la main de l'oncle Dane pour se précipiter au-devant de lui, c'est Jacques qu'il crut voir courir, avec sa tignasse rousse et ses gestes décidés. Plus ému qu'il ne voulait le laisser voir, il saisit le petit dans ses bras, comme il faisait jadis avec son frère, et le souleva pour
15 l'embrasser. Mais Jean-Paul, qui ne supportait pas d'être contraint, fût-ce à recevoir une caresse, se débattit et gigota avec une telle vigueur qu'Antoine, essoufflé et riant, dut le reposer à terre.

Daniel, les mains dans ses poches, contemplait la scène.

« Est-il musclé, le gaillard ! », dit Antoine, avec une fierté quasi
20 paternelle. « Ce coups de reins qu'il donne ! Un poisson qu'on vient de sortir de l'eau ! »

Daniel sourit, et il avait, dans son sourire, une fierté toute semblable à celle d'Antoine. Puis il leva la main vers le ciel :

« Belle journée, n'est-ce pas ?... Encore un été qui commence... »
25 Antoine, un peu oppressé par sa lutte avec Jean-Paul, s'était assis au bord de l'allée.

— Vous restez là un instant ? demanda Daniel. Il y a longtemps que je suis debout, il faut que j'aille allonger *ma* jambe... Voulez-vous que je vous laisse le petit ?
30 — Volontiers.

Daniel se tourna vers l'enfant :

« Tu rentreras tout à l'heure avec l'oncle Antoine. Tu vas être sage ? »

Jean-Paul baissa le front, sans répondre. Il décocha vers Antoine un coup d'œil en dessous, suivi d'un regard hésitant Daniel qui s'en allait,
35 parut un instant vouloir le rejoindre ; mais, l'attention attirée par un hanneton qui venait de choir à ses pieds, il oublia aussitôt l'oncle

Dane, s'accroupit, et demeura en contemplation devant les efforts de l'insecte qui ne parvenait pas à se remettre sur ses pattes.

40 « Le mieux pour l'acclimater, c'est de ne pas avoir l'air de m'occuper de lui », se dit Antoine. Il se souvint d'un jeu qui amusait son frère à cet âge : il ramassa un épais morceau d'écorce de pin, sortit son couteau, et, sans rien dire, se mit à sculpter le bois en forme de barque.

Jean-Paul, qui l'observait à la dérobée, ne tarda pas à s'approcher :

— A qui c'est le couteau ?

45 — A moi... L'oncle Antoine est soldat, alors il a besoin d'un couteau pour couper son pain, pour couper sa viande...

Visiblement, ces explications n'intéressaient pas Jean-Paul.

— Qu'est-ce que tu fais ?

— Regarde... Tu ne vois pas ? Je fais un petit bateau. Je fais un
50 petit bateau pour toi. Quand ta maman te donnera ton bain, tu mettras le bateau dans la baignoire, et il restera sur l'eau, sans tomber au fond. »

Jean-Paul écoutait, le front plissé par la réflexion. Par un certain malaise, aussi : cette voix faible et rauque lui causait une sensation
55 désagréable.

Il paraissait d'ailleurs n'avoir rien compris au discours d'Antoine. Peut-être n'avait-il jamais vu de bateau ?... Il poussa un gros soupir ; et s'attaquant au seul détail qui l'avait frappé parce que ce détail était d'une flagrante inexactitude, il rectifia :

60 « D'abord, moi, mon bain, c'est pas maman : c'est oncle Dane ! »

Puis, parfaitement indifférent au travail d'art d'Antoine, il retourna vers son hanneton.

Sans insister, Antoine jeta la barque, et posa le couteau près de lui.

Au bout d'un instant, Jean-Paul était revenu. Antoine essaya de
65 renouer les relations :

« Qu'est-ce que tu as fait de beau, aujourd'hui ? Tu as été te promener dans le jardin, avec l'oncle Dane ? »

L'enfant parut chercher jusque dans l'arrière-fond de sa mémoire, et fit signe que oui.

70 « Tu as été sage ? »

Nouveau signe affirmatif. Mais presque aussitôt, il se rapprocha d'Antoine, hésita une seconde, et confia, gravement :

— Ze ne suis pas sûr.

s'accroupir : se baisser en pliant les jambes.
en contemplation : en donnant toute son attention.
acclimater quelqu'un : l'habituer.
à la dérobée : en cachette et rapidement.

flagrant : de façon évidente.
renouer : reprendre, rétablir.
ze : prononciation des jeunes enfants qui ne savent pas encore dire *je*.

froncer : faire des plis.
subrepticement : synonyme de *à la dérobée.*
courroucé : en colère.
un ergot : l'arrière de la patte d'un coq; l'enfant se dresse comme un coq en colère.
un croc : une dent d'animal.
manifeste : très visible.
pivoter : tourner.
gambader : marcher en sautant.
perplexe : qui ne comprend pas.
enfreindre une défense : faire ce qui est interdit.
paroxysme : un sommet, un maximum.
la convoitise : un désir très fort.
impérieux : à qui, auquel on ne peut pas résister.
à portée : proche, facile à rattraper.

Antoine ne put s'empêcher de sourire :

75 — Quoi? Tu n'es pas sûr d'avoir été sage?

— Si! Moi été sage! cria Jean-Paul, agacé. Puis, repris par le même étrange scrupule, et <u>fronçant</u> comiquement le nez, il répéta, en détachant les syllabes : « Mais ze ne suis pas sûr. »

Il passa derrière Antoine, comme s'il s'éloignait, et, se penchant

80 soudain, voulut <u>subrepticement</u> s'emparer du couteau resté à terre.

« Non! Pas ça! », gronda Antoine, en posant la main sur son couteau.

L'enfant, sans reculer, lui lança un regard courroucé.

« Pas jouer avec ça! Tu te couperais », expliqua Antoine. Il referma le couteau, et le glissa dans sa poche. Le petit, vexé, restait dressé sur

85 ses <u>ergots</u>, dans une pose de défi. Gentiment, pour faire la paix, Antoine lui présenta sa main grande ouverte. Un éclair brilla dans les prunelles bleues : et, saisissant la main tendue comme s'il voulait l'embrasser, l'enfant y planta ses petits <u>crocs</u>.

« Aïe... » fit Antoine. Il était si surpris, si déconcerté, qu'il n'eut

90 même pas la tentation de se fâcher. « Jean-Paul est méchant », dit-il, en frottant son doigt mordu. « Jean-Paul a fait mal à l'oncle Antoine. »

Le gamin le regardait avec curiosité :

— Beaucoup mal? demanda-t-il.

— Beaucoup mal.

95 — Beaucoup mal, répéta Jean-Paul, avec une satisfaction <u>manifeste</u>. Et, <u>pivotant</u> sur ses talons, il s'éloigna en <u>gambadant</u>.

L'incident avait rendu Antoine <u>perplexe</u> : « Simple besoin de vengeance? Non... Alors quoi? Il y a toutes sortes de choses dans un geste de ce genre... Très possible que, devant ma défense, devant la difficulté

100 de <u>l'enfreindre</u>, le sentiment de son impuissance ait atteint tout à coup un <u>paroxysme</u> intolérable... Peut-être n'est-ce pas tant pour me faire mal, pour me punir, qu'il s'est jeté sur ma main. Peut-être a-t-il cédé à un besoin physique, un besoin irrésistible de détendre ses nerfs... D'ailleurs, pour juger une réaction comme celle-là, il faudrait commencer

105 par pouvoir mesurer le degré de <u>convoitise</u>. L'envie de saisir ce couteau était peut-être <u>impérieuse</u>, — à un point qu'un adulte ne soupçonne pas!... »

Du coin de l'œil, il s'assura que Jean-Paul restait à <u>portée</u>. L'enfant, à une dizaine de mètres de là, s'efforçait de grimper sur une levée de

110 terre, et ne se souciait de personne.

« Cette réaction <u>rancunière</u>, Jacques, sans aucun doute, en aurait été capable, se disait Antoine. Mais aurait-il été jusqu'au coup de dents? »

Il faisait appel à ses souvenirs pour mieux comprendre. Il ne résistait pas à la tentation d'identifier le présent avec le passé, le fils avec le

115 père. Ces sentiments <u>embryonnaires</u> de révolte, de rancune, de défi, d'orgueil concentré et solitaire, qu'il avait <u>déchiffrés</u> au passage dans le regard de Jean-Paul, il les reconnaissait : il les avait maintes fois surpris dans les yeux de son frère. <u>L'analogie</u> lui semblait si frappante, qu'il n'hésitait pas à la pousser plus loin encore : et jusqu'à se persua-

rancunier : état d'esprit de celui qui refuse d'obéir ou de pardonner.
embryonnaire : qui est au premier stade de son développement.
le défi : la provocation.
déchiffrer : deviner par un effort de raisonnement et d'intelligence.
une analogie : une grande ressemblance.

120 der que l'attitude insurgée de l'enfant recouvrait ces mêmes vertus
refoulées, cette pudeur, cette pureté, cette tendresse incomprise, que
Jacques, jusqu'à la fin de sa vie, avait dissimulées sous ses violences
cabrées.

Craignant de prendre froid, il s'apprêtait à se lever, lorsque son
125 attention fut sollicitée par les acrobaties bizarres auxquelles se livrait le
petit. La butte qu'il essayait de prendre d'assaut pouvait avoir deux
mètres de haut; sur la droite et sur la gauche, ce talus rejoignait le sol
par des plans inclinés, d'accès facile; mais, sur la face centrale,
l'escarpement était abrupt, et c'est par ce côté que l'enfant avait juste-
130 ment choisi de grimper. Plusieurs fois de suite, Antoine le vit prendre
son élan, gravir la moitié de la pente, glisser et rouler à terre. Il ne
pouvait se faire grand mal : un tapis d'aiguilles de pins amortissait les
chutes. Il semblait tout à son affaire : seul au monde avec ce but qu'il
s'était fixé. Chaque tentative le rapprochait de la crête, et chaque fois il
135 dégringolait de plus haut. Il se frottait les genoux, et recommençait.

« L'énergie des Thibault, songea Antoine complaisamment. Chez
mon père, autorité, goût de domination... Chez Jacques, impétuosité,
rébellion... Chez moi, opiniâtreté... Et maintenant? Cette force que
ce petit a dans le sang, quelle forme va-t-elle prendre ? »
140 Jean-Paul s'était de nouveau lancé à l'attaque : avec tant d'intrépidité rageuse, qu'il avait presque atteint le sommet du talus. Mais le sol
s'effritait sous ses pieds, et il allait une fois de plus perdre l'équilibre,
lorsqu'il saisit une touffe d'herbe, parvint à se retenir, donna un dernier
coup de reins, et se hissa sur la plate-forme.
145 « Je parie qu'il va se retourner pour voir si je l'ai vu », pensa
Antoine.

Il se trompait. Le gamin lui tournait le dos et ne s'occupait pas de
lui. Il se tint une minute sur le faîte, bien campé sur ses petites jambes.
Puis, satisfait sans doute, il descendit tranquillement par l'un des plans
150 inclinés, et, sans même jeter un regard en arrière sur le lieu de son
succès, il s'adossa à un arbre, retira une de ses sandales, secoua les
cailloux qui y étaient entrés, et se rechaussa avec application. Mais
comme il savait qu'il ne pouvait boutonner lui-même la patte de cuir, il
vint vers Antoine, et, sans un mot, lui tendit son pied. Antoine sourit
155 et, docilement, rattacha la sandale.

insurgé : qui se révolte et se dresse contre l'autorité d'autrui.
cabré : qui se dresse comme un cheval refusant d'obéir.
une acrobatie : une action physique très difficile.
une butte : une élévation de terre.
prendre d'assaut : comme des soldats qui attaquent.
un talus : un terrain incliné, en pente.
un escarpement : une pente presque verticale.
amortir : adoucir, rendre moins pénible.
à son affaire : à l'aise, content.

crête : la ligne du sommet, la plus haute.
dégringoler : tomber (familier).
complaisamment : avec satisfaction.
une impétuosité : une énergie qu'on ne peut pas contrôler.
une rébellion : une révolte très sérieuse.
une opiniâtreté : le refus d'accepter la défaite.
rageur : avec rage, avec une très grande colère.
s'effriter : se briser en petits morceaux.
se hisser : grimper avec peine sur un sommet.
le faîte : le haut, le sommet.

bien campé : bien placé, solidement posé.

1. *Que pensez-vous de cet enfant? Est-ce que sa conduite est exceptionnelle ou sur-*
   prenante?
2. *Dans les précédents extraits, Antoine montrait un jugement sûr et ne se trompait pas.*
   Pourquoi est-ce le contraire dans cette scène avec son neveu?
3. *Ce bambin est le seul survivant, et l'espoir, d'une famille catholique et d'une famille*
   protestante. Quel sens donnez-vous à ce fait?
4. *Jacques ne semble-t-il pas survivre dans son fils? Expliquez votre réponse.*

— Maintenant nous allons rentrer à la maison, veux-tu?

— Non.

« Il a une façon très personnelle de dire non, remarqua Antoine. Jenny a raison : c'est moins un désir de se dérober à la chose particu-
160 lière qui lui est demandée, qu'un refus général, <u>prémédité</u>... Le refus d'<u>aliéner</u> la moindre <u>parcelle</u> de son indépendance, pour quelque motif que ce soit! »

Antoine s'était levé :

« Allons, Jean-Paul, sois gentil. L'oncle Dane nous attend. Viens!
165 — Non.

— Tu vas me montrer le chemin, reprit Antoine, pour tourner la difficulté. (Il se sentait fort gauche dans ce rôle de <u>mentor</u>.) Par quelle allée va-t-on passer? Par celle-ci? Par celle-là? »

Et il voulut prendre l'enfant par la main. Mais le petit, <u>buté</u>, avait
170 croisé ses bras sur ses reins :

— Moi, ze dit : non!

— Bien! fit Antoine. Tu veux rester là, tout seul? Reste! »

Et il partit délibérément dans la direction de la maison, dont on apercevait, entre les troncs, le <u>crépi</u> rose enflammé par le couchant.
175 Il n'avait pas fait trente pas qu'il entendit Jean-Paul <u>galoper</u> derrière lui pour le rejoindre. Il résolut de l'accueillir gaîment, comme s'il n'y avait pas eu d'incident. Mais l'enfant le dépassa en courant, et, sans s'arrêter, lui jeta <u>insolemment</u> au passage :

« Moi, ze rentre! Parce que, moi, ze veux! »

R. Martin du Gard, *Les Thibault,* vol. 10,
Épilogue, éd. Gallimard, 1940

prémédité : décidé à l'avance.
aliéner : renoncer à.
parcelle : une petite partie.

un mentor : sorte de maître, de surveillant.
buté : obstiné, têtu.
crépi : le plâtre qui recouvre un mur.
galoper : courir comme un cheval.
insolemment : avec une absence totale de respect.

---

1. *Cherchez dans tous les extraits des exemples de l'énergie des Thibault.*

2. *Essayez de caractériser l'amour qui relie Antoine à Jean-Paul. Ressemble-t-il à celui qu'Antoine portait à son frère? Faites une comparaison.*

LA LANGUE ET LE STYLE

Questions de style

L'emploi de styles différents dans un même chapitre ou même dans une même page rompt la monotonie du récit et tout l'art du romancier consiste à savoir utiliser tour à tour le style indirect, le style direct ou le style indirect libre.

« *Et alors, là où il est, moi j'irai* » ... « *Que je parvienne seulement à le surprendre et nous verrons s'il m'échappe* », c'est la citation directe des paroles d'Antoine, l'auteur a recours au style direct, chaque phrase est entre guillemets, s'il s'agissait d'un dialogue il utiliserait des tirets et non des guillemets. *Il eut beaucoup de peine à lui faire comprendre qu'il était, cette nuit, mandé en province pour un cas grave, qu'il ne serait probablement pas là le lendemain, mais qu'il ne fallait s'inquiéter de rien*, nous connaissons indirectement ce qu'a dit Antoine, c'est le style indirect, toute la phrase est commandée par la proposition principale qui contient *faire comprendre*, l'équivalent d'un verbe déclaratif comme *dire, répondre, expliquer, penser, imaginer*, etc. Ce verbe de déclaration est suivi d'une ou de plusieurs propositions commençant par *que* qui expriment le contenu des propos rapportés. Il y a lieu de noter que celui ou celle dont on rapporte le discours est présenté à la troisième personne, que les règles de la concordance des temps sont appliquées, le verbe principal est au passé simple, ce qui entraîne l'emploi de l'imparfait et du futur du passé.

Au style direct, la même phrase se présenterait ainsi, *il eut beaucoup de peine à lui faire comprendre* : « *Je suis, cette nuit, mandé en province pour un cas grave, je ne serai pro-* bablement pas là demain, mais il ne faut s'inquiéter de rien.* » Plus de *que* mais une suite de propositions indépendantes, les propos sont rapportés bien entendu à la première personne et les temps de verbes, présent et futur de l'indicatif, correspondent à ce qui a été dit réellement.

Il existe enfin une troisième nature de style dont les écrivains font à juste titre un large usage, on l'appelle le style indirect libre. Cette forme de discours présente de multiples avantages, car elle permet de rapporter indirectement ce qui a été dit mais sans le faire dépendre d'un verbe déclaratif : *il s'imagina qu'il débarquait à Genève. Mais qu'y ferait-il ?* Si la première phrase est de l'ordre du discours indirect, la seconde fournit une excellente illustration d'une habile utilisation du style indirect libre, le verbe déclaratif n'est pas exprimé et pourtant la phrase interrogative est au futur du passé. Au style direct nous aurions « *Mais qu'y ferai-je ?* ». Au style indirect la même phrase deviendrait, *mais il se demanda ce qu'il y ferait*, ce qui serait beaucoup plus lourd.

Mais revenons à la phrase initiale. Au style indirect libre, elle se présenterait comme suit, *il eut beaucoup de peine à lui faire comprendre, il était cette nuit mandé en province pour un cas grave, il ne se serait probablement pas là le lendemain, mais il ne fallait s'inquiéter de rien.* Les propositions seraient indépendantes, ce qui allégerait la phrase, les verbes seraient à la troisième personne et les règles de la concordance des temps auraient été respectées; on peut constater que la disparition des *que* donne à la phrase l'élégance et la vie du discours direct.

Pour mieux comprendre

la consultation

Le médecin constate, en deux phrases qu'il se garde bien de prononcer à haute voix, que le malade est perdu.

Le fils essaie de réconforter le père en lui cachant la vérité. Une sorte de dialogue tragique et silencieux s'engage, où chacun essaie de deviner ce que l'autre sait.

Comme dans la mythologie, la mort semble personnellement présente, mais chacun tait *un secret — qui peut-être, était le même.*

la rencontre

La structure du passage est très étudiée

— Elle montre l'art du romancier. Le style est très simple, les phrases sont courtes.

— Trois paragraphes au sujet d'Antoine dont les pensées se bousculent.

— L'action d'Antoine, décrite en quatre lignes.

— Les réactions du groupe et de Jacques occupent deux paragraphes.

— L'action de Jacques, décrite en quatre lignes.

Dans cette scène, à partir de la brève remarque *C'était là* naît une tension qui monte sans cesse jusqu'à *un geste hagard.* Cette tension a deux causes :

— Les circonstances particulières (la nouvelle qu'apporte Antoine, la fuite de Jacques, ce groupe qui maintenant l'entoure comme une vraie famille).

— L'amour profond qui unit les deux frères (chacun se sent coupable envers l'autre).

Une phrase exprime tout un art et toute une philosophie : *c'était saisissant de constater avec quelle sécurité, quelle inconscience de la minute qui va suivre, l'homme peut vivre les instants les plus chargés de son destin.* Cette phrase pourrait se trouver dans « l'Étranger », Albert Camus a écrit la *Préface* des œuvres complètes de Roger Martin du Gard, ce n'est pas une simple coïncidence.

la révolte et la volonté

En demandant à son frère de monter au troisième étage, Jacques prend l'initiative d'une nouvelle mise en scène. Cela permet au docteur Antoine Thibault de maîtriser ses émotions et de reprendre possession de ses moyens.

Jacques s'est mis lui-même dans une situation défavorable (ironie) et il commence par une question agressive (preuve de faiblesse) *Qu'est-ce que tu me veux?* Le jeune révolutionnaire est prêt à tout, sauf à la douceur et il recule, *tu* devient *on* (impersonnel, qui cesse d'être une attaque contre son frère).

Antoine se conduit en bon docteur

Après avoir observé objectivement tous les éléments du diagnostic, il laisse jouer son intuition. Plein de confiance en lui, il gagne dès qu'il dit *mon petit.*

Ces deux mots affectueux rappellent qu'Antoine, le frère aîné, a joué le rôle du père et ceci donne une valeur nouvelle au vrai père qui va mourir, Oscar Thibault. D'où la profonde émotion de Jacques, d'abord soulignée par une attitude physique *il laissa tomber son front sur l'épaule d'Antoine* puis soulignée par l'auteur *(le bouleversait profondément).*

la victoire de l'avenir

Nous avons vu Antoine et son père, Antoine et son frère, voici maintenant Antoine et son neveu — le fils illégitime de Jacques et de Jenny.

Déséquilibre

Deux hommes qui ont vu la guerre, Daniel et Antoine le médecin, n'arrivent pas à imposer leur volonté à leur neveu, un bambin de trois ans ! Nous savons que les deux oncles, blessés de guerre, sont diminués ; cependant, la série de victoires de Jean-Paul nous surprend, victoires :
— physiques : *Antoine, essouflé et riant, dut le reposer à terre*
Daniel : *il faut que j'aille allonger ma jambe* ;
— morales : l'enfant ne veut pas être embrassé par Jacques.
il oublie aussitôt l'oncle Dane ;
— logiques : Antoine veut lui montrer un bateau et son neveu s'intéresse au couteau.
L'interprétation que fait l'enfant du bain est différente de celle que son oncle Antoine suggère.
Ze ne suis pas sûr.
Jean-Paul semble lancer des défis au monde qui l'entoure ; nous le voyons successivement :
— mordre la main de son oncle Antoine,
— remporter une victoire sur la butte de terre,
— refuser la vanité que pourrait faire naître cette victoire difficile,
— bien marquer que s'il rentre à la maison ce n'est par pas obéissance mais parce qu'il le veut.
La dernière remarque symbolise la victoire totale de l'enfant, celle de l'avenir et celle de la vie : une nouvelle génération monte qui va s'imposer.
Dans un livre célèbre, Bergson * démontre que la vie conquiert l'avenir en changeant d'une façon imprévue et imprévisible la forme et les forces du passé.
Ici, une partie importante de la scène est fondée sur le souvenir de Jacques enfant : Antoine compare le présent au passé : *Il faisait appel à ses souvenirs pour mieux comprendre*, mais le grand frère, vingt ans plus tôt, voyait-il avec les mêmes yeux que l'oncle aujourd'hui, atteint d'une blessure mortelle et dont les jours sont comptés ?

Conclusion

L'énergie des Thibault, mêlée aux qualités des Fontanin, prépare un nouvel avenir qu'Antoine apprécie : Daniel et Antoine fondent leur espoir en Jean-Paul, qui porte en lui l'avenir des deux familles. Le dernier mot du cycle des Thibault, écrit par Antoine dans son journal juste avant sa mort, est : Jean-Paul.

LA CELLULE FAMILIALE

GEORGES DUHAMEL *commence d'écrire* La chronique des Pasquier *chez Roger Martin du Gard, au château de Bellême (Normandie). Très différents des Thibault, les Pasquier forment une véritable tribu, chaleureuse, dont les membres sont attachés les uns aux autres par des liens charnels, obscurs parfois, mais puissants et indestructibles. Cette somme romanesque débute par la description d'un dîner de famille : la lampe familiale est le symbole de l'amour, de cette profonde et chaleureuse unité. Quatre enfants sont autour de la table, une fille, Cécile, et trois garçons, Ferdinand, Joseph, et Laurent qui raconte l'histoire :*

Dans la salle à manger, brûlait, dès le crépuscule, notre grosse lampe de cuivre, toujours bien fourbie, toujours un peu moite de pétrole. Nous venions travailler et jouer là, sous cette lumière enchantée. Maman, pour disposer les assiettes du couvert, repoussait en grondant nos cahiers et nos livres.

Ferdinand alignait avec minutie des caractères soigneusement moulés. Il écrivait, le nez sur la page. Il avait déjà grand besoin de lunettes. On ne s'en aperçut que plus tard. Joseph, les coudes sur la toile cirée, faisait semblant de répéter ses leçons, mais il lisait le journal posé devant lui, contre un verre. Cécile jouait sous la table et, de minute en minute, cessant de psalmodier « huit fois huit » et « huit fois neuf », je cherchais et taquinais du pied la petite sauvage. Nous entendions maman remuer une casserole de fer, dans la cuisine, de l'autre côté du mur.

Joseph bâilla vigoureusement, à plusieurs reprises, et cria : « On a faim ! »

Maman parut dans le cadre de la porte. Elle s'essuyait les doigts à son tablier de toile bleue. Elle dit :

— Votre père est en retard. Mes enfants, nous allons commencer sans lui. Venez vous laver les mains.

Nous passâmes dans la cuisine pour nous laver les mains, tous, sauf Joseph qui haussait les épaules et disait : « J'ai les mains propres. »

Quand nous fûmes assis de nouveau, maman vint avec la soupière. Maman ! Elle était petite, bien faite, un peu grasse, la peau tendue sur le visage plein, un gros chignon non pas dressé sur le sommet de la tête, comme c'était la mode en ce temps-là, mais bas, contre la nuque, et pesant comme un beau fruit. Des bandeaux noirs, si sages !

C'était une soupe aux lentilles. Joseph dit : « Toujours ! »

Nous étions à la fin de l'hiver. Nous n'aimions pas beaucoup la soupe; mais la bonne chaleur descendait tout le long de la gorge et, un moment après, on la sentait jusqu'aux jarrets, jusqu'aux pieds un peu gourds dans les grosses chaussettes de laine.

De temps en temps, Ferdinand se penchait sur l'assiette pleine de brouet et il y piquait un oignon. Il gémissait : « J'aime pas ça ! » Alors Cécile tendait sa cuiller er criait : « Moi, j'en veux bien. »

Après la soupe, maman posa sur la table le plat de lentilles avec une saucisse. Les deux grands commencèrent de se disputer à qui aurait le plus gros morceau, et pourtant la saucisse n'était pas encore coupée. Cécile chantait, chantonnait. Elle chante encore ainsi. Elle a toujours chanté. Maman coupa la saucisse et les grands se mirent à manger. Maman leva sa fourchette et, tout à coup, s'arrêta, comme pétrifiée. Elle écoutait quelque chose, la bouche ouverte. Elle dit :

— Voilà votre père ! Écoutez le pas de votre père dans l'escalier.

Mais nous n'entendions rien.

Papa entra. Il remuait d'abord les clefs, derrière la porte, puis il faisait jouer la serrure avec vivacité.

Il entra. Les patères se trouvaient dans le petit vestibule. Papa ne s'y arrêta point. Il vint jusque dans la salle à manger. Il tenait une lettre.

— Excuse-moi, Raymond, murmura Maman. C'est encore des lentilles. Je t'expliquerai...

La Chronique des Pasquier,
1, *Le Notaire du Havre,* éd. Mercure de France, 1933

L'intérêt de cette page est de montrer le rôle discret mais déterminant de la mère dans ce foyer où l'argent est rare et où le père n'a pas le sens de ses responsabilités.

BALZAC *décrit les derniers moments du père Goriot qui, à la différence d'Oscar Thibault, mourra assisté d'un jeune voisin et sans avoir revu ses enfants. Le rêve simple et naturel du père Goriot — être respecté et aimé de ses deux filles, qu'il adore et auxquelles il a consacré sa vie — devient, en face de la réalité, un cauchemar :*

— Elles vont venir, reprit le vieillard. Je les connais. Cette bonne Delphine, si je meurs, quel chagrin je lui causerai! Nasie aussi. Je ne voudrais pas mourir, pour ne pas les faire pleurer. Mourir, mon bon Eugène, c'est ne plus les voir. Là où l'on s'en va, je m'ennuierai bien. Pour un père, l'enfer c'est d'être sans enfants, et j'ai déjà fait mon apprentissage depuis qu'elles sont mariées. Mon paradis était rue de la Jussienne. Dites donc, si je vais en paradis, je pourrai revenir sur terre en esprit autour d'elles. J'ai entendu dire de ces choses-là. Sont-elles vraies? Je crois les voir en ce moment telles qu'elles étaient rue de la Jussienne. Elles descendaient le matin. Bonjour, papa, disaient-elles. Je les prenais sur mes genoux, je leur faisais mille agaceries, des niches. Elles me caressaient gentiment. Nous déjeunions tous les matins ensemble, nous dînions, enfin j'étais père, je jouissais de mes enfants. Quand elles étaient rue de la Jussienne, elles ne raisonnaient pas, elles ne savaient rien du monde, elles m'aimaient bien. Mon Dieu! pourquoi ne sont-elles pas toujours restées petites?

Le Père Goriot, 1834

A l'heure de sa mort, ce martyr d'une passion, qui a tout fait pour ses filles, Anastasie et Delphine, sera totalement abandonné par elles. Comme le Roi Lear, *Goriot est finalement la victime de son amour, le Christ de la paternité, comme l'écrit Balzac.*

MÈRE ET FILLE

COLETTE *analyse avec beaucoup de finesse les relations qui existent entre sa mère et elle. Nous sentons la grande perspicacité de cette mère qui n'a pas besoin de poser des questions pour comprendre sa fille, pour lire en elle à livre ouvert :*

Ce n'est pas son séjour que j'entreprends de raconter. Mais sa présence exigeante rappelait ma vie à la dignité, à la sollicitude. Il me fallait devant elle feindre une jeunesse presque égale à la sienne, la suivre dans ses élans. Je fus effrayée de la voir très petite, amaigrie, fébrile dans sa gaieté ravissante, et comme poursuivie. Mais j'étais encore loin de faire crédit à l'idée qu'elle pourrait mourir. N'entreprenait-elle pas, le même jour, d'aller chercher des graines de pensée, d'entendre un opéra-comique, de voir une collection léguée au Louvre? N'arrivait-elle pas porteuse de trois pots de groseille framboisée, des premières roses en boutons enveloppées d'un mouchoir humide, n'avait-elle pas cousu pour moi, sur un carré de carton, les grains barométriques de la folle-avoine cornue?

Elle s'abstint, comme toujours, de me questionner sur mes soucis les plus intimes. La partie amoureuse de ma vie lui inspirait, je crois, une grande et maternelle répugnance. Mais je devais surveiller mes paroles, mon visage, me méfier de son regard, qui lisait à travers la chair qu'elle avait créée.

Lune de Pluie, éd. Arthème Fayard, 1940

Il est clair que la romancière, au fond d'elle-même, apprécie l'amour plein de discrétion et de sollicitude de sa mère.

FAMILLES, JE VOUS AIME

FRANÇOIS NOURISSIER *a entrepris de raconter son enfance. En 1897, André Gide dans* Les Nourritures terrestres *écrivait* Famille, je vous hais; *soixante-six ans plus tard* Nourissier *lui répond et s'écrie* Familles, je vous aime :

Familles, je vous aime. Ou plus prudemment : je vous ai aimées. Je vous ai aimées comme j'aime les maisons. D'ailleurs il était entendu que vous habitiez des maisons. Cela faisait partie de votre force et de votre séduction. Les pères et les murs, les frères, les sœurs et les parcs, telles furent quinze ans durant mes nostalgies.

Je les voulais, mes familles, nombreuses, protestantes, plutôt provinciales. Je leur souhaitais des commodes Régence* et des cuisinières également vermoulues. J'aimais les pères autoritaires et un peu simples. Les mères : d'anciennes délurées devenues grondeuses. Les sœurs : compréhensives. Les frères : bûcheurs, matheux, des joues rondes.

Je me suis glissé vers mes quinze ans dans les familles de mes amis comme un orphelin. Plus tard comme un voleur. Quelle que fût la porte ouverte, j'entrais. J'aurais été capable d'épouser une famille. (Ne l'ai-je pas tenté?)

Un Petit-bourgeois, éd. Bernard Grasset, 1963

C'est la nostalgie de ceux qui n'ont pas connu cette douceur et cette chaleur du foyer et qui, de ce fait, ont le sentiment de n'avoir « jamais vécu » (Baudelaire).

L'ARGENT NE FAIT PAS TOUJOURS LE BONHEUR

LA PASSION DE L'OR

BALZAC *montre la passion de l'argent pour l'argent qui détruit tout sentiment humain. Le père Grandet, comme chaque année pour le 1er janvier, va faire cadeau d'une pièce d'or à sa fille et, comme chaque année, il veut se donner le plaisir de voir et de toucher les pièces d'Eugénie. Cependant, cette fois-ci, l'avare a décidé de reprendre ce capital qui ne rapporte rien pour le placer avantageusement. Coïncidence dramatique, la jeune fille a donné tout son or à son cousin Rodolphe, jeune homme ruiné qu'elle aime. Il est parti dans « les îles » pour faire fortune. Elle est seule pour affronter la colère de son père :*

— Écoute, Eugénie, il faut que tu me donnes ton or. Tu ne le refuseras pas à ton pèpère, ma petite fifille, hein?

Les deux femmes étaient muettes.

— Je n'ai plus d'or, moi. J'en avais, je n'en ai plus. Je te rendrai six mille francs en livres, et tu vas les placer comme je vais te le dire. Il ne faut plus penser au douzain. Quand je te marierai, ce qui sera bientôt, je te trouverai un futur qui pourra t'offrir le plus beau douzain dont on aura jamais parlé dans la province. Écoute donc, fifille. Il se présente une belle occasion : tu peux mettre tes six mille francs dans le gouvernement, et tu en auras tous les six mois près de deux cents francs d'intérêt, sans impôts, ni réparations, ni grêle, ni gelée, ni marée, ni rien de ce qui tracasse les revenus. Tu répugnes peut-être à te séparer de ton or, hein, fifille? Apporte-le-moi tout de même. Je te ramasserai des pièces d'or, des hollandaises, des portugaises, des roupies du Mogol, des génovines; et, avec celles que je te donnerai à tes fêtes, en trois ans tu auras rétabli la moitié de ton joli petit trésor en or. Que dis-tu, fifille? Lève donc le nez. Allons, va le chercher, le mignon. Tu devrais me baiser sur les yeux pour te dire ainsi des secrets et des mystères de vie et de mort pour les écus. Vraiment, les écus vivent et grouillent comme des hommes : ça va, ça vient, ça sue, ça produit.

Eugénie se leva, mais, après avoir fait quelques pas vers la porte, elle se retourna brusquement, regarda son père en face et lui dit :

— Je n'ai plus *mon* or.

Eugénie Grandet, 1833

Têtue comme son père, Eugénie lui fait face et le défie. Cette révolte reste inutile, quand l'avare meurt laissant son immense fortune à la jeune fille, Rodolphe a déjà épousé une autre femme. Eugénie accepte alors de se marier sans amour et, bientôt veuve, se sert de l'argent qui a gâché sa vie pour faire le bonheur de ceux qui l'entourent.

LA DESTRUCTION DE TOUT

PHILIPPE HÉRIAT *analyse aussi, pour la condamner, l'influence de l'argent qui détruit tous les sentiments humains :*

Quand quelqu'un de mes proches prononçait cela : « Nous avons le sens de l'argent... Il avait le sens de l'argent... Tu n'as pas le sens de l'argent » tout était dit en quatre mots. Au nom du sens de l'argent, nous devions dans la famille nous soutenir sans nous aimer; nous devions nous voir sans plaisir, nous fréquenter sans préférence, nous marier sans tendresse; et aussi nous épier sans nous désavouer, nous tourmenter sans nous nuire, souffrir de nos chaînes sans les secouer, vivre enfin satisfaits de notre sort sans vivre heureux.

Les Enfants gâtés, éd. Gallimard, 1939

Cette manière de présenter les choses est particulièrement réaliste dans son ironie forcée.

SENTIMENTS CONTRAIRES

LA PEUR DU PÈRE

CHATEAUBRIAND *exprime un sentiment de solitude au milieu de sa propre famille. Sa sœur Lucile et lui subissent l'autorité de leur père, terrorisés par ce personnage autoritaire et peu sociable qui vit fier et isolé dans son château breton près de Saint-Malo à une quarantaine de kilomètres du Mont-Saint-Michel :*

A huit heures, la cloche annonçait le souper. Après le souper, dans les beaux jours, on s'asseyait sur le perron. Mon père, armé de son fusil, tirait des chouettes qui sortaient à l'entrée de la nuit. Ma mère, Lucile et moi, nous regardions le ciel, les bois, les derniers rayons du soleil, les premières étoiles. A dix heures on rentrait et l'on se couchait.

Les soirées d'automne et d'hiver étaient d'une autre nature. Le souper fini et les quatre convives revenus de la table à la cheminée, ma mère se jetait, en soupirant, sur un vieux lit de jour de siamoise flambée; on mettait devant elle un guéridon avec une bougie. Je m'asseyais auprès du feu avec Lucile; les domestiques enlevaient le couvert et se retiraient. Mon père commençait alors une promenade, qui ne cessait qu'à l'heure de son coucher. Il était vêtu d'une robe de ratine blanche, ou plutôt d'une espèce de manteau que je n'ai vu qu'à lui. Sa tête, demi-chauve, était couverte d'un grand bonnet blanc qui se tenait tout droit. Lorsqu'en se promenant il s'éloignait du foyer, la vaste salle était si peu éclairée par une seule bougie qu'on ne le voyait plus; on l'entendait seulement encore marcher dans les ténèbres : puis il revenait lentement vers la lumière et émergeait peu à peu de l'obscurité comme un spectre, avec sa robe blanche, son bonnet blanc, sa figure longue et pâle. Lucile et moi, nous échangions quelques mots à voix basse quand il était à l'autre bout de la salle; nous nous taisions quand il se rapprochait de nous. Il nous disait, en passant : « De quoi parliez-vous? » Saisis de terreur, nous ne répondions rien; il continuait sa marche. Le reste de la soirée, l'oreille n'était plus frappée que du bruit mesuré de ses pas, des soupirs de ma mère et du murmure du vent.

Mémoires d'Outre-Tombe, I, 1841

C'est une véritable aliénation, une exclusion totale, causée par l'oppression de l'autorité paternelle, et son mystère, quasi religieux.

LE FILS HUMILIÉ

STENDHAL *trouve, dans une autre classe sociale, une aliénation semblable, mais encore plus brutale : en 1827, douze ans après la chute de l'Empire, un solide charpentier du Jura, le père Sorel, considère son fils comme un paresseux parce qu'il lit trop. Ce n'est que sous la IIIᵉ République en 1881 que l'Instruction publique devient obligatoire, alors on commence à lutter contre les préjugés familiaux des paysans ou des artisans pour qui seul compte le travail physique :*

L'attention que le jeune homme donnait à son livre, bien plus que le bruit de la scie, l'empêcha d'entendre la terrible voix de son père. Enfin, malgré son âge, celui-ci sauta lestement sur l'arbre soumis à l'action de la scie, et de là sur la poutre transversale qui soutenait le toit. Un coup violent fit voler dans le ruisseau le livre que tenait Julien; un second coup aussi violent, donné sur la tête, en forme de calotte, lui fit perdre l'équilibre. Il allait tomber à douze ou quinze pieds plus bas, au milieu des leviers de la machine en action, qui l'eussent brisé, mais son père le retint de la main gauche, comme il tombait :

— Eh bien, paresseux! tu liras donc toujours tes maudits livres, pendant que tu es de garde à la scie? Lis-les le soir, quand tu vas perdre ton temps chez le curé, à la bonne heure.

Julien, quoique étourdi par la force du coup, et tout sanglant, se rapprocha de son poste officiel, à côté de la scie. Il avait les larmes aux yeux, moins à cause de la douleur physique que pour la perte de son livre qu'il adorait.

— Descends, animal, que je te parle.

Le bruit de la machine empêcha encore Julien d'entendre cet ordre. Son père, qui était descendu, ne voulant pas se donner la peine de remonter sur le mécanisme, alla chercher une longue perche pour abattre des noix et l'en frappa sur l'épaule. A peine Julien fut-il à terre, que le vieux Sorel, le chassant rudement devant lui, le poussa vers la maison. « Dieu sait ce qu'il va me faire! » se disait le jeune homme. En passant, il regarda tristement le ruisseau où était tombé son livre; c'était celui de tous qu'il affectionnait le plus, le *Mémorial de Sainte-Hélène**.

Le Rouge et le Noir, 1830

*Julien, révolté contre la bassesse de sa situation sociale, regrette passionnément l'Empire où un homme du peuple pouvait espérer devenir officier et changer de classe sociale. Il ne lui reste sous la Restauration** que l'église pour tenter de satisfaire son ambition.*

SIMONE DE BEAUVOIR *étudie les rapports entre son père et elle à l'âge où elle commence à s'émanciper de la tutelle intellectuelle et morale de sa famille bourgeoise ;*

Mon père tenait Anatole France* pour le plus grand écrivain du siècle ; il m'avait fait lire à la fin des vacances *Le Lys rouge* et *Les dieux ont soif*. J'avais témoigné peu d'enthousiasme. Il insista et me donna pour mes dix-huit ans les quatre volumes de *La Vie littéraire*. L'hédonisme* de France m'indigna. Il ne cherchait dans l'art que d'égoïstes plaisirs : quelle bassesse! pensais-je. Je méprisais aussi la platitude des romans de Maupassant que mon père considérait comme des chefs-d'œuvre. Je le dis poliment, mais il en prit de l'humeur : il sentait bien que mes dégoûts mettaient en jeu beaucoup de choses. Il se fâcha plus sérieusement quand je m'attaquai à certaines traditions. Je subissais avec impatience les déjeuners, les dîners qui plusieurs fois par an réunissaient chez une cousine ou une autre toute ma parentèle ; les sentiments seuls importent, affirmai-je, et non les hasards des alliances et du sang ; mon père avait le culte de la famille et il commença à penser que je manquais de cœur. Je n'acceptais pas sa conception du mariage ; moins austère que les Mabille, il y accordait à l'amour une assez large place ; mais moi je ne séparais pas l'amour de l'amitié : entre ces deux sentiments, il ne voyait rien de commun. Je n'admettais pas qu'un des deux époux « trompât » l'autre : s'ils ne se convenaient plus, ils devaient se séparer. Je m'irritais que mon père autorisât le mari à « donner des coups de canif dans le contrat ». Je n'étais pas féministe dans la mesure où je ne me souciais pas de politique : le droit de vote, je m'en fichais. Mais à mes yeux, hommes et femmes étaient au même titre des personnes et j'exigeais entre eux une exacte réciprocité. L'attitude de mon père à l'égard du « beau sexe » me blessait. Dans l'ensemble, la frivolité des liaisons, des amours, des adultères bourgeois m'écœurait.

Les Mémoires d'une jeune fille rangée, éd. Gallimard, 1958

Ce passage est riche en ironies ;
— *la jeune fille rangée déteste Anatole France, comme lui elle deviendra un écrivain révolutionnaire et de gauche ;*
— *le père ignore le fait qu'il est en train de perdre son influence, il agit comme si sa fille était prête à partager ses goûts et ses idées ;*
— *à dix-huit ans, elle a une idée plus dure et plus pure que celle de son père au sujet de la morale traditionnelle.*
Ici, la révolte, l'exclusion volontaire et délibérée, apparaît dès l'adolescence.

VARIATIONS SENTIMENTALES

UNE PRISON

FRANÇOIS MAURIAC *analyse une révolte qui vient trop tard. Thérèse Desqueyroux dans un moment de colère vient de dire à son mari ce qu'elle pense de la famille à laquelle elle refuse de s'identifier et dont elle se considère la victime et la prisonnière :*

« Je ne te répondrai pas : quand tu te lances, le mieux est d'attendre que ce soit fini. Avec moi, il n'y a que demi-mal : je sais que tu t'amuses. Mais à la maison, tu sais, ça ne prendrait pas. Nous ne plaisantons pas sur le chapitre de la famille. »

La famille! Thérèse laissa éteindre sa cigarette; l'œil fixe, elle regardait cette cage aux barreaux innombrables et vivants, cette cage tapissée d'oreilles et d'yeux, où, immobile, accroupie, le menton aux genoux, les bras entourant ses jambes, elle attendrait de mourir.

« Voyons, Thérèse, ne fais pas cette figure : si tu te voyais... »

Elle sourit, se remasqua :

« Je m'amusais... Que tu es nigaud, mon chéri. »

Thérèse Desqueyroux, éd. Grasset, 1927

Thérèse est à la fois une femme lucide qui cherche à devenir elle-même et refuse d'être la victime d'une société égoïste, hypocrite et provinciale.

L'INCOMPRÉHENSION

MARCEL AYMÉ, *après avoir peint la manière dont se développe l'antipathie entre un père et un fils, retrace la scène décisive, la rupture spirituelle. Après ce dialogue, le temps du mépris est arrivé :*

« Comment? Tu es rentré à cinq heures dix? Alors, maintenant, il te faut une heure dix pour rentrer du collège? En une heure dix, un fantassin, équipé avec le sac, le fusil et les cartouchières, fait sept kilomètres par tous les temps, et la maison est à deux kilomètres du collège et tu as tout juste des livres à porter. Mais, par exemple, tu me diras ce que tu as fait!

— Je ne sais pas, murmura Antoine.

— Tu ne sais pas? Eh bien, moi, il me faut un quart d'heure pour me rendre à mon bureau et, quand je mets vingt minutes, je sais ce que j'ai fait. Où as-tu été traîner?

— Je suis revenu par la rue de l'Herbe-Sèche, la rue d'Arbois et l'avenue Poincaré, comme tous les jours.

— Alors, qu'est-ce que tu as fait? J'entends savoir ce que tu as fait! »

D'un mouvement d'épaule Antoine signifia qu'il n'en gardait pas le moindre souvenir. Rigault l'enveloppa d'un regard cruel.

« Alors, tu continue? C'est ça, tu t'obstines à continuer? Tu trouves probablement que tu en fais encore de trop. Tu penses que ce n'est pas assez d'avoir manqué la place de premier aux deux dernières compositions et qu'il te faut reculer d'au moins deux crans. Au lieu de travailler, tu aimes mieux perdre ton temps le long des chemins. Quand je pense aux sacrifices qu'on a déjà faits pour toi, quand je pense à tous les moyens qu'on t'aura donnés pour réussir et que je vois la récompense qu'on en a, je suis honteux pour toi, tu m'entends! Tu as pourtant l'âge de comprendre que tes parents ne seront pas toujours derrière toi et qu'un jour viendra où il te faudra gagner ta vie. Tu regretteras de n'avoir pas voulu profiter de nos sacrifices, mais il sera trop tard. »

Le Moulin de la Sourdine, éd. Gallimard, 1954

Le fils refuse de s'expliquer et le père devient de plus en plus agressif avec un regard cruel. L'enfant se ferme et son père lui fait, avec une totale absence de sincérité, un grand discours moral. Le fils comprend et juge, il ne pardonnera pas.

LA HAINE

HERVÉ BAZIN, *comme les personnages des romans de Mauriac, souffre de son milieu familial sévère et conventionnel. Il s'exclut volontairement du groupe et sa hargne devient bientôt une haine, surtout pour sa mère. Ce sentiment lui inspire une trilogie qui donne un choc au lecteur dès le début du premier volume,* Vipère au Poing; *la dernière phrase du passage montre que, finalement, la vipère est plus sympathique que la mère :*

Par bonheur, une tête de vipère, c'est triangulaire (comme Dieu, son vieil ennemi) et montée sur cou mince, où la main peut se caler. Par bonheur, une peau de vipère, c'est rugueux, sec d'écailles, privé de la viscosité défensive de l'anguille. Je serrais de plus en plus fort, nullement inquiet, mais intrigué par ce frénétique réveil d'un objet apparemment si calme, si digne de figurer parmi les jouets de tout repos. Je serrais. Une poigne rose de bambin vaut un étau. Et, ce faisant, pour le mieux considérer et m'instruire, je rapprochais la vipère de mon nez, très près, mais, rassurez-vous, à un nombre de millimètres suffisant pour que fût refusée leur dernière chance à des crochets tout suintants de rage.

Elle avait de jolis yeux, vous savez, cette vipère, non pas des yeux de saphir comme les vipères de bracelets, je le répète, mais des yeux de topaze brûlée, piqués noir au centre et tout pétillants d'une lumière que je saurais plus tard s'appeler la haine et que je retrouverais dans les prunelles de Folcoche, je veux dire de ma mère, avec, en moins, l'envie de jouer (et, encore, cette restriction n'est-elle pas très sûre!).

Vipère au Poing, éd. Bernard Grasset, 1948

Ce roman, avec les deux suivants, La Mort du Petit cheval *et* Madame Ex.*, finit par montrer que la haine entre un fils et une mère qui se ressemblent, peut former un lien aussi fort que l'amour.*

D'UNE GÉNÉRATION A L'AUTRE

MARCEL PAGNOL *a été un enfant heureux et choyé. Même dans les meilleures familles, un fossé se creuse entre les générations — Marcel vit dans le présent, ses parents pensent à l'avenir. Pour Marcel, les vacances doivent durer toute la vie, mais les adultes savent que ce n'est pas possible :*

— Voyons, mon garçon, voyons! Tu as eu deux très grands mois de vacances...

— Ce qui est déjà abusif! interrompit l'oncle. Si tu étais président de la République, tu n'en aurais pas eu autant!

Cet ingénieux argument ne me toucha guère, car j'avais décidé de n'aspirer à ces hautes fonctions qu'après mon service militaire.

— Tu as devant toi, reprit mon père, une année qui comptera dans ta vie : n'oublie pas qu'en juillet prochain, tu vas te présenter à l'examen des Bourses, pour entrer au lycée au mois d'octobre suivant!

— Tu sais que c'est très important! dit ma mère. Tu dis toujours que tu veux être millionnaire. Si tu n'entres pas au lycée, tu ne le seras jamais!

LA FORCE DE PERSUASION

Elle croyait très fermement que la richesse était une sorte de prix d'excellence qui récompensait infailliblement le travail et l'instruction.

— Et puis, au lycée, dit l'oncle, tu apprendras le latin, et je te promets que ça va te passionner! Moi, du latin, j'en faisais même pendant les vacances, pour le plaisir!

Ces propos étranges, et qui concernaient les siècles futurs, ne masquaient point la tragique réalité : les vacances étaient finies, et je sentis mon menton qui tremblait.

— J'espère que tu ne vas pas pleurer! dit mon père.

Je l'espérais aussi, et je fis un grand effort.

Le Château de ma Mère, éd. Pastorelli, 1958

Le jeune garçon ne comprend pas les arguments raisonnables avancés par son père, sa mère, son oncle et sa tante. Cependant, leur amour, et surtout celui du père, délicatement exprimé dans sa dernière réplique, aide l'enfant à surmonter la crise.

LES PARENTS

JEAN-LOUIS CURTIS *pense que la famille c'est aussi celle de l'autre, famille et belle-famille, et que le problème se pose sous un jour nouveau à une époque où les jeunes gens se marient sans tenir compte des différences de milieux, de classes sociales, de richesse ou de croyances religieuses :*

« Tu sais, lui dis-je, nous habiterons dans la même maison qu'eux, la villa qu'ils louent chaque année et où j'ai ma chambre. Nous prendrons presque tous nos repas avec eux. » Elle répondit qu'elle le savait et que cela ne la gênait pas le moins du monde, et qu'elle « aimait bien » mes parents, contre-vérité dictée par le souci de m'être agréable, la paresse d'esprit ou l'indifférence. En fait, elle ne les aimait ni ne les détestait. Au pire, elle les trouvait ennuyeux. A ses yeux, ils existaient à peine.

Les contacts entre eux avaient été relativement faciles, en raison surtout de l'extrême bienveillance des miens, aveuglément fidèles à un code moral et familial tout à fait suranné, selon lequel une belle-fille est personne sacrée, qu'il convient de chérir plus encore que ses propres enfants. Mon père avait pour elle des égards de galant homme. Ma mère était disposée à la servir et à la choyer comme elle avait jusqu'alors servi et choyé son mari, son fils et sa fille. Véronique accepta tant de bonne grâce comme un dû, sans jamais marquer qu'elle y fût sensible, sans jamais manifester non plus la moindre gratitude. Moi aussi, au début, je trouvai tout

naturel que mes parents fussent aux petits soins pour elle. Le contraire m'aurait surpris et froissé. Plus tard, mon point de vue se modifia quelque peu.

Quant à ses parents à elle, je ne pouvais prétendre qu'il y eut, entre eux et moi, une affection débordante. Comme je l'ai déjà dit, je n'étais pas exactement le gendre rêvé. Sans le faire exprès, ils me donnaient à comprendre que j'étais très loin de compte. Je reconnais que je ne leur rendais pas la tâche facile. Ils ne savaient comment me prendre... J'ai été sans doute la plus grosse déception de leur vie. La pilule n'aurait pas été plus amère si leur fille avait épousé un beatnik*. Avec un beatnik, il y a toujours un petit espoir : ce sont souvent des fils de famille qui jouent au dénuement matériel un an ou deux, histoire de mettre, une fois pour toutes, une note de spiritualité dans leur vie. Le beatnik, c'est le prince déguisé en clochard, — la pastorale des années soixante. Vous croyez épouser un vagabond philosophe. Miracle! Vous découvrez qu'il est le fils d'un professeur à l'Université de Göteborg, ou d'un gros industriel de Lille.

Un jeune Couple, éd. Julliard, 1967

Il n'y a pas si longtemps que dans certains milieux, c'étaient les familles qui décidaient du mariage de leurs enfants, c'était alors une union entre deux familles. Aujourd'hui, la situation n'est plus la même, les jeunes gens se rencontrent, s'aiment et décident de se marier.

Une œuvre de création

« Qu'appelle-t-on travailler pour une mère de famille de trente ans ayant quatre enfants ? Est-ce, jour après jour, dépenser son énergie, seconde après seconde, exercer sa vigilance, façonner à la sueur de son front un équilibre de vie fait de joie, de paix, d'amour ? Si c'est ainsi, mon métier de femme, épouse et mère, voilà qui me passionne, mobilise le meilleur de moi-même, donne du goût à ma vie. Du tout-petit au 8 ans, du 8 ans au tout-petit, courir à l'un, à l'autre, mais rester avec le 6 ans, écouter le 3 ans et demi, répondre à l'aîné, embrasser le dernier, ne pas laisser passer la richesse d'un moment. Prendre à plein bras la vie, en goûter tous les aspects changeants au fil du temps. Œuvre de création : être là, regarder, sentir, percevoir, réagir. Un sourire, un caprice, une plainte, un signe... répondre. Inventer sans cesse et sans cesse innover. »

R. S., SENS.

C'est l'histoire de la famille Toulon. Une famille en qui chaque Français ou presque peut reconnaître la sienne !

Il y a six ans de ça. Peut-être même sept. Ma femme, mon fils Vincent et moi passions nos vacances à Corfou, dans le décor étrangement polynésien du « Club Méditerranée ». Un matin, l'enfant vint me tirer par le pagne : il fallait, toute oisiveté cessante, que je fisse la connaissance de son copain Pierrot.

Je le suivis à travers les plantes grasses et les oliviers. A ma grande surprise, je trouvai devant moi un presque sexagénaire coiffé d'un chapeau de paille à larges bords, portant maillot de corps barré du baudrier d'un kodak et doté d'un accent parigot à attendrir Simonin. C'était Pierrot. Derrière lui se tenait Aline, sa femme, pimpante, souriante, gracieuse : l'ange gardien.

Nous devînmes, à Corfou, inséparables. Nous jurâmes de nous revoir à Paris. Bientôt, dans le petit appartement de la rue Crozatier, entre le divan et l'horloge sans âge, je sus tout de la vie des Toulon. Je connus Micheline, la fille, Jacques, le gendre, Marie-Martine, la petite-fille.

Lui, Pierrot, vient du Berry. Sa première jeunesse lui saute à la mémoire avec un cortège de détails d'une extrême précision : l'odeur du pain cuit par la grand-tante Fine, la saveur des noix portées à l'huilerie du village, la tiédeur de l'eau puisée au tranchis.

Aline descend par son père du Nord des corons, et monte du Rouergue par sa mère, la mère Tourneux qui a passé plus d'un demi-siècle dans la loge de concierge de ce même 83, de la rue Crozatier, et qui guettait les saisons à l'arbre du trottoir.

L'histoire des Toulon, finalement, c'est celle de cet immeuble mi-ouvrier, mi-bourgeois, comme au temps où les promoteurs et les architectes n'avaient pas opéré dans la pierre la ségrégation des classes. Tous les membres de cette famille sont passés de la loge au sixième, dans une chambre de bonne flanquée d'un appentis, de génération en génération, jusques et y compris celle d'aujourd'hui, puis ils s'ont évadés au fur et à mesure qu'avec l'âge sont venues les petites économies.

Chacun a progressé, plus ou moins, dans l'échelle sociale. Seule la mère Tourneux, de croissance, est morte dans sa tanière, laissant quelques billets de banque dans une enveloppe, pour payer son enterrement.

Pierrot et Aline se sont rencontrés en 1928, rue de la Roquette, au bal hebdomadaire de la Jeunesse républicaine du XIe arrondissement. On se plut, on se fréquenta, on s'étreignit (un an après), on se maria, on s'installa sous les toits « d'où l'on apercevait Sainte-Marguerite », dans la chambre où avaient couché, pour débarrasser un peu la loge,

Aline, sa sœur Simone, son frère Albert. Naquit Micheline. Mais la maladie était toujours présente; on hésitait à appeler le médecin, car la Sécurité sociale n'existait pas. Les souvenirs de jeunesse, pour Pierrot et Aline, sont encombrés d'enfants morts : la sélection naturelle jouait encore.

Les années passèrent, chargées des soucis quotidiens qui excluaient ceux de la politique, résolument laissés aux gens de métier. 1936 : c'est le Front populaire, bien sûr, mais c'est surtout la descente au troisième, dans un vrai logement.

Arrive la guerre, l'épopée tragiquement courtelinesque vécue par les bidasses qui ne comprennent rien à la tempête et qui voient passer, se dirigeant vers le sud, des officiers entassés dans des voitures. Suivent quatre années presque uniquement occupées à trouver de quoi se nourrir. La Résistance? Personne ne s'y intéresse. La Libération? Quelques balles tirées des toits en un mois d'août très ensoleillé.

Tous ces événements dépassent les Toulon qui, en revanche, sont maîtres de ceux qui surviennent dans leur vie. Micheline se marie, monte à son tour au sixième, avec Jacques. Simone, la sœur, s'est envolée vers la Bretagne : elle a épousé un Juif qui lui avait appris à patiner sur la glace à Molitor, juste avant la guerre, un Juif qui a connu les horreurs de la déportation, qui a tenu le coup par la chance, le savon et la gymnastique, et qui, maintenant, prospère dans son petit commerce.

Albert, le frère, fervent communiste qui a néanmoins déchiré sa carte de la C.G.T. (parce qu'après s'être crevé pour le syndicat, il a dû partir en sana et n'a reçu aucune lettre ni aucun colis des copains). Albert le serrurier-ferronnier qui a gardé son sac d'apprenti comme une relique, installe son pavillon de Combs-la-Ville.

Jacques, Micheline et Marie-Martine quittent la rue Crozatier pour Draveil, entrent dans un de ces paradis modernes de verre, d'acier et de verdure. Lui, ingénieur sorti du rang qu'exalte l'électronique, résiste à la tentation de la décentralisation. La nécessité l'oblige à choisir entre deux sortes de « mobilités », celle de l'emploi et celle de l'habitat. Il lui faut changer de patron ou de résidence. Il garde la résidence : qu'irait-il faire à Grenoble alors qu'il vient d'accéder à la propriété?

Aujourd'hui, chacun est propriétaire : Simone, d'une grande et belle maison fleurie, près de la mer, en Bretagne; Micheline, de l'appartement de Draveil; Albert, du pavillon de Combs-la-Ville; Pierrot et Aline, de leur deux-pièces de la rue Crozatier. Et Jacques, qui finit de payer ses traites, rêve déjà d'une maison de campagne. En ces Français-là, chacun d'entre nous, ou presque, peut se reconnaître.

Aussi, lorsque Bernard Privat, directeur des éditions Grasset (1) me suggéra, l'an dernier, d'écrire un livre sur les Français, et après

Les Français à travers eux-mêmes

Le refus de penser

« ... Il est scandaleux que tant de gens travaillent plus de 40 heures, sans compter les heures de transport. Comment s'étonner que, pour eux, le temps de loisir soit trop souvent exclusivement celui du repos compensateur ou, au mieux, de la « distraction »? J'ai été effrayée d'entendre une jeune mère de famille, abrutie par sa semaine de travail dans un magasin à grande surface, nous confier qu'au fond, elle était contente de ses heures supplémentaires, non seulement parce qu'elles arrondissaient son salaire, mais aussi parce qu'elle s'ennuyait à la maison et qu'au boulot, elle n'avait pas le temps de penser, c'était mieux! »

C. L. TOURS.

avoir d'abord écarté cette proposition, jugeant le sujet trop abstrait et trop largement traité déjà, l'idée me vint d'écrire l'histoire des Toulon.

L'amitié qui me liait à Pierrot et à Aline eut raison de la méfiance instinctive des Français à l'égard de quiconque entreprend de faire irruption dans la vie privée. Pendant des heures, l'un après l'autre, les membres de toute cette famille consentirent à raconter leur vie devant un magnétophone. Alors, je m'aperçus que nul mieux qu'eux-mêmes n'était capable de faire ce récit. Je leur ai donc largement laissé la parole. Et au fur et à mesure que s'accumulaient les documents, je découvrais que l'expérience confirmait l'intention : ces gens ressemblaient à quelques dizaines de millions d'autres, ils étaient les Français, ils étaient la France. Une France qui change en restant la même.

Entre la jeunesse de Pierre Toulon et celle de Marie-Martine un demi-siècle à peine s'est écoulé. Entre les paysans berrichons qui gaulaient les noix, dans les années dix, et ceux du Moyen Age, il n'y avait guère de différence. Aujourd'hui, le mode de vie de Marie-Martine et celui d'un grand bourgeois ont plus d'un point commun.

S'agit-il d'un même peuple ? On hésite à répondre par l'affirmative. Cette fille de vingt ans, qui va passer son examen de kinésithérapeute, a-t-elle quelque chose de commun avec la vieille Fine, qui faisait sept kilomètres « de son pied » pour aller cuire le pain ?

La famille compte toujours beaucoup. On défile à Draveil. La maison de Bretagne est ouverte à tous, comme l'était la loge de la rue Crozatier. « Chacun chez soi », dit Jacques. Pourtant les liens affectifs restent étroits : on aime à se retrouver. Un équilibre assez heureux, en dépit des crises de notre temps, subsiste entre les générations, et aussi entre les sexes. Il suffit de regarder et d'entendre tous les membres de cette famille pour comprendre. Rien n'est plus faux que l'image de la Française légère et du Français polisson. On reste volontiers pudique, surtout dans le peuple. Quand on a reçu les confidences d'Aline, de Micheline et de Marie-Martine (trois générations), on est moins surpris, en consultant le rapport Simon sur le comportement sexuel des Français, d'apprendre que 75 % des femmes mariées sont arrivées vierges dans le lit conjugal ou bien ont épousé l'homme à qui elles s'étaient données pour la première fois.

Cette France qui bouge, elle reste aussi tournée vers le passé. Elle accepte, provoque même, les changements, mais elle s'en méfie. Ses retards, dont elle souffre, lui permettent d'échapper mieux que d'autres nations, aux agressions du progrès.

Ils se plaignent tous. Mais, la rogne passée, chacun dit : « Au fond, nous sommes heureux. »

Jean Ferniot.

(1) Qui publient « Pierrot et Aline ».

La famille

« ... Lorsque je ne travaille pas, je reste en famille. Je suis persuadé que c'est en famille que l'on éprouve les plus grandes joies. J'ai aussi une passion pour la montagne. Certes, la contemplation de la nature apporte un grand apaisement à l'esprit. Mais lorsque j'ai très peur ou très froid ou très chaud au cours d'une randonnée en montagne, j'ai l'impression en rentrant dans mon foyer d'avoir surmonté une épreuve, d'avoir essayé de dépasser mes limites, de mieux me connaître... »

Pierre J.,
GRENOBLE.

LA VIE EN DIRECT : RÉPONSES A UNE ENQUÊTE

Appréciez-vous les fêtes de famille et les fêtes populaires ?

	Fêtes de famille	Fêtes popul.
	%	%
■ Beaucoup ..	48	18
● Assez	31	29
■ Peu	14	32
● Pas du tout .	6	19

Télérama, Sondage I.F.O.P.

Faisons le point

Cet ensemble présente une description historique et en même temps morale des principaux aspects de la réalité familiale en France :
— la famille soudée par sa propre chaleur, la famille unité de sentiments, la famille tribu : vous rechercherez ces caractères dans les textes de Duhamel, Balzac, Colette, Pagnol et Nourissier;
— la famille faite d'individus opprimés par elle, sur le point de se dresser contre elle, puis se rebellant : trouvez dans les textes de Roger Martin du Gard, Chateaubriand, Stendhal, de Beauvoir, Mauriac et Bazin des exemples de ce schéma;
— dans les textes de Balzac, Aymé, Curtis et Chamson, l'idée de rupture de la famille, déjà esquissée dans *Les Thibault*, est reprise et développée de diverses manières. Montrez-le.

■ *A votre avis, quels sentiments peuvent éprouver le jeune Antoine du « Moulin de la Sourdine » de Marcel Aymé, et le petit Marcel Pagnol, en écoutant les propos de leurs parents?*
■ *Étudiez dans les divers passages de cet ensemble :*
— *le thème du père,*
— *le thème de la mère,*
— *le thème du fils,*
— *le thème de la fille.*
■ *Relevez les points communs et les différences dans le traitement de ces divers thèmes.*

Ces textes traitent de la famille à des époques différentes :
— *au siècle dernier (Chateaubriand, Stendhal, Balzac),*
— *dans la première partie du XX*e *siècle,*
— *depuis 1960 (Nourissier, Curtis, Chamson).*
■ *Cherchez dans ces passages des aspects liés particulièrement à l'époque décrite et ceux qui semblent caractériser la famille française quelle que soit la génération.*
■ *Les parents ont une double influence, celle de l'hérédité et celle de l'éducation. Peut-on, à partir de certains textes, esquisser la responsabilité des générations adultes vis-à-vis de la jeunesse?*

Benoîte Groult :

LA PART
DES CHOSES

LA FEMME

BENOITE GROULT,

est née en 1921, à Paris dans un milieu de bourgeoisie éclairée, son père était décorateur, le fameux couturier Paul Poiret était son oncle. Elle a fait d'abord ses études dans une école catholique, le cours Sainte-Clotilde, puis au lycée Victor-Duruy et enfin à la Sorbonne*. Licenciée-ès-lettres, elle enseigne au cours privé Bossuet et se marie en 1944. Veuve en 1945, elle entre au Journal parlé de la radiodiffusion française. En 1951, elle épouse le romancier Paul Guimard. Elle a trois filles.

Son nom est inséparable de celui de sa sœur Flora, née à Paris en 1924. Elles ont collaboré, ensemble et séparément, à de nombreuses publications, surtout celles qui s'adressent à un public féminin, comme *Elle, Parents, Pénéla*... Elles font leurs débuts en littérature en 1962 avec un roman, *Journal à quatre mains*, qui connaît un très grand succès. Cette œuvre largement autobiographique se situe pendant la guerre et décrit la vie de deux parisiennes de moins de vingt ans sous l'occupation nazie, de 1940 à 1944. Comme deux pianistes jouent à quatre mains sur le même clavier, l'une accompagnant l'autre, les sœurs Groult écrivent au jour le jour, chacune de son côté, et donnent ainsi des comptes rendus différents des mêmes événements. Cette technique est originale dans l'histoire du roman français où, lorsque deux auteurs collaboraient comme Erkmann et Chatrian*, les frères Goncourt*, les frères Tharaud*, par exemple, ils écrivaient à deux un texte définitif unique alors que les sœurs Groult juxtaposent les couches successives de leurs propres récits. Le *Journal* comporte une pénétrante analyse sentimentale de l'âme féminine entre quinze et dix-neuf ans (Flora) et entre dix-huit et vingt et un ans (Benoîte). Chacune vit ses propres aventures et, grâce à des confidences mutuelles, celles de l'autre. La partie la plus pathétique se résume d'abord en une chronologie : le 29 juin 1943 Benoîte épouse Blaise; le 2 septembre, menacé de déportation en Allemagne, il rejoint les soldats de la Résistance dans le maquis et, neuf mois plus tard, la tragédie éclate dans toute son horreur :

10 mai 1944

Blaise est mort hier à dix heures.

Cette horrible plaie dans le dos a cessé de respirer en même temps que lui et il est retombé, soudain très lourd, sur ses oreillers, en une seconde, sans un regard d'angoisse, sans une dernière phrase, sans un signe. C'était fini, notre couple se terminait là, comme par un divorce. Je suis devenue en une seconde une femme seule et lui, un jeune mort.

Un peu plus tard, sa sœur écrit :

12 mai 1944

Quand je pense que maintenant Blaise est sous terre, étendu avec de moins en moins de visage, et quand je pense que selon lui il n'y a pas de Dieu et que quant à moi, je n'ai pas résolu le problème, je n'en finis pas d'être triste. Et Benoîte, toujours Benoîte, portant au cœur sa blessure consentie et définitive, me touche plus que n'importe quelle outrance. Je suis toute détruite d'émotion.

Benoîte et Flora Groult ont écrit ensuite deux romans selon des techniques analogues. Elles y jouent sur les différences subtiles entre leur vision des choses et leurs techniques d'expression; *Le Féminin pluriel* (1964) et *Il était deux fois,* qui a obtenu en 1968, le Prix Gallia.

En 1972, elles ont publié séparément chacune un roman, Flora *Maxime ou la déchirure* et Benoîte *La Part des choses*. Dans les deux cas, une longue vie conjugale érodée par le temps fait prendre à l'existence un nouveau visage. Les deux romans furent accueillis favorablement. Le problème était d'ailleurs déjà défini dans le *Journal* dès le 18 septembre 1940 :

L'homme n'a qu'un destin. La femme en a trois, contradictoires. La mère empiète fatalement sur la femme, au sens conjugal, et toutes les deux pèsent lourdement sur une réalisation professionnelle éventuelle.

En 1975, Benoîte publie un pamphlet féministe, *Ainsi soit-elle,* qui connaît un grand retentissement.

La part des choses

LA PART DES CHOSES est le récit d'une sorte d'expérience socio-psychologique. Neuf personnages quittent leur milieu de bourgeois français (résidence secondaire en province, résidence principale à Paris) pour une croisière autour du monde : le premier et le dernier chapitres sont situés à Kerviniec, petit village d'une partie de la côte bretonne qui ressemble à la Cornouaille, lieux où se situèrent les amours légendaires de Tristan et Yseult*. Le petit yacht va naviguer de Toulon à Tahiti avec trois couples quadragénaires, Yves et Marion, Jacques et Patricia, Alex et Iris. Ils sont accompagnés de trois jeunes gens, Ivan, le fils d'Iris et, comme le but de la croisière est de faire un film, un opérateur de cinéma et une « script-girl ». La plupart des titres de chapitre correspondent à des itinéraires géographiques, par exemple Le Pirée-Aden ou Nouméa-Tonga... Mais, quand on part, sait-on exactement où l'on va, et sait-on si l'on reviendra? Le début d'une aventure amoureuse, le matin d'un mariage ne ressemblent-ils pas à un départ pour un long voyage? Le poète Guillaume Apollinaire* avait déjà senti la beauté de l'image :   Mon beau navire ô ma mémoire
Avons-nous assez navigué?

Lors de la première nuit en mer, au large de l'Italie, la romancière, seule, ballottée par une tempête sur son étroite couchette, médite sur sa vie conjugale, longue d'une vingtaine d'années. Son enfance, son milieu, son éducation l'avaient prédisposée à aimer comme doit le faire une bonne épouse et, tant qu'elle aimait, elle souffrait. Puis elle a su prendre du recul vis-à-vis d'elle-même et par rapport au couple qu'elle forme avec son mari : « Je sais aujourd'hui que le problème est insoluble ou comporte mille solutions, ce qui revient à dire qu'aucune n'est bonne. » Son drame ressemble à celui de beaucoup de femmes modernes. Benoîte Groult analyse une époque; la femme n'est plus objet comme aux siècles précédents, mais elle ne s'est pas encore suffisamment libérée pour échapper à des structures sociales qui la font souffrir. Néanmoins, le temps de la lucidité est venu et elle récapitule sa vie sentimentale. En apparence totalement dégagée, Marion a néanmoins passé beaucoup de temps à chercher des cahiers semblables à ceux qu'elle utilisait durant son adolescence, de la marque Gallia, pour écrire durant sa croisière le journal d'une femme au déclin de sa vie.

Et puis un beau jour, oui, un beau, sans qu'on puisse dire comment, le cap Horn est franchi. On retrouve avec une surprise émue la chaleur du soleil et la saveur tranquille et délicieuse de la vie, qu'on avait oubliée. On ne remarque pas tout de suite que la jeunesse et la passion
5 sont tombées par-dessus bord... mais n'étaient-ce pas deux sentiments invivables à l'usage? Si l'on a réussi à sauver sa voilure, c'est l'essentiel, il ne reste qu'à se laisser filer en confiance. Il ne peut exister deux caps Horn dans une vie.

La paix du cœur, ce n'est pas du tout ce que l'on croyait à vingt
10 ans.

La nuit s'avance et la houle se creuse déjà, bien que nous soyons encore à l'abri de la côte italienne. Je me demande si je m'habituerai à dormir ballottée comme une épave? Je sens mon squelette rouler dans

saveur : un goût très agréable.
Par-dessus bord : par-dessus le bord du bateau.
invivables : avec lesquels on ne peut pas vivre.
la voilure : l'ensemble des voiles d'un bateau, ce qui est le plus fragile en cas de tempête.
se laisser filer : laisser son navire avancer rapidement.
la houle : le mouvement profond des vagues.
ballotter : remuer dans tous les sens.
épave : ce qui reste d'un bateau naufragé.

ma peau, c'est une animation incessante qui règne à l'intérieur de moi,
15 tous mes organes flottent, s'agitent, changent de point d'appui et envoient des messages de surprise puis de protestation à mon cerveau surmené qui ne parvient jamais à s'assoupir. De plus, pour me narguer, Yves se transforme la nuit en un monsieur que je connais à peine et le même étonnement me saisit, chaque fois que je le regarde, à avoir dans
20 ma.vie cet étranger! Quand il dort, son nez s'allonge démesurément et une expression triste et sévère s'épand sur ses traits, qui le fait ressembler au Grand Condé*. Son masque est rigide, sa bouche droite et fine comme un trait de sabre... Pourquoi ai-je choisi de vivre avec cet homme qui n'est pas du tout mon type? Même quand je l'ai épousé, il
25 n'était pas mon type. En le rencontrant, j'ai été victime d'un accident. Très grave, puisque j'en subis encore les conséquences... En fait ce sont les hommes du genre d'Alex qui me plaisent, avec une belle argenture sur les tempes, l'air mélancolique et pas très capable, des yeux très doux et surtout ces cils retroussés qui m'ont toujours paru si émou-
30 vants chez un homme. Toute ma vie — et elle est assez longue maintenant pour en tirer des enseignements — j'ai été attirée par des universitaires, à lunettes si possible, à complexes en tout cas, bruns de préférence, pleins d'idées utopiques, connaissant la grammaire grecque et latine, croyant au progrès, aimant la poésie et timides avec les femmes.
35 J'en ai d'ailleurs épousé un qui correspondait à ces normes : myope, plus à l'aise dans le maniement des idées que dans celui des objets, distrait, généreux, malchanceux. Six mois plus tard, Olivier était renversé par un taxi boulevard Saint-Germain et mourait d'une fracture du crâne. Je n'ai pas eu le temps de savoir si j'aurais été heureuse avec lui
40 et il n'a eu que celui de me faire un enfant qu'il n'a pas connu et qui ne lui ressemble même pas.

---

1. *Le cap Horn appartient à une des îles qui entourent la Terre de Feu, à la pointe de l'Amérique du Sud. De nombreux navigateurs, essayant de passer de l'océan Atlantique à l'océan Pacifique, ont fait naufrage dans les courants, les tempêtes et les vents violents de cette zone très dangereuse. Expliquez les rapports entre la passion et le cap Horn.*

2. *La romancière établit un lien entre la jeunesse et la passion. Est-ce toujours vrai pour la femme? Cela distingue-t-il la femme de l'homme? Expliquez ce que vous en pensez.*

3. *Selon l'auteur, la paix du cœur se définit de manières différentes selon l'âge. Essayez de donner deux définitions, la première pour l'âge de vingt ans et la seconde pour la quarantaine, l'âge de la romancière. Comparez-les.*

4. *Je me demande si je m'habituerai... Expliquez le sens plus vaste de cette interrogation par rapport à la vie en général.*

5. *Montrez comment et pourquoi le mot* masque *est employé ici, avec ses divers sens. Commentez la richesse de ce style.*

6. *Peut-on faire un tel monologue intérieur, peut-on analyser en détail une telle situation si l'on n'a pas la paix du cœur? Expliquez votre réponse.*

Yves, lui, préférait l'humanité aux humanités, possédait une vue de lynx, une chance insolente et il plaisait trop aux femmes. Il m'a beaucoup déplu la première fois et je lui ait dit qu'il ressemblait à Henri
45 Garat. Il se collait les cheveux à la brillantine, portait un costume d'un gris trop clair, distribuait des sourires personnalisés à tout le monde sans distinction, avait le calembour facile, la peau blanche et douce, des mains féminines, la bouche fine comme on l'aimait chez les séducteurs d'avant-guerre; enfin il préférait vivre la nuit et versait comme tous les
50 noctambules dans le mythe de l'alcool. En fait, je ne sais pas par quel stratagème il usurpait cette réputation de séducteur car ses yeux étaient petits et d'une couleur imprécise, avec des paupières cousues en rond comme sur les yeux d'oiseau et il présentait cette anomalie de posséder des iris marron mais un regard gris. En outre, ses performances spor-
55 tives étaient médiocres, ses épaules plutôt étroites et sa voix n'était pas de velours. Mais tous ces détails lui semblaient parfaitement secondaires, et aux autres aussi apparemment, puisqu'il paraissait acquis une fois pour toutes qu'il gagnait toujours au jeu et aux femmes.

« C'est un noceur, ma pauvre fille », disait maman.
60 Il me déplaisait tant que je ne me méfiais pas. Je sortais souvent avec sa sœur et nous le rencontrions flanqué de filles de tous genres avec lesquelles il semblait avoir exactement le même degré d'intimité et tirer les mêmes satisfactions.

C'est en bateau que nous nous sommes mieux connus. Sur la plage,
65 en costume de bain, il faisait plus noceur que jamais avec son dos voûté, ses bras maigres et ses jambes si blanches qu'elles en paraissaient bleu ciel. D'ailleurs il avait horreur du soleil, du sport et des maîtres nageurs. Ah! je ne risquais vraiment rien! Et puis nous avons passé cette journée en bateau. Il s'y connaissait en moteurs; je croyais jusque-
70 là qu'il se vantait. Il manœuvrait habilement à la voile et il parlait bien de la mer, ce qui n'est pas facile. Et surtout, pour la première fois, il n'y avait plus d'autre fille ni d'ami avec nous. Je ne m'en suis pas rendu compte tout de suite, mais en lui, ce que je ne pouvais pas supporter, c'étaient les autres. Ce jour-là il jouait son rôle pour moi
75 seule, et pour la mer qui lui a toujours fait interpréter son plus beau personnage. Il avait tout de même emporté sa bouteille de muscadet dans un seau.

Le soir, nous devions aller à la gare chercher une fille qui arrivait pour lui. N'importe qui, il n'avait aucun goût, c'est-à-dire aucun
80 dégoût. La précédente, une grosse aux cheveux jaunes, était partie la veille et il s'arrangeait toujours pour qu'aucune vacance ne se produisît. Mais la fille n'était pas dans le train. Nous sommes rentrés en parlant de la vie, de l'amour et je ne me doutais toujours de rien. Et puis, c'est moi qui suis devenue la fille de ce soir-là, puisqu'il n'y en avait pas
85 d'autre. Je suis sûre qu'Yves n'avait pas de meilleure raison et seulement beaucoup d'amitié pour moi, bien qu'il m'ait dit le contraire

un stratagème : une ruse, un procédé adroit.
usurper : prendre sans en avoir le droit, ou sans le mériter.
une anomalie : ce qui n'est pas normal.
un iris : la partie centrale de l'œil.
de velours : ici, très douce et langoureuse.

noceur (péjoratif) : celui qui s'amuse tout le temps.
flanqué de filles (familier) : avec des filles tout autour de lui.

se vanter : faire croire que l'on a des qualités qui n'existent pas ou peu en réalité.
muscadet : vin blanc du Pays de la Loire.
une vacance : ici, un intervalle sans compagnie.

narguer : se moquer avec malice.
démesurément : sans mesure, énormément (exagération).

après, parce qu'il aime bien faire plaisir et que ce n'était pas plus faux qu'autre chose. Quant à moi, j'ai été prise par surprise. Il avait l'air de trouver la situation tellement courante que j'ai craint d'avoir l'air d'une
90 buse en disant : « Vous n'y pensez pas! » Je n'ai jamais très bien su manœuvrer avec ce type d'homme-là, ils me font perdre mes moyens et le temps que je réfléchisse, c'est dans le sac. Le lendemain, il a décommandé l'autre fille qui avait télégraphié et nous sommes partis ailleurs tous les deux pour échapper aux autres. Dans ce port où il passait ses
95 vacances depuis toujours, c'était intenable.

Tout le temps que nous avons été deux, tout a marché délicieusement. Puisque son besoin vital et son talent c'était de s'adapter aux autres, il s'est adapté à moi parfaitement. Mais où n'aurait-il pas eu besoin de s'adapter? Quelle adaptation lui était la plus naturelle parmi
100 toutes les adaptations qu'il réussissait? C'est la question qui m'a toujours tourmentée et sur laquelle je n'ai jamais pu lui extirper une précision. Toutes les adaptations lui plaisent puisque ce qu'il aime précisément, c'est s'adapter! Il n'y avait donc aucune raison pour que je lui plaise plus qu'une autre.

une buse : un oiseau qui a la réputation d'être plus bête que les autres.
c'est dans le sac (vulgaire) : c'est fait.
intenable : insupportable (sens fort).

extirper : tirer avec beaucoup de peine et de difficultés.

1. *Analysez dans ce passage l'équilibre entre la lucidité (au moment où l'auteur écrit) et l'aveuglement (au moment où les faits racontés se passaient).*
2. *Expliquez les raisons pour lesquelles les avertissements de la mère de Marion n'ont servi à rien.*
3. *Ah! je ne risquais vraiment rien! Montrez comment l'ironie de cette exclamation pourrait donner le ton à toute l'aventure.*
4. *Dans ce port... En quoi cette image ressemble-t-elle à celle du cap Horn?*
5. *Que pensez-vous de ce besoin de s'adapter?*

« Tiens, voilà ton café : c'est du thé. »
Ionesco.

105 Betty possède cette aisance que <u>confère</u> le seul fait d'être jeune en cette seconde moitié du XXe siècle. Tout parle d'elle, la glorifie, travaille pour elle, la mode, la musique, les bandes dessinées et jusqu'aux publicités sur les murs du métro. On ne voit qu'elle, la femme de mon âge a disparu, <u>escamotée</u>. C'est en la personne de ces jeunes filles qui joignent
110 aux charmes de l'adolescence les libertés de l'âge adulte que la civilisation trouve désormais son expression la plus accomplie. Elles en ont acquis une démarche, une tranquille audace que nous n'atteindrons jamais, nous de la première moitié du siècle. Jeune fille en ce temps-là était <u>synonyme</u> de jeune fille à marier. Nous n'étions que des êtres
115 <u>transitoires</u>, tendus vers un seul but, préparés en vue d'une seule fonction et ce conditionnement nous paralysait. C'était alors le règne de la Femme. Nous attendions de le devenir dans l'ombre et le silence. Puis la guerre nous a mangé un grand morceau de jeunesse et quand nous nous sommes retrouvées Femmes, le règne des Filles était venu! Nous
120 étions <u>flouées</u>. Nous n'aurons jamais été ces insolentes petites panthères, sûres de leurs goûts et de leurs dégoûts, que l'on prend au sérieux et qui nous imposent, à nous, de leur ressembler ou de disparaître. A l'âge où l'on m'envoyait encore à la cuisine quand mes parents « avaient du monde », mes filles dînent à la Tour d'argent*
125 emmenées par des gens de mon âge, et c'est moi qui les attends dans la cuisine!
Comme Betty, Tibère, opérateur, ex-photographe de modes et faiseur de gloires <u>éphémères</u>, appartient à cette génération de seigneurs. Il porte une étonnante chemise de voile rose qui semble prête à craquer à
130 chaque contraction de ses beaux muscles longs.
« C'est un animal superbe! » me souffle Iris à l'oreille.
La différence c'est qu'aucun des hommes ici présents n'éprouve de complexe devant lui alors que nous, nous avons toutes un peu honte devant Betty. Honte d'être plus ou moins abîmées, de nous éloigner
135 <u>inexorablement</u> du type idéal d'humanité, d'occuper auprès de nos maris, sans autre raison souvent que l'ancienneté, une place où beaucoup d'hommes ont déjà installé des Betty. Des Betty qui connaissent la vie aussi bien que nous mais qui ont conservé ces yeux limpides, ce cou gracile, cette bouche neuve et ce corps d'hermaphrodite. Nous
140 regardons la nouvelle un peu comme des pauvresses, sauf Patricia peut-être qui croit dans sa candeur à la justice, au bonheur du devoir accompli et ne s'aperçoit pas encore que le temps d'aimer a été bien court pour elle. Oh! si court!

conférer : donner, au sens noble.
escamoter : faire disparaître sans laisser de trace.
un synonyme : qui signifie la même chose.
transitoire : passager, qui ne dure pas.

flouer : (argot) tromper, promettre sans tenir sa promesse.
éphémère : qui ne dure pas.
inexorablement : sans possibilité de changer quoi que ce soit.

Elle a vingt-six ans et restera avec Alex, le mari d'Iris, à Tahiti. Celui-ci est follement amoureux d'elle, la réciproque peut être mise en doute, on le devine par le ton de la fin du récit à leur sujet : Lui, qui s'est toujours arrangé du flou de son existence, est atterré, ou plus exactement snobé, par la dureté de Betty qu'il semble prendre pour la pureté intransigeante de la jeunesse. « C'est une jeune fille d'Anouilh* », nous répète-t-il comme pour s'excuser. *Iris abandonne le combat et prend l'avion pour aller à New York vivre avec sa sœur.*

Le spectacle de Betty entraîne Marion à évoquer ses difficultés conjugales et les infidélités de son mari. La « script-girl » ne serait-elle pas la réplique féminine du personnage d'Alex ?

Vivre ne serait-ce pas jouer, faire des paris sur l'inconnu ? Elle réfléchit à ces questions au large de la Grèce, après avoir rappelé un autre grand voyage, L'Odyssée.*

Comment empêcher une <u>sauterelle</u> de sauter ? C'est ce que je me suis
145 demandé durant les premières années de mon mariage, qui m'ont laissé un sentiment de <u>frustration</u> et d'effort constant. « Je n'y arriverai pas, maman avait raison ! » me répétais-je, sous-entendu : à exercer sur lui le pouvoir qu'il a sur moi ; je n'arriverai pas à lui paraître irremplaçable ; à ce qu'il me désire plus que je ne le désire ; à ce que ce soit lui
150 qui ait peur de me perdre, peur que je ne m'ennuie avec lui. Et les années passaient effectivement sans qu'Yves parût souffrir, content de sortir, content de rentrer, content de plaire, pas mécontent que je m'en aperçoive mais sans excès, aimant sa maison mais adorant la quitter, et tout cela avec un tel bonheur qu'il eût été égoïste, bas, jaloux, peu
155 civilisé en somme, de manifester quelque insatisfaction.

« Je suis parfaitement heureux avec toi », disait Yves.

Pouvais-je répondre : j'aimerais aussi que tu sois parfois malheureux ?

Je faisais partie de cette génération qui n'a pas appris à vivre,
160 doublement : comme jeune fille de famille et comme étudiante en philologie. Comme jeune fille parce que mes parents ne me considéraient pas comme un être en soi mais seulement comme une épouse et une mère en sursis, qui n'aurait d'existence réelle et décente que le jour où un être de sexe mâle la tirerait de ces <u>limbes</u> où flottent jusqu'à leur
165 mort les femmes sans homme. L'essentiel à leurs yeux était de faire

une sauterelle : une sorte d'insecte.
la frustration : état où l'on est lorsque ce que l'on veut ne se réalise pas, lorsqu'on est privé de quelque chose.
un sursis : une remise à plus tard d'une peine, de l'application d'un jugement. Ici : en attente.

les limbes (fém.) : état vague, non défini, où rien n'existe vraiment, où l'on est en attente.

162

vivre leur fille « en attendant », de la manière qui ressemblât le moins à une orientation irréversible. Il fallait en effet pouvoir devenir indifféremment, le jour venu, femme de médecin ou d'explorateur, d'ingénieur ou de saint-cyrien*. Le choix des études se révélait donc délicat, les
170 plus floues restant les plus recommandables. Dans l'absolu, c'est-à-dire dans l'hypothèse où je me serais considérée comme un être humain normal, j'aurai choisi sans hésiter la médecine. Une douce mais implacable pression me détourna de ces sept années d'études qui constitueraient, m'affirma-t-on, un handicap certain dans l'exercice de ma vie
175 d'épouse. On me poussa affectueusement vers la Sorbonne*, un ou deux certificats de lettres* « en attendant » n'ayant jamais empêché une jeune fille de se marier. Malheureusement l'attente s'était transformée en licence classique* puis en diplôme d'études supérieures* avant qu'un candidat offrant des garanties suffisantes n'eût été agréé par le tribunal
180 familial. Il était temps : le spectre de l'agrégation* qui fait les vieilles filles à lunettes hantait déjà mes parents.

Le souvenir d'avoir été un bestiau à la foire, sur lequel les acheteurs ne s'étaient pas précipités assez vite malgré les bichonnages de ses soigneurs, me laissa pour des années une humilité hargneuse à l'égard
185 des hommes.

Comme étudiante non plus je n'avais pas appris à vivre. Je m'en rends compte aujourd'hui, si j'avais choisi les langues mortes, c'était par peur des choses vivantes. Être professeur, au fond, revenait seulement à changer de place dans la classe, tout en continuant en quelque
190 sorte, à l'abri des mêmes murs, ce métier de l'école que j'avais tant aimé. J'avais choisi une cage, mais c'était pour enfermer le monde au-dehors. Olivier lui aussi s'ébattait dans une cage dorée, l'École normale*, dont il ne se décidait pas à sortir, accumulant les certificats et les lauriers. Nous nous étions rencontrés, aimés et mariés un peu
195 comme frère et sœur : n'avions-nous pas les mêmes grands-parents, les Anciens*?

Très vite veuve, avant même la naissance de Pauline, malgré un chagrin très vif, je me suis trouvée en mesure de découvrir d'un seul coup la liberté morale et l'indépendance matérielle. Veuve c'était un
200 titre honorable, même pour mes parents, presque une situation dans la

irréversible : qui ne peut pas revenir en arrière, ni décroître.
le spectre : le fantôme, l'image inquiétante.
des bestiaux : des animaux domestiques élevés en troupeau que l'on achète et vend. S'emploie rarement et familièrement au singulier.
un bichonnage : un soigneux nettoyage pour embellir un animal ou quelqu'un.
hargneux : qui montre une très mauvaise humeur.

s'ébattre : se donner du mouvement.

---

1. *Que pensez-vous de la comparaison entre Yves et une sauterelle?*
2. *Commentez la phrase Je n'y arriverai pas, maman avait raison.*
3. *Yves est* parfaitement heureux. *Discutez les diverses implications de cette phrase par rapport à la conception traditionnelle du mariage et aussi par rapport à la psychologie de Marion.*
4. *Que pensez-vous de l'expression* ma deuxième fille *(est-ce l'adjectif possessif que vous attendiez?).*
5. *Montrez les liens profonds qui existent entre les cinq phases de la vie de Marion (a) la jeune fille (b) la jeune mariée (c) la jeune veuve (d) la femme mariée (e) celle qui a atteint la paix du cœur.*
6. *Dites ce que vous pensez de Marion, d'Yves et de Betty.*

société! Et si le veuvage est assez précoce, il peut permettre à certaines rescapées de vivre enfin leur jeunesse. Libérée de la tutelle de mes parents, pas encore replacée sous celle d'un mari, en possession d'un appartement, d'un métier qui me faisait vivre et d'une petite fille qui
205 comblait mon besoin de tendresse, je jouissais du seul statut de liberté véritable que pouvait connaître à cette époque une fille de vingt-cinq ans.

Au bout d'un an ou deux d'apprentissages délicieux, quand je me suis cherché un compagnon, je ne voulais plus d'un frère mais d'un
210 homme qui me ferait un peu peur... La réalité d'Yves dépassa mes espérances et faillit dépasser mes possibilités. Mais il me tira définitivement de cette sorte de scolarité morose que je poursuivais par timidité et par une modestie qui confinait au complexe d'infériorité.

Lui qui, à vingt-six ans, avait déjà joué de la guitare dans un cabaret
215 espagnol, été peintre, céramiste, explorateur polaire et assistant de cinéma, ressentait la nécessité d'un ancrage solide qui lui permît de naviguer à sa guise sans pour cela devenir un vagabond. Il arrivait à l'âge où l'on pressent que l'on ne s'en va vraiment bien que de chez soi. Ma rugosité, ma façon de m'agripper au sol provoquaient en lui à la
220 fois une constante irritation de surface et je crois un soulagement obscur.

Après la naissance de ma deuxième fille, Dominique, et dix-huit années d'une existence passionnante mais semée d'embûches où j'ai pu m'apercevoir que j'étais restée au fond une étudiante guindée et une
225 femme à complexes, contrairement à ce que des circonstances exceptionnelles dans ma vie avaient pu me faire espérer, s'est produit un de ces événements qui ont la particularité de diviser une vie en deux et d'obliger ceux qui l'ont vécu à considérer désormais leur existence en termes d'*avant* et d'*après*. Cet événement fut le suicide de Yang.

B. Groult, *La Part des Choses,* éd. Grasset, 1972

précoce : qui vient très tôt.
un rescapé : celui qui se sauve d'un grand danger.
tutelle : pouvoir exercé sur quelqu'un.
un statut : ensemble de règles.
morose : triste, peu souriant.
confiner : se rapprocher beaucoup de.
ancrage : mot formé sur ancre, appareil qui sert à attacher un bateau en le fixant par une amarre au fond de l'eau. Besoin d'ancrage : besoin d'un point de fixation.
vagabond : celui qui n'a pas de maison et vit n'importe où.
la rugosité : état de ce qui est rugueux, c'est-à-dire le contraire de lisse, de doux.
une embûche : tout ce qui sert de piège.
guindé : qui a un souci exagéré des apparences.

Éternité du thème traité à l'époque romantique par Musset* dans On ne badine pas avec l'amour, *Yang, la jeune maîtresse d'Yves, met fin à ses jours et Marion, elle aussi, se sent coupable.*

Finalement, la mort de Yang épargnera d'autres malheurs. Inconsciemment peut-être, Yves renonce aux grandes passions comme celle d'Alex pour Betty, il accepte son âge. Alors une apparente sérénité, celle des gens qui ont longtemps souffert ensemble, régnera sur les rapports d'Yves et de Marion. Jacques cherche surtout à fuir. Il se décide à partir en croisière parce qu'il a frôlé la mort à la suite d'une crise cardiaque appelée infarctus. Il se rend compte qu'il ne supporte plus ni son métier de dentiste en vogue ni ses enfants qui semblent n'avoir qu'un but dans la vie, profiter de la richesse de leur père. Loin des enfants, il retrouve son épouse Patricia dans un tête-à-tête de plusieurs mois et il s'aperçoit qu'un tempérament sanguin doublé d'une éducation chrétienne avaient pu lui faire prendre pour de l'amour l'attachement bénin éprouvé pour son épouse, une Patricia de bonne famille, dans laquelle il avait laissé tomber cinq enfants sans trop y réfléchir. Comme le peintre Gauguin*, il décide de rester à Tahiti pour y finir sa vie. Patricia rentrera seule, mais en réalité elle n'avait jamais cessé de l'être, même auprès de son mari.*

LA LANGUE ET LE STYLE

Pourquoi faut-il le subjonctif ?

Et puis un beau jour, sans qu'on puisse dire comment, le cap Horn est franchi. Ce premier subjonctif est commandé par la conjonction *sans que*.

Si l'idée de concession demande le subjonctif, il en est de même quand il s'agit d'exprimer un but, *il s'arrangeait toujours pour qu'aucune vacance ne se produisît.*

Après *bien que* ou *quoique*, le subjonctif est également indispensable pour marquer l'opposition entre deux idées, *je suis sûre qu'Yves n'avait pas de meilleures raisons et seulement beaucoup d'amitié pour moi, bien qu'il m'ait dit le contraire après... et le temps que je réfléchisse, c'est dans le sac*, ici la locution *le temps* a la valeur de *jusqu'à ce que*, toujours suivi du subjonctif.

La phrase la plus complexe est certainement celle qui suit, *je n'arriverai pas à lui paraître irremplaçable ; à ce qu'il me désire plus que je ne le désire ; à ce que ce soit lui qui ait peur de me perdre, peur que je m'ennuie avec lui*, elle ne comporte pas moins de quatre subjonctifs. *Ne pas arriver à* est employé ici au sens figuré et traduit un regret, c'est-à-dire un sentiment, d'où le subjonctif du verbe *désirer* et du verbe *être*; l'idée de crainte qu'introduit le mot *peur* explique que le verbe *ennuyer* soit aussi au subjonctif; reste à justifier l'emploi, assez rare d'ailleurs, du mode subjonctif dans la proposition relative, c'est l'idée de but ou de conséquence contenue dans le pronom *qui* qui entraîne l'emploi de ce mode. Il en serait de même si l'antécédent du pronom était une forme superlative ou *le seul, l'unique, le dernier, le premier, etc. il est le seul qui* puisse me faire peur.

Pouvais-je répondre : j'aimerais que tu sois parfois malheureux. On sait que lorsque le verbe de la principale exprime un doute, un sentiment, une crainte ou un ordre, le subjonctif est de rigueur dans la subordonnée, mais si nous avons cité cette phrase où, bien que le verbe *aimer* soit au conditionnel, l'auteur à juste titre n'applique pas la concordance des temps, c'est parce que le passage est au style direct. Par contre, plus loin, la règle est scrupuleusement respectée et redonne à la phrase une forme littéraire, *malheureusement l'attente s'était transformée en licence classique, puis en diplôme d'études supérieures avant qu'un candidat offrant des garanties suffisantes n'eût été agréé par le tribunal familial;* il en est de même dans la phrase, *l'essentiel à leurs yeux était de faire vivre leur fille en attendant, de la manière qui ressemblât le moins à une orientation irréversible.* Le premier subjonctif est commandé par la conjonction *avant que*, toujours suivie par ce mode comme *jusqu'à ce que*, alors qu'*après que* ne l'est jamais : *l'attente s'était transformée... après qu'un candidat offrant des garanties suffisantes eut été agréé par le tribunal familial*, il s'agit du passé antérieur de l'indicatif et c'est pourquoi il n'y a pas d'accent circonflexe sur la lettre u dans *eut été*.

Pour mieux comprendre

une femme moderne se penche sur sa vie

La situation où se trouve Marion

— Elle a plus de quarante ans et ne manque pas d'argent.

— Mariée, veuve, remariée, elle a deux filles. L'aînée, Pauline, ne s'intéresse qu'au cinéma, la cadette, Dominique, s'est mariée trop jeune et mal.

— Il lui reste un idéal désabusé, qu'elle note au début du chapitre et formulé par le romancier Julien Gracq, *Que j'aimerais qu'on s'accepte tel qu'on est, qu'on serve les fatalités de sa nature avec intelligence : il n'y a pas d'autre génie.*

— Intellectuelle, bourgeoise, riche et parisienne, il lui reste des attaches profondes, elle *se sentait obstinément occidentale, et même française, et même bretonne, et même enracinée très précisément ici, entre Pont-Aven et Trévignon, là où les champs cultivés descendent jusqu'à la mer, où l'on attache les bateaux aux arbres du rivage comme des bêtes.* Elle préfère sa maison de campagne aux grands voyages.

Le monologue intérieur se déroule en plusieurs phrases

— Un état d'âme, la sérénité née du détachement et du désenchantement.

— Les corps : Marion se sent étrangère à son propre corps, puis étrangère à Yves.

— *Pourquoi ai-je choisi de vivre avec cet homme qui n'est pas du tout mon type ?* Elle essaie de répondre à cette question difficile et vitale en retraçant son passé, absurde comme toutes les histoires que l'on voit sous l'angle de leur fin.

Ce récit est un témoignage sur la femme moderne et le monologue prend donc une valeur générale.

la condition féminine

La technique de la romancière est remarquable

— Le récit autobiographique se complète d'analyses profondes et de détails précis qui peuvent être aisément généralisés.

— Une aventure personnelle peut devenir celle de la Française-type de son époque.

Tout cela finit par décrire d'une façon vivante le cadre de la condition féminine au milieu du XXe siècle.

Le premier mariage

— Olivier était un *universitaire à lunettes.*

— Malchanceux : il meurt six mois après le mariage.

— Malchanceux à jamais : une fille, née après la mort de son père, ne lui ressemble même pas !

— Conclusion : une aventure émouvante et absurde, *Je n'ai pas eu le temps de savoir si j'aurais été heureuse avec lui.*

La seconde aventure

— Yves est tout ce qu'Olivier n'était pas.

— La jeune veuve jugeait Yves impitoyablement, *il m'a beaucoup déplu.*

— Il a une réputation de *séducteur* qui repousse Marion, et qu'elle ne juge méritée ni par des qualités intellectuelles, ni par des avantages physiques.

— La mère de Marion a vu clair et elle a mis sa fille en garde, *C'est un noceur, ma pauvre fille.*

— La conclusion est à la fois très logique et parfaitement absurde, *Il me déplaisait tellement que je ne me méfiais pas.* Marion devient donc, par accident, la maîtresse d'Yves. Elle n'a pas refusé de se donner à lui parce qu'elle voulait faire comme les autres filles et ne pas *avoir l'air d'une buse.*

Cette aventure sans illusion se termine par un mariage, qui dure maintenant depuis plus de vingt ans.

la nouvelle condition féminine

Technique de la romancière

— La nouvelle condition féminine est sans cesse comparée à l'ancienne, si l'on peut appeler ainsi ce qui se passait une trentaine d'années auparavant.

— Marion a, comme toutes les femmes de sa génération, le sentiment d'être victime d'une évolution trop rapide : *quand nous nous sommes retrouvées Femmes, le règne des Filles était venu.*

— La liaison entre les facteurs psychologiques individuels et l'histoire, notamment la guerre, est soigneusement présentée.

— Le phénomène est bien situé par rapport à la société actuelle, conditionnée par la publicité et une certaine image du *mâle.*

Betty incarne une nouvelle condition féminine

— Elle réunit des aspects qui, auparavant, étaient incompatibles, en particulier les charmes de l'adolescence et les libertés de l'âge adulte.

La jeunesse, jadis considérée comme un état temporaire, transitoire, éphémère est maintenant devenue permanente ; ceci justifie cette *aisance* et cette *tranquille audace* de la *génération des seigneurs.*

— Betty se conduit exactement comme les filles de Marion, la narratrice. Les Filles ressemblent toutes à une sorte de prototype qui n'a aucun rapport avec les jeunes filles (par ex. celles que Proust met en scène dans son roman « A l'ombre des jeunes filles en fleur ») de la première moitié du siècle.

— Tout ceci explique, et peut-être justifie, une jalousie double, par rapport aux générations qui passent et par rapport aux hommes.

La jeune fille obéissait à ses parents et les respectait. En prenant de l'âge et devenue mère à son tour, elle s'attendait à ce qu'on la traite de même manière — d'où une première déception.

Les Filles actuelles constatent que les Femmes vieillissent mais que leurs maris restent jeunes. Attirées par l'argent et par le confort matériel, bon nombre de Filles acceptent sans scrupule les avances d'hommes mariés qui pourraient être leurs pères.

la physiologie d'un mariage

Balzac a écrit au XIXe siècle une « Physiologie du Mariage », Benoîte Groult à son tour en fait une analyse poussée, mais à travers sa propre vie conjugale.

Eux forment un couple qui va tant bien que mal

— Infidélité et satisfaction chez le mari, qui est heureux.

— Souffrance de la femme, affligée d'un mari qui ne correspond en rien à son idéal.

Elle, l'épouse

— Marion est comme Madame Bovary, victime de l'éducation qu'elle a reçue.

— Elle a d'abord vécu non sa propre vie, mais l'idée que sa mère avait de ce que devait être la vie de sa fille.

— Elle n'est pas devenue médecin, comme elle le désirait. Même à la Sorbonne*, elle a choisi des études qui ne conduisaient qu'à des prisons morales, le mariage ou l'enseignement.

— Veuve à vingt-cinq ans, elle semble avoir eu de la chance en refaisant sa vie. Mais a-t-on jamais une seconde chance ? Conditionné par le passé, par le caractère, n'est-on pas condamné, comme Sartre essaie de le prouver dans *Les jeux sont faits*, à répéter des erreurs semblables ?

Lui, le mari

— Sa situation est exactement l'inverse de celle de Marion, à l'emprisonnement de celle-ci s'oppose une liberté totale chez lui.

— Elle cherche dans le mariage une nouvelle prison, lui un refuge temporaire entre deux expéditions, entre deux aventures amoureuses.

— Étant la maîtresse d'Yves, elle a eu le réflexe bourgeois de vouloir régulariser la situation. Lorsqu'elle se qualifie d'*étudiante guindée* et de *femme à complexes,* elle dit sans doute la vérité, mais elle reflète aussi le jugement de son mari.

LA FEMME VICTIME

LA FEMME DE QUARANTE ANS

JACQUES CHARDONNE *fait le portrait d'une femme romanesque qui a conservé à quarante ans le goût d'une jeunesse qu'elle n'a pas connue, elle se confie à l'ami d'Octave, son mari :*

On m'avait demandée en mariage très tôt, mais je ne voulais pas me marier afin de préserver ma liberté morale, je veux dire le sentiment que j'avais d'être intacte. C'est un sentiment que l'on éprouve toujours, je crois, quand on est jeune et que l'on vit dans sa famille. Lorsque cette famille est oppressée par une existence trop étroite et n'a plus d'autres pensées que la nourriture, on a une grande idée de cette force vierge que l'on représente, on ne veut pas vivre comme les autres.

A force d'entendre les plaintes de ma mère qui me reprochait de refuser le meilleur parti de la contrée, j'acceptai de le voir. Mon père me dit : « Si tu ne l'aimes pas il ne faut pas l'épouser. » Cette parole généreuse me toucha tellement que pour lui faire plaisir je m'engageais davantage. Je savais que mon père désirait surtout ce que voulait ma mère.

Ce jeune homme venait chez nous le dimanche. Je me souviens de promenades entre des haies de fleurs et de feuillages ; je ne pouvais le supporter à mes côtés et je marchais devant lui, le laissant à la personne qui nous accompagnait. Un jour, excédée, je quittai la maison et je me rendis à Verneuil dans un bureau de placement où j'éclatai en sanglots. On m'assura que tout cela s'arrangerait chez moi. En rentrant j'appris que mon fiancé avait tenté de se tuer et je vis la haine des gens outrés contre cette jeune fille cruelle. Ma mère qui pouvait vivre dans le pathétique ne m'épargnait guère. Elle me dit que papa lui aussi avait voulu mourir. Je pense qu'il avait fui la maison tout simplement. Il me comprenait et souffrait ; j'en suis sûre, quoiqu'il ne m'ait rien dit.

Cette fuite fut un acte de violence au-dessus de mes forces et je tombai très malade. Lorsque je revins à la vie, faible, croyant à peine que je vivais, la première chose que j'aperçus fut mon fiancé debout auprès de mon lit, tenant à la main un gros bouquet de muguet qu'il avait cueilli à l'aube avant d'aller à son bureau. J'ai toujours aimé les bois et les fleurs. Cette touffe blanche, si parfumée et si fraîche, c'était à la fois toute la forêt, le matin, la tendresse humaine. Je mis ce bouquet contre ma joue. J'étais vaincue. Je n'avais plus cette force impitoyable de la jeunesse. J'acceptai d'être aimée sans aimer.

Les Romanesques, éd. Grasset, 1952

Son mariage est caractéristique de ce qui se passait dans la bourgeoisie française de province au début de notre siècle, la jeune fille a été la victime innocente de sa famille.

DANGEREUSES IMAGINATIONS

STENDHAL *analyse la rêverie, d'un romantisme excessif, d'une jeune fille de la noblesse. Mathilde se laisse emporter par une imagination romanesque. Elle a vécu en pensée ses livres, et ceux-ci forment des souvenirs qui modèlent l'avenir où elle se voit, sans tenir compte de la réalité. Elle s'ennuie, elle se nourrit des descriptions de l'amour, elle attend en secret la passion, car elle voit dans une grande passion la preuve de son propre mérite :*

Elle repassa dans sa tête toutes les descriptions de passion qu'elle avait lues dans *Manon Lescaut**, *la Nouvelle Héloïse**, les *Lettres d'une Religieuse portugaise**, etc. Il n'était question, bien entendu, que de la grande passion, l'amour léger était indigne d'une fille de son âge et de sa naissance. Elle ne donnait le nom d'amour qu'à ce sentiment héroïque que l'on rencontrait en France du temps de Henri III* et de Bassompierre*. Cet amour-là ne cédait point bassement aux obstacles ; mais, bien loin de là, faisait faire de grandes choses. Quel malheur pour moi qu'il n'y ait pas une cour véritable comme celle de Catherine de Médicis* ou de Louis XIII* ! Je me sens au niveau de tout ce qu'il y a de plus hardi et de plus grand. Que ne ferais-je pas d'un roi homme de cœur, comme Louis XIII soupirant à mes pieds ! Je le mènerais en Vendée*, comme dit souvent le baron de Tolly, et de là il reconquerrait son royaume ; alors plus de charte... et Julien me seconderait. Que lui manque-t-il ? Un nom et de la fortune. Il se ferait un nom, il acquerrait de la fortune.

Le Rouge et le Noir, 1831

Aimer un homme d'une basse classe sociale flatte son goût du bizarre et de plus, elle voit en Julien une sorte de grand enfant qui a besoin d'être protégé. La jeune fille du roman de Stendhal rencontre l'amour puis laisse aller son imagination.

FLAUBERT décrit, chez Emma Bovary, les débordements d'une imagination factice nourrie par de mauvais romans qui se transforment en un véritable art du mensonge. Son mari la soupçonne d'être infidèle, elle se trouve fort près d'être découverte, mais échappe à cette situation difficile avec une habileté perverse :

Elle était pour son mari plus charmante que jamais, lui faisait des crèmes à la pistache et jouait des valses après dîner. Il se trouvait donc le plus fortuné des mortels, et Emma vivait sans inquiétude, lorsqu'un soir, tout à coup :

— C'est Mlle Lempereur, n'est-ce pas, qui te donne des leçons ?

— Oui.

— Eh bien ! je l'ai vue tantôt, reprit Charles, chez Mme Liégeard. Je lui ai parlé de toi ; elle ne te connaît pas.

Ce fut comme un coup de foudre. Cependant elle répliqua d'un air naturel :

— Ah ! sans doute, elle aura oublié mon nom !

— Mais il y a peut-être à Rouen, dit le médecin, plusieurs demoiselles Lempereur qui sont maîtresses de piano ?

— C'est possible !

Puis vivement :

— J'ai pourtant ses reçus, tiens ! regarde.

Et elle alla au secrétaire, fouilla tous les tiroirs, confondit les papiers et finit si bien par perdre la tête, que Charles l'engagea fort à ne point se donner tant de mal pour ces misérables quittances.

— Oh ! je les trouverai, dit-elle.

En effet, dès le vendredi suivant, Charles, en passant une de ses bottes dans le cabinet noir où l'on serrait ses habits, sentit une feuille de papier entre le cuir et sa chaussette, il la prit et lut :

« Reçu, pour trois mois de leçons, plus diverses fournitures, la somme de soixante-cinq francs. FÉLICIE LEMPEREUR, professeur de musique. »

— Comment diable est-ce dans mes bottes ?

— Ce sera, sans doute, répondit-elle, tombé du vieux carton aux factures, qui est sur le bord de la planche.

A partir de ce moment, son existence ne fut plus qu'un assemblage de mensonges, où elle enveloppait son amour comme dans des voiles, pour le cacher.

Madame Bovary, 1856

On notera les quatre phases de la progression du mensonge — la réaction spontanée et instinctive, l'explication réfléchie et raisonnable, la mise en scène formant preuve et enfin la répétition de choses fausses devenant de plus en plus aisée. Emma prend l'habitude d'être crue et devient plus audacieuse.

LA FEMME ET LA SOCIÉTÉ

LA PROSTITUÉE

VICTOR HUGO *excite nos émotions et éveille une intense sympathie en nous montrant la femme-victime. Fantine, mère abandonnée, a placé sa petite fille en nourrice chez la famille des Thénardier, paysans avares et cruels qui exploitent la situation. Pour payer les frais de nourrice, Fantine se prostitue et la voilà maintenant arrêtée par l'inspecteur de police Javert, homme sans cœur et protecteur de « l'ordre » :*

C'est si vilain ce que je fais! O ma Cosette, ô mon petit ange de la bonne sainte Vierge, qu'est-ce qu'elle deviendra pauvre loup! Je vais vous dire, c'est les Thénardier, des aubergistes, des paysans, ça n'a pas de raisonnement. Il leur faut de l'argent. Ne me mettez pas en prison! Voyez-vous, c'est une petite qu'on mettrait sur la grande route, va comme tu pourras, en plein cœur d'hiver, il faut avoir pitié de cette chose-là, mon bon monsieur Javert. Si c'était plus grand, ça gagnerait sa vie, mais ça ne peut pas, à ces âges-là. Je ne suis pas une mauvaise femme au fond. Ce n'est pas la lâcheté et la gourmandise qui ont fait de moi ça. J'ai bu de l'eau-de-vie, c'est par misère. Je ne l'aime pas, mais cela étourdit. Quand j'étais plus heureuse, on n'aurait eu qu'à regarder dans mes armoires, on aurait bien vu que je n'étais pas une femme coquette qui a du désordre. J'avais du linge, beaucoup de linge. Ayez pitié de moi, monsieur Javert!

Elle parlait ainsi, brisée en deux, secouée par les sanglots, aveuglée par les larmes, la gorge nue, se tordant les mains, toussant d'une toux sèche et courte, balbutiant tout doucement avec la voix de l'agonie. La grande douleur est un rayon divin et terrible qui transfigure les misérables. A ce moment-là, la Fantine était redevenue belle. A de certains instants, elle s'arrêtait et baisait tendrement le bas de la redingote du mouchard*. Elle eût attendri un cœur de granit; mais on n'attendrit pas un cœur de bois.

— Allons! dit Javert, je t'ai écoutée. As-tu bien tout dit? Marche à présent! Tu as tes six mois; le Père éternel en personne n'y pourrait plus rien.

A cette solennelle parole, *le Père éternel en personne n'y pourrait plus rien*, elle comprit que l'arrêt était prononcé. Elle s'affaissa sur elle-même en murmurant :

— Grâce!

Javert tourna le dos.

Les soldats la saisirent par les bras.

Depuis quelques minutes, un homme était entré sans qu'on eût pris garde à lui. Il avait refermé la porte, s'était adossé, et avait entendu les prières désespérées de la Fantine.

Au moment où les soldats mirent la main sur la malheureuse, qui ne voulait pas se lever, il fit un pas, sortit de l'ombre, et dit :

— Un instant, s'il vous plaît!

Javert leva les yeux et reconnut M. Madeleine. Il ôta son chapeau, et saluant avec une sorte de gaucherie fâchée :

— Pardon, monsieur le maire...

Ce mot, monsieur le maire, fit sur la Fantine un effet étrange. Elle se dressa debout tout d'une pièce comme un spectre qui sort de terre, repoussa les soldats des deux bras, marcha droit à M. Madeleine avant qu'on eût pu la retenir, et le regardant fixement, l'air égaré, elle cria :

— Ah! c'est donc toi qui es monsieur le maire!

Puis elle éclata de rire et lui cracha au visage.

M. Madeleine s'essuya le visage, et dit :

— Inspecteur Javert, mettez cette femme en liberté.

Les Misérables, 1862

Comme souvent chez ce grand auteur, on trouve le contraste violent utilisé comme procédé littéraire pour provoquer chez le lecteur de fortes réactions : le bien est représenté par Fantine et M. Madeleine, le mal par les Thénardier et Javert. Ceci est compliqué par l'erreur de Fantine, qui voit en M. Madeleine un représentant de la société et de l'ordre et qui l'insulte, mais ce dernier rend le bien pour le mal et pardonne les offenses.

COLETTE *présente un désaccord familial qui sépare complètement pour quelque temps une jeune femme et son mari de ses
parents. Ils habitent le même village. Néanmoins, avec la
naissance d'un bébé, les forces de l'instinct éclatent, ébranlant
le mur de rancune qui se dressait entre les uns et les autres :*

Des mois passèrent, et rien ne changea. La fille ingrate
demeurait sous son toit, passait raide devant notre seuil,
mais il lui arriva, apercevant ma mère à l'improviste, de
fuir comme une fillette qui craint la gifle. Je la rencontrais
sans émoi, étonnée devant cette étrangère qui portait des
chapeaux inconnus et des robes nouvelles.

Le bruit courut, un jour, qu'elle allait mettre un enfant
au monde. Mais je ne pensais plus guère à elle, et je ne
fis pas attention que, dans ce moment-là justement, ma
mère souffrit de demi-syncopes nerveuses, de vertiges
d'estomac, de palpitations. Je me souviens seulement que
l'aspect de ma sœur déformée, alourdie, me remplit de
confusion et de scandale...

Des semaines encore passèrent... Ma mère, toujours vive,
active, employa son activité d'une manière un peu incohé-
rente. Elle sucra un jour la tarte aux fraises avec du sel,
et, au lieu de s'en désoler, elle accueillit les reproches de mon
père avec un visage fermé et ironique qui me bouleversa.

Un soir d'été, comme nous finissions de dîner tous les
trois, une voisine entra tête nue, nous souhaita le bonsoir
d'un air apprêté, glissa dans l'oreille de ma mère deux
mots mystérieux, et repartit aussitôt. Ma mère soupira :
« Ah! mon Dieu... » et resta debout, les mains appuyées
sur la table.

— Qu'est-ce qu'il y a? demanda mon père.

Elle cessa avec effort de contempler fixement la flamme
de la lampe et répondit :

— C'est commencé... là-bas...

Je compris vaguement et je gagnai, plus tôt que d'habitude, ma chambre, l'une des trois chambres qui donnaient
sur le jardin d'En-Face. Ayant éteint ma lampe, j'ouvris
ma fenêtre pour guetter, au bout du jardin violacé de lune,
la maison mystérieuse qui tenait clos tous les volets. J'écoutai,
comprimant mon cœur battant contre l'appui de la fenêtre.
La nuit villageoise imposait son silence et je n'entendis
que l'aboiement d'un chien, les griffes d'un chat qui lacéraient
l'écorce d'un arbre. Puis une ombre en peignoir blanc
— ma mère — traversa la rue, entra dans le jardin d'En-Face.
Je la vis lever la tête, mesurer du regard le mur mitoyen
comme si elle espérait le franchir. Puis elle alla et vint dans
la courte allée du milieu, cassa machinalement un petit
rameau de laurier odorant qu'elle froissa. Sous la lumière
froide de la pleine lune, aucun de ses gestes ne m'échappait.
Immobile, la face vers le ciel, elle écoutait, elle attendait.
Un cri long, aérien, affaibli par la distance et les clôtures,
lui parvint en même temps qu'à moi, et elle jeta avec violence
ses mains croisées sur sa poitrine. Un second cri, soutenu
sur la même note comme le début d'une mélodie, flotta
dans l'air, et un troisième... Alors je vis ma mère serrer
à pleines mains ses propres flancs, et tourner sur elle-même,
et battre la terre de ses pieds, et elle commença d'aider,
de doubler, par un gémissement bas, par l'oscillation de
son corps tourmenté et l'étreinte de ses bras inutiles, par
toute sa douleur et sa force maternelles, la douleur et la
force de la fille ingrate qui, si loin d'elle, enfantait.

La Maison de Claudine, éd. J. Ferenczi, 1922

*La romancière donne une extraordinaire efficacité à ce
texte en supprimant tout espace (le jardin se superpose à la
chambre de l'accouchée) et le temps; la mère semble donner
le jour comme elle le fit il y a une vingtaine d'années à la fille
ingrate. Il se dégage de cette description une atmosphère de
magie, presque de sorcellerie.*

LA MÈRE

ANDRÉ CHAMSON, *dans un tableau moins dramatique mais
d'une égale importance, montre comment la personnalité
d'une femme peut être minée et s'effacer complètement devant
celle de son propre fils :*

L'amour d'Anna pour son fils se modifia complètement,
et presque en une minute, le jour où elle le vit, habillé
« en petit homme », le cartable sous le bras, revenir de
la « laïque », sifflant d'une haleine du bas de l'escalier
à la porte et, campé devant elle, un chiffon de papier à la
main — le bon point du maître — crier : « Je suis premier. »

Depuis ce jour, elle n'aima plus son fils comme elle
l'avait aimé pendant des années, en mère sauvage, en gardienne de vie : elle l'imagina homme, plus considéré que
son père, plus riche : « dans une meilleure place ».

Alors elle ne l'aima plus que comme elle aimait sa
propre vie : à travers des projets, à travers des désirs, non
pas pour elle-même mais à cause de l'espérance qu'elle
portait.

Les Hommes de la Route, éd. Grasset, 1927

*S'agit-il simplement d'un drame de la maternité ou d'une
conception révolue de la supériorité de l'homme sur la femme?
Anna aurait-elle réagi différemment et conservé son identité
si elle avait eu une fille au lieu d'un garçon? Très habilement,
le romancier laisse au lecteur le soin de répondre à ces questions.*

LA MÈRE DE FAMILLE

JULIEN GREEN *évoque l'inévitable échec imposé à la femme par les lois physiologiques. Certes, elle vieillit beaucoup moins vite aujourd'hui que par le passé : Mme Vasseur a cinquante-cinq ans; au début du siècle, elle aurait ressenti les mêmes effets de l'âge à quarante ans et, en 1850, à trente ans :*

« Tu aurais dû m'avoir à vingt ans, disait Ulrique.
— Mais tu aurais douze ans de plus à l'heure qu'il est, réfléchis. »

« C'est injuste, pensait Ulrique. A trente ans, je serai la fille d'une vieille dame. » Et elle ajoutait tout haut :

« Je ne veux pas que tu mettes cette poudre, maman. Un maçon n'en voudrait pas pour faire son gâchis. »

Il n'était pas dans le caractère de Mme Vasseur de résister à un ordre aussi péremptoire : elle jetait donc la poudre incriminée et s'en procurait une autre. Obéir à sa fille ne l'humiliait pas; bien au contraire, elle éprouvait une satisfaction singulière à provoquer les caprices de son tyran, quitte ensuite à malmener son mari ou la petite Hedwige; elle se faisait aussi la main sur l'infortunée Félicie et montrait alors cette férocité propre aux âmes un peu lâches. Il y avait des jours où elle ne respirait que la violence.

Ses cinquante-cinq ans n'éteignaient pas en elle une juvénile ardeur au mal qui prenait chez cette femme toutes les formes de la colère, depuis une ironie jusqu'aux paroles en quelque sorte inspirées que la fureur fait jaillir de la bouche. Dans ces moments d'exaltation, elle savait trop bien qu'elle se relevait aux yeux d'Ulrique pour qui toute gentillesse était suspecte et toute douceur la marque infaillible d'un cœur vulgaire. « C'est notre sang italien », expliquait Mme Vasseur lorsqu'elle retrouvait son calme. Elle comptait, en effet, parmi ses ascendants maternels, un Napolitain dont la profession demeurait dans une obscurité impénétrable. Il n'empêchait que Mme Vasseur était double et qu'au fond d'elle-même languissait une mère de famille débonnaire qui aurait bien voulu vieillir en paix entre ses pelotes de laine et son infusion, mais ce personnage avorté cédait la place à une tigresse qui n'était pas toujours sûre de ses rugissements.

Le Malfaiteur, éd. Plon, 1955

L'âme vieillit beaucoup moins vite que le corps et cela entraîne des drames intérieurs et des colères.

LES RÉALITÉS ACTUELLES

VIEILLESSE ET SOLITUDE

MAURICE DRUON *donne la parole à la comtesse Lucrezia Sansiani, jadis une femme riche et adorée, aujourd'hui sans attrait, seule, qui perd un peu la tête et représente le drame de la solitude. La femme vieillit en général plus vite que l'homme, déséquilibre accentué du fait qu'elle tend à vivre plus longtemps :*

« Moi, j'ai vécu en femme, et seulement en femme. »
Elle avait emprisonné les mains de Carmela dans les siennes.

« Vois-tu Jeanne, dit-elle, il y a une affreuse injustice à notre égard. Quand nous ne pouvons plus inspirer le désir aux hommes, nous ne sommes plus rien. On continue d'honorer des écrivains qui ne peuvent plus écrire, des médecins qui n'ont plus la force de soigner, des hommes d'État qui ne peuvent plus gouverner. Mais nous qui avons apporté aux hommes le sentiment de vivre pleinement leur destin, qui avons inspiré leurs œuvres, qui avons été leur rêve, leur orgueil et leur récompense, et qui avons été célèbres à cause de cela, que nous reste-t-il lorsque notre corps nous trahit et que nous ne pouvons plus tenir notre rôle ? Nous sommes inutiles comme des héros qui ne sont pas morts. On devrait s'enfermer dans une chambre, murer les fenêtres... »

La Volupté d'Être, éd. Plon, 1954

Le pathétique de ce texte provient de sa profonde vérité et du fait que la plupart des hommes préfèrent ignorer cette situation tragique, fréquente dans le monde moderne.

LE BONHEUR N'EST PAS FACILE

CHRISTINE ARNOTHY *montre comment se forme un couple en France au milieu du XXᵉ siècle. La femme croit prendre toutes les initiatives, imposer ses volontés sans se rendre compte qu'en réalité elle est vaincue par l'épaisse indifférence de son conjoint :*

La chambre au huitième étage était ravissante et je l'occupai par une journée ensoleillée de février. Georges n'avait pas été du tout étonné par mon succès, et il me dit :
« Tu réussis toujours quand tu veux quelque chose. »
Cette confiance totale dans ma force me remplissait d'incertitude à son égard. J'étais de plus en plus hantée par l'idée que je devais le transformer. J'attendais avec impatience sa maturité. Il avait des opinions fermes et rigides sur la vie. Il parlait avec beaucoup de mépris de la politique qui était le métier de sa famille depuis quelques générations. La littérature l'ennuyait, et, quand j'évoquais Baudelaire, il me parlait moteur, compression et vapeur. J'avais entendu dire vaguement que les natures différentes se comprennent très bien à cause de je ne savais quelle loi d'attraction, et j'avais aussi confiance dans notre jeunesse. J'étais pleine de bonne volonté pour m'intéresser à ses affaires, mais j'avais des envies furieuses de bâiller dès qu'il prétendait m'expliquer le système du roulement à billes ou l'utilité des soupapes. Au cours des longs après-midi du dimanche, quand j'étais allongée sur le divan, il était près de moi avec des feuilles noircies par de minuscules chiffres. Il multipliait et additionnait à une vitesse étourdissante et je devais faire un très grand effort pour ne pas fermer mes paupières fatiguées.

« Est-ce que c'est tout à fait clair pour toi ? » questionnait-il, et moi, réprimant un bâillement impertinent, je disais :
« Oui, c'est à peu près clair... »
J'avais peur de lui enlever son courage en avouant qu'il m'ennuyait énormément, mais, un jour qu'il m'avait expliqué que notre future vie serait fondée sur le succès d'une de ses inventions, un avion-jouet, je m'inquiétai quand même :
« Il vaudrait mieux t'attacher à obtenir une bourse d'étudiant et t'inscrire à l'Université. Tu seras un excellent ingénieur. Je dois travailler dans tous les cas et, dans quelques années, l'avenir sera ouvert devant toi... »

Il n'est pas si facile de vivre, éd. Fayard, 1957

Réfugiée politique en France, elle vit pauvrement et simplement, pleine d'espoir. Elle donne le jour à une petite fille et le roman se termine sur ces trois courtes phrases lourdes de sens :

C'est l'accomplissement miraculeux.
C'est le bonheur.
Tout le bonheur ?

FRANÇOISE MALLET-JORIS *peint, en quelque sorte, la suite d'une aventure semblable, caractéristique de la condition féminine. Une femme moderne se libère pour être aussitôt plongée, de sa propre volonté, dans une soumission totale à son rôle traditionnel d'épouse et de mère :*

Télévision

On a fait sur elle une émission. Jacqueline, trente ans, six enfants. Vit dans une H.L.M.* « coquette », au milieu de terrains vagues, moins coquets. Comment s'en tire-t-elle? Émission féminine. Présence féminine nécessaire : la mienne. Je pose des questions. Avec douceur, avec respect. Elle le mérite, cette Jacqueline si fluette, vaillante, gaie même, qui se débrouille, s'en tire, expressions bien modestes pour qualifier le travail géant qu'elle accomplit dans son trois-pièces bien astiqué, au lino impeccable, à l'évier impeccable, aux enfants impeccables.

Ce fut, je crois, une bonne émission. Nous étions tous (cameraman, réalisateur, électricien, ingénieur du son) gentils avec elle. Elle n'était pas mécontente de nous voir là, ça faisait du changement. Les enfants nous aimaient bien, nous leur apportions des bonbons, et un dictionnaire à l'aînée, dont elle avait toujours rêvé. Nous avions beau encombrer l'appartement minuscule avec nos câbles, nous étions bien reçus, Jacqueline, tout en frottant, lavant, astiquant, repassant, nous répondait, détendue, contente d'être filmée, pas trop pourtant. Naturelle. Simple. Chacun son métier.

Après la diffusion de cette émission. Jacqueline a reçu pendant un certain temps des lettres de sympathie, des cadeaux pour les enfants, petites choses qui lui ont fait plaisir, qu'elle a reçues avec la même simplicité, le même naturel.

Claude, le réalisateur aurait voulu qu'elle refusât, qu'elle s'indignât. Pourquoi l'aurait-elle fait? Elle n'était pas révoltée, elle n'avait pas le temps, tout occupée à accomplir son œuvre, ne voyant pas plus loin que cette propreté, cette impeccable routine, qui était son honneur à elle, sa création.

— Mais elle devrait être révoltée, dit Claude.

— C'est nous qui devrions l'être.

Elle n'était pas malheureuse. Soucieuse, mais comme on l'est quand toute la vie est entièrement, définitivement, donnée. Elle ne se comptait pour rien dans ses soucis. C'étaient les études de l'un, la santé de l'autre, et toujours ces parquets, ce linge, l'argent... Pas mesquine, non plus. Un peu dure pour les autres, celles qui ne s'en tirent pas, qui ne savent pas s'arranger, qui boivent, qui courent, qui veulent avoir une vie à elles. On m'a dit que cette émission était déprimante. Jacqueline, elle, n'était pas déprimante. Paisible, comme ceux qui vivent pour autre chose qu'eux-mêmes. A double tranchant, l'émission. Réconfortante, en ce que Jacqueline vit dans la paix et un sacrifice presque inconscient, une situation dure. Déprimante, parce qu'il n'y a pas un être sur cent qui serait capable de la vivre ainsi, et qu'il y a des centaines d'êtres qui s'y trouvent confrontés. Ainsi le sens de la joie est inséparable du sens du malheur. Il n'est pas tolérable qu'existent des situations dont on ne puisse sortir qu'en s'abdiquant.

— C'est une sainte, dit Roger, le cameraman.

La Maison de papier, éd. Grasset, 1970

Comme tout bon programme de télévision, ce passage nous laisse sur des impressions contradictoires, ce qui nous donne l'illusion de penser. Sommes-nous réconfortés ou déprimés? L'existence de saintes du foyer est-elle tolérable dans le monde moderne où la femme doit s'affirmer et non abdiquer? Qui élèvera les enfants si la femme se libère totalement des servitudes qu'ils imposent?

DIEU ET L'ÉTERNEL FÉMININ

ANDRÉ MALRAUX *rapporte une conversation qu'il a eue avec le général de Gaulle à propos des femmes :*

Dans l'ensemble, les femmes pensent à l'amour, les hommes aux galons, ou à quelque chose de ce genre. Au-delà, les gens ne pensent qu'au bonheur — qui n'existe pas. [...]

Je réponds :

— Les femmes pensent à l'amour, sans doute. Mais... une femme sensible eût fait remarquer à Stendhal que cristalliser est un acte parmi d'autres, alors qu'être cristallisée, c'est bien intéressant...

Mme de Gaulle continue à s'amuser.

— Tout de même, Charles, vous leur avez donné le droit de vote.

— La France ne se divise pas.

— Et vous avez gracié toutes les condamnées à mort.

— Les femmes sont capables du meilleur et du pire. Donc, on ne doit jamais les fusiller.

Le ton signifie-t-il : elles sont irresponsables ? Imperceptiblement.

Les artistes inventent le rêve, les femmes l'incarnent.

Mais le christianisme seul a inventé l'Éternel féminin. [...]

Le culte marial domine la chrétienté : presque toutes les cathédrales s'appellent Notre-Dame. Vous connaissez la théorie : les suzerains partis aux croisades, les chevaliers adoubés à treize ans — qui, jusque-là, ne connaissaient que leur mère, leurs sœurs, ou les paysannes avec qui ils couchaient, découvrent, avec la suzeraine qui désormais préside la table, une vraie femme de vingt-cinq ou trente ans, qui les tourneboule... Il y aurait beaucoup à dire! Il reste qu'il n'y a d'Éternel féminin que dans le monde chrétien. Mais son expression est inséparable du domaine religieux.

Les Chênes qu'on abat..., © éd. Gallimard, 1971

La femme serait-elle victime de la tradition chrétienne et occidentale? Occupe-t-elle au contraire dans cette tradition une place privilégiée à laquelle elle aurait bien tort de renoncer au nom d'une égalité où elle a beaucoup à perdre? La présence et les interventions de Mme de Gaulle donnent à l'entretien un ton tout particulier, elle n'hésite pas à poser à son mari des questions embarrassantes.

LA FEMME LIBÉRÉE

FROMENTIN analyse, par les yeux de son personnage principal, la subtile transformation de la jeune fille en jeune femme. Dominique en apprendra la cause plus tard avec un grand désarroi : Madeleine est fiancée et le mariage est pour bientôt :

Elle avait bruni. Son teint, ranimé par un hâle léger, rapportait de ses courses en plein air comme un reflet de lumière et de chaleur qui le dorait. Elle avait le regard plus rapide avec le visage un peu plus maigre, les yeux comme élargis par l'effort d'une vie très remplie et par l'habitude d'embrasser de grands horizons. Sa voix, toujours caressante et timbrée pour l'expression des mots tendres, avait acquis je ne sais quelle plénitude nouvelle qui lui donnait des accents plus mûrs. Elle marchait mieux, d'une façon plus libre; son pied lui-même s'était aminci en s'exerçant à de longues courses dans les sentiers difficiles. Toute sa personne avait pour ainsi dire diminué de volume en prenant des caractères plus fermes et plus précis, et ses habits de voyage, qu'elle portait à merveille, achevaient cette fine et robuste métamorphose. C'était Madeleine embellie, transformée par l'indépendance, par le plaisir, par les mille accidents d'une existence imprévue, par l'exercice de toutes ses forces, par le contact avec des éléments plus actifs, par le spectacle d'une nature grandiose. C'était toute la juvénilité de cette créature exquise avec je ne sais quoi de plus nerveux, de plus élégant, de mieux défini, qui marquait un progrès dans la beauté, mais qui certainement aussi révélait un pas décisif dans la vie.

Dominique, 1862

Le jeune homme, qui n'avait pas vu Madeleine depuis deux mois, comprenait mieux l'évolution de l'amour qu'il lui portait et la voyait avec des yeux nouveaux !

SIMONE DE BEAUVOIR *montre comment et pourquoi s'affirme cette révolte de la femme. Elle se présente comme une jeune fille rangée, très conventionnelle et obéissante, avec néanmoins un fond de passion brûlante. La situation se complique bientôt parce qu'elle est déjà intellectuelle et exige pour les deux sexes les mêmes lois et une identique chasteté :*

Une des raisons de ma pruderie, c'était sans doute ce dégoût mêlé de frayeur que le mâle inspire ordinairement aux vierges; je redoutais surtout mes propres sens et leurs caprices; le malaise éprouvé pendant les cours de danse m'irritait parce que je le subissais malgré moi; je n'admettais pas que par un simple contact, par une pression, une étreinte, le premier venu pût me faire chavirer. Un jour viendrait où je me pâmerais dans les bras d'un homme : je choisirais mon heure et ma décision se justifierait par la violence d'un amour. A cet orgueil rationaliste se superposaient des mythes forgés par mon éducation. J'avais chéri cette hostie immaculée : mon âme; dans ma mémoire traînaient des images d'hermine souillée, de lys profané; s'il n'était pas transfiguré par le feu de la passion, le plaisir salissait. D'autre part, j'étais extrémiste : je voulais tout ou rien. Si j'aimais, ce serait à vie, et je m'engagerais tout entière, avec mon corps, mon cœur, ma tête et mon passé. Je refusais de grappiller des émotions, des voluptés étrangères à cette entreprise. A vrai dire, je n'eus pas l'occasion d'éprouver la solidité de ces principes, car nul séducteur ne tenta de les ébranler.

Ma conduite se conformait à la morale en vigueur dans mon milieu; mais je n'acceptais pas celle-ci sans une importante réserve; je prétendais soumettre les hommes à la même loi que les femmes. Tante Germaine avait déploré à mots couverts devant mes parents que Jacques fût trop sage. Mon père, la plupart des écrivains et, somme toute, le consentement universel encourageaient les garçons à jeter leur gourme. Le moment venu, ils épouseraient une jeune personne de leur monde; en attendant, on les approuvait de s'amuser avec des filles de petite condition : lorettes, grisettes, midinettes, cousettes. Cet usage m'écœurait. On m'avait répété que les basses classes n'ont pas de moralité : l'inconduite d'une lingère ou d'une bouquetière me semblait donc si naturelle qu'elle ne me scandalisait même pas; j'avais de la sympathie pour ces jeunes femmes sans fortune que les romanciers dotaient volontiers des qualités les plus touchantes. Cependant, dès le départ, leur amour était condamné : un jour ou l'autre, selon son caprice ou ses commodités, leur amant les plaquerait pour une demoiselle. J'étais démocrate et j'étais romanesque : je trouvais révoltant, sous prétexte que c'était un homme et qu'il avait de l'argent, qu'on l'autorisât à se jouer d'un cœur. D'autre part, je m'insurgeais au nom de la blanche fiancée avec qui je m'identifiais. Je ne voyais aucune raison pour reconnaître à mon partenaire des droits que je ne m'accordais pas.

Mémoires d'une Jeune fille rangée, éd. Gallimard, 1958

Par un travail acharné, la jeune fille réussira mieux que beaucoup de garçons. La société, mettant des obstacles sur son chemin, forgera son caractère et fera d'elle une des têtes du mouvement de révolte des femmes françaises.

FLAUBERT *fait le portrait, avec un étonnement plein d'humour, d'une apôtre du féminisme. Elle a déjà les caractéristiques que l'on retrouve, un siècle plus tard, chez les animatrices des mouvements de libération féminine du monde entier :*

Elle était une de ces célibataires parisiennes qui, chaque soir, quand elles ont donné leurs leçons, ou tâché de vendre de petits dessins, de placer de pauvres manuscrits, rentrent chez elles avec de la crotte à leurs jupons, font leur dîner, le mangent toutes seules, puis, les pieds sur une chaufferette, à leur lueur d'une lampe malpropre, rêvent un amour, une famille, un foyer, la fortune, tout ce qui leur manque. Aussi, comme beaucoup d'autres, avait-elle salué dans la Révolution* l'avènement de la vengeance; — et elle se livrait à une propagande socialiste effrénée. L'affranchissement du prolétaire, selon la Vatnaz, n'était possible que par l'affranchissement de la femme. Elle voulait son admissibilité à tous les emplois, la recherche de la paternité, un autre code, l'abolition, ou tout au moins « une réglementation du mariage plus intelligente ». Alors, chaque Française serait tenue d'épouser un Français ou d'adopter un vieillard. Il fallait que les nourrices et les accoucheuses fussent des fonctionnaires salariés par l'État; qu'il y eût un jury pour examiner les œuvres de femmes, des éditeurs spéciaux pour les femmes, une école polytechnique* pour les femmes, tout pour les femmes! Et, puisque le Gouvernement méconnaissait leurs droits, elles devaient vaincre la force par la force. Dix mille citoyennes, avec de bons fusils, pouvaient faire trembler l'Hôtel de Ville*! La candidature de Frédéric lui parut favorable à ses idées. Elle l'encouragea, en lui montrant la gloire à l'horizon. Rosanette se réjouit d'avoir un homme qui parlerait à la Chambre*. « Et puis on te donnera peut-être une bonne place. »

L'Éducation sentimentale, 1870

On ne peut qu'admirer la pénétration étonnante du romancier, qui énumère et décrit avec précision ce qui se passera une centaine d'années plus tard.

Une célibataire

« Je suis une jeune vieille fille heureuse, une Mademoiselle Peter Pan, vous savez le petit garçon qui n'a pas voulu grandir. Mon travail ? L'enseignement des Lettres classiques. Ce que je fais ? Naviguer à la voile en solitaire, arpenter la campagne ou la montagne, jumelle à tribord, instamatic à bâbord, militer pour la protection de l'environnement, des animaux et de l'enfance, aider les amis à jardiner ou retaper leurs ruines, lire énormément, regarder rarement la télévision, parler au chat, monter des modèles réduits, faire des puzzles, aller voir la famille et l'abrutir de bavardages... Mes regrets ? Ne pouvoir m'offrir deux ou trois ans de vacances et un bateau sérieux pour aller explorer les îles lointaines.
N'avoir pas réussi à écrire un roman digne d'être publié... »

S.

Je suis heureuse

« Je ne sais pas ce qui me passionne le plus : le travail (professionnel) ou ce que je fais ailleurs (lecture, musique, bricolage, couture...). Je me passionne quand « ça marche », que ce soit professionnel ou pas. »

S., 28 ans,
professeur de dessin, mariée, un enfant,
AIX-EN-PROVENCE.

Madame Françoise Giroud
répond au journaliste Jean Boissonnat

J. B. — Et les femmes ?

F. G. — S'il s'agit de fonder une entreprise, je ne crois pas qu'elles rencontrent des obstacles particuliers. De tout temps, les femmes ont été de bonnes commerçantes. S'il n'y a pas davantage de créatrices d'entreprises parmi elles, la raison en est simple : dans le couple, c'est généralement l'époux qui a rempli cette fonction — quelquefois avec sa femme, d'ailleurs.

Mais l'esprit d'entreprise ne manque pas aux femmes. Regardez les réussites en matière de mode, de couture, de produits de beauté...

J. B. — Mais ce sont des métiers de femme !

F. G. — Ce sont des métiers de femme en ce qui concerne les produits vendus, mais pas la direction de l'affaire.

J. B. — Est-ce qu'une femme apporte quelque chose de spécifique à la direction d'une entreprise ?

F. G. — Je crois que les femmes réussissent généralement mieux quand l'entreprise n'est pas trop grande. Quand elles peuvent maintenir avec leurs collaborateurs des relations directes, de personne à personne. Ce sera, d'ailleurs, de plus en plus une nécessité, y compris pour les dirigeants du sexe masculin. Dans notre civilisation, l'entreprise a remplacé le village. Il faut donc que les hommes et les femmes y retrouvent la dimension du village et, notamment, cette possibilité de contacts directs.

J. B. — Entre l'homme et la femme, y a-t-il une différence quant à l'attrait qu'exercent sur l'un et sur l'autre le pouvoir et l'argent ?

F. G. — Il me semble que les femmes sont aussi nombreuses que les hommes à aimer le pouvoir. Mais elles ont l'habitude de l'exercer sur les personnes plutôt que sur les choses, au sein de la cellule familiale plutôt que dans le champ social. Beaucoup d'entre elles s'en satisfont encore. Mais des bouleversements qu'il serait trop long de décrire les ont poussées à vouloir étendre leur pouvoir au-delà de leur domaine traditionnel. Un domaine où elles exerçaient en « milieu protégé », si je puis dire. Alors, quand il faut entrer dans la lutte ouverte, elles ont souvent moins confiance en elles que les hommes.

J. B. — A cause de l'environnement culturel ?

F. G. — Oui. C'est impressionnant. Elles adhèrent en quelque sorte aux valeurs qui leur interdisent l'ambition professionnelle. Et plus vous descendez l'échelle sociale, plus c'est sensible. Ainsi, bien des ouvrières à qui l'on propose d'acquérir une qualification disent : « Je n'en serai pas capable... » Beaucoup d'employées n'osent pas prétendre à devenir cadre. Au niveau des femmes qui pourraient devenir chef d'entreprise, c'est la même chose. Mais c'est en train de changer. Les femmes qui ont aujourd'hui entre 18 et 25 ans sont, à cet égard, bien différentes de leurs aînées.

J. B. — Croyez-vous que les femmes veuillent vraiment davantage de responsabilités dans leur travail? Dans l'enquête que *L'Expansion* a publiée le mois dernier sur les Français dans l'entreprise, à la question « souhaiteriez-vous davantage de responsabilités dans votre travail? », 59 % des hommes répondaient oui, et 52 % des femmes répondaient non.

F. G. — Donc, 48 % répondent oui! C'est une question d'âge. Les plus jeunes souhaitent davantage de responsabilités. Ce sont celles qui ont charge de famille qui se replient sur les responsabilités du foyer. Et puis, une fois les enfants élevés, elles retrouvent leur disponibilité.

J. B. — Dans les milieux dirigeants des entreprises, quelle idée se fait-on des femmes?

F. G. — C'est très simple : chacun a sa « bonne » femme, comme on a son « bon » communiste ou comme on avait son « bon » juif. Ambroise Roux m'a dit un jour à propos de Gilberte Beaux, qui dirige la Banque occidentale : « Quand elle parle de bilans consolidés, c'est tellement beau que ça en devient érotique. » Dans chaque branche, chaque grand patron est capable de citer la femme qui n'est-pas-comme-les-autres...

L'Expansion, mars 1976.

Un métier de femme?

« 5 h 30, lever... 6 h 30, après le voyage en bus, hôpital. 14 h 30, retour maison. Quand on a travaillé, c'est dur de se retrouver dans une pièce couloir, cuisine, deux gosses sur les bras, toute seule... Courses, ménage, repas pour le soir, le lendemain midi, les enfants, les devoirs, le linge qui tourne dans la machine, le repassage, le raccommodage... Pas de sommeil. Une journée, une nuit, une journée, une nuit. Boulot, boulot. Quelquefois plus de cent malades dans les salles pour une infirmière, et avec cela enceinte... »

Mme J. Blaise,
ATHIS-MONS.

LA VIE EN DIRECT : RÉPONSES A UNE ENQUÊTE

Il y a en France, comme dans le monde, plus de femmes que d'hommes, environ 105 femmes pour 100 hommes.

Sur 100 salariés, il y a en France 64 hommes et 36 femmes; cette proportion est la plus élevée des pays de la Communauté Européenne. 90 % des salariées françaises s'absentent pour les mêmes raisons que les hommes et 85 % ne s'absentent jamais : la femme qui oublie de se rendre au travail est un mythe.

Motivations du travail féminin en France :

1. Nécessité absolue (femme seule chef de famille) .... 42 %
2. Salaire du mari insuffisant .... 18 %
3. Raisons économiques temporaires et précises (par exemple achat d'un appartement) .... 7 %
4. Amélioration, en général, du niveau de vie .... 19 %
5. Besoins non économiques (épargne par exemple)......... 5 %
6. Besoin d'indépendance de la femme................... 8 %

La vraie vie

« *Ma vraie vie : celle qui se passe à l'intérieur de moi. C'est elle qui guide et donne un sens au quotidien. C'est parfois très dangereux et vous met au bord de l'abîme, mais quand on a le courage de gratter et de décaper le fond de soi (les activités ménagères se prêtent tout à fait bien à ce ménage intérieur...), on se découvre des ressources et des forces nouvelles. Car pour avoir une vraie vie, n'est-il pas essentiel de savoir qui l'on est vraiment ? Et quand on fait ce voyage en solitaire pour se découvrir, il reste à vivre ce que l'on est. C'est même un besoin essentiel, une soif de partager ce que l'on sent. Mais communiquer avec l'autre reste une aventure difficile et qui fait mal parfois. Et pourtant, elle est là la vraie vie, dans ces moments privilégiés où par un sourire, par quelques mots échangés, on s'est senti en plein accord avec l'autre... Il est important d'élargir son horizon.* »

Claire Poisson, ROANNE.

La lecture

« ... Si j'ai entre les mains un livre qui m'intéresse, la vaisselle ne sera pas faite et le linge pas lavé... J'ai été abonnée à une bibliothèque, mais je n'aime pas rendre les livres que j'ai aimés. Alors maintenant je les achète...

Claire S., PARIS.

Travailleur manuel...

« ... *Cette année, j'ai dû faire des ménages pendant six mois et j'ai travaillé tous les jours. En faisant ce travail épuisant, j'ai bien compris ce que signifie le mot travailleur manuel. J'ai compris beaucoup de choses et en particulier pourquoi certains préfèrent se mettre devant la télé en sortant du boulot, plutôt que lire ou se recycler...* »

Mme M.-C. Poncet,
deux enfants, VERSAILLES.

Faisons le point

Présenter la femme française, c'est présenter l'évolution de la condition féminine en France. On passe de « la jeune fille » d'autrefois à « la fille » d'aujourd'hui.

■ Vous étudierez à travers les caractères de Mlle de la Môle et de Mme Bovary le thème de la jeune fille du XIXᵉ siècle qui, mal préparée pour la vie, est destinée à un mariage désastreux.

■ Cette femme-victime n'a pas totalement cessé d'exister au XXᵉ siècle. L'héroïne de J. Chardonne et celle de Colette sont aussi, vous le montrerez, des victimes de leur famille.

■ On pourrait parler aussi de la femme-victime du milieu et de la société. Décrivez les rapports entre la Fantine de Victor Hugo et la Jacqueline de F. Mallet-Joris.
A tout ceci s'ajoutent de désagréables constatations sur la physiologie féminine, dont trop souvent les romanciers évitent de parler. Notez les remarques faites à ce sujet par J. Green et M. Druon et donnez votre opinion à ce sujet.
Toutes ces situations favorisent la naissance et le développement d'une révolte de la femme.

■ Vous montrerez l'évolution de cette révolte de « L'éducation sentimentale » aux « Mémoires d'une jeune fille rangée ».

Il s'agit du féminisme, une attitude qui va parfois jusqu'au fanatisme, cette prise de position est ressentie à partir du XIXᵉ siècle, comme un besoin de libération et de justice. On constate cependant une sorte d'ironie, car la femme libérée n'a pas besoin de lutter vraiment, il lui suffit de vivre sa vie pour s'affirmer un être humain égal aux autres. Vous montrerez à cet égard les étroits rapports entre Dominique et Betty.

Mais derrière « les filles » sont aujourd'hui leurs mères qui, n'ayant nullement renoncé à leur propre féminité, sont devenues leurs rivales. La jeunesse, qui finissait vers trente ans au début du siècle, se prolonge parfois maintenant jusqu'à cinquante ans...

■ Expliquez le titre du roman de Benoîte Groult, « La part des choses ». Simone de Beauvoir avait intitulé le troisième volume de son autobiographie « La force des choses », le quatrième étant « La vieillesse ». Quelles réflexions vous inspirent ces titres?

La division de l'humanité en deux sexes ayant des fonctions naturelles et des aptitudes différentes soulève des problèmes sociaux et politiques moins simples que les traditionalistes (comme ce personnage de F. Sagan* qui déclare *Les femmes ont besoin d'être tenues*) ou les révolutionnaires (qui cherchent l'égalité totale) veulent bien le dire.

■ Essayez d'utiliser les réflexions qu'échangent le général de Gaulle et Malraux pour analyser ces problèmes et montrez la mesure dans laquelle on peut raisonnablement espérer des solutions.

L'AMOUR

Marguerite Duras :

MODERATO CANTABILE

MARGUERITE DURAS,

est née le 4 avril 1914 à Giadinh (Indochine, aujourd'hui le Viêt-nam) où ses parents étaient fonction naires de l'enseignement français. Elle a va l'école primaire et au lycée en Extrême-Orient où elle commence dès l'adolescence, à s'intéresser à la littérature. Après avoir passé le baccalauréat à Saigon, elle vient à Paris poursuivre ses études supérieures en droit et en sciences politiques, y ajoutant celles de mathéma tiques. Licenciée en droit, elle devient fonctionnaire au ministère des Colonies et abandonne ce poste en 1941, pendant l'occupation allemande.

Elle fréquente bientôt le quartier de Saint-Germain-des-Prés et les milieux d'intellectuels où le groupe existentialiste commence à se former; elle se consacre à la littérature tout en se passionnant pour le cinéma. C'est en écrivant et en faisant des films qu'elle a trouvé, dit-elle, son équilibre personnel. Elle voit un symbole dans le fait que de nombreuses lettres lui sont simplement adressées au nom de Duras et en tire gloire, car elle veut que toute distinction sociale entre la femme et l'homme soit effacée.

Elle refuse tout lien et exige l'indépendance et la liberté. Pour elle, le névropathe n'est pas un malade il ne souffre pas d'un désir masochiste d'autopunition mais au contraire il proteste, il affirme solennelle ment que le monde est insupportable et il se révolte. L'écrivain peut échapper à cette aliénation par l'écri ture. Marguerite Duras affirme n'avoir aucune culture littéraire et par conséquence récuse toute influence y compris la parenté, qu'on lui attribue le plus souvent, avec le « Nouveau Roman ». Pour elle, l'écriture est un phénomène spontané et autonome, la romancière ne sait jamais où son récit va la mener.

Cette incertitude lui fait peur et dès son premier roman, *Les Impudents* (1943) apparaissent, selon elle, des impulsions suicidaires, confirmées d'ailleurs par le titre même d'un de ses récits ultérieurs *Détruire, dit-elle* (1969). Mais place aussi est faite aux qualités, à l'espoir humain qui n'est jamais complè tement détruit. *Barrage contre le Pacifique* (1950) montre un courage tenace contre l'adversité. Une mère et ses deux enfants, Suzanne et Joseph, s'efforcent d'édifier un barrage sur la côte d'Indochine pour empêcher l'océan d'envahir les terres que leur a données l'administration coloniale. Le barrage s'effondre, les eaux envahissent le domaine, la mère meurt mais les enfants découvrent l'amour, seul moyen de vivre lorsque échouent les entreprises matérielles. Empreint d'un réalisme populaire, ce roman français est celui qui ressemble le plus à ceux de Steinbeck*.

Ainsi elle valorise la vie, la nature, l'amour, les joies et les souffrances de tous les jours, le fait divers symbole de l'irruption du destin dans ce qui semblait le train-train habituel de l'existence. Tout cela forme un assemblage qui aide les personnages, et leur auteur, à se découvrir eux-mêmes. On lui doit une douzaine de romans, des films (soit qu'elle ait seulement écrit le scénario ou qu'elle ait joué un rôle beaucoup plus important dans la production, par exemple pour « Hiroshima mon amour », connu dans le monde entier, et *Jaune soleil* (1972), adaptation qu'elle a faite de son roman *Abahn Sabana David*), et de nombreuses pièces de théâtre à succès. Jean-Louis Barrault*, à propos de la pièce *Des Journées entières dans les Arbres* (1965), décrit Marguerite Duras comme un poète vivant et poursuit : *Son univers est violent comme un fait divers, ses amours sont brûlantes de passion, le climat qu'elle crée autour d'elle est chargé d'une surprenante humanité. Elle a le cœur glouton. Elle sait assumer tous les êtres et particulièrement les profon deurs permanentes de l'enfant, ces profondeurs que savent conserver les mères.*

Moderato cantabile

MODERATO CANTABILE est un titre choisi pour évoquer la structure musicale de ce roman célèbre traduit en une vingtaine de langues. Le film qui en a été tiré par le producteur Peter Brook (1960) est un des plus importants de ce que l'on a appelé la nouvelle vague et, avec deux grandes vedettes, Jeanne Moreau et Jean-Paul Belmondo, marque une étape dans l'histoire du cinéma. Le réalisme des détails et même leur apparente insignifiance deviennent des points de départ et conduisent, à un second degré, vers d'autres constructions d'un univers mental. La romancière a eu l'intuition de cette œuvre, qu'elle a écrite avec intensité et d'un seul jet, ce qui lui a permis de découvrir, dit-elle, une écriture corporelle collant à l'expérience.

Marguerite Duras peint côte à côte deux formes d'amour absolu. Anne Desbaresdes est une jeune femme de la haute bourgeoisie, elle accompagne régulièrement son fils qui va prendre des leçons de piano. Ce jour-là, un cri dans la rue interrompt la leçon, bien que le professeur veuille la continuer.

    — Recommence, dit la dame.

L'enfant ne recommença pas.

    — Recommence, j'ai dit.

L'enfant ne bougea pas davantage. Le bruit de la mer dans le silence
5 de son <u>obstination</u> se fit entendre de nouveau. Dans un dernier sursaut,
le rose du ciel augmenta.

    — Je ne veux pas apprendre le piano, dit l'enfant.

Dans la rue, en bas de l'immeuble, un cri de femme retentit. Une
plainte longue, continue, s'éleva et si haut que le bruit de la mer en fut
10 brisé. Puis elle s'arrêta, net.

    — Qu'est-ce que c'est ? cria l'enfant.

    — Quelque chose est arrivé, dit la dame.

Le bruit de la mer ressuscita de nouveau.

Le rose du ciel, cependant commença à pâlir.

15   — Non, dit Anne Desbaresdes, ce n'est rien.

Elle se leva de sa chaise et alla vers le piano.

    — Quelle nervosité, dit la dame en les regardant tous deux d'un air
<u>réprobateur</u>.

Anne Desbaresdes prit son enfant par les épaules, le serra à lui faire
20 mal, cria presque.

    — Il faut apprendre le piano, il le faut.

L'enfant tremblait lui aussi, pour la même raison, d'avoir eu peur.

    — <u>J'aime</u> pas le piano, dit-il dans un murmure.

D'autres cris <u>relayèrent</u> alors le premier, <u>éparpillés</u>, divers. Ils consa-
25 crèrent une actualité déjà dépassée, rassurante désormais. La leçon
continuait donc.

    — Il le faut, continua Anne Desbaresdes, il le faut.

La dame hocha la tête, la désapprouvant de tant de douceur. Le
crépuscule commença à balayer la mer. Et le ciel, lentement, se déco-
30 lora. L'ouest seul resta rouge encore. Il s'effaçait.

    — Pourquoi ? demanda l'enfant.

    — La musique, mon amour...

L'enfant prit son temps, celui de tenter de comprendre, ne comprit
pas, mais l'admit.

une obstination : l'attitude de celui qui refuse de céder ou d'obéir.

réprobateur : adjectif formé sur le nom *un reproche* — attitude par laquelle on montre son désaccord.

J'aime pas : l'enfant fait une faute de français, courante d'ailleurs; il faut dire *je n'aime pas.*

relayer : remplacer en prenant immédiatement la suite.

éparpillés : répandus çà et là.

35   — Bon. Mais qui a crié ?

— J'attends, dit la dame.

Il se mit à jouer. De la musique s'éleva par-dessus la rumeur d'une foule qui commençait à se former au-dessous de la fenêtre, sur le quai.

— Quand même, quand même, dit Anne Desbaresdes joyeusement,
40 voyez.

— S'il voulait, dit la dame.

L'enfant termina sa sonatine. Aussitôt la rumeur d'en bas s'engouffra dans la pièce, impérieuse.

— Qu'est-ce que c'est ? redemanda l'enfant.

45   — Recommence, répondit la dame. N'oublie pas : moderato cantabile. Pense à une chanson qu'on te chanterait pour t'endormir.

— Jamais je ne lui chante de chansons, dit Anne Desbaresdes. Ce soir il va m'en demander une, et il le fera si bien que je ne pourrai pas refuser de chanter.

50   La dame ne voulut pas entendre. L'enfant recommença à jouer la sonatine de Diabelli*.

— Si bémol à la clef, dit la dame très haut, tu l'oublies trop souvent.

Des voix précipitées, de femmes et d'hommes, de plus en plus nom-
55 breuses, montaient du quai. Elles semblaient toutes dire la même chose qu'on ne pouvait distinguer. La sonatine alla son train, impunément, mais cette fois, en son milieu, la dame n'y tint plus.

— Arrête.

L'enfant s'arrêta. La dame se tourna vers Anne Desbaresdes.

60   — C'est sûr, il s'est passé quelque chose de grave.

— Demain, nous le saurons bien, dit la dame.

L'enfant courut à la fenêtre.

— Des autos qui arrivent, dit-il.

La foule obstruait le café de part et d'autre de l'entrée, elle se gros-
65 sissait encore, mais plus faiblement, des apports des rues voisines, elle était beaucoup plus importante qu'on eût pu le prévoir. La ville s'était multipliée. Les gens s'écartèrent, un courant se creusa au milieu d'eux pour laisser le passage à un fourgon noir. Trois hommes en descendirent et pénétrèrent dans le café.

70   — La police, dit quelqu'un.

Anne Desbaresdes se renseigna.

— Quelqu'un qui a été tué. Une femme.

Elle laissa son enfant devant le porche de Mlle Giraud, rejoignit le gros de la foule devant le café, s'y faufila et atteignit le dernier rang des
75 gens qui, le long des vitres ouvertes, immobilisés par le spectacle, voyaient. Au fond du café, dans la pénombre de l'arrière-salle, une femme était étendue par terre, inerte. Un homme, couché sur elle, agrippé à ses épaules, l'appelait calmement.

— Mon amour. Mon amour.

80   Il se tourna vers la foule, la regarda, et on vit ses yeux. Toute

expression en avait disparu, exceptée celle, foudroyée, <u>indélébile</u>, inversée du monde, de son désir. La police entra. La patronne, dignement dressée près de son comptoir, l'attendait.

— Trois fois que j'essaye de vous appeler.

85 — Pauvre femme, dit quelqu'un.

— Pourquoi? demanda Anne Desbaresdes.

— On ne sait pas.

L'homme, dans son délire, se <u>vautrait</u> sur le corps étendu de la femme. Un inspecteur le prit par le bras et le releva. Il se laissa faire.
90 Apparemment, toute dignité l'avait quitté à jamais. Il <u>scruta</u> l'inspecteur d'un regard toujours absent du reste du monde. L'inspecteur le lâcha, sortit un carnet de sa poche, un crayon, lui demanda de <u>décliner</u> son identité, attendit.

— Ce n'est pas la peine, je ne répondrai pas maintenant, dit
95 l'homme.

L'inspecteur n'insista pas et alla rejoindre ses collègues qui questionnaient la patronne, assis à la dernière table de l'arrière-salle.

L'homme s'assit près de la femme morte, lui caressa les cheveux et lui sourit. Un jeune homme arriva en courant à la porte du café, un
100 appareil-photo en <u>bandoulière</u> et le photographia ainsi, assis et souriant. Dans la lueur du magnésium, on put voir que la femme était jeune encore et qu'il y avait du sang qui coulait de sa bouche en minces filets épars et qu'il y en avait aussi sur le visage de l'homme qui l'avait embrassée. Dans la foule, quelqu'un dit : « C'est dégoûtant », et s'en alla.
105 L'homme se recoucha de nouveau le long du corps de sa femme, mais un temps très court. Puis, comme si cela l'eût lassé, il se releva encore.

— Empêchez-le de partir, cria la patronne.

Mais l'homme ne s'était relevé que pour mieux s'allonger encore, de
110 plus près, le long du corps. Il resta là, dans une résolution apparemment tranquille, agrippé de nouveau à elle de ses deux bras, le visage collé au sien, dans le sang de sa bouche.

Mais les inspecteurs en eurent fini d'écrire sous la dictée de la patronne et, à pas lents, tous trois marchant de front, un air identique
115 d'intense ennui sur leur visage, ils arrivèrent devant lui.

L'enfant, sagement assis sous le porche de Mlle Giraud avait un peu oublié. Il fredonnait la sonatine de Diabelli.

— Ce n'était rien, dit Anne Desbaresdes, maintenant il faut rentrer.

L'enfant la suivit. Des renforts de police arrivèrent — trop tard,
120 sans raison. Comme ils passaient devant le café, l'homme en sortit, encadré par les inspecteurs. Sur son passage, les gens s'écartèrent en silence.

— Ce n'est pas lui qui a crié, dit l'enfant. Lui, il n'a pas crié.

— Ce n'est pas lui. Ne regarde pas.
125 — Dis-moi pourquoi.

— Je ne sais pas.

indélébile : qu'on ne pourra jamais effacer.
se vautrer : verbe péjoratif pour : se coucher à plat ventre.
scruter : regarder avec la plus grande attention.
décliner : ici, dire.
en bandoulière : suspendu à l'épaule par une courroie et retombant à la hauteur de la ceinture.

L'homme marcha docilement jusqu'au fourgon. Mais, une fois là, il se <u>débattit</u> en silence, échappa aux inspecteurs et courut en sens inverse, de toutes ses forces, vers le café. Mais comme il allait l'atteindre, le
130 café s'éteignit. Alors il s'arrêta, en pleine course, il suivit de nouveau les inspecteurs jusqu'au fourgon et il y monta. Peut-être alors pleurat-il, mais le crépuscule trop avancé déjà ne permit d'apercevoir que la grimace ensanglantée et tremblante de son visage et non plus de voir si des larmes s'y coulaient.

se débattre : bouger rapidement les membres, ici les bras, pour se dégager.

135 — Quand même, dit Anne Desbaresdes en arrivant boulevard de la Mer, tu pourrais t'en souvenir une fois pour toutes. Moderato, ça veut dire modéré, et cantabile, ça veut dire chantant, c'est facile.

Ainsi se clôt, au début du roman, une première histoire d'amour où le goût de l'absolu a entraîné un crime passionnel, mystérieux, puisque ni Anne Desbaresdes, ni le lecteur du roman n'en sauront jamais les détails sauf le cri déchirant.
Parmi les spectateurs et les curieux, un homme du peuple, ouvrier en chômage, Chauvin, a remarqué Anne. Ainsi commence la seconde histoire d'amour. Comme

Mme Bovary, la jeune femme, mal mariée, a beaucoup d'imagination. Elle est fascinée par le crime passionnel et voudrait, confusément, être l'objet d'un amour si fort qu'il amènerait Chauvin à la tuer. Chauvin, lui, voudrait qu'elle quitte son mari, son enfant, sa richesse et son milieu de haute bourgeoisie pour s'enfuir avec elle. Finalement, il ne se passera rien. Voici la séparation finale dans toute sa tragique banalité.

Elle posa de nouveau sa main sur la table. Il suivit son geste des
140 yeux et péniblement il comprit, souleva la sienne qui était de plomb et la posa sur la sienne à elle. Leurs mains étaient si froides qu'elles se touchèrent illusoirement dans l'intention seulement, afin que ce fût fait, dans la seule intention que ce le fût, plus autrement, ce n'était plus possible. Leurs mains restèrent ainsi, <u>figées</u> dans leur pose mortuaire.
145 Pourtant la plainte d'Anne Desbaresdes cessa.

figé : se dit d'un liquide que le froid a épaissi, rendu immobile. Les mains sont froides et comme mortes.

— Une dernière fois, supplia-t-elle, dites-moi.

Chauvin hésita, les yeux toujours ailleurs, sur le mur du fond, puis il se décida à le dire comme d'un souvenir.

— Jamais auparavant, avant de la rencontrer, il n'aurait pensé que
150 l'envie aurait pu lui en venir un jour.

— Son consentement à elle était entier ?

— Émerveillé.

Anne Desbaresdes leva vers Chauvin un regard absent. Sa voix se fit mince, presque enfantine.
155 — Je voudrais comprendre un peu pourquoi était si merveilleuse son envie qu'il y arrive un jour.

---

1. *Relevez toutes les phrases de ce texte qui sont au style direct en précisant qui parle. Lorsque ces phrases vous donnent une indication sur le caractère de la personne qui parle, notez-la.*
2. *Relevez tous les mots donnant l'idée de foule et essayez de montrer les nuances introduites par ces mots.*
3. *Commentez chaque détail de la vision que la romancière donne du criminel.*

Chauvin ne la regarda toujours pas. Sa voix était posée, sans timbre, une voix de sourd.

— Ce n'est pas la peine d'essayer de comprendre. On ne peut pas
160 comprendre à ce point.

— Il y a des choses comme celle-là qu'il faut laisser de côté ?

— Je crois.

Le visage d'Anne Desbaresdes prit une expression terne, presque imbécile. Ses lèvres étaient grises à force de pâleur et elles tremblaient
165 comme avant les pleurs.

— Elle ne tente rien pour l'en empêcher, dit-elle tout bas.

— Non. Buvons encore un peu de vin.

Elle but, toujours à petites gorgées, il but à son tour. Ses lèvres à lui tremblaient aussi sur le verre.

170 — Le temps, dit-il.

— Il faut beaucoup, beaucoup de temps ?

— Je crois, beaucoup. Mais je ne sais rien. Il ajouta tout bas : « Je ne sais rien, comme vous. Rien. »

Anne Desbaresdes n'arriva pas jusqu'aux larmes. Elle reprit une
175 voix raisonnable, un instant réveillée.

— Elle ne parlera plus jamais, dit-elle.

— Mais si. Un jour, un beau matin, tout à coup, elle rencontrera quelqu'un qu'elle reconnaîtra, elle ne pourra pas faire autrement que de dire bonjour. Ou bien elle entendra chanter un enfant, il fera beau, elle
180 dira il fait beau. Ça recommencera.

— Non.

— C'est comme vous désirez le croire, ça n'a pas d'importance.

La sirène retentit, énorme, qui s'entendit allégrement de tous les coins de la ville et même de plus loin, des faubourgs, de certaines communes
185 environnantes, portée par le vent de la mer. Le couchant se vautra, plus fauve encore sur les murs de la salle. Comme souvent au crépuscule, le ciel s'immobilisa, relativement, dans un calme gonflement de nuages, le soleil ne fut plus recouvert et brilla librement de ses derniers feux. La sirène, ce soir-là, fut interminable. Mais elle cessa cependant, comme
190 les autres soirs.

— J'ai peur, murmura Anne Desbaresdes.

Chauvin s'approcha de la table, la rechercha, la recherchant, puis y renonça.

— Je ne peux pas.

195 Elle fit alors ce qu'il n'avait pas pu faire. Elle s'avança vers lui d'assez près pour que leurs lèvres puissent s'atteindre. Leurs lèvres restèrent l'une sur l'autre, posées, afin que ce fût fait et suivant le même rite mortuaire que leurs mains, un instant avant, froides et tremblantes. Ce fut fait.

200 Déjà, des rues voisines une rumeur arrivait, feutrée, coupée de paisibles et gais appels. L'arsenal avait ouvert ses portes à ses huit cents hommes. Il n'était pas loin de là. La patronne alluma la rampe lumi-

neuse au-dessus du comptoir bien que le couchant fût étincelant. Après
une hésitation, elle arriva vers eux qui ne se disaient plus rien et les
205 servit d'autre vin sans qu'ils l'aient demandé, avec une sollicitude
dernière. Puis elle resta là après les avoir servis, près d'eux, encore
cependant ensemble, cherchant quoi leur dire, ne trouva rien, s'éloigna.

— J'ai peur, dit de nouveau Anne Desbaresdes.

Chauvin ne répondit pas.

210 — J'ai peur, cria presque Anne Desbaresdes.

Chauvin ne répondit toujours pas. Anne Desbaresdes se plia en deux
presque jusqu'à toucher la table de son front et elle accepta la peur.

— On va donc s'en tenir là où nous sommes, dit Chauvin. Il
ajouta : « Ça doit arriver parfois. »

215 Un groupe d'ouvriers entra, qui les avaient déjà vus. Ils évitèrent de
les regarder, étant au courant, eux aussi, comme la patronne et toute la

ville. Un chœur de conversations diverses, assourdies par la pudeur, emplit le café.

Anne Desbaresdes se releva et tenta encore, par-dessus la table, de
220 se rapprocher de Chauvin.

— Peut-être que je ne vais pas y arriver, murmura-t-elle.

Peut-être n'entendit-il plus. Elle ramena sa veste sur elle-même, la ferma, l'étriqua sur elle, fut reprise du même gémissement sauvage.

— C'est impossible, dit-elle.
225 Chauvin entendit.

— Une minute, dit-il, et nous y arriverons.

Anne Desbaresdes attendit cette minute, puis elle essaya de se relever de sa chaise. Elle y arriva, se releva. Chauvin regardait ailleurs. Les hommes évitèrent encore de porter leurs yeux sur cette femme
230 adultère. Elle fut levée.

— Je voudrais que vous soyez morte, dit Chauvin.

— C'est fait, dit Anne Desbaresdes.

Anne Desbaresdes contourna sa chaise de telle façon qu'elle n'ait plus à faire le geste de s'y rasseoir. Puis elle fit un pas en arrière et se
235 retourna sur elle-même. La main de Chauvin battit l'air et retomba sur la table. Mais elle ne le vit pas, ayant déjà quitté le champ où il se trouvait.

Elle se retrouva face au couchant, ayant traversé le groupe d'hommes qui étaient au comptoir, dans la lumière rouge qui marquait
240 le terme de ce jour-là.

Après son départ, la patronne augmenta le volume de la radio. Quelques hommes se plaignirent qu'elle fût trop forte à leur gré.

Marguerite Duras, *Moderato Cantabile*,
Éditions de Minuit, 1958

étriquer : ici, serrer la veste de telle façon qu'elle a l'air trop petite.

La fin de l'amour, la fin du rêve signifie la mort de l'âme. On sent que l'héroïne ne sera plus jamais elle-même, qu'elle va se borner à jouer un personnage dont toute vie sera absente.

---

1. *Relevez dans des rubriques séparées toutes les expressions ayant trait (a) aux mains; (b) au regard; (c) à la voix et (d) aux lèvres.*
2. *Reprenez chacune des rubriques ci-dessus et commentez la manière dont la romancière fait progresser son récit en variant les détails.*
3. *Comparez l'avenir selon Chauvin et l'avenir selon Anne. Qui, selon vous, voit juste? Expliquez votre position.*
4. *Quelle est la situation de Chauvin par rapport aux autres hommes?*
5. *Quels sont les points communs entre le premier passage (tiré du premier chapitre du roman) et celui-ci, qui est la fin.*
6. *Dans quelle mesure peut-on voir dans cette aventure le récit d'un conflit entre l'amour et les différences de classe sociale? Chauvin représente-t-il la classe ouvrière et Anne Desbaresdes la haute bourgeoisie? Si vous connaissez d'autres romans sur le même thème, faites des comparaisons.*

LA LANGUE ET LE STYLE

Le rapport entre les temps au mode indicatif

L'inspecteur n'insista pas et alla rejoindre ses collègues qui questionnaient la patronne, assis à la dernière table de l'arrière-salle, il y a simultanéité entre les actions exprimées au passé simple et celle décrite dans la relative commençant par *qui,* c'est pourquoi le verbe *questionner* est à l'imparfait. Si l'action de questionner avait eu lieu avant la décision de l'inspecteur on aurait *l'inspecteur n'insista pas et alla rejoindre ses collègues qui avaient questionné la patronne, assis à la dernière table de l'arrière-salle,* questionner serait au plus-que-parfait. Si au contraire l'interrogatoire n'avait pas encore commencé, on pourrait avoir : *l'inspecteur n'insista pas et alla rejoindre ses collègues qui questionneraient tout à l'heure la patronne,* questionner serait dans ce cas au futur du passé.

C'est le souci de Marguerite Duras de respecter les rapports entre les temps du passé, le moment où se situe l'action principale et ceux où se déroulent les actions subordonnées, qui justifie l'emploi des temps dans la phrase, *dans la lueur du magnésium, on put voir que la femme était encore jeune et qu'il y avait du sang qui coulait de sa bouche en minces filets épars et qu'il y en avait aussi sur le visage de l'homme qui l'avait embrassée.* Les imparfaits s'expliquent par la simultanéité des faits décrits, le plus-que-parfait par l'antériorité de l'action rapportée.

Comme on peut le constater, au style indirect il faut tenir compte du rapport qui existe dans le temps entre le moment où se situe l'action principale et celui où se place l'action exprimée par la subordonnée, c'est pourquoi l'on dit *je crois qu'il parle, je crois qu'il a parlé, je crois qu'il parlera ; j'ai cru* ou *je croyais qu'il avait parlé, qu'il parlait, qu'il parlerait.*

L'inversion du sujet

Elle n'est pas toujours la marque d'une interrogation, c'est le cas notamment quand une proposition commence par peut-être, ainsi, sans doute, à peine. *Peut-être alors pleura-t-il, mais le crépuscule trop avancé déjà ne permit pas d'apercevoir que... Peut-être n'entendit-il plus.*

L'usage veut également que, si l'on rapporte les paroles ou la pensée de quelqu'un et qu'on l'indique en intercalant dans le discours une proposition du type *dit-il,* on procède à l'inversion du sujet, *demain nous le saurons bien, dit la dame.* L'inversion peut être aussi d'ordre littéraire, soit pour mettre en valeur un mot ou un groupe de mots, *je voudrais comprendre pourquoi était si merveilleuse son envie qu'il y arrive un jour en descendant...* alors que l'ordre habituel serait *je voudrais comprendre pourquoi son envie qu'il y arrive un jour en descendant était si merveilleuse...,* soit pour introduire une élégance de style, par exemple dans le cas d'une relative comme *ils avaient tendu des fils où pendaient des lampes multicolores.*

Infinitif ou subjonctif ?

Jamais auparavant, avant de la rencontrer, il n'aurait pensé que l'envie aurait pu lui en venir un jour ; cette phrase est construite avec *avant de* suivi d'un infinitif, ce qui donne au style de la souplesse et une certaine légèreté ; ce qui est possible parce que le sujet de *rencontrer* et de *penser* est le même. Par contre, le subjonctif aurait été indispensable si le sujet du verbe principal avait été une autre personne que celui de rencontrer, *jamais auparavant, avant que nous la rencontrions, vous n'auriez pensé que l'envie aurait pu vous en venir un jour.*

Pour mieux comprendre

un fait divers

On appelle faits divers la rubrique d'un journal où sont relatés les événements surprenants, tragiques ou autres, de nature à intéresser les lecteurs. Les reporters spécialisés dans ce genre de récit s'arrangent souvent pour être prévenus par la police ; leur article oppose souvent le calme de la vie normale à l'événement relaté, qui surprend tout le monde, ce qui permet des réflexions philosophiques banales du genre *qui l'aurait dit ? personne ne pouvait le prévoir,* etc.

Le cadre

Dans la petite agglomération de Blaye (Gironde), à une trentaine de kilomètres de Bordeaux, un enfant de la bourgeoisie prend une leçon de piano et, malgré la présence de sa mère, il y met une évidente mauvaise volonté. La rue est vide et tranquille et le soleil couchant colore vivement le ciel, on pourrait citer le vers de Baudelaire : *Le soleil s'est noyé dans son sang qui se fige (Harmonies du soir).*

L'action

Alors le cri éclate, un cri de mort, c'est la tragédie. Le souvenir de ce cri reviendra comme un leitmotiv dans tout le roman. Brusquement, la rue vit, s'anime, et les gens semblent sortir de partout. Ironie de la situation : un crime donne la vie à cette population.
Après cela commence l'enchaînement inéluctable des conséquences : *Maintenant le ressort est bandé. Cela n'a plus qu'à se dérouler tout seul,* selon la description que Jean Anouilh* fait de la tragédie.
— Deux attitudes, celle de la dame, *Demain nous saurons bien,* c'est-à-dire en lisant le journal, et celle de l'enfant, plus près de la réalité, qui veut voir et savoir tout de suite ; sa mère l'imite et va encore plus loin dans la découverte.
— Technique du cinéma : la scène vue d'en haut de la fenêtre par l'enfant puis, sans transition réelle (le fondu au cinéma), la même scène au niveau de la rue, l'enfant et le professeur sous le porche, puis Anne Desbaresdes dans la foule, enfin, dans un troisième angle, la foule de l'intérieur puis le café.
— Technique du roman : *Pourquoi ?* Le lecteur attribuera deux sens à cette question, au premier degré *Pourquoi l'a-t-il tuée ?* au second degré *Pourquoi serait-elle à plaindre ?*
Dans les films de la nouvelle vague et dans le nouveau roman, l'auteur ne se croit plus obligé d'expliquer. Mis en présence de faits, de descriptions, sorte de matière première vivante, le public, s'il le désire, doit tirer lui-même ses conclusions, mais il peut aussi se contenter des données brutes de l'inexplicable. Les journalistes vont s'efforcer de tout expliquer, mais Marguerite Duras nous laissera ignorer tout du fait divers à part ce cri et la brève vision de l'assassin et de sa victime.

une scène de cauchemar

Comme dans un mélodrame, l'assassin est effondré sur le corps de sa victime. Mais elle a fini de souffrir, lui commence.
— Tableau au ralenti, presque statique, de l'homme vivant et la femme morte. On notera le pathétique des gestes de l'amour après le geste qui a tué ; c'est une sorte de sommet, la purification de l'amour par l'absolu.
— L'homme et le reste du monde : tout semble vivant, mais de ces gestes que nous voyons, la vraie vie est absente *(je ne répondrai pas, c'est dégoûtant, intense ennui, en silence).* Cette vision semble effacée par la nuit qui tombe, symbole de mort comme chez Baudelaire.
— Dans ce tableau viennent s'insérer deux passages où sont mis en scène Anne Desbaresdes et son fils. Simple superposition sans lien apparent, avec une seule exception qui semble d'ailleurs rejeter aussi tout rapport réel, *ce n'était rien.*
Même en côtoyant le tragique le plus aigu, la vie semble continuer, inaltérable, avec l'explication de *moderato cantabile.* En réalité, ce voisinage accentue terriblement le tragique et marque l'art de la romancière.

la dernière rencontre

Le crime passionnel dont nous ignorerons toujours les détails mais dont les conséquences sur Anne et Chauvin sont minutieusement analysées, a eu lieu par un vendredi de printemps. C'est un lundi en automne, six mois plus tard, que se passe la dernière rencontre.

— Il fait encore beau temps, comme le jour de la première rencontre, mais cela ne peut plus durer désormais (symbole).

— Le lieu est ce même café du port où s'est déroulé le crime et où se sont passées presque toutes les rencontres. Dans ce café, Chauvin est dans son milieu ; Anne au contraire est mal à l'aise. Elle boit des verres de vin, rupture avec la bourgeoise bien élevée qu'elle était, ou croyait être.

— La psychologie d'Anne est intéressante : elle boit trop et l'ivresse à la fois la libère du faisceau de préjugés et d'idées reçues qui l'emprisonne, mais aussi la dégoûte (elle vomit plusieurs fois). Mentalement elle se donne à Chauvin et se reprend, elle le provoque pour mieux le refuser et elle cherche en retour l'humiliation, elle voudrait être la victime. Mais la dernière phrase de l'avant-dernier chapitre annonce la teneur de la conclusion du roman, *On ne lui répondra pas.*

La rupture proprement dite
se consomme sur quatre plans

— Intuitivement, Anne et Chauvin savent qu'ils ne peuvent pas former un couple, comme l'indique la nuance prénom/nom, et ils le sentaient depuis longtemps.

— L'effet hypnotique du crime passionnel, maintenant plus imaginé que vécu, est à la fois trop dangereux *(pose mortuaire)* et trop usé *(des choses... qu'il faut laisser de côté).*

— Le tragique dialogue du renoncement :

Lui : *Je ne peux pas.*

Elle : *J'ai peur.*

Lui : *Je voudrais que vous soyez morte.*

Elle : *C'est fait.*

En réalité, Anne se voit plus morte que la victime du crime passionnel, qui elle a eu la chance d'être suffisamment aimée par un homme pour qu'il la tue !

— Pour la société, Chauvin et Anne ont été de vrais amants, *cette femme adultère.* Une certaine communion des âmes dans l'intensité de la passion ne compromettrait-elle pas davantage que la simple union des corps ? La rupture d'une relation spirituelle peut-elle être plus traumatisante que la rupture banale, courante, où l'amant et sa maîtresse peuvent encore se nourrir de souvenirs des réalités ? La romancière nous laisse le soin de répondre à ces questions.

Le récit tombe sur une atmosphère symbolique. Anne s'absente de la vie, le vide de son départ est rempli par la *lumière rouge* et *le volume de la radio.* L'aventure de Chauvin a été un rêve qui commence déjà à se transformer en cauchemar.

LA PASSION

LES DÉSORDRES DE L'AMOUR

L'auteur des Lettres de la Religieuse portugaise *reste mystérieux. L'éditeur Barbin les publia en 1669 à Paris avec la mention « Je ne sais pas le nom de celui auquel on les a écrites, ni de celui qui en a fait la traduction... »*

Mariana Alcoforado, âgée de vingt-cinq ans, vit au couvent de Nossa Senhora de Conceiçao dans la petite ville de Beja. A ce moment-là (1665) Louis XIV* a envoyé un corps expéditionnaire au Portugal pour l'aider à défendre son indépendance contre l'Espagne. Dans ces troupes, commandées par M. de Schomberg, un capitaine de cavalerie de vingt-six ans, Noël Bouton, marquis de Chanilly, comte de Saint-Léger, séduit la religieuse puis l'abandonne... Ils ne se verront jamais plus. Maréchal de France, Chanilly meurt en 1715; elle, elle vivra jusqu'à l'âge de quatre-vingt-trois ans.

Les lettres sont écrites par Mariana aussitôt après la séparation. Il y en a cinq, c'est un long et inoubliable cri d'amour; voici les dernières lignes de la seconde :

... votre absence rigoureuse, et peut-être éternelle, ne diminue en rien l'emportement de mon amour : je veux que tout le monde le sache, je n'en fais point un mystère, et je suis ravie d'avoir fait tout ce que j'ai fait pour vous contre toute sorte de bienséance. Je ne mets plus mon honneur et ma religion qu'à vous aimer éperdument toute ma vie, puisque j'ai commencé à vous aimer. Je ne vous dis point toutes ces choses pour vous obliger à m'écrire. Ah! ne vous contraignez point, je ne veux de vous que ce qui viendra de votre mouvement, et je refuse tous les témoignages de votre amour dont vous pourriez vous empêcher : j'aurai du plaisir à vous excuser, parce que vous aurez, peut-être, du plaisir à ne pas prendre la peine de m'écrire; et je sens une profonde disposition à vous pardonner toutes vos fautes.

Un officier français a eu la charité de me parler ce matin plus de trois heures de vous, il m'a dit que la paix de France était faite : si cela est, ne pourriez-vous pas venir me voir, et m'emmener en France? Mais je ne le mérite pas, faites tout ce qu'il vous plaira, mon amour ne dépend plus de la manière dont vous me traiterez. Depuis que vous êtes parti, je n'ai pas eu un seul moment de santé, et je n'ai aucun plaisir qu'en nommant votre nom mille fois le jour; quelques religieuses, qui savent l'état déplorable où vous m'avez plongée, me parlent de vous fort souvent; je sors le moins qu'il m'est possible de ma chambre où vous êtes venu tant de fois, et je regarde sans cesse votre portrait, qui m'est mille fois plus cher que ma vie. Il me donne quelque plaisir : mais il me donne aussi bien de la douleur, lorsque je pense que je ne vous reverrai peut-être jamais; pourquoi faut-il qu'il soit possible que je ne vous verrai peut-être jamais? M'avez-vous pour toujours abandonnée? Je suis au désespoir, votre pauvre Mariane n'en peut plus, elle s'évanouit en finissant cette lettre. Adieu, adieu, ayez pitié de moi.

Lettres de la Religieuse portugaise, 1668

Il est frappant de constater comme cette jeune femme garde sa dignité et son amour intacts dans le malheur dont elle commence à mesurer toute l'étendue.

GUSTAVE FLAUBERT décrit la naissance de l'amour chez Frédéric Moreau, jeune provincial qui vient de réussir au baccalauréat et se croit destiné à des triomphes artistiques et amoureux. Au cours d'un voyage sur le pont du bateau qui remontait la Seine, le jeune homme rencontre celle qui va symboliser pour lui l'amour et ne voit plus qu'elle :

Ce fut comme une apparition :

Elle était assise, au milieu du banc, toute seule; ou du moins il ne distingua personne dans l'éblouissement que lui envoyèrent ses yeux. En même temps qu'il passait, elle leva la tête; il fléchit involontairement les épaules; et, quand il se fut mis plus loin, du même côté, il la regarda.

Elle avait un large chapeau de paille, avec des rubans roses qui palpitaient au vent, derrière elle. Ses bandeaux noirs, contournant la pointe de ses grands sourcils, descendaient très bas et semblaient presser amoureusement l'ovale de sa figure. Sa robe de mousseline claire, tachetée de petits pois, se répandait à plis nombreux. Elle était en train de broder quelque chose; et son nez droit, son menton, toute sa personne se découpait sur le fond de l'air bleu.

Comme elle gardait la même attitude, il fit plusieurs tours de droite et de gauche pour dissimuler sa manœuvre; puis il se planta tout près de son ombrelle, posée contre le banc, et il affectait d'observer une chaloupe sur la rivière.

Jamais il n'avait vu cette splendeur de sa peau brune, la séduction de sa taille, ni cette finesse des doigts que la lumière traversait. Il considérait son panier à ouvrage avec ébahissement, comme une chose extraordinaire. Quels étaient son nom, sa demeure, sa vie, son passé ?

Il souhaitait connaître les meubles de sa chambre, toutes les robes qu'elle avait portées, les gens qu'elle fréquentait; et le désir de la possession physique même disparaissait sous une envie plus profonde, dans une curiosité douloureuse qui n'avait pas de limites.

Une négresse, coiffée d'un foulard, se présenta, en tenant par la main une petite fille, déjà grande. L'enfant, dont les yeux roulaient des larmes, venait de s'éveiller; elle la prit sur ses genoux. « Mademoiselle n'était pas sage, quoiqu'elle eût sept ans bientôt; sa mère ne l'aimerait plus; on lui pardonnait trop ses caprices. » Et Frédéric se réjouissait d'entendre ces choses, comme s'il eût fait une découverte, une acquisition.

L'Éducation sentimentale, 1870

Frédéric va consacrer toute son existence à faire durer ce coup de foudre, sans succès. Ainsi cette rencontre marque le début de l'échec d'une vie entière, la défaite en amour étant accompagnée (saura-t-on jamais s'il s'agit d'une cause ou d'une conséquence?) par l'échec de toutes les ambitions artistiques. L'art du romancier consiste ici à présenter la jeune femme entièrement vue, pensée et imaginée par le héros du roman. Elle apparaît comme un objet, placé sur une sorte de socle, adoré comme une statue de déesse, hors d'atteinte.

ALAIN-FOURNIER peint également une première rencontre mais ses personnages sont bien différents : Yvonne de Galais est une « jeune fille » (l'héroïne de Flaubert était mère de famille) et Meaulnes a une très forte personnalité, à l'opposé même de la faiblesse de Frédéric. Néanmoins le coup de foudre — où toutes les phases de l'amour selon Stendhal se combinent pour éclater en même temps — se déroule de manière semblable, avec cependant un échange entre les deux êtres, échange sensible dans le dialogue qui les rapproche :

Avec quel émoi Meaulnes se rappelait dans la suite cette minute où, sur le bord de l'étang, il avait eu très près du sien le visage désormais perdu de la jeune fille! Il avait regardé ce profil si pur, de tous ses yeux, jusqu'à ce qu'ils fussent près de s'emplir de larmes. Et il se rappelait avoir vu, comme un secret délicat qu'elle lui eût confié, un peu de poudre restée sur sa joue.

A terre, tout s'arrangea comme dans un rêve. Tandis que les enfants couraient avec des cris de joie, que des groupes se formaient et s'éparpillaient à travers bois, Meaulnes s'avança dans une allée, où, dix pas devant lui, marchait la jeune fille. Il se trouva près d'elle sans avoir eu le temps de réfléchir :

« Vous êtes belle », dit-il simplement.

Mais elle hâta le pas et, sans répondre, prit une allée transversale. D'autres promeneurs couraient, jouaient à travers les avenues, chacun errant à sa guise, conduit seulement par sa libre fantaisie. Le jeune homme se reprocha vivement ce qu'il appelait sa balourdise, sa grossièreté, sa sottise. Il errait au hasard, persuadé qu'il ne reverrait plus cette gracieuse créature, lorsqu'il l'aperçut soudain venant à sa rencontre et forcée de passer près de lui dans l'étroit sentier. Elle écartait de ses deux mains nues les plis de son grand manteau. Elle avait des souliers noirs très découverts. Ses

chevilles étaient si fines qu'elles pliaient par instants qu'on craignait de les voir se briser.

Cette fois, le jeune homme salua, en disant très bas « Voulez-vous me pardonner?

— Je vous pardonne, dit-elle gravement. Mais il fa que je rejoigne les enfants, puisqu'ils sont les maîtres a jourd'hui. Adieu. »

Augustin la supplia de rester un instant encore. Il parlait avec gaucherie, mais d'un ton si troublé, si ple de désarroi, qu'elle marcha plus lentement et l'écouta.

« Je ne sais même pas qui vous êtes », dit-elle enfi

Elle prononçait chaque mot d'un ton uniforme, appuyant de la même façon sur chacun, mais en disa plus doucement le dernier... Ensuite elle reprenait son visa immobile, sa bouche un peu mordue, et ses yeux ble regardaient fixement au loin.

« Je ne sais pas non plus votre nom », répondit Meaulne

Ils suivaient maintenant un chemin découvert, et l'o voyait à quelque distance les invités se presser autour d'u maison isolée dans la pleine campagne.

« Voici la « maison de Frantz », dit la jeune fille; faut que je vous quitte... »

Elle hésita, le regarda un instant en souriant et dit « Mon nom?... Je suis mademoiselle Yvonne de Galais... Et elle s'échappa.

Le Grand Meaulnes, Arthème Fayard, 19

Dans ce cadre poétique, c'est tout le mystère de la jeu fille du début de notre siècle. Or notre société a perdu le se de ce mystère, sans doute est-ce la raison profonde de la gra popularité que connaît toujours ce roman. Peut-être répond à un besoin mythologique qui n'est plus satisfait dans le cœ des hommes actuels.

LES MANQUES D'HARMONIE

SINCÉRITÉ ET HYPOCRISIE

STENDHAL *dans ce passage peint la dernière phase de la conquête de Mme de Rênal, elle n'a déjà plus la volonté de résister à Julien Sorel, précepteur de son fils. Tout les sépare, l'âge, la classe sociale, la religion. Cependant, bien qu'elle ne se soit pas encore donnée à lui, elle a déjà peur de le perdre :*

Je me dois d'autant plus, continua la petite vanité de Julien, de réussir auprès de cette femme, que si jamais je fais fortune, et que quelqu'un me reproche le bas emploi de précepteur, je pourrai faire entendre que l'amour m'avait été à cette place.

Julien éloigna de nouveau sa main de celle de Mme de Rênal, puis il la reprit en la serrant. Comme on rentrait au salon, vers minuit, Mme de Rênal lui dit à demi-voix :
— Vous nous quitterez, vous partirez ?
Julien répondit en soupirant :
— Il faut bien que je parte, car je vous aime avec passion, c'est une faute... et quelle faute pour un jeune prêtre !
Mme de Rênal s'appuya sur son bras, et avec tant d'abandon que sa joue sentit la chaleur de celle de Julien.
Les nuits de ces deux êtres furent bien différentes. Mme de Rênal était exaltée par les transports de la volupté morale la plus élevée. Une jeune fille coquette qui aime de bonne heure s'accoutume au trouble de l'amour; quand elle arrive à l'âge de la vraie passion, le charme de la nouveauté manque. Comme Mme de Rênal n'avait jamais lu de romans, toutes les nuances de son bonheur étaient neuves pour elles. Aucune triste vérité ne venait la glacer, pas même le spectre de l'avenir. Elle se vit aussi heureuse dans dix ans qu'elle l'était en ce moment. L'idée même de la vertu et de la fidélité jurée à M. de Rênal, qui l'avait agité quelques jours auparavant, se présenta en vain, on la renvoya comme un hôte importun. Jamais je n'accorderai rien à Julien, se dit Mme de Rênal, nous vivrons à l'avenir comme nous vivons depuis un mois. Ce sera un ami.

Le Rouge et le Noir, 1830

Julien Sorel calcule sa conduite avec détachement, préoccupé seulement par l'idée de réussite. Il n'aime pas réellement Mme de Rênal mais pense que cette conquête contribuera à satisfaire ses ambitions. Il fait les gestes de l'amour non par affection, mais par calcul. Mme de Rênal, trompée par les apparences, se trompe elle-même en faisant semblant de croire que leurs relations ne dépasseront pas celles d'une simple amitié — comme Julien, mais d'une autre manière, elle joue un double jeu.

L'AVEU IMPOSSIBLE

MADAME DE LA FAYETTE *analyse, dans le premier roman psychologique français, une situation difficile. Une très jeune fille, la Princesse de Clèves, épouse de son plein gré un homme qu'elle respecte et admire; après le mariage, elle découvre le véritable amour, dont elle ignorait l'existence. Lorsqu'elle comprend qu'il lui sera impossible de résister à sa passion pour Nemours, elle décide d'en faire l'aveu à son mari afin qu'il l'aide à se sauver :*

« Ne me contraignez point, lui dit-elle, à vous avouer une chose que je n'ai pas la force de vous avouer, quoique j'en aie eu plusieurs fois le dessein. Songez seulement que la prudence ne veut pas qu'une femme de mon âge, et maîtresse de sa conduite, demeure exposée au milieu de la cour.
— Que me faites-vous envisager, madame ? s'écria M. de Clèves ! je n'oserais vous le dire de peur de vous offenser. » Mme de Clèves ne répondit point, et son silence achevant de confirmer son mari dans ce qu'il avait pensé : « Vous ne me dites rien, reprit-il, et c'est me dire que je ne me trompe pas. — Eh bien, monsieur, lui répondit-elle en se jetant à ses genoux, je vais vous faire un aveu que l'on n'a jamais fait à un mari; mais l'innocence de ma conduite et de mes intentions m'en donne la force. Il est vrai que j'ai des raisons pour m'éloigner de la cour, et que je veux éviter les périls où se trouvent quelquefois les personnes de mon âge. Je n'ai jamais donné nulle marque de faiblesse, et je ne craindrais pas d'en laisser paraître, si vous me laissiez la liberté de me retirer de la cour, ou si j'avais encore Mme de Chartres pour aider à me conduire. Quelque dangereux que soit le parti que je prends, je le prends avec joie pour me conserver digne d'être à vous. Je vous demande mille pardons, si j'ai des sentiments qui vous déplaisent : du moins je ne vous déplairai jamais par mes actions. Songez que, pour faire ce que je fais, il faut avoir plus d'amitié et plus d'estime pour un mari que l'on n'en a jamais eu : conduisez-moi, ayez pitié de moi, et aimez-moi encore, si vous pouvez. »

La Princesse de Clèves, 1678

A cet aveu M. de Clèves va répondre : Vous me paraissez plus digne d'estime et d'admiration que tout ce qu'il y a jamais eu de femmes au monde; mais aussi je me trouve le plus malheureux homme qui ait jamais existé.

POSSESSION EXCLUSIVE

ALBERT CAMUS *fait, avec humour et ironie, le portrait de la femme parfaite, celle qui choisit un homme, le conquiert et le met, avec une simplicité et une économie de moyens désarmantes, en esclavage :*

Louise était en effet petite, noire de peau, de poils et d'œil, mais bien faite et de jolie mine. Jonas, grand et solide, s'attendrissait sur la fourmi, d'autant plus qu'elle était industrieuse. La vocation de Louise était l'activité. Une telle vocation s'accordait heureusement au goût de Jonas pour l'inertie, et pour ses avantages. Louise se dévoua d'abord à la littérature, tant qu'elle crut du moins que l'édition intéressait Jonas. Elle lisait tout, sans ordre, et devint, en peu de semaines, capable de parler de tout. Jonas l'admira et se jugea définitivement dispensé de lectures puisque Louise le renseignait assez, et lui permettait de connaître l'essentiel des découvertes contemporaines. « Il ne faut plus dire, affirmait Louise, qu'un tel est méchant ou laid, mais qu'il se veut méchant ou laid. » La nuance était importante et risquait de mener au moins, comme le fit remarquer Rateau, à la condamnation du genre humain. Mais Louise trancha en montrant que cette vérité étant à la fois soutenue par la presse du cœur et les revues philosophiques, elle était universelle et ne pouvait être discutée. « Ce sera comme vous voudrez », dit Jonas, qui oublia aussitôt cette cruelle découverte pour rêver à son étoile.

Louise déserta la littérature dès qu'elle comprit que Jonas ne s'intéressait qu'à la peinture. Elle se dévoua aussitôt aux arts plastiques, courut musées et expositions, y traîna Jonas qui comprenait mal ce que peignait ses contemporains et s'en trouvait gêné dans sa simplicité d'artiste. Il se réjouissait cependant d'être si bien renseigné sur tout ce qui touchait à son art. Il est vrai que le lendemain, il perdait jusqu'au nom du peintre dont il venait de voir les œuvres. Mais Louise avait raison lorsqu'elle lui rappelait péremptoirement une des certitudes qu'elle avait gardées de sa période littéraire, à savoir qu'en réalité on n'oubliait

jamais rien. L'étoile décidément protégeait Jonas qui pouvait ainsi cumuler sans mauvaise conscience les certitudes de la mémoire et les commodités de l'oubli.

Mais les trésors de dévouement que prodiguait Louise étincelaient de leurs plus beaux feux dans la vie quotidienne de Jonas. Ce bon ange lui évitait les achats de chaussures, de vêtements et de linge qui abrègent, pour tout homme normal, les jours d'une vie déjà si courte. Elle prenait à charge, résolument, les mille inventions de la machine à tuer le temps, depuis les imprimés obscurs de la Sécurité sociale* jusqu'aux dispositions sans cesse renouvelées de la fiscalité. « Oui, disait Rateau, c'est entendu, mais elle ne peut aller chez le dentiste à ta place. » Elle n'y allait pas, mais elle téléphonait et prenait les rendez-vous, aux meilleures heures; elle s'occupait des vidanges de la 4 CV des locations dans les hôtels de vacances, du charbon domestique; elle achetait elle-même les cadeaux que Jonas désirait offrir, choisissait et expédiait ses fleurs et trouvait encore le temps, certains soirs, de passer chez lui, en son absence pour préparer le lit qu'il n'aurait pas besoin cette nuit-là d'ouvrir avant de se coucher.

Du même élan, aussi bien, elle entra dans ce lit, puis s'occupa du rendez-vous avec le maire, y mena Jonas deux ans avant que son talent fût enfin reconnu et organisa le voyage de noces de manière que tous les musées fussent visités. Non sans avoir trouvé, auparavant, en pleine crise du logement, un appartement de trois pièces où ils s'installèrent, au retour. Elle fabriqua ensuite, presque coup sur coup, deux enfants, garçon et fille, selon son plan qui était d'aller jusqu'à trois et qui fut rempli peu après que Jonas eut quitté la maison d'éditions pour se consacrer à la peinture.

L'Exil et le Royaume (Jonas), éd. Gallimard, 195

Cette efficacité n'a que les apparences de l'amour. Jonas pour son épouse, ne compte pas, c'est un simple instrument Cette attitude est rendue plus facile par l'apathie du jeune homme qui rappelle celle de Meursault, le héros de l'Étranger

---

LA TERRE QUI RAPPORTE

FRANÇOIS MAURIAC *a compris que, pour Thérèse Desqueyroux comme pour beaucoup de Français, l'argent c'est d'abord la terre. Dans ce court passage, la jeune femme, qui cherche à voir clair en elle, se demande quelles sont les raisons qui l'ont poussée à épouser un homme qu'elle n'aime pas :*

Les deux mille hectares de Bernard ne l'avaient pas laissée indifférente. « Elle avait toujours eu la propriété dans le sang. » Lorsque après les longs repas, sur la table desservie on apporte l'alcool, Thérèse était restée souvent avec les hommes, retenue par leurs propos touchant les

métayers, les poteaux de mine, la gemme, la térébenthine Les évaluations de propriétés la passionnaient. Nul doute que cette domination sur une grande étendue de forêt l'a séduite : Lui aussi, d'ailleurs, était amoureux de mes pins.

Thérèse Desqueyroux, éd. Grasset, 192

Dans cette partie du Sud-Ouest de la France où Mauria est né, les Landes, les propriétaires tiraient leur richesse de forêts de pins. Aujourd'hui, l'aménagement de la côte d'Aqu taine est en train d'en faire une importante région touristique

200

VIVRE UN IDÉAL

CELUI QUI A RÉUSSI

SAN ANTONIO *montre la vraie femme parfaite. Louise, peinte par Camus, est une caricature, Françoise un idéal vivant. On pense à la célèbre phrase de Montherlant moi, je rêve à ce que j'ai. La sérénité, effet de la perfection de l'amour, est sans doute l'état d'âme qui décrivait le mieux le Paradis terrestre, ce Paradis perdu dont le souvenir hante l'humanité :*

Je ne m'étais pas trompé. J'ai trouvé quelqu'un qui m'a apporté la chose la plus fabuleuse, la plus nécessaire, la plus impérieusement utile : le calme. Je vis, avec ma seconde femme, dans un bien-être qui n'est pas sédatif, qui n'est pas somnolent, qui est tout simplement la sécurité. Françoise est apaisante, elle est assumante. Les difficultés, les incidents, les mauvaises nouvelles, elle en fait son affaire. Elle les tait, elle les intercepte. Parfois, je tempête : « Enfin, j'ai quand même le droit de savoir! » Elle me laisse dire. Et elle recommence. Elle est toujours là, avec sa tondeuse à gazon dès qu'un brin d'herbe pousse.

Je me dis qu'un jour elle va se lasser, que ce n'est pas possible infiniment, cette vigilance amoureuse. Mais, quoi qu'il arrive, elle m'aura apporté la plus grande paix que j'ai connue depuis mon enfance. J'ai aimé ma première femme. Ça a été une très belle histoire que pas une seconde je ne voudrais renier. Mais je sais que Françoise m'aura donné la sérénité. La SÉRÉNITÉ. Je ne savais même pas que cela existait. Car, dans mon enfance, je n'étais pas serein, j'étais innocent. J'ai connu depuis des instants de bonheur, bien sûr, mais jamais en continu. Maintenant, je suis sur une grande plage de sable fin, on me met le parasol, on le déplace avec le soleil. J'ai toujours la gueule à l'ombre.

Peut-être ai-je trouvé en elle ce à quoi je n'osais même plus rêver : l'existence de l'absolu.

Je le jure, éd. Stock, 1975

L'impression produite par ces lignes est d'autant plus forte qu'il s'agit d'une histoire vraie, d'une autobiographie...

CEUX QUI ESSAIENT

GEORGES PEREC *demeure dans la réalité, le merveilleux petit bonheur quotidien à deux. Voilà un jeune ménage qui jouit pleinement de la vie, sans heurt, sans éclat, sans passion dévastatrice :*

Ainsi vivaient-ils, eux et leurs amis, dans leurs petits appartements encombrés et sympathiques, avec leurs balades et leurs films, leurs grands repas fraternels, leurs projets merveilleux. Ils n'étaient pas malheureux. Certains bonheurs de vivre, furtifs, évanescents, illuminaient leurs journées. Certains soirs, après avoir dîné, ils hésitaient à se lever de table; ils finissaient une bouteille de vin, grignotaient des noix, allumaient des cigarettes. Certaines nuits, ils ne parvenaient pas à s'endormir, et, à moitié assis, calés contre les oreillers, un cendrier entre eux, ils parlaient jusqu'au matin. Certains jours, ils se promenaient en bavardant pendant des heures entières. Ils se regardaient en souriant dans les glaces des devantures. Il leur semblait que tout était parfait; ils marchaient librement, leurs mouvements étaient déliés, le temps ne semblait plus les atteindre. Il leur suffisait d'être là, dans la rue, un jour de froid sec, de grand vent, chaudement vêtus, à la tombée du jour, se dirigeant sans hâte, mais d'un bon pas, vers une demeure amie, pour que le moindre de leurs gestes — allumer une cigarette, acheter un cornet de marrons chauds, se faufiler dans la cohue d'une sortie de gare — leur apparaisse comme l'expression évidente, immédiate, d'un bonheur inépuisable.

Ou bien, certaines nuits d'été, ils marchaient longuement dans des quartiers presque inconnus. Une lune parfaitement ronde brillait haut dans le ciel et projetait sur toutes les choses une lumière feutrée. Les rues, désertes et longues, larges, sonores, résonnaient sous leurs pas synchrones. De rares taxis passaient lentement, presque sans bruit. Alors ils se sentaient les maîtres du monde. Ils ressentaient une exaltation inconnue, comme s'ils avaient été détenteurs de secrets fabuleux, de forces inexprimables. Et, se donnant la main, ils se mettaient à courir, ou jouaient à la marelle, ou couraient à cloche-pied le long des trottoirs et hurlaient à l'unisson les grands airs de *Cosi fan tutte* ou de la *Messe en si.*

Ou bien, ils poussaient la porte d'un petit restaurant, et, avec une joie presque rituelle, ils se laissaient pénétrer par la chaleur ambiante, par le cliquetis des fourchettes, le tintement des verres, le bruit feutré des voix, les promesses des nappes blanches. Ils choisissaient leur vin avec componction, dépliaient leur serviette, et il leur semblait alors, bien au chaud, en tête à tête, fumant une cigarette qu'ils allaient écraser un instant plus tard, à peine entamée, lorsque arriveraient les hors-d'œuvre, que leur vie ne serait que l'inépuisable somme de ces moments propices et qu'ils seraient toujours heureux, parce qu'ils méritaient de l'être, parce qu'ils savaient rester disponibles, parce que le bonheur était en eux.

Les Choses, éd. Julliard, 1965

Contrairement à La Princesse de Clèves, *l'autobiographie de San Antonio et le roman de Perec montrent que l'amour et la tranquillité sont compatibles.*

J.-L. CURTIS dépeint l'érosion de l'amour sans que l'on en connaisse très bien la cause, peut-être l'esprit bourgeois ou simplement le passage du temps avec la formation d'une habitude :

Nous nous installions, Véronique et moi, dans une routine qui me donnait l'illusion de la stabilité. Le temps passait, nous ne savions comment, mais qui le sait, de nos jours? Il y avait des anniversaires à petites bougies roses et bleues, qu'il fallait souffler. D'une année à l'autre, notre vie s'en allait ainsi, en fumée. Nous nous éloignions toujours un peu plus des rivages heureux de l'adolescence, où, pendant quelques jours, au son des boîtes à musique, chacun est prince, irresponsable et immortel. Nous eûmes vingt-six, vint-sept ans... Nous entrions dans une catégorie biologique et sociale un peu moins immortelle et un peu moins adulée, celle des adultes encore juvéniles, qui votent, lisent les hebdomadaires politiques, ont un revenu fixe et font des enfants. Passage difficile. Nous y aidait tout ce que le siècle invente pour empêcher qu'on ne se collette trop rudement avec le réel : les machines à fabriquer du loisir. Il y avait la voiture, les week-ends en Normandie. Les vacances, Costa Brava, Saint-Tropez, — plus tard ce serait la Grèce, le Liban. La télévision. La cinémathèque. Le petit stock annuel de livres « qu'il faut avoir lus », de spectacles « qu'il faut avoir vus ». Nous recevions à dîner nos amis Charles et Ariane. Nous dînions chez eux. Nous sortions ensemble, eux et nous, pour passer la soirée dans une de ces caves dansantes où les jeunes couples de la classe bourgeoise se doivent d'aller au moins une fois par mois. Toutes ces occasions se ressemblent. Elles forment dans mon souvenir un seul dîner en ville, — une seule soirée, insipide et lustrée comme une pomme de Californie qu'on n'a pas envie de croquer, même pas dans la publicité d'un magazine de luxe.

Un jeune Couple, éd. Julliard, 196

Le passage est triste parce qu'il est terne et peu dramatique. Au fond, c'est peut-être la tragédie de l'existence, celle de tous les temps et de toutes les conditions.

MARCEL PAGNOL, *dans ses souvenirs d'enfance, présente ce tableau piquant d'une jalousie féroce bien que l'événement qui la suscite remonte à plus d'un demi-siècle; il arrive avec ses parents à la ferme où habitent ses grands-parents, au moment où son grand-père s'est laissé convaincre par sa femme de lui raconter une aventure galante qu'il a eu à Paris dans sa jeunesse :*

Le grand-père caressa ma nuque, et, parlant à moi seul, il dit :

— Ah! les femmes! Mon beau petit, méfie-toi des femmes! Les femmes, ça ne comprend pas.

Moi non plus, je ne comprenais pas. Mais j'entendais au dehors la grand-mère, qui hurlait comme une louve, et qui se lançait tête baissée, contre le cercle des voisins, qu'elle mordait de ses gencives, et qui la repoussaient doucement.

— Joseph, dit le grand-père, ferme la porte à clef... Dépêche-toi! Si elle revient, elle va me finir...

— Voyons, père, dit Joseph. Vous ne croyez tout de même pas...

— Mais si! Mais si! Je te dis qu'elle veut me tuer! Si les voisins n'étaient pas venus à mon secours, elle m'aurait massacré! Tu ne te rends pas compte qu'elle est devenue folle!

Ma mère, qui s'était assise auprès de lui, dit à voix basse : « Ne croyez pas, père, elle n'est pas folle. »

Elle était mince, pâle, fragile, ses mains étaient croisées sur ses genoux. Elle souriait tristement.

On entendit un long cri de bête, un cri tremblant de rage et de désespoir.

— Écoute! dit le grand-père, tu n'appelles pas ça de la folie furieuse?

— Non, dit ma mère, c'est ça l'amour.

Le Temps des Secrets, éditions Pastorelly, 196

Ainsi, un amour farouche et sauvage a résisté à l'usure du temps.

L'AMOUR ET LA MORT

LE CONFLIT

SAINT-EXUPÉRY *évoque une scène particulièrement tragique des premiers temps de l'aviation commerciale. La femme du pilote attend des nouvelles de son mari, pris avec son avion dans une tempête. Chaque moment qui passe diminue l'espoir qu'elle nourrit de le revoir vivant :*

« Branchez sur mon bureau. »

Il écouta cette petite voix lointaine, tremblante, et tout de suite il sut qu'il ne pourrait pas lui répondre. Ce serait stérile, infiniment, pour tous les deux, de s'affronter.

« Madame, je vous en prie, calmez-vous! Il est si fréquent, dans notre métier, d'attendre longtemps des nouvelles. »

Il était parvenu à cette frontière où se pose, non le problème d'une petite détresse particulière, mais celui-là même de l'action. En face de Rivière se dressait, non la femme de Fabien, mais un autre sens de la vie. Rivière ne pouvait qu'écouter, que plaindre cette petite voix, ce chant tellement triste, mais ennemi. Car ni l'action ni le bonheur individuel n'admettent le partage : ils sont en conflit. Cette femme parlait elle aussi au nom d'un monde absolu et de ses devoirs et de ses droits. Celui d'une clarté de lampe sur la table du soir, d'une chair qui réclamait sa chair, d'une patrie d'espoirs, de tendresses, de souvenirs. Elle exigeait son bien et elle avait raison. Et lui aussi, Rivière, avait raison, mais il ne pouvait rien opposer à la vérité de cette femme. Il découvrait sa propre vérité, à la lumière d'une humble lampe domestique, inexprimable et inhumaine.

« Madame... »

Elle n'écoutait plus. Elle était retombée, presque à ses pieds, lui semblait-il, ayant usé ses faibles poings contre le mur.

Vol de nuit, éd. Gallimard, 1931

Au début, le monde impitoyable représenté par le téléphone, à la fin, l'effondrement total d'une femme dans un univers d'où, elle en est sûre alors, son amour a disparu.

LA COMPLICITÉ

ANDRÉ MALRAUX *nous fait part des pensées d'un homme d'action, en apparence entièrement préoccupé par son idéal politique après avoir eu une discussion avec celle qu'il aime. Au lieu de parler avec Katow de l'insurrection qu'ils préparent ou de la stratégie marxiste, il s'étonne lui-même en son for intérieur de voir le rôle que May joue dans sa vie :*

Il marchait à côté de Katow, une fois de plus. Il ne pouvait pourtant se délivrer d'elle. « Tout à l'heure, elle me semblait une folle ou une aveugle. Je ne la connais pas. Je ne la connais que dans la mesure où je l'aime, que dans le sens où je l'aime. On ne possède d'un être que ce qu'on change en lui, dit mon père... Et après? » Il s'enfonçait en lui-même comme dans cette ruelle de plus en plus noire, où même les isolateurs du télégraphe ne luisaient plus sur le ciel. Il y retrouvait l'angoisse, et se souvint des disques : « On entend la voix des autres avec ses oreilles, la sienne avec la gorge. »

Oui. Sa vie aussi, on l'entend avec la gorge, et celle des autres?... Il y avait d'abord la solitude, la solitude immuable derrière la multitude mortelle comme la grande nuit primitive derrière cette nuit dense et basse sous quoi guettait la ville déserte, pleine d'espoir et de haine. « Mais moi, pour moi, pour la gorge, que suis-je? Une espèce d'affirmation absolue, d'affirmation de fou : une intensité plus grande que celle de tout le reste. Pour les autres, je suis ce que j'ai fait. » Pour May seule, il n'était pas ce qu'il avait fait; pour lui seul, elle était tout autre chose que sa biographie. L'étreinte par laquelle l'amour maintient les êtres collés l'un à l'autre contre la solitude, ce n'était pas à l'homme qu'elle apportait son aide; c'était au fou, au monstre incomparable, préférable à tout, que tout être est pour soi-même et qu'il choie dans son cœur. Depuis que sa mère était morte, May était le seul être pour qui il ne fût pas Kyo Gisors, mais la plus étroite complicité. « Une complicité consentie, conquise, choisie », pensa-t-il, extraordinairement d'accord avec la nuit, comme si sa pensée n'eût plus été faite pour la lumière. « Les hommes ne sont pas mes semblables, ils sont ceux qui me regardent et me jugent; mes semblables sont ceux qui m'aiment et ne me regardent pas, qui m'aiment contre tout, qui m'aiment contre la déchéance, contre la bassesse, contre la trahison, moi et non ce que j'ai fait ou ferai, qui m'aimeraient tant que je m'aimerais moi-même — jusqu'au suicide, compris... Avec elle seule j'ai en commun cet amour déchiré ou non, comme d'autres ont, ensemble, des enfants malades et qui peuvent mourir... » Ce n'était certes pas le bonheur, c'était quelque chose de primitif qui s'accordait aux ténèbres et faisait monter en lui une chaleur qui finissait dans une étreinte immobile, comme d'une joue contre une joue — la seule chose en lui qui fût aussi forte que la mort.

La Condition humaine, éd. Gallimard, 1933

Kyo, s'observant lui-même, constate qu'il y a deux hommes en lui, deux personnalités qui n'ont presque pas de points communs. Le militant révolutionnaire n'existe que pour le monde, l'amant n'existe que pour May. Lequel est le plus vrai? Nous pénétrons là dans le mystère de la condition humaine.

MARC BLANCPAIN *décrit la naissance de l'amour chez son héros Louis, âgé d'une dizaine d'années et qui éprouve un sentiment d'admiration pour sa cousine Coralie plus âgée que lui :*

Cependant, la nuit s'approchait à grands pas; une crainte vague nous poussait plus vite en avant. Nous avions faim aussi et on nous attendait à la maison! Peut-être aurions-nous fait demi-tour si les flonflons de l'orchestre et la marée des paroles et des rires n'étaient venus à notre rencontre et comme pour nous prendre par la main.

Enfin, ce fut la clairière! D'un arbre à l'autre, ils avaient tendu des fils où pendaient des lampes multicolores et mille drapeaux qui bruissaient et bavardaient dans la brise du soir. C'était si beau que nous nous sommes tus.

Toutes les filles et tous les garçons qui tournaient là, nous les connaissions; mais sans les reconnaître tout à fait parce que les beaux atours et l'éclat du plaisir les changeaient. Les filles, surtout, paraissaient plus grandes, plus libres et comme souveraines.

Ma cousine du manoir, Coralie, était brune comme aile de merle, ce qui est rare dans nos contrées. Elle avait planté dans ses cheveux, je vous le jure, une rose rouge! Elle dansait au bras d'une autre fille que je n'avais jamais vue. J'ai eu mal et j'ai eu honte de moi, de mes culottes courtes, de ma brutalité, de mon prénom sans grâce et de la médiocrité de ma maison.

Les autres n'étaient pas très fiers non plus. Nous sommes rentrés, les marrons dans les poches; ils pesaient lourd.

Dans l'hiver qui suivit, il a fallu abattre tous les ormes à cause d'un mal mystérieux qui rongeait leur puissance.

Un bal, dans le secret de mon cœur, c'est toujours, depuis ce soir-là, comme une belle promesse de joie, tentatrice et menacée. Mais je n'ai pas trouvé l'audace de me dire, ce soir-là, que je l'aimais, ma cousine aux cheveux noirs, Coralie, la grande et mince jeune fille du manoir.

Paralysé par la timidité des premières amours, Louis a manqué d'audace et n'a pu que garder dans le secret de son cœur son espérance et ses désirs.

Quelques années plus tard, Camille, une camarade de Coralie, influencée par cette dernière est devenue amoureuse du jeune homme. A la rentrée des classes elle le retrouve sur le quai de la gare et lui donne un rendez-vous dans un compartiment vide du train qu'empruntent les garçons et les filles de la campagne pour aller au lycée et à l'École normale.

Elle a paru surprise et, soudain méchante, elle m'a dit
« A quoi penses-tu, tête de bois? »
Je n'ai pas répondu.
« Je le sais, à qui tu penses! »
Je lui ai tourné le dos.
« Tu penses à Coralie. »
Elle a bien vu que j'avais mal. Alors elle a continué
« Tu es un sot. Coralie est une vraie grande. Son amoureux sort de l'École normale* cette année. Elle va bientô se marier. Son fiancé s'appelle Arnaud, Robert Arnaud tu vois! Je ne te dis pas ça pour te faire de la peine. Toi aussi, quand j'étais petite, j'ai aimé un grand garçon; i ne l'a jamais su et c'est mieux comme ça. Je ne sais même plus où il est, à présent. »

Elle s'est approchée de moi qui lui tournais toujours le dos et m'a posé ses mains, ses douces mains, sur les yeux comme une qui va vous dire, en déguisant sa voix : « Qu est là? »

Je n'ai pas fait la mauvaise tête plus longtemps. Nous avons recommencé à nous embrasser. Puis nous avons fait des projets pour Noël « si le temps n'est pas trop mauvais » pour Pâques, « sûr et certain », pour les grandes vacances « s on ne m'expédie pas encore au prévent ». Camille m'a demandé si je savais déjà danser; j'ai répondu oui, et elle a battu des mains; ce n'était pas vrai, pourtant, mais j'étais bien décidé à fausser compagnie, le dimanche, à Hupain le neveu pour aller prendre des leçons.

Camille m'a expliqué, sans que j'aie à le lui demander — et Dieu sait que la question me brûlait les lèvres — que ses trois amoureux « c'était de la frime ». Pour passer le temps. Pour faire comme les grandes. Pour qu'on lui reconnaisse, parmi ses compagnes, de l'importance! L'un deux, elle le jurait, avait quitté le lycée et l'autre était un imbécile. Le troisième lui avait écrit au prévent et elle ne lui avait pas répondu...
« Pourquoi?
— Parce que j'ai su que tu m'aimais quand j'ai appris que tu étais venu à la maison! »

La Femme d'Arnaud vient de mourir, éd. Denoël, 1958

Ce nouvel amour de Louis est remis en question par la mor brutale de la jeune fille, mais la vie amoureuse de Louis ne fai que commencer. Ce roman est fait à la fois de ce qui a eu lieu e de ce qui n'a pu avoir lieu; les choses qui ont été comme celle qui n'ont pas été prennent une valeur symbolique et conserven une résonance particulière, tout le long du livre.

L'actrice Brigitte Bardot répond aux questions devant le micro de Jacques Chancel

J. C. — Jalouse ?

B. B. — Terrible ! Ah oui, alors, et c'est horrible ! Cela me rend malade. C'est un très vilain défaut d'être jaloux, mais je ne peux vraiment pas faire autrement. Je ne peux pas !

J. C. — Vous avez des raisons d'être jalouse ?

B. B. — Non, je n'ai pas de raisons... mais je suis jalouse, c'est épouvantable ! Si je pouvais trouver un médicament contre !

J. C. — Mettons que le monsieur de votre cœur se promène quelque part...

B. B. — Ne commencez pas à me raconter des histoires comme ça...

J. C. — Avec, à son bras, une ravissante brune. Vous les rencontrez. Quelle est votre réaction ?

B. B. — Je ne suis pas contente du tout !

J. C. — Vous n'essayez pas de comprendre ?

B. B. — Non, je suis trop jalouse. Ce sentiment affreux gâche la vie, et surtout la vie des autres, du reste ! Je ne peux rien faire contre. J'ai essayé de ne plus être jalouse, mais je suis née ainsi et le resterai toujours. Si le monsieur qui nous écoute me faisait cela, il ne me reverrait plus !...

J. C. — Il est prévenu.

B. B. — Il serait condamné à rester avec sa dame brune.

J. C. — Brigitte Bardot, vous vous êtes mariée trois fois.

B. B. — Oui, je crois qu'on le sait.

J. C. — Êtes-vous prête pour un quatrième mariage ?

B. B. — Oh oui !

J. C. — Vous l'espérez ?

B. B. — J'adore me marier. Moi, je trouve que c'est joli de se marier. On se marie maintenant plusieurs fois dans une vie... Cela n'a pas d'importance... ou plutôt, l'important est ailleurs. On ne se marie plus avec n'importe qui. Quand on choisit un mari, que ce soit le deuxième ou le troisième... ou le quatrième, il faut être quand même très attentif. Oui, j'aime bien me marier...

J. C. — Et vous êtes toujours sincère ?

B. B. — Bien sûr.

J. C. — Et à chaque fois, vous êtes heureuse ?

B. B. — Bien sûr !

J. C. — Et à chaque fois, vous vous dites : c'est...

B. B. — Eh bien après, je me dis : « La prochaine fois, ce sera la bonne. »

J. C. — Vous êtes pour les recommencements ?

B. B. — Je suis pour les réussites.

Radioscopie, éd. Laffont.

La vie commence...

Lorsque Robert Bieth pousse la porte de son appartement, le soir, sa fille Isabelle, 4 ans, s'élance dans ses bras. Puis elle redescend de son perchoir, retraverse la pièce, prend position le dos au mur opposé : « Papa, encore ! »

Elle fonce de nouveau et s'écroule en riant contre Robert, qui l'attend.

Il est 19 heures, à Fontenay-aux-Roses, une banlieue verte et douillette, près de Paris. La résidence du Belvédère palpite et ronronne : c'est le retour des hommes. Isabelle et le bébé Alexandra, 15 mois, vont se coucher. Pour Robert Bieth, 35 ans, et Chantal, 33 ans, sa femme, la vie commence.

L'Amour

« Pour moi, la vraie vie, c'est la plénitude de l'amour. C'est ça, mon rêve, mon but jamais atteint... Il me donnerait toutes les audaces, toutes les folies. Justement, ce qui me fait follement envie depuis longtemps, c'est de faire la folle, de me déchaîner, de rire, à en tomber par terre, de faire rire les autres, et surtout de m'envoler. Et aussi... écrire un livre parfait, un seul que les gens aimeraient. J'ai déjà écrit beaucoup de chansons, que personne n'entendra jamais. Mes chansons, c'est mon royaume. C'est là que je me perds. Là, je rencontre la vraie vie. Mais je n'oublie pas les ombres, les chagrins. Ça aussi c'est vivre vraiment. La vraie vie : ne fermer ni sa porte, ni ses bras, ni son cœur. »

D.,
6 enfants, DAX.

Vues sur l'amour

C'est beau quand c'est sincère. C'est la chose la plus importante dans la vie. Ensuite, la situation. Mais si on a l'amour véritable, on doit facilement accepter une situation plus médiocre.

(Ouvrière, 22 ans.)

Seule vraie communion entre les êtres dont on ne peut se passer, la solitude étant ce qu'il y a de plus insupportable dans notre condition d'homme.

(Femme, chef de clinique, 28 ans.)

Je considère l'amour comme un art me permettant d'exprimer mon idéal de beauté et de bonheur.

(Métreur vérificateur, 28 ans.)

Je me battrais pour lui. Je vis de l'amour. L'amour est la bouée de sauvetage de l'homme, le salut est là.

(Laborantin, 22 ans.)

C'est même, finalement, la seule chose qui ait de l'importance.

(Agronome, marié, 28 ans.)

Une des rares échappatoires à la technique.

(Officier d'aviation civile, 23 ans.)

C'est le seul vrai soutien moral et physique contre toutes les déceptions et tous les malheurs de la vie.

(Ingénieur, 25 ans.)

L'amour a beaucoup d'importance pour moi. Il passe avant l'argent, la manière de s'habiller et la free-form music, mais se trouve derrière l'instruction.

(Lycéen, 16 ans.)

Je n'y attache pas d'importance d'ordinaire, mais parfois énormément, dans les moments où tout s'écroule.

(Étudiant, 22 ans.)

C'est un sentiment qui appartient à l'être humain, un signe de vie.

(Commis de cuisine, 19 ans.)

L'amour du prochain est une notion creuse et, par essence, réactionnaire. L'amour de la nature et du genre humain en général est à l'origine de la plupart de mes pensées et de mes actes... Quant à l'amour sentimental et physique, il occupe une place relativement moindre dans ma vie.

(Étudiant, 22 ans.)

Dans votre vie, l'amour physique, est-ce que cela compte... %

- ● Beaucoup 33
- ■ Assez 40
- ● Peu 12
- ● Pas du tout 6

Quelle a été votre réaction dominante devant la libération des mœurs ? A-t-elle provoqué en vous... %

- ● Le dégoût 9
- ● L'indifférence 21
- ■ L'inquiétude 30
- ● Un certain trouble 8
- ● Un sentiment de libération 10
- ● L'intérêt 13
- ● L'enthousiasme....... 4

L'amour a-t-il de l'importance ?

	%	%
● Beaucoup	56	48
● Assez	27	32
● Peu	6	13
● Pas du tout	5	5

La fidélité vous paraît-elle essentielle ?

	%	%
La fidélité est essentielle :		
● Pour les deux également	86	82
● Pour la femme seulement	2	9
● Elle n'est pas essentielle	7	5

Sondage
Express, 25-09-1977

LA VIE EN DIRECT : RÉPONSES A UNE ENQUÊTE

Au fur et à mesure que les années passent, avez-vous le sentiment que l'amour devient pour vous... %

- ● Plus important........ 26
- ● Moins important 12
- ■ Aussi important 57

Et l'amitié, est-ce que cela devient à mesure que les années passent... %

- ● Plus important........ 40
- ● Moins important 5
- ■ Aussi important 53

Faisons le point

« Aimez-vous les uns les autres », principe de la plupart des religions, montre que l'amour est la relation humaine fondamentale. Que resterait-il de la littérature mondiale si l'on supprimait les thèmes de l'amour ? Il faut bien reconnaître que la plupart des romans présentent le monde toujours divers, toujours nouveau et profondément semblable à lui-même, des relations entre la femme et l'homme. Cette question nous intéresse intimement et, là sans doute plus qu'ailleurs, le roman joue un de ses rôles les plus importants : accroître notre connaissance et notre champ d'expériences en nous faisant vivre de l'extérieur, donc sans danger, des existences qui ne sont pas les nôtres.

Marguerite Duras juxtapose deux aventures, la première dont nous ne savons pas grand-chose, sinon qu'elle fut consommée, la seconde qui reste spirituelle. D'un côté l'aventure de la femme assassinée suivie de l'arrestation de son amant jaloux, totalement désespéré puisqu'il comprend qu'il a détruit son unique raison de vivre, de l'autre celle d'Anne Desbaresdes et Chauvin, qui ne conduira à rien, c'est-à-dire à l'échec de la vie et au triomphe de la vertu bourgeoise. Quel serait, selon vous, le message de la romancière ? Que pensez-vous de cette structure du récit par rapport au message. Énumérez ses inconvénients et ses avantages.

■ *Il est intéressant de réfléchir à la question, très importante, de l'âge. Vous classerez les extraits en trois groupes, ceux (1) où la femme et l'homme ont à peu près le même âge, (2) où la femme est beaucoup plus jeune que l'homme et (3) où, au contraire, l'homme est le plus jeune. Essayez de décrire les aspects de l'amour qui sont déterminés par l'âge.*
Quel est, selon vous, le rapport d'âge idéal ? Essayez de défendre votre point de vue.

■ *On peut opposer thématiquement le début de l'amour à sa fin, qui n'est pas nécessairement sa mort. La religieuse portugaise est une de ces femmes qui n'aimeront qu'une fois et l'épouse de Fabien, le pilote de « Vol de nuit », se heurte à la mort de son mari comme à un mur. Comparez le pathétique de ces deux passages.*

■ *Transcendance, dépassement, l'expérience amoureuse effraie par son caractère mystérieux. Les auteurs classiques français, au XVIIe siècle, le comparaient souvent à un feu ou à une flamme qui brûle et consume. Anne Desbaresdes aime Chauvin, la Princesse de Clèves aime Nemours et cependant toutes deux reculent et finissent par renoncer à satisfaire leur passion.*

■ *Deux thèmes reviennent plusieurs fois dans les passages cités : (1) La naissance de l'amour, (2) l'adultère. Cherchez les auteurs qui traitent de ces thèmes et résumez leur attitude le plus brièvement*

possible (vous pouvez vous servir d'éléments tirés de vos réponses à certaines questions précédentes).
La naissance de l'amour comporte bien des formes : vous comparerez le sentiment du petit Louis pour Coralie à celui du même garçon, devenu adolescent, pour Camille. A la timidité naturelle du jeune homme inexpérimenté s'ajoutait le mystère de la jeune fille au temps où les mœurs étaient sévères et les sexes soigneusement séparés. Étudiez ce mystère tel qu'il est présenté par Alain-Fournier, et Marc Blanc-pain.
Ce mystère est le fond sur lequel s'impose l'apparition de l'objet aimé. Essayez de montrer quels sont les rapports entre le texte tiré de « L'éducation sentimentale » et les autres.

■ *Comparez le thème de la jalousie chez Marguerite Duras, Mme de La Fayette et Marcel Pagnol.*

■ *Enfin s'impose le thème du couple, c'est-à-dire de l'amour dans ses épreuves surmontées, dans sa durée et dans sa plénitude, thème présenté différemment selon les personnages considérés et selon les caractères des auteurs eux-mêmes. Vous chercherez les points communs et les différences des textes de Camus, San Antonio, Perec, Curtis et Malraux. Choisissez le passage qui vous semble le plus convaincant et expliquez votre choix d'abord par rapport (1) à votre propre idéal et ensuite (2) par rapport à l'idée qu'on se fait dans votre milieu social du sentiment de l'amour.*

LE RÊVE ET LA VIE

ENSEMBLE 8

Antoine de Saint-Exupéry

LE PETIT PRINCE

Stendhal
E. Zola
Flaubert
M. Proust
Chateaubriand
V. Larbaud
Camus
G. de Nerval
H. Bosco
Romain Rolland
J. Green
F. Marceau
P. Guth
J. Verne
R. Barjavel

ANTOINE DE SAINT-EXUPÉRY,

est né dans une belle maison de la place Bellecour, à Lyon, le 29 juin 1900. Quatre ans plus tard, son père meurt, laissant cinq orphelins. Toute la famille fait preuve de solidarité, et les enfants connaissent une vie heureuse et choyée, tant dans le château de leur tante, non loin de Lyon, que dans celui de leur grand-mère, près de Toulon.

En 1909, Mme de Saint-Exupéry s'installe au Mans et, pendant six ans, Antoine est l'élève des Jésuites au collège Sainte-Croix*. Il s'adapte mal, celui que l'on surnommait, quand il était petit, « le Roi-Soleil » est devenu le jeune « Pique la lune » (à cause de son nez retroussé) et il laisse, écrira-t-il plus tard, *sur chaque banc de la classe un peu de cette enfance bien-aimée.*

En 1912, pendant les vacances chez sa tante. il voit un avion s'envoler d'un champ près d'Ambérieu. Il montre aussitôt un tel enthousiasme que le pilote, Védrine (célèbre par sa victoire dans la course Paris-Madrid), offre à l'enfant le baptême de l'air. Dès ce jour commence une vocation à laquelle Saint-Exupéry restera fidèle jusqu'à sa dernière heure.

Au début de la Grande Guerre, sa mère le met en pension avec son frère en Suisse, à Fribourg. Trois ans plus tard il voit ce frère, François, terrassé par une maladie de cœur et mourir, à quinze ans, avec un extraordinaire courage. Peu de temps après, Antoine, qui a terminé ses études secondaires, vient à Paris pour préparer l'École Navale*. Grâce à de très bonnes notes en mathématiques et en dépit de la difficulté qu'il éprouva à traiter le sujet de français : « Impressions d'un soldat revenant de la guerre », il est reçu à l'écrit du concours en 1919, mais échoue à l'oral. Il s'inscrit alors à l'École des Beaux-Arts*.

En 1921, il est appelé pour faire son service militaire dans l'aviation de chasse, comme mécanicien. Il obtient de sa mère une importante somme d'argent pour prendre des leçons particulières de pilotage, et passe son brevet civil. Il part au Maroc, à Rabat, pour préparer son brevet militaire et devient sous-lieutenant pour le reste de son temps de service, qu'il passe près de Paris, au Bourget.

Suivent trois années tristes où Saint-Exupéry fait divers métiers qu'il n'aime pas. Le dimanche, il va piloter, chercher *ce calme, cette solitude que l'on ne trouve qu'à 4 000 mètres en tête à tête avec son moteur.* Il rencontre alors Jean Prévost, secrétaire de rédaction de « Navire d'Argent ». Cette revue publie en avril 1926 une nouvelle, *L'Aviateur,* signée Saint-Exupéry. Alors, un de ses anciens professeurs, l'abbé Sudour, lui conseille de devenir écrivain, mais lui ne voit pas comment il pourrait écrire sans piloter.

Sur recommandation d'un ami de l'abbé, Saint-Exupéry est reçu à Toulouse par Didier Daurat, directeur des « Lignes aériennes Latécoère »*. Depuis sept ans déjà, l'ingénieur Pierre Latécoère, qui possédait à Toulouse une fabrique d'avions, poursuivait le rêve d'une ligne postale aérienne intercontinentale : France (Toulouse), Espagne, Maroc, Sénégal (Dakar), puis de là le Brésil (Natal) et le continent sud-américain.

Engagé à l'essai, Saint-Exupéry travaille plusieurs mois aux ateliers (comme à ses débuts dans l'armée de l'air) puis son vœu le plus cher, « je veux voler », est exaucé. Il pilote, transportant le courrier de Toulouse à Casablanca, puis de Casablanca à Dakar. En octobre 1927, il est nommé chef d'escale à Cap Juby, un terrain d'aviation entre Casablanca et Dakar. Solitude coupée d'aventures; il organise les secours en cas d'accident et se trouve mis plusieurs fois en difficultés par des nomades insoumis du désert. Il écrit son premier roman dont il trouve le titre sur un sac postal, *Courrier Sud* (1928). L'éditeur, enthousiaste, l'engage pour sept autres romans!

Saint-Exupéry ne songe pas cependant à interrompre son activité réelle. Il prépare le diplôme de navigation, réussit ses examens puis est nommé par Latécoère directeur de la ligne « Aeroposta Argentina », et chargé d'établir le dernier tronçon de la ligne vers le Sud, la Patagonie. Il écrit un second roman, *Vol de Nuit,* qui paraît avec une préface d'André Gide (1931). Il se marie alors avec une jeune femme de nationalité argentine, Consuelo Susin, sculpteur de talent. Bientôt c'est la gloire littéraire, mais la situation financière de l'Aéropostale* restreint les activités de la société et, en 1933, celle-ci disparaît dans une association de cinq compagnies appelée « Air France »*. Commence une période noire qui durera sept ans : Saint-Exupéry est jalousé tant par les aviateurs (qui lui reprochent ses livres) que par les auteurs (qui lui reprochent ses activités aériennes), il souffre d'ennuis personnels et a plusieurs accidents d'avion, de gravité diverse, en 1933, 34, 36 et 38, qui lui rappellent l'accident où il a failli perdre la vie en 1923. C'est alors que la chance tourne. *Terre des Hommes,* publié après huit ans de silence, remporte le Grand Prix du roman de l'Académie Française. Peu après, le 7 juillet 1939, Saint-Exupéry effectue, avec Guillaumet, la première traversée de l'Atlantique-Nord en hydravion et obtient le ruban bleu, après un vol sans escale de 28 heures 2 minutes.

Il rentre en France et reprend du service dans l'aviation militaire au début de la Deuxième Guerre mondiale. Nommé instructeur, il parvient très vite à rejoindre un groupe d'aviation active et participe à plusieurs « sorties » après l'offensive allemande victorieuse au printemps de 1940. La défaite l'atterre. Il réussit à partir pour les États-Unis, *Pilote de guerre* et *Lettre à un otage* y paraissent. Au moment où *Le Petit Prince* y est publié, Saint-Exupéry a quitté New York pour l'Algérie où les troupes américaines ont débarqué. Il retrouve son escadrille 2/33 de 1940, équipée maintenant d'avions « Lightning ». Il a 43 ans, et la limite d'âge des pilotes est de 35 ans, mais il use de toute son influence pour obtenir le droit de voler. Il sera porté « disparu » le 31 juillet 1944, au cours de sa neuvième mission, faite au départ d'une base aérienne située en Corse. Dans *Pilote de guerre* il écrivait, au sujet d'un camarade tué au combat : *Elle est propre au moins ici la mort! Une mort de glace et de feu. De soleil, de glace et de feu.*

Le Petit Prince

LE PETIT PRINCE est un roman destiné aux enfants, mais qui s'adresse aussi aux grandes personnes. L'auteur prend la précaution de nous en prévenir dans sa dédicace : Toutes les grandes personnes ont d'abord été des enfants. Ce conte publié à New York pendant la guerre, en 1943, unique par la forme que Saint-Exupéry lui a donnée, ne semble pas différent de ses autres ouvrages pour ce qui est du sens profond. Il semble seulement que l'écrivain ait soudain éprouvé un besoin d'air pur, de simplicité, de tendresse ; un besoin de s'éloigner pendant quelque temps de tous ses chagrins, de toutes les inquiétudes et des doutes que la guerre et ses souffrances apportent aux hommes. Le rêve et l'enfance fournissent un refuge tout naturel à l'homme d'action écrivain qui va conter l'histoire de ce petit prince qui règne sur sa minuscule planète, son voyage à travers l'univers, ses aventures sur la planète Terre. L'enfant fait part de ses expériences et de ses découvertes à un pilote en panne dans le désert, qui devient son confident et son ami. Le Rencontre entre l'homme et l'enfant, entre le réel et le rêve, s'établit grâce au lien qui les réunit : l'homme est poète et l'enfant est poésie.

J'ai ainsi vécu seul, sans personne avec qui parler véritablement, jusqu'à une panne dans le désert du Sahara, il y a six ans. Quelque chose s'était cassé dans mon moteur. Et comme je n'avais avec moi ni mécanicien, ni passagers, je me préparai à essayer de réussir, tout seul,
5 une réparation difficile. C'était pour moi une question de vie ou de mort. J'avais à peine de l'eau à boire pour huit jours.

Le premier soir je me suis donc endormi sur le sable à mille milles de toute terre habitée. J'étais bien plus isolé qu'un naufragé sur un <u>radeau</u> au milieu de l'Océan. Alors vous imaginez ma surprise, au lever
10 du jour, quand une drôle de petite voix m'a réveillé. Elle disait :

— S'il vous plaît... dessine-moi un mouton!

— Hein!

— Dessine-moi un mouton...

J'ai sauté sur mes pieds comme si j'avais été frappé par la foudre.
15 J'ai bien frotté mes yeux. J'ai bien regardé. Et j'ai vu un petit bon-

radeau : assemblage de pièces de bois qui sert au sauvetage après le naufrage d'un bateau.

homme tout à fait extraordinaire qui me considérait gravement. Voilà le meilleur portrait que, plus tard, j'ai réussi à faire de lui. Mais mon dessin, bien sûr, est beaucoup moins ravissant que le modèle. Ce n'est pas ma faute. J'avais été découragé dans ma carrière de peintre par les
20 grandes personnes, à l'âge de six ans, et je n'avais rien appris à dessiner, sauf les boas fermés et les <u>boas</u> ouverts.

Je regardai donc cette apparition avec des yeux tout ronds d'étonnement. N'oubliez pas que je me trouvais à mille milles de toute région habitée. Or mon petit bonhomme ne me semblait ni <u>égaré</u>, ni mort de
25 fatigue, ni mort de faim, ni mort de soif, ni mort de peur. Il n'avait en rien l'apparence d'un enfant perdu au milieu du désert, à mille <u>milles</u> de toute région habitée. Quand je réussis enfin à parler, je lui dis :

— Mais... qu'est-ce que tu fais là ?

Et il me répéta alors, tout doucement, comme une chose très
30 sérieuse :

— S'il vous plaît... dessine-moi un mouton...

Quand le mystère est trop impressionnant, on n'ose pas désobéir. Aussi absurde que cela me semblât à mille milles de tous les endroits habités et en danger de mort, je sortis de ma poche une feuille de
35 papier et un stylographe. Mais je me rappelai alors que j'avais surtout étudié la géographie, l'histoire, le calcul et la grammaire et je dis au petit bonhomme (avec un peu de mauvaise humeur) que je ne savais pas dessiner. Il me répondit :

— Ça ne fait rien. Dessine-moi un mouton.

La situation semble sortie d'un décor de théâtre où triomphe l'imaginaire. Le petit prince, comme tous les enfants, pose des questions et ne s'étonne jamais. Il est persuadé que ceux qu'il rencontre ne sont là que pour l'aider. L'homme, le pilote, auteur du récit, ne cherche en aucune façon à le décourager; mis en confiance, l'enfant évoque son passé et s'attarde à parler d'une rose qu'il aime et qu'il croit unique.

40 J'appris bien vite à mieux connaître cette fleur. Il y avait toujours eu, sur la planète du petit prince, des fleurs très simples, ornées d'un seul rang de pétales, et qui ne tenaient point de place, et qui ne dérangeaient personne. Elles apparaissaient un matin dans l'herbe, et puis elles s'éteignaient le soir. Mais celle-là avait germé un jour, d'une

---

1. *D'après la première phrase, quelle sorte d'homme était le pilote avant l'accident?*
2. Quelque chose s'était cassé; *pourquoi Saint-Exupéry n'est-il pas plus précis?*
3. *Commentez la formulation* se préparer à essayer.
4. *La comparaison entre le désert et l'océan vous semble-t-elle valable? Justifiez votre réponse.*
5. *Commentez l'emploi des deux formes de la deuxième personne dans* s'il vous plaît, dessine-moi.
6. *Relevez tous les adjectifs qui dépeignent l'enfant (petit, extraordinaire, etc.) et parlez de ce qu'ils évoquent dans votre esprit.*
7. *Voyez-vous un rapport entre les deux animaux cités,* boa *et* mouton?

graine apportée d'on ne sait où, et le petit prince avait surveillé de très
près cette brindille qui ne ressemblait pas aux autres brindilles. Ça
pouvait être un nouveau genre de baobab. Mais l'arbuste cessa vite de
croître, et commença de préparer une fleur. Le petit prince, qui assistait
à l'installation d'un bouton énorme, sentait bien qu'il en sortirait une
50 apparition miraculeuse, mais la fleur n'en finissait pas de se préparer à
être belle, à l'abri de sa chambre verte. Elle choisissait avec soin ses
couleurs. Elle s'habillait lentement, elle ajustait un à un ses pétales. Elle
ne voulait pas sortir toute fripée comme les coquelicots. Elle ne voulait
apparaître que dans le plein rayonnement de sa beauté. Eh! oui. Elle
55 était très coquette! Sa toilette mystérieuse avait donc duré des jours et
des jours. Et puis voici qu'un matin, justement à l'heure du lever du
soleil, elle s'était montrée.

un baobab : arbre d'Afrique au tronc épais.
fripé : froissé, avec beaucoup de plis irréguliers.

    Et elle, qui avait travaillé avec tant de précision, dit en bâillant :
    — Ah! je me réveille à peine... Je vous demande pardon... Je suis
60 encore toute décoiffée...
    Le petit prince, alors, ne put contenir son admiration :
    — Que vous êtes belle!
    — N'est-ce pas, répondit doucement la fleur. Et je suis née en même
temps que le soleil...
65   Le petit prince devina bien qu'elle n'était pas trop modeste, mais elle
était si émouvante!
    — C'est l'heure, je crois, du petit déjeuner, avait-elle bientôt ajouté,
auriez-vous la bonté de penser à moi...
    Et le petit prince, tout confus, ayant été chercher un arrosoir d'eau
70 fraîche, avait servi la fleur.
    Ainsi l'avait-elle bien vite tourmenté par sa vanité un peu ombrageuse. Un jour, par exemple, parlant de ses quatre épines, elle avait dit
au petit prince :
    — Ils peuvent venir, les tigres, avec leurs griffes!
75   — Il n'y a pas de tigres sur ma planète, avait objecté le petit prince,
et puis les tigres ne mangent pas l'herbe.
    — Je ne suis pas une herbe, avait doucement répondu la fleur.
    — Pardonnez-moi...
    — Je ne crains rien des tigres, mais j'ai horreur des courants d'air.
80 Vous n'auriez pas un paravent?
    « Horreur des courants d'air... ce n'est pas de chance, pour une
plante, avait remarqué le petit prince. Cette fleur est bien compliquée... »

paravent : panneaux verticaux mobiles qui protègent du vent, de la chaleur, etc.

---

1. *Ce passage est intéressant par sa technique, présentation d'un récit (celui du petit prince et de la fleur) dans un récit (celui du pilote). Analysez en détail ce mode de présentation.*

2. *Prendriez-vous parti pour la fleur ou pour le petit prince? Expliquez votre position.*

3. *Pensez-vous qu'un enfant puisse apprécier ce passage? Dites pourquoi.*

4. *Quelle est la valeur de ce même passage pour un adulte?*

— Le soir vous me mettrez sous globe. Il fait très froid chez vous.
85 C'est mal installé. Là d'où je viens...

Mais elle s'était interrompue. Elle était venue sous forme de graine. Elle n'avait rien pu connaître des autres mondes. Humiliée de s'être laissé surprendre à préparer un mensonge aussi naïf, elle avait toussé deux ou trois fois, pour mettre le petit prince dans son tort :

90 — Ce paravent ?...

— J'allais le chercher mais vous me parliez !

Alors elle avait forcé sa toux pour lui infliger quand même des remords.

Ainsi le petit prince, malgré la bonne volonté de son amour, avait
95 vite douté d'elle. Il avait pris au sérieux des mots sans importance, et était devenu très malheureux.

« J'aurais dû ne pas l'écouter, me confia-t-il un jour, il ne faut jamais écouter les fleurs. Il faut les regarder et les respirer. La mienne embaumait ma planète, mais je ne savais pas m'en réjouir. Cette his-
100 toire de griffes, qui m'avait tellement agacé, eût dû m'attendrir... »

Il me confia encore :

« Je n'ai alors rien su comprendre ! J'aurais dû la juger sur les actes et non sur les mots. Elle m'embaumait et m'éclairait. Je n'aurais jamais dû m'enfuir ! J'aurais dû deviner sa tendresse derrière ses pauvres ruses.
105 Les fleurs sont si contradictoires ! Mais j'étais trop jeune pour savoir l'aimer. »

embaumer : remplir d'une odeur suave, très agréable.
contradictoire : qui dit des choses contraires les unes par rapport aux autres.

Le livre se lit à deux niveaux.

Le lecteur enfant vivra la vie de la rose, trouvera normal qu'elle soit personnifiée et qu'elle parle comme une femme.

Le lecteur adulte remarquera la coquetterie de cette femme, ses caprices et ses mensonges. Si l'on admet le symbole — et comment ne pourrait-on pas l'accepter, tant de poètes ont chanté la femme sous la beauté de la rose ? — il faut considérer que le romancier et le petit prince ne sont qu'une seule et même personne.

Comme Saint-Exupéry, le petit prince va perdre ses illusions. Déçu par la rose, il décide de s'enfuir.

migration : déplacement d'un pays vers un autre d'une espèce animale.
ramoner : nettoyer le conduit d'une cheminée pour enlever la poussière et la suie.

une éruption : un jaillissement brusque de matières volcaniques qui brûlent, comme la lave.

Je crois qu'il profita, pour son évasion, d'une migration d'oiseaux sauvages. Au matin du départ il mit sa planète bien en ordre. Il ramona soigneusement ses volcans en activité. Il possédait deux volcans
110 en activité. Et c'était bien commode pour faire chauffer le petit déjeuner du matin. Il possédait aussi un volcan éteint. Mais, comme il disait : « On ne sait jamais ! » Il ramona donc également le volcan éteint. S'ils sont bien ramonés, les volcans brûlent doucement et régulièrement, sans éruptions. Les éruptions volcaniques sont comme des
115 feux de cheminée. Évidemment sur notre terre nous sommes beaucoup trop petits pour ramoner nos volcans. C'est pourquoi ils nous causent des tas d'ennuis.

Le petit prince arracha aussi, avec un peu de mélancolie, les dernières pousses de baobabs. Il croyait ne jamais devoir revenir. Mais
120 tous ces travaux familiers lui parurent, ce matin-là, extrêmement doux.

Le Petit Prince

Et, quand il arrosa une dernière fois la fleur, et se prépara à la mettre à l'abri sous son globe, il se découvrit l'envie de pleurer.

— Adieu, dit-il à la fleur.

Mais elle ne lui répondit pas.

125 — Adieu, répéta-t-il.

La fleur toussa. Mais ce n'était pas à cause de son rhume.

— J'ai été sotte, lui dit-elle enfin. Je te demande pardon. Tâche d'être heureux.

Il fut surpris par l'absence de reproches. Il restait là tout déconcerté,
130 le globe en l'air. Il ne comprenait pas cette douceur calme.

— Mais oui, je t'aime, lui dit la fleur. Tu n'en as rien su, par ma faute. Cela n'a aucune importance. Mais tu as été aussi sot que moi. Tâche d'être heureux... Laisse ce globe tranquille. Je n'en veux plus.

— Mais le vent...

135 — Je ne suis pas si enrhumée que ça... L'air frais de la nuit me fera du bien. Je suis une fleur.

— Mais les bêtes...

— Il faut bien que je supporte deux ou trois chenilles si je veux connaître les papillons. Il paraît que c'est tellement beau. Sinon qui me
140 rendra visite ? Tu seras loin, toi. Quant aux grosses bêtes, je ne crains rien. J'ai mes griffes.

Et elle montrait naïvement ses quatre épines. Puis elle ajouta :

— Ne traîne pas comme ça, c'est agaçant. Tu as décidé de partir. Va-t'en.

145 Car elle ne voulait pas qu'il la vît pleurer. C'était une fleur tellement orgueilleuse...

Il commence alors son voyage qui le mènera vers la Terre, mais avant d'y arriver il a l'occasion d'observer quelques « grandes personnes », leurs défauts, leurs qualités, leurs idées bizarres, leur façon » terre à terre » et étroite de voir les choses, leur habitude curieuse de tout calculer, leur impossibilité d'oublier leurs petits intérêts personnels et de sortir de leur petite planète.

Sur la Terre il cherche les hommes et s'aperçoit qu'il est plus difficile qu'il ne pensait de les découvrir. C'est d'abord un serpent jaune qu'il rencontre. Le petit prince répète sa question en criant du haut d'une montagne où sont les hommes ? Seul l'écho lui répond et le petit prince pense à la rose, à son amour : les hommes manquent d'imagination. Ils répètent toujours ce qu'on leur dit.

Chez moi il y avait une fleur, elle parlait toujours la première. C'est alors que, grâce à une deuxième rencontre, celle d'un regard qu'il va apprivoiser, il comprend où est la vérité : on ne voit bien qu'avec le cœur. L'essentiel est invisible pour les yeux. Les étoiles sont belles à cause des fleurs que l'on ne voit pas. Ce qui fait le désert plus beau c'est qu'il cache un puits quelque part. Il découvre que l'être que nous aimons n'est pas unique au monde mais qu'il le devient à nos yeux du fait de l'amour que nous lui portons. Parce que le petit prince sait qu'il est responsable de sa rose, après avoir partagé son trésor de connaissance avec l'aviateur, il décide de demander au serpent de le tuer pour retourner vers sa planète. Il informe le pilote de sa décision. Celui-ci essaie en vain de le retenir.

1. *Essayez d'exprimer, en deux courts paragraphes, les pensées de la fleur et celles du petit prince après cette séparation.*

2. *Cela n'a aucune importance. Est-ce vrai ? Expliquez votre réponse.*

3. *Énumérez les raisons pour lesquelles la fleur n'essaie pas de retenir l'enfant.*

— J'aurai bien plus peur ce soir...

De nouveau je me sentis glacé par le sentiment de l'irréparable. Et je compris que je ne supportais pas l'idée de ne plus jamais entendre ce rire. C'était pour moi comme une fontaine dans le désert.

— Petit bonhomme, je veux encore t'entendre rire...

Mais il me dit :

— Cette nuit, ça fera un an. Mon étoile se trouvera juste au-dessus de l'endroit où je suis tombé l'année dernière...

— Petit bonhomme, n'est-ce pas que c'est un mauvais rêve cette histoire de serpent et de rendez-vous et d'étoile...

Mais il ne répondit pas à ma question. Il me dit :

— Ce qui est important, ça ne se voit pas...

— Bien sûr...

— C'est comme pour la fleur. Si tu aimes une fleur qui se trouve dans une étoile, c'est doux, la nuit, de regarder le ciel. Toutes les étoiles sont fleuries.

— Bien sûr...

— C'est comme pour l'eau. Celle que tu m'as donnée à boire était comme une musique, à cause de la poulie et de la corde tu te rappelles... elle était bonne.

— Bien sûr...

— Tu regarderas, la nuit, les étoiles. C'est trop petit chez moi pour que je te montre où se trouve la mienne. C'est mieux comme ça. Mon étoile, ça sera pour toi une des étoiles. Alors, toutes les étoiles, tu aimeras les regarder... Elles seront toutes tes amies. Et puis je vais te faire un cadeau...

Il rit encore.

— Ah! petit bonhomme, petit bonhomme, j'aime entendre ce rire!

— Justement ce sera mon cadeau... ce sera comme pour l'eau...

— Que veux-tu dire?

— Les gens ont des étoiles qui ne sont pas les mêmes. Pour les uns, qui voyagent, les étoiles sont des guides. Pour d'autres elles ne sont rien que de petites lumières. Pour d'autres, qui sont savants, elles sont des problèmes. Pour mon businessman elles étaient de l'or. Mais toutes ces étoiles-là se taisent. Toi, tu auras des étoiles comme personne n'en a...

— Que veux-tu dire?

— Quand tu regarderas le ciel, la nuit, puisque j'habiterai dans l'une d'elles, puisque je rirai dans l'une d'elles, alors ce sera pour toi

---

1. *Le petit prince a été créé par l'imagination du romancier. Analysez ce dialogue en tenant compte du fait que Saint-Exupéry parle et fait les réponses de l'enfant qu'il imagine, ce qui détermine deux niveaux de conversation :*
   — entre un homme réel et la meilleure partie de lui-même, imaginaire;
   — entre une grande personne et l'enfant qu'elle fut.
2. *Choisissez cinq phrases et montrez en quoi chacune est poétique.*

Illustrations de Saint-Exupéry pour « Le Petit Prince »
© Éd. Gallimard.

185 comme si riaient toutes les étoiles. Tu auras, toi, des étoiles qui savent
rire!
Et il rit encore.
— Et quand tu sera consolé (on se console toujours) tu seras
content de m'avoir connu. Tu seras toujours mon ami. Tu auras envie
190 de rire avec moi. Et tu ouvriras parfois ta fenêtre, comme ça, pour le
plaisir... Et tes amis seront bien étonnés de te voir rire en regardant le
ciel. Alors tu leur diras : « Oui, les étoiles, ça me fait toujours rire! »
Et ils te croiront fou. Je t'aurai joué un bien vilain tour...
Et il rit encore.
195 — Ce sera comme si je t'avais donné, au lieu d'étoiles, des tas de
petits grelots qui savent rire...
Et il rit encore. Puis il redevint sérieux :
— Cette nuit... tu sais... ne viens pas.
— Je ne te quitterai pas.
200 — J'aurai l'air d'avoir mal... j'aurai un peu l'air de mourir. C'est
comme ça. Ne viens pas voir ça, ce n'est pas la peine.

Le Petit Prince, éd. Gallimard, 1945

grelot : une sorte de petite
sonnette, souvent en forme
de sphère.

*Le lendemain, l'aviateur constate que le corps de
l'enfant a disparu, et que son jeune et merveilleux ami a
rejoint les étoiles. Mais à chaque instant il peut revenir
dans l'imagination des hommes.*

LA LANGUE ET LE STYLE

Le langage de la simplicité

L'extrême simplicité de style de ce conte merveilleux est voulue. Saint-Exupéry a cherché à ce que son héros en racontant une histoire adopte un ton simple; aussi a-t-il dépouillé sa langue, pas de fioriture, pas de complications, des mots que l'on emploie tous les jours. La structure du récit est celle d'une histoire que l'on raconte, les événements sont présentés de façon linéaire, les propositions se suivent dans l'ordre où les faits se sont déroulés, les enfants parlent toujours ainsi. Les phrases sont courtes, le style est coupé, à l'opposé du style périodique où la principale est accompagnée de plusieurs subordonnées compléments qui souvent dépendent les unes des autres.

A plusieurs reprises un dialogue interrompt le récit pour le rendre plus vivant, *le premier soir, je me suis donc endormi sur le sable à vingt milles de toute terre habitée. J'étais bien plus isolé qu'un naufragé sur un radeau au milieu de l'océan. Alors vous imaginez ma surprise, au lever du jour, quand une drôle de petite voix m'a réveillé. Elle disait :*
— S'il vous plaît... dessine-moi un mouton!
— Hein?
— Dessine-moi un mouton.
Le vocabulaire est courant, les tournures appartiennent à la langue parlée, pas de mots abstraits, peu d'adjectifs, un nombre réduit de subordonnants, des propositions indépendantes, courtes et juxtaposées, *elle choisissait avec soin ses couleurs. Elle s'habillait lentement, elle ajustait un à un tous ses pétales. Elle ne voulait pas sortir toute fripée comme les coquelicots. Elle ne voulait apparaître que dans le plein rayonnement de sa beauté. Eh oui! elle était très coquette.*
Les liens logiques sont assurés le plus souvent à l'aide d'adverbes de liaison, de conjonctions de coordination; les idées sont liées, expliquées ou opposées sans toutefois que soit introduite entre elles une quelconque hiérarchie.

Mais... qu'est-ce que tu fais là? En tête de phrase, *mais* est employé pour marquer une transition, alors qu'à l'intérieur de la phrase, *le petit prince devina bien qu'elle n'était pas trop modeste, mais elle était si émouvante,* c'est une forte opposition entre deux idées qu'il introduit. On sait qu'il en est de même pour *donc,* placé en tête d'une phrase, il introduit un rapport de conséquence, mais situé à l'intérieur d'une proposition, il permet de revenir au sujet initial, c'est ainsi qu'après la digression amenée par la panne de moteur l'on retrouve le thème du début, *le premier soir je me suis donc endormi sur le sable...* et c'est également le cas dans *elle était très coquette! sa toilette mystérieuse avait donc duré des jours et des jours. Et puis voici qu'un matin...*

Les emplois du mot *tout*

Je me préparais à essayer de réussir tout seul une réparation difficile, tout ici est un adverbe, placé devant l'adjectif *seul,* il a le sens de tout à fait et reste invariable, pourtant s'il s'agissait d'une femme, Saint-Exupéry aurait écrit *je me préparais à essayer de réussir toute seule une réparation difficile;* le fait que ce soit une femme ne suffit d'ailleurs pas à entraîner ce changement d'orthographe, encore faut-il que l'adjectif au féminin commence par une consonne, comme dans la phrase *elle ne voulait pas sortir toute fripée comme le coquelicot.*
Dans tous les autres cas l'adverbe est invariable, *je regardais donc cette apparition avec des yeux tout ronds d'étonnement.*

Pour mieux comprendre

un coup de théâtre absurde

La situation est matériellement tragique

— l'accident d'avion,
— un homme seul dans le désert,
— très peu d'eau.

Tout cela se résume en une comparaison dramatique : *Un naufragé au milieu de l'océan.*

Une surprise extraordinaire

— elle éclate au milieu d'un paragraphe, surprenant aussi le lecteur,
— elle s'établit en deux temps, la *petite voix* et ce qu'elle demande.

La réaction du pilote

— comme nous, il n'en croit pas ses yeux,
— il revient sur sa propre enfance, au temps où il dessinait des serpents *boas*, gueule fermée et gueule ouverte.

Les attitudes de l'enfant

— opposées à celles du pilote, elles manifestent une grâce aisée,
— elles révèlent, littéralement, une créature qui n'appartient pas à ce *monde*,
— néanmoins elles se traduisent par une requête ressemblant à celle que formulerait un enfant terrestre, *dessine-moi un mouton.*

Conséquence et conclusion

La rencontre entre l'auteur et le petit prince montre que tout est possible, que l'imagination peut triompher de tous les obstacles.

un dialogue entre deux images

— La fleur, elle, parle comme une femme et se fait admirer, puis servir.
— Le petit prince, qui répond comme un homme, la juge mais il se sait vaincu d'avance.

Épilogue

Comme dans toutes les aventures amoureuses, viennent les regrets d'être passé à côté de l'idéal — qui peut-être d'ailleurs n'existait pas vraiment — et les reproches qu'on s'adresse à soi-même.

la première évasion

Le petit prince quitte :
— sa planète,
— son amie, la fleur.
Ses réactions :
— Il s'occupe de tâches matérielles pour penser à autre chose et s'efforce de tout laisser en ordre.
— Une fausse impression de calme paisible précède *l'envie de pleurer*.
— Le moment de vérité vient avec la séparation ; la fleur le chasse, mais pour qu'il ne la voit pas pleurer.

Paradoxe de cette séparation

Le verbe *pleurer* répété indique la présence d'une harmonie spirituelle au moment où tout est fini. C'est toute la poésie poignante des regrets.

la dernière évasion

Le petit prince quitte :
— la terre,
— son ami le pilote.
Nous vivons d'avance cette séparation selon le rythme d'un dialogue entre deux personnes qui s'aiment et savent qu'elles ne se reverront plus.
— La peur de l'inévitable.
— Le souvenir tragique de la première évasion, car la fleur en est morte.
— L'étoile et les étoiles, symboles de l'idéal que l'on ne saurait jamais atteindre.
Un dénouement moral conduit à la conquête de la sérénité. Le petit prince a enseigné à Saint-Exupéry une vision cosmique des choses, qui remet à leur juste place tous les épisodes quotidiens de la vie.

L'IMAGINAIRE

STENDHAL *évoque le rêve, moment essentiel de la naissance de l'amour. Une jeune fille de la haute noblesse, nourrie de lectures romanesques, imagine ce qu'elle a rêvé. Rien n'est impossible quand l'esprit divague, et Mathilde de la Môle se laisse aller :*

Elle repassa dans sa tête toutes les descriptions de passion qu'elle avait lues dans *Manon Lescaut*, la Nouvelle Héloïse*, les *Lettres d'une Religieuse portugaise*, etc., etc. Il n'était question, bien entendu, que de la grande passion, l'amour léger était indigne d'une fille de son âge et de sa naissance. Elle ne donnait le nom d'amour qu'à ce sentiment héroïque que l'on rencontrait en France du temps de Henri III et de Bassompierre. Cet amour-là ne cédant point bassement aux obstacles; mais, bien loin de là, faisait faire de grandes choses. Quel malheur pour moi qu'il n'y ait pas une cour véritable comme celle de Catherine de Médicis ou de Louis XIII! Je me sens au niveau de tout ce qu'il y a de plus hardi et de plus grand. Que ne ferais-je pas d'un ro[?] homme de cœur, comme Louis XIII, soupirant à mes pieds[?] Je le mènerais en Vendée, comme dit si souvent le baron de Tolly, et de là il reconquerrait son royaume; alors plus de charte... et Julien me seconderait. Que lui manque-t-il ? Un nom et de la fortune. Il se ferait un nom, il acquerrait de la fortune.

Le Rouge et le Noir, 183[?]

On note que la jeune fille noble se réfère au passé (Henri IV*, Louis XIII*) et à l'avenir (plus de Charte*). Elle semble absente du présent, c'est-à-dire de toute chance d'agir et de réussir. Mathilde n'épousera pas Julien.

ZOLA, *qui n'écrivait que des romans naturalistes, d'un réalisme cruel, a fait un jour le pari d'écrire un conte digne des plus belles légendes. Dès le début du récit, Angélique la jeune brodeuse oppose à la sagesse prudente de ses parents la folie de son rêve d'amour, si fort et si précis qu'il devient réalité. Il ne s'agit pas ici de simples souvenirs littéraires changés en rêve, comme chez Mathilde de la Môle, mais d'une force qui vient du plus profond de l'être :*

Elle s'animait, comme grisée par l'éclat des soies et de l'or.

— Le bonheur, c'est très simple. Nous sommes heureux, nous autres. Et pourquoi? parce que nous nous aimons. Voilà! ce n'est pas plus difficile... Aussi, vous verrez, quand viendra celui que j'attends. Nous nous reconnaîtrons tout de suite. Je ne l'ai jamais vu, mais je sais comment il doit être. Il entrera, il dira : Je viens te prendre. Alors, je dirai : Je t'attendais, prends-moi. Il me prendra, et ce sera fait, pour toujours. Nous irons dans un palais dormir sur un lit d'or, incrusté de diamants. Oh! c'est très simple!

— Tu es folle, tais-toi! interrompit sévèrement Hubertine.

Et, la voyant excitée, près de monter encore dans le rêve :

— Tais-toi! tu me fais trembler... Malheureuse, quand nous te marierons à quelque pauvre diable, tu te briseras les os, en retombant sur la terre. Le bonheur, pour nous misérables, n'est que dans l'humilité et l'obéissance.

Angélique continuait de sourire, avec une obstination tranquille.

— Je l'attends, et il viendra.

— Mais elle a raison! s'écria Hubert, soulevé lui aussi, emporté dans sa fièvre. Pourquoi la grondes-tu?... Elle est assez belle pour qu'un roi nous la demande. Tout arrive.

Au bout d'un long silence, Angélique leva la tête. Elle regarda Hubertine d'un air de malice, elle hocha le menton, en répétant :

— Je l'attends, et il viendra.

C'était fou, cette imagination. Mais elle s'entêtait. Cela se passerait ainsi, elle en était sûre. Rien n'ébranlait sa conviction souriante.

— Quand je te dis, mère, que ces choses arriveront.

Hubertine prit le parti de plaisanter. Et elle la taquina.

— Mais je croyais que tu ne voulais pas te marier. Tes saintes, qui t'ont tourné la tête, ne se mariaient pas, elles. Plutôt que de s'y soumettre, elles convertissaient leurs fiancés, elles se sauvaient de chez leurs parents et se laissaient couper le cou.

La jeune fille écoutait, ébahie. Puis, elle éclata d'un grand rire. Toute sa santé, tout son amour de vivre, chantait dans cette gaieté sonore. Ça datait de si loin, les histoires des saintes! Les temps avaient bien changé, Dieu triomphant ne demandait plus à personne de mourir pour lui. Dans la Légende, le merveilleux l'avait prise, plus que le mépris du monde et le goût de la mort. Ah! oui, certes, elle voulait se marier, et aimer, et être aimée, et être heureuse!

Le Rêve, 1888

Nous pourrions, parodiant la fameuse phrase de Descartes*, dire à propos de la jeune fille je rêve donc je suis, puis ajouter je suis mon rêve. Mais ceci n'est-il pas vrai pour la plupart d'entre nous? Le rêve se réalisera donc. Le jeune homme tant attendu se présente, un jour, sous les traits d'un prince charmant, fils d'un grand personnage. Malheureusement, Angélique mourra dans ses bras le jour de ses noces.

LES CHIMÈRES

FLAUBERT montre côte à côte deux rêves bien différents. Celui de Charles Bovary se fonde sur la réalité et anticipe un avenir possible, raisonnable même. Celui d'Emma Bovary est grandiose, elle se laisse aller à imaginer une vie dans des décors exotiques avec son amant et l'on y remarque l'absence totale de sa fille, la petite Berthe :

Quand il rentrait au milieu de la nuit, il n'osait pas la réveiller. La veilleuse de porcelaine arrondissait au plafond une clarté tremblante, et les rideaux fermés du petit berceau faisaient comme une hutte blanche qui se bombait dans l'ombre, au bord du lit. Charles les regardait. Il croyait entendre l'haleine légère de son enfant. Elle allait grandir maintenant : chaque saison, vite, amènerait un progrès. Il la voyait déjà revenant de l'école à la tombée du jour, toute rieuse, avec sa brassière tachée d'encre, et portant au bras son panier; puis il faudrait la mettre en pension; cela coûterait beaucoup; comment faire? Alors il réfléchissait. Il pensait à louer une petite ferme aux environs, et qu'il surveillerait lui-même, tous les matins, en allant voir ses malades. Il en économiserait le revenu, il le placerait à la caisse d'épargne; ensuite il achèterait des actions, quelque part, n'importe où; d'ailleurs, la clientèle augmenterait; il y comptait, car il voulait que Berthe fût bien élevée, qu'elle eût des talents, qu'elle apprît le piano. Ah! qu'elle serait jolie, plus tard, à quinze ans, quand, ressemblant à sa mère, elle porterait comme elle, dans l'été, de grands chapeaux de paille! on les prendrait de loin pour les deux sœurs. Il se la figurait travaillant le soir auprès d'eux, sous la lumière de la lampe; elle lui broderait des pantoufles; elle s'occuperait du ménage; elle emplirait toute la maison de sa gentillesse et de sa gaîté. Enfin, ils songeraient à son établissement : on lui trouverait quelque brave garçon ayant un état solide; il la rendrait heureuse; cela durerait toujours.

Emma ne dormait pas, elle faisait semblant d'être endormie; et, tandis qu'il s'assoupissait à ses côtés, elle se réveillait en d'autres rêves.

Au galop de quatre chevaux, elle était emportée depuis huit jours vers un pays nouveau, d'où ils ne reviendraient plus. Ils allaient, ils allaient, les bras enlacés, sans parler. Souvent, du haut d'une montagne, ils apercevaient tout à coup quelque cité splendide avec des dômes, des ponts, des navires, des forêts de citronniers et des cathédrales de marbre blanc, dont les clochers aigus portaient des nids de cigognes. On marchait au pas, à cause des grandes dalles, et il y avait par terre des bouquets de fleurs que vous offraient des femmes habillées en corset rouge. On entendait sonner des cloches, hennir des mulets, avec le murmure des guitares et le bruit des fontaines, dont la vapeur s'envolant rafraîchissait des tas de fruits, disposés en pyramides au pied des statues pâles, qui souriaient sous les jets d'eau. Et puis ils arrivaient, un soir, dans un village de pêcheurs, où des filets bruns séchaient au vent, le long de la falaise et des cabanes. C'est là qu'ils s'arrêteraient pour vivre : ils habiteraient une maison basse à toit plat, ombragée d'un palmier, au fond d'un golfe, au bord de la mer. Ils se promèneraient en gondole, ils se balanceraient en hamac; et leur existence serait facile et large comme leurs vêtements de soie, toute chaude et étoilée comme les nuits douces qu'ils contempleraient. Cependant, sur l'immensité de cet avenir qu'elle se faisait apparaître, rien de particulier ne surgissait : les jours, tous magnifiques, se ressemblaient comme des flots; et cela se balançait à l'horizon infini, harmonieux, bleuâtre et couvert de soleil. Mais l'enfant se mettait à tousser dans son berceau, ou bien Bovary ronflait plus fort, et Emma ne s'endormait que le matin, quand l'aube blanchissait les carreaux et que déjà le petit Justin, sur la place, ouvrait les auvents de la pharmacie.

Madame Bovary, 1857

Le romancier n'a pas besoin de peindre le pathétique. Il suffit de comparer les rêves du mari à ceux de la femme pour comprendre qu'ils annoncent une histoire tragique avec une innocente victime, leur enfant.

IMAGES

PROUST *donne le ton dès la première page du roman* A la Recherche du Temps perdu; *il commence par évoquer l'enfant sensible à la vive imagination qui passait sans transition de la vie éveillée au monde des rêves :*

Longtemps, je me suis couché de bonne heure. Parfois, à peine ma bougie éteinte, mes yeux se fermaient si vite que je n'avais pas le temps de me dire : « Je m'endors. » Et, une demi-heure après, la pensée qu'il était temps de chercher le sommeil m'éveillait; je voulais poser le volume que je croyais avoir encore dans les mains et souffler ma lumière; je n'avais pas cessé en dormant de faire des réflexions sur ce que je venais de lire, mais ces réflexions avaient pris un tour un peu particulier; il me semblait que j'étais moi-même ce dont parlait l'ouvrage : une église, un quatuor, la rivalité de François Ier* et de Charles Quint*. Cette croyance survivait pendant quelques secondes à mon réveil; elle ne choquait pas ma raison, mais pesait comme des écailles sur mes yeux et les empêchait de se rendre compte que le bougeoir n'était plus allumé. Puis elle commençait à me devenir inintelligible, comme après la métempsycose les pensées d'une existence antérieure; le sujet du livre se détachait de moi, j'étais libre de m'y appliquer ou non; aussitôt je recouvrais la vue et j'étais bien étonné de trouver autour de moi une obscurité, douce et reposante pour mes yeux, mais peut-être plus encore pour mon esprit, à qui elle apparaissait comme une chose sans cause, incompréhensible, comme une chose vraiment obscure. Je me demandais quelle heure il pouvait être; j'entendais le sifflement des trains qui, plus ou moins éloigné, comme le chant d'un oiseau dans une forêt, relevant les distances, me décrivait l'étendue de la campagne déserte où le voyageur se hâte vers la station prochaine; et le petit chemin qu'il suit va être gravé dans son souvenir par l'excitation qu'il doit à des lieux nouveaux, à des actes inaccoutumés, à la causerie récente et aux adieux sous la lampe étrangère qui le suivent encore dans le silence de la nuit, à la douceur prochaine du retour.

A la Recherche du Temps perdu, 1913

Il retrouvera le temps passé par la rencontre d'une sensation et du souvenir sans bien comprendre la première fois toute l'importance de cette résurrection.

LES CHARMES DE L'IMAGINATION

CHATEAUBRIAND *raconte un épisode de son adolescence où il rêve de la félicité suprême, c'est-à-dire de l'amour. Plein d'une attente passionnée, une rencontre provoque en lui le phénomène psychologique de cristallisation*, que décrira si bien Stendhal dans son étude* De l'Amour :

Je me composai donc une femme de toutes les femmes que j'avais vues : elle avait la taille, les cheveux et le sourire de l'étrangère qui m'avait pressé contre son sein; je lui donnai les yeux de telle jeune fille du village, la fraîcheur de telle autre. Les portraits des grandes dames du temps de François Ier*, de Henri IV* et de Louis XIV*, dont le salon était orné, m'avaient fourni d'autres traits, et j'avais dérobé des grâces jusqu'aux tableaux des Vierges* suspendus dans les églises.

Cette charmeresse me suivait partout invisible; je m'entretenais avec elle comme avec un être réel; elle variait au gré de ma folie : Aphrodite* sans voile. Diane* vêtue d'azur et de rosée...

Mémoires d'Outre-Tombe, 1849-50

L'auteur voit et imagine l'amoureuse romantique idéale, donc parée de toutes les qualités physiques et morales qu'il se plaît à lui attribuer en rêve.

POÉSIE DU MONDE

JEUX D'ENFANTS

VALÉRY-LARBAUD s'efforce ici de décrire ce qui se passe dans l'esprit d'enfants qui jouent. Le jeu est une activité reconnue aujourd'hui par les psychologues comme fondamentale, l'imagination se combine avec la perception du réel pour l'enrichir, la modifier et créer un monde adapté exactement à l'esprit de l'enfant :

Arthur faisait la locomotive; Françoise, dans une chaise roulante, faisait les voyageurs, Marcel était chef de train et se transformait, aux stations, en chef de gare. Trois trains par jour, dont un rapide, tel fut le minimum fixé par l'assemblée générale des administrateurs de la Compagnie. Un rapide dérailla, et Françoise, relevée avec la peau du genou un peu froissée, dit qu'elle ne voulait plus faire les voyageurs. On s'en passa, et elle fut chargée de desservir, comme locomotive, un petit réseau local, fait exprès pour elle, entre les six grands massifs du jardin. Mais bientôt l'esprit d'entreprise étendit ses conquêtes au-delà du jardin. L'allée centrale du parc fut traversée par un tunnel (imaginaire) et une grande voie à deux binaires fut établie entre la villa — via le bassin — et le pavillon du billard. Elle fut ensuite poussée jusqu'à l'écurie qui devint ainsi, après la villa, la gare la plus importante du réseau, elle-même le terminus de courtes ramifications vers la basse-cour, la maison du jardinier et une tonnelle abandonnée dans un lieu sauvage.

Cette grande ligne, Villa-Pavillon du Billard, fut la plus populaire. Elle comprenait beaucoup de stations, sans parler du tunnel (on baissait la tête pour montrer qu'on passait dessous). Les garçons surtout l'aimaient, parce qu'elle conduisait dans des pays nouveaux. Sans doute le jardin, autour de la villa, était assez varié : le bassin était une mer intérieure; la serre, avec ses plantes grasses et sa chaleur humide, était une espèce de Canada et le réservoir était un important bras de mer. Mais toujours le même sable, et ces allées se coupant à angles droits, et la villa qu'on ne perdait pas de vue; c'était la banlieue de la villa, rien de mieux — tandis que là-bas, vers le pavillon du billard, c'était le parc, et l'inconnu, et l'étranger. On suivait des allées bordées d'arbustes à fleurs dont le parfum sucré et chaud vous envahissait (on ouvrait la bouche pour le recevoir, comme un bonbon). On s'arrêtait à une petite station au bord d'une pampa rongée de soleil. Le rapide se ruait à travers d'immenses forêts frémissantes, et, dès que le pavillon du billard était en vue, on sentait bien qu'on approchait d'une grande ville indolente, pleine de luxe et de calme, une de ces villes coloniales où sous de grands arbres tranquilles et toujours verts, un peuple au doux parler ne sait rien faire sinon être heureux.

Enfantines, éd. Gallimard, 1948

Le train, qui entraîne le double rêve de voyage et de puissance, reste encore un jeu privilégié, symbole de dépaysement.

LA NUIT PURE

CAMUS montre comment un enfant pauvre dans un quartier populaire enrichit sa vie par la perception aiguë de ce qui l'entoure :

Les soirs d'été, les ouvriers se mettent *au balcon.* Chez lui, il n'y avait qu'une toute petite fenêtre. On descendait alors des chaises sur le devant de la maison et l'on goûtait le soir. Il y avait la rue, les marchands de glaces à côté, les cafés en face, et des bruits d'enfants courant de porte en porte. Mais surtout, entre les grands ficus, il y avait le ciel. Il y a une solitude dans la pauvreté, mais une solitude qui rend son prix à chaque chose. A un certain degré de richesse, le ciel lui-même et la nuit pleine d'étoiles semblent des biens naturels. Mais au bas de l'échelle, le ciel reprend tout son sens : une grâce sans prix. Nuits d'été, mystères où crépitaient des étoiles! Il y avait derrière l'enfant un couloir puant et sa petite chaise, crevée, s'enfonçait un peu sous lui. Mais, les yeux levés, il buvait à même la nuit pure.

L'Envers et l'Endroit, éd. Gallimard, 1954

Une auréole de rêve borde le réel et, sous la plume du romancier, celle-ci devient une vision poétique.

GÉRARD DE NERVAL *évoque, sous le titre de* Sylvie, *trois femmes : Sylvie, la petite paysanne qui partagea ses jeux d'enfants, Amélie, une actrice, et Adrienne, éblouissante apparition d'un soir de bal dans le parc d'un château, présentée ici :*

Je me représentais un château du temps de Henri IV avec ses toits pointus couverts d'ardoises et sa face rougeâtre aux encoignures dentelées de pierres jaunies, une grande place verte encadrée d'ormes et de tilleuls, dont le soleil couchant perçait le feuillage de ses traits enflammés. Des jeunes filles dansaient en rond sur la pelouse en chantant de vieux airs transmis par leurs mères, et d'un français si naturellement pur, que l'on se sentait bien exister dans ce vieux pays du Valois*, où, pendant plus de mille ans, a battu le cœur de la France.

J'étais le seul garçon dans cette ronde, où j'avais amené ma compagne toute jeune encore, Sylvie, une petite fille du hameau voisin, si vive et si fraîche, avec ses yeux noirs, son profil régulier et sa peau légèrement hâlée!... Je n'aimais qu'elle, je ne voyais qu'elle, — jusque-là! A peine avais-je remarqué, dans la ronde, où nous dansions, une blonde, grande et belle qu'on appelait Adrienne. Tout à coup, suivant les règles de la danse, Adrienne se trouva placée seule avec moi au milieu du cercle. Nos tailles étaient pareilles. On nous dit de nous embrasser, et la danse et le chœur tournaient plus vivement que jamais. En lui donnant ce baiser, je ne pus m'empêcher de lui presser la main. Les longs anneaux roulés de ses cheveux d'or effleuraient mes joues. De ce moment, un trouble inconnu s'empara de moi. — La belle devait chanter pour avoir le droit de rentrer dans la danse. On s'assit autour d'elle, et aussitôt, d'une voix fraîche et pénétrante, légèrement voilée, comme celle des filles de ce pays brumeux, elle chanta une de ces anciennes romances pleines de mélancolie et d'amour, qui racontent toujours les malheurs d'une princesse enfermée dans sa tour par la volonté d'un père qui la punit d'avoir aimé. La mélodie se terminait à chaque stance par ces trilles chevrotants que font valoir si bien les voix jeunes, quand elles imitent par un frisson modulé la voix tremblante des aïeules.

A mesure qu'elle chantait, l'ombre descendait des grands arbres et le clair de lune naissant tombait sur elle seule, isolée de notre cercle attentif. — Elle se tut, et personne n'osa rompre le silence. La pelouse était couverte de faibles vapeurs condensées, qui déroulaient leurs blancs flocons sur les pointes des herbes. Nous pensions être en paradis. — Je me levai enfin, courant au parterre du château, où se trouvaient des lauriers, plantés dans de grands vases de faïence peints en camaïeu. Je rapportai deux branches, qui furent tressées en couronne et nouées d'un ruban. Je posai sur la tête d'Adrienne cet ornement, dont les feuilles lustrées éclataient sur ses cheveux blonds aux rayons pâles de la lune. Elle ressemblait à la Béatrice* de Dante* qui sourit au poète errant sur la lisière des saintes demeures.

Sylvie, 1854

Il se persuade aussitôt qu'il l'aime d'un amour mystique et croit la revoir alors que, devenue religieuse, elle jouait dans un drame sacré. Plus tard, il rencontre Aurélie, dans laquelle il voit une réincarnation d'Adrienne. Mais n'est-ce pas le rêve d'un idéal d'amour unique s'incarnant en trois personnes distinctes comme dans le mystère de la Sainte Trinité?*

ENCHANTEMENTS

LE FEU

HENRI BOSCO *raconte l'histoire de Mistral, qui a hérité de son oncle Malicroix une propriété en Camargue (la région du delta du Rhône). Là, les êtres et les éléments se liguent pour soumettre le nouveau propriétaire à une série d'épreuves avant de l'accepter comme le véritable maître. Dans ce combat, Mistral trouve un allié, le feu :*

Ainsi je rêvais. De temps à autre, j'alimentais le feu en y posant une racine. La racine craquait ; le foyer, assombri d'abord, chauffait le bois. L'écorce fendue s'enflammait et, sur la braise incandescente, une langue vive montait, qui se balançait dans l'air noir, comme l'âme même du feu. Cette créature vivait au ras du sol, sur son vieux foyer de briques. Elle y vivait avec patience ; elle avait la ténacité des petits feux qui durent et lentement creusent la cendre. C'était certes un de ces feux d'une antique origine, qui jamais n'ont cessé d'être nourris et dont la vie a persisté, à l'abri de la cendre, sur le même foyer, depuis des années innombrables.

Ces feux entretiennent en nous la chaleur nécessaire à l'arrivée des songes, et ils ont sur notre mémoire une puissance telle que les vies immémoriales sommeillant au-delà des plus vieux souvenirs s'éveillent en nous à leur flamme, et nous révèlent les pays les plus profonds de notre âme secrète. Seuls, ils éclairent, en deçà du temps qui préside à notre existence, les jours antérieurs à nos jours et les pensées inconnaissables dont peut-être notre pensée n'est souvent que l'ombre. A contempler ces feux associés à l'homme par des millénaires de feu, on perd le sentiment de la fuite des choses ; le temps s'enfonce dans l'absence ; et les heures nous quittent sans secousse.

Malicroix, éd. Gallimard, 1948

Le feu fortifie la puissance élémentaire du rêve et donne la victoire au héros du roman.

LA MUSIQUE

ROMAIN ROLLAND *retrace la vie d'un génie de la musique dans* JEAN-CHRISTOPHE, *roman cyclique en dix volumes. Tout enfant est naturellement poète mais celui-ci, qui deviendra compositeur, a une imagination particulièrement féconde :*

La grande masse verte du fleuve continue de passer, une comme une seule pensée, sans vagues, presque sans plis, avec des moires luisantes et grasses. Christophe ne la voit plus ; il a fermé tout à fait les yeux, pour mieux l'entendre. Ce grondement continu le remplit et lui donne le vertige ; il est aspiré par ce rêve éternel et dominateur, qui va on ne sait où. Sur le fond tumultueux des flots, des rythmes précipités s'élancent avec une ardente allégresse. Et le long de ces rythmes, des musiques montent, comme une vigne qui grimpe le long d'un treillis : des arpèges de claviers argentins, des violons douloureux, des flûtes veloutées aux sons ronds... Les paysages ont disparu. Il flotte une atmosphère étrange, tendre et crépusculaire. Christophe a le cœur tremblant d'émoi. Qu'est-ce donc qu'il voit maintenant ? Oh ! les charmantes figures !... — Une fillette aux boucles brunes l'appelle, langoureuse et moqueuse... Un visage pâlot de jeune garçon aux yeux bleus le regarde avec mélancolie... D'autres sourires, d'autres yeux, — des yeux curieux et provocants, dont le regard le fait rougir, — et des yeux affectueux et douloureux, comme un bon regard de chien, — et des yeux impérieux, et des yeux de souffrance... Et cette figure de femme, blême, les cheveux noirs, et la bouche serrée, dont les yeux semblent manger la moitié du visage,

et le fixent avec une violence qui fait mal... Et la plus chère de toutes, celle qui lui sourit avec ses clairs yeux gris, la bouche un peu ouverte, ses petites dents qui brillent... Ah ! le beau sourire indulgent et aimant ! il fond le cœur de tendresse ! qu'il fait de bien, qu'on l'aime ! Encore ! Souris-moi encore ! ne t'en va point !... — Hélas ! il s'est évanoui ! Mais il laisse dans le cœur une douceur ineffable. Il n'y a plus rien de mal, il n'y a plus rien de triste, il n'y a plus rien... Rien qu'un rêve léger, une musique sereine, qui flotte dans un rayon de soleil, comme les fils de la Vierge par les beaux jours d'été... — Qu'est-ce donc qui vient de passer ? Quelles sont ces images qui pénètrent l'enfant d'un trouble triste et doux ? Jamais il ne les avait vues encore ; et pourtant il les connaissait : il les a reconnues. D'où viennent-elles ? De quel gouffre obscur de l'Être ? Est-ce de ce qui fut,... *ou de ce qui sera ?...*

Maintenant, tout s'efface, toute forme s'est fondue. — Une dernière fois encore, à travers un voile de brume, comme si l'on planait très haut, au-dessus de lui, le fleuve débordé paraît, couvrant les champs, roulant auguste, lent, presque immobile. Et tout à fait au loin, comme une lame d'acier au bord de l'horizon, une plainte liquide, une ligne de flots qui tremblent, — la Mer.

Jean-Christophe, I, Albin Michel, éditeur, 1904

Le passage est fait d'un faisceau remarquable de correspondances qui finissent par se confondre avec l'âme du jeune artiste.

JULIEN GREEN, *au cours d'une traversée, rêve en regardant le sillage du paquebot et évoque les lieux qu'il a visités :*

Ce matin, je me suis assis à l'arrière du navire et j'ai regardé la mer grise, le sillage que nous laissions derrière nous, le pont verni par les embruns et par la pluie. Cela m'a fait penser à des choses si vagues et si lointaines que je ne puis pas les décrire. En regardant longuement certains paysages, il m'arrive de faire surgir quelque part au fond de ma mémoire des souvenirs qui me viennent je ne sais d'où. Ce pouvoir, je l'ai toujours eu. Il a enchanté mon enfance. Quelque chose, mais très peu, en est passé dans mes livres. Ce sont des souvenirs qui sont au-delà des vrais souvenirs, ceux qu'on situe, ceux qu'on date, mais comment exprimer quelque chose d'aussi secret ? Plus on en parle, plus le mystère augmente. Ces jours-ci, j'ai fait mentalement une liste de tous les endroits que j'ai connus, où ces souvenirs s'éveillent. Par exemple, le charmant jardin en friche, derrière Saint-Julien le Pauvre*, ou la salle du musée de Bruxelles d'où l'on a une vue sur les toits gris et noirs. Je n'ai jamais parlé de cela à personne. Quand j'étais enfant, j'écoutais ma sœur me jouer des pages de Schumann*, et il y en avait une dont le titre me plaisait presque autant que la musique : *Des Pays lointains*. Plus tard, j'inventai une espèce de géographie des pays lointains. L'Orient n'y figurait pas, mais Édimbourg, Anvers, la Frise y étaient à l'honneur. Tout dernièrement, en regardant une carte française des États-Unis, mes yeux se sont arrêtés sur les Monts des Cascades et, pendant l'espace d'une ou deux secondes, j'ai éprouvé l'émotion d'autrefois, l'absurde et délicieuse nostalgie des pays lointains. On me croirait difficilement si je disais l'empire de cette idée enfantine sur toute une partie de ma jeunesse. Il est certain que l'habitude de situer le bonheur dans les pays lointains me gouverna jusqu'aux abords de la seizième année. Je ne me dépêtrais pas de mon enfance; la vie réelle m'inspirait une défiance profonde et je n'aimais le monde que là où il coïncidait avec mes extravagantes conceptions. Tel air de musique me ravissait parce qu'au monde réel, où je n'arrivais pas à trouver ma place, il substituait un monde infiniment plus vrai où je sentais bien que je serais heureux. Et derrière toutes les idées que je me suis faites de la mort, il y a celle-ci, qui est un reste d'enfance, c'est qu'en définitive, la mort est le plus beau de tous les pays lointains.

Journal 1928-1958, éd. Plon, 1961

Les images de ce monde, présentes et passées, le conduisent à évoquer l'autre monde, celui du bonheur, celui de la mort.

FÉLICIEN MARCEAU *raconte les aventures d'un jeune homme, Nicolas, qui aime beaucoup les plaisanteries. Il présente sa cousine Marie-Jeanne à un inconnu qui le paie pour ce service, et alors commence une cascade d'aventures abracadabrantes, pleines de gaîté :*

A son retour, en passant par Londres, Nicolas eut une mésaventure d'ordre purement spirituel qu'il raconta à Marie-Jeanne dans une lettre dont il ne manqua pas de garder copie. Voici le passage : « J'attendais l'autobus qui devait me conduire à la gare lorsque j'en vis passer un qui portait la mention *Elephant & Castle*. Je t'en prie, arrête-toi un instant pour méditer sur l'étrangeté de la rencontre. Éléphant et Château... Quel éléphant ? Quel château ? Quel est le lien ? Quel est le lieu où éléphants et châteaux se joignent, en quel pays et sur quel blason figurent-ils ensemble ? Tu me diras que cela n'est pas plus curieux que ces stations du métropolitain que des ingénieurs ou des édiles ont baptisées Sèvres-Babylone ou Réaumur-Sébastopol sans se douter des sortilèges qu'ils suscitaient en accouplant ainsi des délicates porcelaines, les jardins suspendus, les thermomètres et les villes de la lointaine Crimée. J'en conviens. Mais un mystère ne supprime pas l'autre. Elephant & Castle existe. Peu importe ce qu'il représente. Est-ce une place, un carrefour, un lieu-dit, une avenue, un pont ou un hôpital ? Je n'ai pas cherché à le savoir. Un autre autobus est passé qui portait la même mention. Et, à l'intérieur, des hommes, des femmes, qui ne se doutaient de rien, qui lisaient des journaux, qui regardaient devant eux, qui ne voyaient rien. J'aurais dû le prendre, cet autobus. Tu l'aurais fait, je le sais. Mais tu es toute action et, moi, tu ne l'ignores pas, je suis un contemplatif et la contemplation tue l'action. Aurais-je dû le prendre ? Je le crois. Il ne me restait plus d'argent. Manquer mon train m'eût condamné à vivre jusqu'au lendemain matin sans un sou, à traîner dans une salle d'attente. Dans le précaire, le péril. C'est pourquoi j'aurais dû le prendre. Ce modeste voyage eût aboli en moi les derniers vestiges du devoir et de la raison. Transporté en ce lieu dénommé Elephant et Castle, j'aurais pu connaître enfin ce secret des âmes lorsque tout en elles s'abroge et s'abolit. Elephant et Castle, je le vois maintenant, c'est ce qui est au-delà. Au-delà de ce qui a un sens. J'ai beaucoup réfléchi là-dessus. »

Bergère légère, éd. Gallimard, 1953

Comme souvent chez ce romancier, la frontière entre le rêve et la réalité est mal définie. Ici cependant on voit comme un fait bien réel nourrit les divagations de l'esprit et entraîne une explosion en chaîne d'images.

AUTRES RÊVES

PAUL GUTH *raconte ses débuts de professeur au lycée de Dijon, où règne un sens de la discipline et de la tenue. Il a décidé d'user d'une pédagogie de libre-expression (en 1933!) et, pour permettre à ses élèves de mieux décorer les murs de la classe, il a acheté une échelle qu'il transporte lui-même au lycée. Après avoir fait un scandale en ville, il arrive dans la cour du lycée, portant son échelle, au moment où tous les élèves sont rassemblés devant les autorités au complet :*

Mes élèves m'attendaient devant la classe en un ordre digne de la parade de la Garde à Buckingham*. Je passai sur leur front. Jamais revue ne fut plus solennelle. Pénétrés de la gravité de l'heure, ils reconstituaient la fixité militaire. Les échines prenaient la raideur des baïonnettes. Les bras se collaient aux flancs avec l'immobilité des statues.

Au bout du couloir, apparurent le proviseur et son état-major. Devant les autres classes ils purent voir des rangs flottants que déformaient les bousculades. Devant la mienne, l'immobilité, le silence. Et ce chef d'acier qui, après le défilé de ses troupes, entrait le dernier, l'échelle droite, et refermait, sans faiblesse, une porte derrière laquelle il régnait.

Je lançai mes élèves à l'assaut de nos murs. Je rêvais de fresques, de Chapelle Sixtine*. Pourtant je n'osais pas aller jusque-là. Je ne poserais que des ornements qu'on pût ôter. Locataire de cette classe, je devais la rendre dans l'intégralité de sa crasse.

Je me rabattis donc sur d'autres projets. En français nous expliquions la *Chanson de Roland*. Les trouvères chantaient ce poème aux étapes du pèlerinage de Saint-Jacques-de-Compostelle. Pour utiliser l'échelle je voulus qu'on piquât au mur l'itinéraire du pèlerinage. Un ruban rouge fixé avec des punaises représentait la route. Les élèves dessinaient, coloriaient et découpaient sur du carton les sanctuaires qui la bordaient : Chartres, Tours, Poitiers, Blaye, Roncevaux.

Je lançai ensuite une nouvelle mode. Ce que j'appelai les itinéraires vitaux. Nous dessinions sur le mur la vie des grands écrivains. Nous comprenions mieux ainsi les pulsations de leur génie.

Je choisis d'abord Villon*.

Le Naïf aux 40 enfants, éd. Albin Michel, 1955

Mais la naïveté est une force considérable et le jeune agrégé, adoré de ses élèves, réussit à révolutionner les méthodes d'enseignement et obtient d'excellents résultats.

JULES VERNE *est particulièrement célèbre, ses lecteurs se comptent par dizaines de millions au moins. C'est le père de la science-fiction, et il semble avoir un don étrange pour voir l'avenir. Dans* DE LA TERRE A LA LUNE, *il situe le gigantesque canon en Amérique, en un endroit proche du Cap Kennedy et ses* VINGT MILLE LIEUES SOUS LES MERS *sont devenues réalité courante avec les jeunes sous-marins à propulsion nucléaire, analogie d'autant plus frappante que le* Nautilus *est un engin de destruction* responsable d'une hécatombe :

Il n'y avait pas à hésiter cependant. Nous étions étendus sur le dos d'une sorte de bateau sous-marin, qui présentait autant que j'en pouvais juger, la forme d'un immense poisson d'acier. L'opinion de Ned Land était faite sur ce point. Conseil et moi, nous ne pûmes que nous y ranger.

« Mais alors, dis-je, cet appareil renferme en lui un mécanisme de locomotion et un équipage pour le manœuvrer ?

— Évidemment, répondit le harponneur, et néanmoins, depuis trois heures que j'habite cette île flottante, elle n'a pas donné signe de vie.

— Ce bateau n'a pas marché ?

— Non, monsieur Aronnax. Il se laisse bercer au gré des lames, mais il ne bouge pas.

— Nous savons, à n'en point douter, cependant, qu'il est doué d'une grande vitesse. Or, comme il faut une machine pour produire cette vitesse et un mécanicien pour conduire cette machine, j'en conclus... que nous sommes sauvés.

— Hum ! » fit Ned Land d'un ton réservé.

En ce moment, et comme pour donner raison à mon argumentation, un bouillonnement se fit à l'arrière de cet étrange appareil, dont le propulseur était évidemment une hélice, et il se mit en mouvement. Nous n'eûmes que le temps de nous accrocher à sa partie supérieure qui émergeait de quatre-vingts centimètres environ. Très heureusement sa vitesse n'était pas excessive.

« Tant qu'il navigue horizontalement, murmura Ned Land, je n'ai rien à dire. Mais s'il lui prend la fantaisie de plonger, je ne donnerais pas deux dollars de ma peau ! »

Moins encore, aurait pu dire le Canadien. Il devenait donc urgent de communiquer avec les êtres quelconques renfermés dans les flancs de cette machine. Je cherchai à sa surface une ouverture, un panneau, un « trou d'homme », pour employer l'expression technique; mais les lignes de boulons, solidement rabattues sur la jointure des tôles, étaient nettes et uniformes.

D'ailleurs, la lune disparut alors, et nous laissa dans une obscurité profonde. Il fallut attendre le jour pour aviser aux moyens de pénétrer à l'intérieur de ce bateau sous-marin.

Ainsi donc, notre salut dépendait uniquement du caprice des mystérieux timoniers qui dirigeaient cet appareil, et, s'ils plongeaient, nous étions perdus! Ce cas excepté, je ne doutais pas de la possibilité d'entrer en relation avec eux. Et, en effet, s'ils ne faisaient pas eux-mêmes leur air,

il fallait nécessairement qu'ils revinssent de temps en temps à la surface de l'océan pour renouveler leur provision de molécules respirables. Donc, nécessité d'une ouverture qui mettait l'intérieur du bateau en communication avec l'atmosphère.

Quant à l'espoir d'être sauvé par le commandant Farragut, il fallait y renoncer complètement. Nous étions entraînés vers l'ouest, et j'estimai que notre vitesse, relativement modérée, atteignait douze milles à l'heure. L'hélice battait les flots avec une régularité mathématique, émergeant quelquefois et faisant jaillir l'eau phosphorescente à une grande hauteur.

Vers quatre heures du matin, la rapidité de l'appareil s'accrut. Nous résistions difficilement à ce vertigineux entraînement, lorsque les lames nous battaient de plein fouet. Heureusement, Ned rencontra sous sa main un large organeau fixé à la partie supérieure du dos de tôle, et nous parvînmes à nous y accrocher solidement.

Enfin cette longue nuit s'écoula. Mon souvenir incomplet ne permet pas d'en retracer toutes les impressions. Un seul détail me revient à l'esprit. Pendant certaines accalmies de la mer et du vent, je crus entendre plusieurs fois des sons vagues, une sorte d'harmonie fugitive produite par des accords lointains. Quel était donc le mystère de cette navigation sous-marine dont le monde entier cherchait vainement l'explication? Quels êtres vivaient dans cet étrange bateau? Quel agent mécanique lui permettait de se déplacer avec une si prodigieuse vitesse?

Le jour parut. Les brumes du matin nous enveloppaient, mais elles ne tardèrent pas à se déchirer. J'allais procéder à un examen attentif de la coque qui formait à sa partie supérieure une sorte de plate-forme horizontale, quand je la sentis s'enfoncer peu à peu.

« Eh! mille diables! s'écria Ned Land, frappant du pied la tôle sonore, ouvrez donc, navigateurs peu hospitaliers! »

Mais il était difficile de se faire entendre au milieu des assourdissants battements de l'hélice. Heureusement, le mouvement d'immersion s'arrêta.

Soudain un bruit de ferrures violemment poussées se produisit à l'intérieur du bateau. Une plaque se souleva, un homme parut, jeta un cri bizarre et disparut aussitôt.

Quelques instants après, huit solides gaillards, le visage voilé, apparaissaient silencieusement, et nous entraînaient dans leur formidable machine.

Vingt Mille Lieues sous les mers, 1869

A la fin du roman, ayant réussi avec ses deux amis à s'échapper du sous-marin où le capitaine Nemo le retenait prisonnier, l'auteur résume le voyage, ce tour du monde sous-marin qui m'a révélé tant de merveilles à travers le Pacifique, l'océan Indien, la mer Rouge, la Méditerranée, l'Atlantique, les mers australes et boréales.

RENÉ BARJAVEL *est, dans une certaine mesure, comparable à Jules Verne, mais sa formule de science-fiction est plus intellectuelle. Son imagination développe les conséquences de l'univers d'Einstein* et de la relativité pour les hommes sur la terre :*

Dès que Simon lui eut déballé le contenu de sa serviette, Rochefoux, le chef des Expéditions Polaires Françaises, prit les choses en main avec son énergie habituelle. Il avait près de quatre-vingts ans, ce qui ne l'empêchait pas de passer chaque année quelques semaines à proximité de l'un ou l'autre pôle. Son visage couleur brique, casqué de cheveux courts d'un blanc éclatant, ses yeux bleu ciel, son sourire optimiste, le rendaient idéalement photogénique à la télévision, qui ne manquait pas une occasion de l'interviewer, de préférence en gros plan.

Ce jour-là, il les avait convoquées toutes, celles du monde entier, et toute la presse, à la fin de la réunion de la Commission de l'Unesco*. Il avait décidé que le secret avait assez duré, et il avait l'intention de secouer l'Unesco comme un fox-terrier secoue un rat, pour obtenir toute l'aide nécessaire, et tout de suite.

Dans un grand bureau du 7e étage, des monteurs du Centre National de Recherches Scientifiques* achevaient d'installer des appareils sous la direction d'un ingénieur. Rochefoux et Simon, debout devant la grande fenêtre, regardaient deux officiers trotter sur des chevaux acajou, dans la perspective rectangulaire de la cour de l'École Militaire*.

La place Fontenoy* était pleine de joueurs de pétanque qui soufflaient dans leurs doigts avant de ramasser leurs boules.

Rochefoux grogna et se détourna. Il n'aimait ni les oisifs ni les militaires. L'ingénieur l'informa que tout était prêt. Les membres de la Commission commencèrent à arriver et à prendre place le long de la table, face aux instruments.

Ils étaient onze, deux Noirs, deux Jaunes, quatre Blancs, et trois allant du café au lait à l'huile d'olive. Mais leur onze sangs mêlés n'eussent fait qu'un seul sang rouge. Dès que Rochefoux commença à parler, leur attention et leur émotion furent uniques.

Deux heures plus tard, ils savaient tout, ils avaient tout vu, ils avaient posé cent questions à Simon, et Rochefoux concluait, en montrant sur un écran un point de la carte qui y était projeté :

— Là, au point 612 du Continent antarctique, sur le parallèle 88, sous 980 mètres de glace, il y a les restes de quelque chose qui a été construit par une intelligence et ce quelque chose émet un signal. Depuis 900 000 ans, ce

signal dit : « Je suis là, je vous appelle, venez... » Pour la première fois, les hommes viennent de l'entendre. Allons-nous hésiter ? Nous avons sauvé les temples de la vallée du Nil. Mais l'eau montante du barrage d'Assouan* nous poussait au derrière. Ici, évidemment, il n'y a pas nécessité, il n'y a pas urgence ! Mais il y a quelque chose de plus grand : il y a le *devoir* ! Le devoir de connaître. De savoir. On nous appelle. Il faut y aller ! Cela demande des moyens considérables. La France ne peut pas faire tout. Elle fera sa part. Elle demande aux autres nations de se joindre à elle.

Le délégué américain désirait quelques précisions. Rochefoux le pria de patienter, et continua :

— Ce signal, vous l'avez vu sous la forme d'une simple ligne inscrite sur un quadrillage. Maintenant, grâce à mes amis du C.N.R.S., qui l'ont ausculté de toutes les façons possibles, je vais vous le faire entendre...

Il fit un signe à l'ingénieur, qui mit un nouveau circuit sous tension.

Il y eut d'abord, dans l'écran de l'oscilloscope, une ligne lumineuse raide comme le mi d'un violon, tandis qu'éclatait un sifflement suraigu qui fit grimacer Simon. Le Noir le plus noir passa une langue rose sur ses lèvres crevassées. Le Blanc le plus blond mit son auriculaire droit dans son oreille et l'agita violemment. Les deux Jaunes fermaient complètement les fentes de leurs yeux. L'ingénieur du C.N.R.S. tourna lentement un bouton. Le suraigu devint aigu. Les muscles se détendirent. Les mâchoires se décrispèrent. L'aigu baissa en miaulant, le sifflement devint un trille. On commença à tousser et à se racler la gorge. Sur l'écran de l'oscilloscope, la ligne droite était maintenant ondulée.

Lentement, lentement, la main de l'ingénieur faisait descendre au signal, de l'aigu au grave, toute l'échelle des fréquences. Quand il parvint à la limite des infra-sons, ce fut comme une masse de feutre frappant toutes les quatre secondes la peau d'un tambour gigantesque. Et chaque coup faisait trembler les os, la chair, les meubles, les murs de l'Unesco jusque dans leurs racines. C'était pareil au battement d'un cœur énorme, le cœur d'une bête inimaginable, le cœur de la Terre elle-même.

La Nuit des Temps, Presses de la Cité, 1968

Le romancier contemporain définit ainsi son thème majeur : En gros c'est un personnage qui réussit à voyager dans le temps. Dans chacune de mes histoires le héros parvient à modifier le temps et à mettre en évidence les grandes contradictions de la vie humaine.

Pour les 20 ou 30 années à venir, comment avez-vous le sentiment qu'évolueront les hommes ? Par exemple...

A) • Ils deviendront de plus en plus solidaires 14
■ De plus en plus indifférents............................. 76

B) • On aura de plus en plus de liberté 32
(Parisiens : 42 %)
■ On aura de moins en moins de liberté 43
(Agriculteurs : 58 %)

C) • On travaillera de plus en plus 17
(Les moins de 25 ans : 24 %)
■ On travaillera de moins en moins....................... 68
(Hommes : 75 %)

D) ■ Les modes de vie et les façons de penser vont s'uniformiser
partout.. 46
(Cadres supérieurs : 60 %. Cadres moyens : 58 %)
• Les modes de vie et les façons de penser vont devenir de plus en
plus différents d'un pays à l'autre, d'une région à l'autre 31
(— de 25 ans : 38 %. Petites villes : 48 %. Ouvriers : 38 %)

E) • Les villes vont se multiplier et devenir de plus en plus peu-
plées et étendues 44
(Parisiens : 53 %. — de 25 ans : 52 %. Cadres sup. : 51 %)
■ Les villes vont peu à peu se vider et les gens retourner vers les
campagnes.. 45
(Ouvriers : 54 %. Petites villes : 52 %)

F) • La religion, la spiritualité auront de plus en plus d'impor-
tance 15
(Parisiens : 22 %. Cadres supérieurs : 24 %)
■ La religion, la spiritualité auront de moins en moins d'impor-
tance 69
(Les moins de 25 ans : 74 %)

G) • La nature sauvage va disparaître 31
(Les moins de 25 ans : 42 %)
■ On parviendra à la préserver 57
(Communes rurales : 65 %)

Sondage : I.F.O.P.
(Institut français d'opinion publique)

Défendre la vie...

« ... Un peu contre notre gré, « nous » avons choisi la sécurité du travail de bureau, car il « fallait bien faire quelque chose »... Mon rêve serait d'exercer un métier qui défendrait la vie, sous toutes ses formes. »

Un comptable,
AVIGNON.

Des moments privilégiés...

« La valeur d'un être humain n'est pas forcément spectaculaire... J'ai remarqué que plus on travaillait, plus il était difficile de retrouver son intégrité, la notion de son propre espace intérieur. C'est pour cela que j'aime décorer mon appartement : retrouver « mes » formes, « mes » couleurs, celles qui viennent du rêve. C'est alors que commence pour moi la vraie vie : ces moments impalpables où je jouis de chaque chose, du rayon de soleil qui donne à mes planchers une couleur de pain brûlé, de la sensation de pureté que donnent les Pyrénées couvertes de neige au-dessus de la ville... Et des moments passés avec l'homme que j'aime, qui partage, affine, fait naître ces forces vives, à la fois calme intérieur et révolution... »

R. M., PAU.

Poésie

« J'aimerais que tous les gens, surtout les plus simples, les ouvriers, sortent au grand jour leur poésie, qu'ils l'exposent, se l'échangent. »

Un menuisier de 20 ans,
CALAIS.

Un sage

« ... Si je n'ai pas fait ce que j'avais « follement envie de faire », c'est que sans doute, je n'étais pas assez fou; hélas, peut-être! Ni le temps, ni l'argent, ni toute autre raison ne sauraient être invoqués... »

S., LYON.

Rêves...

« Je rêvais déjà lorsque je gardais les vaches chez mes parents, au long des beaux étés qu'il y avait, il y a soixante ans, de ne plus voir toujours le ciel bleu et les arbres verts, cela me lassait, m'irritait jusqu'au chagrin ; je rêvais violemment d'arbres jaunes, de ciel vert ou rouge, de pays étranges.
Mariée à un petit artisan, mère de trois enfants, dont un infirme, toute ma vie privée d'argent, sans aucun confort, sans meubles, sans rien, j'ai passé ma vie à laver, coudre, jardiner, élever une basse-cour pour nourrir mes enfants. Et que croyez-vous que je désirais violemment? Une machine à laver? Des draps à mon lit? Non, une encyclopédie complète, tous les dictionnaires, plein la maison de livres dont je rêvais ou bien voyager, aller en Norvège, en Russie, à l'île de Pâques. Et à soixante-sept ans, seule dans une maison où il pleut, abandonnée par mon mari (mes enfants mariés sont bien gentils mais ils ont leur vie !), n'ayant pour vivre que vingt-trois francs par jour et toujours ni meubles ni confort, je trouve la vie pas si moche, après tout ! »

B.,
MONTAUBAN.

Les vraies richesses

« ... Quand j'avais moins de dix ans, chez ma grand-mère, en Corrèze, dans un petit village qui sentait bon la fumée de bois et le crottin, je prenais le temps d'écouter les oiseaux ou les cigales, je vivais chaque minute et chaque chose, avec un bien-être que je n'ai jamais retrouvé. Alors, je crois qu'il faudrait bazarder ces fausses sécurités auxquelles on se raccroche, faudrait avoir le courage de faire le ménage, le grand, aussi bien dans son salon que dans sa tête. Faudrait vivre ce que vivent en ce moment les deux tiers de l'humanité : avoir simplement faim. Alors peut-être qu'on vivrait notre vraie vie... »

D., 2 enfants,
éducatrice pour enfants inadaptés,
LE HAVRE.

Défendre la vie...

« ... Un peu contre mon gré, « nous » avons choisi la sécurité du travail de bureau, car il « fallait bien faire quelque chose »... Mon rêve serait d'exercer un métier qui défendrait la vie, sous toutes ses formes. »

J.,
CHAMBORIGAND.

Un réaliste

« Je n'ai pas souvenir d'avoir eu follement envie de faire quelque chose et de ne pas l'avoir fait depuis que je suis adulte... Je rêve très peu. Ma femme me le reproche d'ailleurs souvent. »

M., ingénieur,
STRASBOURG.

LA VIE EN DIRECT :
RÉPONSES A UNE ENQUÊTE

Le bonheur : qu'est-ce que c'est ?

Qu'est-ce qui, à votre avis, est essentiel pour procurer le bonheur ? %

— La santé 90,4
— L'amour 80
— La liberté 75,1
— La famille 73,5
— La justice et l'égalité . 66
— Le travail 62,7
— L'argent 52,5
— La sécurité 51,1
— Les plaisirs de la vie et vos centres d'intérêt . 49,8
— Le savoir, être instruit, cultivé 45,4
— Le confort 40,2
— Le succès personnel . 33,8
— La vie spirituelle, la foi 33,2
— La chance 32,5
— L'engagement pour une cause 24

D'une manière générale, diriez-vous, vous-même, que vous êtes %

— Très heureux 28,6
— Assez heureux 63,6
— Malheureux 4,6
— Ne sait pas 3,2

A votre avis, les Français, dans leur majorité, se considèrent-ils comme %

— Heureux 36,6
— Malheureux 18,4
— Ni l'un ni l'autre 35,7
— Ne sait pas 9,3

A votre avis, parmi les groupes suivants, quels sont ceux qui sont plutôt heureux ? %

LA PROFESSION	PLUTÔT HEUREUX
— Les médecins	88,9
— Les cadres	78,5
— Les enseignants . . .	75,6
— Les fonctionnaires . .	75,1
— Les patrons d'entreprise	74,1
— Les artistes	66
— Les commerçants et les artisans	65,1
— Les militaires	60,1
— Les agriculteurs	59
— Les employés	51,9
— Les étudiants	40,5
— Les retraités	28,1
— Les ouvriers	22,7

L'AGE	PLUTÔT HEUREUX
— Les moins de 18 ans .	61,2
— Les 18-30 ans	59,9
— Les 31-60 ans	57,9
— Les plus de 60 ans . .	29,6

LE SEXE	PLUTÔT HEUREUX
— Les hommes	72,6
— Les femmes	59,3

Brèves Nouvelles
de France

Un soleil rouge

« Ma vraie vie, je la conçois comme un immense soleil rouge, avec autour de grandes usines à face humaine et qui de leur fumée cacheraient les rayons du soleil. Je la conçois comme une recherche perpétuelle dans ce qui est beau, pur de sentiments. J'essaie d'enrichir mon esprit par différentes sortes de culture : la musique, la lecture, la compréhension des autres, l'adoration de la nature, les arts, enfin tout ce qui nécessite une sensibilité extrême. Si nous voulons rester nous-même, rester pur ou le devenir, il faut se retrancher du monde, rester seul et cultiver sa solitude pour que les sentiments les plus sincères puissent s'épanouir sans que Monsieur le Monde, qui nous envahit, les détruise. Il faut s'éloigner des gens sans rejeter notre société, même si elle nous dégoûte. Nous sommes nés dedans, essayons de la rendre plus belle, par de beaux sentiments, et non la fuir par la drogue ou la mort. »

P., COLMAR.

Ce que je suis

« La part de ma vie qui me passionne le plus est la réflexion sur ce que je suis. Je pense sans arrêt à des choses comme la mort, la vieillesse, la souffrance, surtout celle des enfants, l'injustice. Quand je fais quelque chose j'en ressens aussitôt la vanité. Je doute sans arrêt. Je lutte pour une autre société sans me faire d'illusions sur sa finalité. Il s'agirait plutôt pour moi de limiter les dégâts, si vous voulez. Je n'arrive pas à accorder de l'importance à quoi que ce soit plus qu'à autre chose.

Un professeur d'éducation physique,
AMIENS.

Faisons le point

Le rêve a longtemps été considéré en France comme une activité superflue, voire néfaste. Au XVIe siècle, Montaigne* considère l'imagination comme *la folle du logis* et Pascal* l'accuse d'être *maîtresse d'erreurs et de faussetés*. A côté, la raison apparaît comme la sagesse, la gardienne des vrais valeurs et le monde rationnel devient une sorte d'idéal.

Au XIXe siècle, avec surtout Gérard de Nerval, Baudelaire*, Verlaine* et Rimbaud*, la poésie a redonné au rêve toute sa valeur, tâche que les poètes de notre époque, et surtout les surréalistes, ont poursuivi sans relâche. Cela ne va pas sans résistance de la part des rationalistes. En 1948, le philosophe Gaston Bachelard accusait les pédagogues : *ces rêves d'enfants, ces rêves que l'éducation ne sait pas faire mûrir*, et les grammairiens, *qui remettent tout en place. Mais par leur logique ils peuvent arrêter le mouvement de flux et de reflux de la vie inconsciente.*

■ *Résumez en un court paragraphe les rêves d'enfant du petit prince et de Jean-Christophe, puis comparez-les. Faites le même travail pour les trois auteurs qui se mettent en scène directement, Marcel Proust, Albert Camus et Valéry Larbaud. Montrez en quoi le dernier cité est différent des autres.*
Le rêve est hors du temps, car on ne rêve pas avec des idées enseignées (Bachelard), l'imagination use des images du passé ou du présent, images correspondant ou non à la réalité, pour nourrir les rêves de l'avenir.
■ *Stendhal et Flaubert évoquent, d'une manière que vous analyserez, les méfaits de l'imagination. Pensez-vous que ces exemples condamnent le rêve ?*
■ *Le rêve de la jeunesse est souvent un rêve d'amour : analysez les rêves d'amour chez deux jeunes filles (Mathilde et Angélique) et chez deux garçons (Chateaubriand et Nerval). Ces quatre textes cependant ont été écrits par des hommes, cherchez des détails qui auraient permis de le deviner.*
■ *Le romancier F.-R. Bastide, dans « La fantaisie du voyageur », écrit Je dirai ces rêves que je fis, et quelle histoire véritable ils signi-*fient. Vous ne verrez que l'histoire, telle que les témoins auraient pu la dire, mais je vous supplie d'entendre aussi les rêves. *Quelle « histoire véritable » signifie le rêve de Camus et celui de Jean-Christophe ?*
■ *Comme l'a montré Bachelard, les quatre éléments sont des lignes de force dirigeant l'imaginaire. Analysez la manière dont le feu entraîne la rêverie (c'est-à-dire le rêve que l'on fait éveillé) de Bosco, faites une étude comparative du rôle de l'eau chez Romain Rolland et Jules Verne.*
Certains rêves sont des tentatives pour s'adapter aux problèmes posés par la vie.
D'autres permettent aux hommes d'imaginer le monde tel qu'il devrait être, source de déceptions certes, mais aussi moteur de progrès. Celui qui imagine des solutions essaie de les appliquer, et parfois réussit.
■ *Est-ce que le rêve a sa place dans un livre intitulé* Les Français à travers leurs romans ? *Pensez-vous qu'il y ait des rêves spécifiquement français ou des caractéristiques françaises pour les rêves qu'ont en commun la plupart des hommes ? Justifiez votre réponse.*
■ *Quels rôles l'imagination, la rêverie et le rêve jouent-ils dans votre propre vie ? Développez en trois paragraphes et concluez.*

LA VIE
DU BON CÔTÉ

René Fallet :

PARIS AU MOIS D'AOÛT

A. Blondin
J. Duché
G. Perec
J. Faizant
A. Blondin
Y. Audouard
P. Daninos
M. Proust
Voltaire
Lesage
Montesquieu

RENÉ FALLET,

né le 4 décembre 1927 dans une ville de la banlieue sud de Paris, est le fils d'un employé de chemins de fer. Élève à l'école primaire de Villeneuve-Saint-Georges, il obtient son certificat d'études* primaires, puis se lance bientôt dans la vie. A quinze ans, il fait et expédie des paquets chez un éditeur, puis il devient garçon de courses chez un pharmacien et enfin entre dans un petit atelier où il apprend à fabriquer des tonneaux.

En 1944, âgé de dix-sept ans, il s'engage dans l'armée et prend part à la libération de la France. Il écrit des poèmes qu'il envoie au célèbre écrivain aventurier Blaise Cendrars*. Grâce à ce dernier, dès qu'il est démobilisé il entre comme rédacteur au journal *Libération*, puis devient critique littéraire écrivant pour certains hebdomadaires, notamment le journal satirique *Le Canard enchaîné*.

On lui doit une vingtaine de romans qui lui ont valu le Prix populiste* pour l'ensemble de son œuvre. Il s'intéresse beaucoup au cinéma : il a écrit le scénario des films *Fanfan-la-Tulipe* et *l'Amour d'une femme*, cinq de ses romans ont été adaptés pour le cinéma, le plus célèbre étant *La Grande Ceinture* dont René Clair* a tiré le film *Porte des Lilas*.

René Fallet est un type de Français moyen, bon vivant mais plein d'une perspicacité ironique. Il a su garder un côté bohème avec un goût, hérité de Léon-Paul Fargue*, « des promenades en banlieue », il aime « la dive bouteille » et les réunions avec « les copains » pour boire, manger, jouer aux cartes. Dans ses biographies, il indique sa passion pour les « ballades à pied » et pour les cartes postales (de Paris et de Villeneuve-Saint-Georges), il annonce fièrement qu'il est membre d'une société locale de pêche à la ligne et donne pour passe-temps préférés la belote*, la pétanque* et les promenades à bicyclette.

Paris au mois d'août

PARIS AU MOIS D'AOUT c'est l'histoire de tous ces pères de famille qui restent seuls dans la capitale pendant l'été, leurs vacances étant beaucoup plus courtes que celles des enfants qui sont partis à la campagne avec leur mère. Henri Plantin est vendeur au rayon d'articles de pêche dans un grand magasin, la Samaritaine. Solitaire après une journée de travail, il va se promener pour retrouver le plus tard possible l'appartement médiocre où il vit; appartement qui semble si petit lorsque sa femme et ses trois enfants y sont, si grand et si vide au mois d'août pendant les vacances de sa famille.

Il flâne sur un quai de la Seine et oblige un automobiliste à freiner brusquement. Celui-ci le couvre d'injures et Plantin réfléchit à sa médiocrité : la quarantaine, un vague espoir de passer chef de rayon, le rêve de gagner au tiercé* pour lequel il pense sans cesse à de nouvelles combinaisons de chevaux gagnants. Bref, il n'est rien, une unité parmi des millions d'autres, personne ne le remarque et il retrouve les états d'âme de Salavin, le célèbre personnage de Georges Duhamel.

Passe comme un rêve une fille en robe rouge, très jeune et très belle, et le roman commence.

Ce fut alors qu'une douceur inattendue tomba en plein sur le vendeur du rayon Pêche, douceur de soir d'été parisien, mallarméenne, encore qu'il ne sût rien de Mallarmé*.

> *J'errais donc, l'œil <u>rivé</u> sur le pavé vieilli*
> 5   *Quand avec du soleil aux cheveux, dans la rue*
> *Et dans le soir, tu m'es en riant apparue...*

A la vérité, elle ne riait pas. Elle était si jolie qu'il n'y avait pas de quoi rire. Ce soleil aux cheveux les rendait encore plus blond pâle qu'ils n'étaient. La robe rouge qu'elle portait avec une majesté de cardinal les
10 rendait encore plus blonds, encore plus pâles. Aussi la bouche.

Jamais Plantin n'avait rien vu de plus beau que cette femme et tant de beauté le calma comme un bain.

Elle passa devant lui, à un mètre de lui, si près qu'il en sentit l'<u>amer</u> parfum de fruit interdit.
15 Il faillit avoir un geste fou pour l'empêcher de s'en aller, de disparaître. Ah! ce n'était pas juste qu'elle partît si vite! Il faillit aussi la suivre, au moins la suivre pour la voir encore un peu. Mais il n'en eut pas le courage. Elle n'était pas pour lui. Trop belle. « Plantin, mon vieux, soyez donc raisonnable! » Il <u>grelotta</u> dans cette raison froide.
20 La robe rouge s'éloignait, Plantin demeurait adossé à la pierre plus dure que les pierres.

Puis ses yeux perdirent la robe rouge, et ces yeux étaient vagues de larmes, et Plantin secoua la tête. <u>Mirage</u>, la robe rouge, mirage comme le tiercé*, comme la joie, comme tout. Il regarda la Seine, non pour y

rivé : fixé d'une façon solide.
amer : le contraire de doux.
grelotter : trembler de froid.
un mirage : une vision imaginaire.

---

1. *Faites la liste de tous les contrastes que l'on trouve dans ce passage et tirez-en les conclusions.*
2. *Expliquez comment et pourquoi Plantin peut grelotter dans la chaleur de Paris.*
3. *Analysez les deux passages du texte entre guillemets (style direct) et comparez-les.*
4. *Que pensez-vous de la répétition du mot mirage?*
5. *Quelle est l'importance particulière de la robe rouge dans ce récit?*

25 voir éclore les petits ronds de gobages des ablettes, mais avec l'envie sourde de s'y jeter et d'y finir sa vie de médiocre, de besogneux. Souvent, hélas, l'homme n'est pas seul à décider; il lui faut porter son chagrin pour n'en pas faire aux autres, qu'indiffère pourtant le sien.

« Ça passera, souffla-t-il, ça passera. Ça m'est venu de trop regarder
30 les toits la nuit. Si ça se trouve, ça se guérit par des médicaments, je demanderai au Dʳ Bouillot. Faut pas que je me laisse aller, j'ai trois gosses. »

Il fit un signe idiot aux ablettes et se mit à marcher vers le Châtelet.

35 Une robe rouge venait à lui. On frappa les trois coups dans le cœur de Plantin. Est-ce que... c'était... il y a tant... de robes rouges... à Paris... au mois d'août...

Oui! Il y avait des cheveux blonds et pâles au-dessus de la robe rouge!

40 Cette fois, il lui emboîterait le pas, de loin, de très loin. Il marcherait derrière elle et, comme un clochard suit avec entêtement un fumeur de cigare pour ramasser le mégot, il suivrait la robe rouge pour en respirer, amer ou non, le parfum.

La jeune femme n'était plus qu'à dix mètres de lui qui, bouleversé,
45 s'arrêta pour allumer une cigarette.

Elle eut un sourire en l'apercevant, s'arrêta elle aussi, devant lui, presque à le toucher. Et parla. Lui parla. A lui.

« Monsieur... S'il vous plaît... Je suis perdue... »

Elle avait un attendrissant, un ineffable accent anglais, et prononçait
50 « perdoue ».

Il la contemplait, ahuri. Elle rit et reprit :

« Je voulais aller... au Panthéon*. »

Qu'elle articulait, la délicieuse, « Panthéone ». Il comprit qu'il lui fallait répondre, et vite, sans quoi elle le prendrait pour un fou et le
55 quitterait. Il bredouilla, la gorge en bois :

« Vous voulez aller au Panthéon?

— Oui.

— Eh bien, voilà... Vous prenez le premier pont à droite, vous traversez la Cité* en passant devant le Palais de Justice*... »

60 Elle fronçait le nez pour saisir le sens de ce Français écarlate qui parlait si vite. Elle rit encore :

« Pardon. Vous parlez très vite. Je ne comprends pas. »

Elle avait été bien inspirée en ne demandant pas son chemin à un prêtre. Le saint homme en eût tué deux confesseurs sous lui. Plantin
65 n'avait jamais approché de teint plus frais ni de peau plus douce, ornée de quelques taches de rousseur posées là par un créateur de génie. Il osa un sourire et, le bras tendu vers le Pont au Change, reprit avec lenteur ses explications. Elle l'écoutait, attentive à ne pas lasser ce monsieur complaisant.

70 « Vous avez compris ? »
Elle murmura un « oui » sans conviction et soupira :
« C'est grand, Paris. »
Il prit son élan pour lancer :
« Je peux vous accompagner.
75 — Accompagner ?
— Oui... Aller avec vous, au Panthéone. »
Elle s'éclaira :
« Vous pouvez ? »
Se rembrunit :
80 « ... Non. Je vous... *disturb*... dérange. Dérange ?
— Oui, c'est ça, dérange. Vous ne me dérangez pas du tout.
— Pas du tout ?
— Au contraire. »
Il se fit désinvolte :
85 « J'ai tout mon temps. Je me promène. »
Elle le remercia :
« Vous êtes très gentil. Si. Si. Très. »
Il n'avait pas l'allure de certains Français dont les <u>arrière-pensées</u>
manquaient par trop de discrétion. Son côté embarrassé paraissait à
90 l'Anglaise des plus rassurants.
« Venez », fit-il.
Ils marchèrent côte à côte, lentement. Plantin n'était pas pressé de la
perdre, adoptait un pas de <u>flâneur des deux rives</u>. Elle balançait, heureuse, un petit sac à main noir. Oui, elle était heureuse, <u>épanouie</u>, jeune
95 et vive. Elle devait avoir vingt-cinq ans, ou vingt-six. Elle était même
un peu plus grande que lui. Il est vrai qu'elle était anglaise. Henri
n'avait jamais parlé à une Anglaise. C'était pour lui un bien grand
charme que d'être à ce point anglaise. Elle eût été muette qu'il n'en
aurait jamais rien su. Le mot femme est un mot par trop impropre, qui
100 peut désigner à la fois une <u>mère</u> Pampine et une grâce en robe rouge. Il
s'en voulut d'avoir évoqué la concierge au moment même où l'Anglaise
reprenait :

une arrière-pensée : une
pensée que l'on cache.
un flâneur des deux rives :
celui qui se promène len-
tement, sans but, sur les
berges de la Seine.
épanoui : ouvert à la vie avec
joie.
la mère : expression péjorative placée avant le nom de
la personne pour parler d'une
femme qui n'est plus très
jeune. Pampine est la
concierge de Plantin.

---

1. *Le Châtelet est un théâtre. Avant de lever le rideau au théâtre on frappe les trois coups pour indiquer aux spectateurs que la pièce va commencer. Que pensez-vous de ces notations dans le roman ?*
2. *Faites la liste de tous les mots qui montrent combien Plantin se sent en état d'infério-rité, puis commentez votre liste.*
3. *Je suis perdue... Faites des phrases pour chacun des deux sens de cette affirmation.*
4. *Je voulais... vous voulez... Commentez le changement de temps.*
5. *Analysez les trois valeurs de l'expression pas du tout (a) pour elle (b) pour lui (c) pour le romancier et le lecteur. Commentez votre réponse.*
6. *Ces arrière-pensées de certains Français sont-elles surprenantes ? En quoi rappellent-elles un paragraphe précédent ?*

que je me souviens : que je me souvienne (elle fait une faute).

voler : ici a le sens d'éclater en se dispersant dans les airs.

« C'est très bien, de marcher pas vite. J'ai marché toute la journée. Paris est très beau, mais très grand pour mes jambes. Vous êtes gentil
105 d'ac... de m'ac... Comment ?

— De m'accompagner.

— De m'accompagner. De m'accompagner. Il faut que je me souviens. Comment trouvez-vous mon français ? »

Il la fixa, étonné :
110 « Quel Français ?

— Le mien. Le français que je parle. »

Il éclata de rire. Ce fut à elle de le considérer avec surprise.

« Excusez-moi, mademoiselle. J'avais compris « mon Français ». Un homme. »

115 Elle rit à son tour, et il eut alors la terrible impression qu'elle le regardait pour de bon, et qu'il volerait en morceaux lamentables après un pareil examen. Mais non, elle souriait :

« Vous avez le sens de l'humour, monsieur. « Mon Français », c'est très drôle.

120 — Vous croyez ? » murmura-t-il, peu convaincu.

Elle lui désigna la Seine, quand ils furent sur le pont.

« C'est la Seine, dit-elle.

— Oui, c'est la Seine.

— Je pense que Napoléone s'est regardé dans la Seine. C'est sûr.
125 Au moins une fois.

— Peut-être. »

Il n'avait jamais vu si loin, lui, sur la Seine.

« ... Je trouve terrible que Napoléone s'est regardé dans la Seine, comme nous. »

130 Il marmonna :

« Ça oui... quand on y pense. »

Un duvet de poussin frissonnait sur la nuque de la jeune femme, un duvet où l'air passait les doigts. Ce n'était plus vraiment blond, c'était si blond que... que... et que... Henri se pinça au travers de la jambe de
135 son pantalon pour s'assurer qu'il n'était pas la proie d'un rêve... Non, elle vivait, elle parlait, c'était une jeune Anglaise d'une beauté déchirante, tout à fait cela, oui, déchirante. Car elle le quitterait d'ici dix

marmonner : dire à voix très basse, sans articuler.

un duvet : plumes très petites d'une grande douceur ; ici, petits cheveux très doux et très blonds.

déchirant : qui fait souffrir énormément (Plantin n'a pas d'espoir de lui plaire parce qu'elle est trop belle).

1. *L'adverbe* lentement *est expliqué par rapport à Plantin* (la perdre), *puis interprété par la jeune Anglaise* (C'est très bien). *Comparez les deux attitudes.*

2. *Pour quelles raisons le mot* femme *semble-t-il impropre ?*

3. *Corrigez les fautes de français de la jeune Anglaise.*

4. *Expliquez l'importance de la remarque* elle le regardait pour de bon ?

5. *Quelle valeur accordez-vous aux glissements d'images, par exemple* la jambe - de longues cuisses, les ablettes-brochets de soie ?

6. *Avec cette seconde mention du* rayon Pêche, *ne semble-t-on pas revenu au point de départ ? Montrez en quoi une des causes de l'émotion de Plantin est justement ce cercle qui semble se refermer autour de lui comme un filet.*

minutes et il resterait <u>sur le carreau</u>, déchiré, plus <u>loquedu</u> et plus besogneux que jamais.

140   Ils repartirent. Il lui devinait, sous la robe rouge, de longues cuisses, longues, longues, comme des <u>brochets</u> de soie, avec sur la peau le duvet même de la nuque. Il en fut étourdi. Cet alcool était trop violent, après <u>le train-train</u> du passage et du rayon Pêche.

       « Vous êtes pâle », s'effraya-t-elle.

150   Il rougit et eut la présence d'esprit de <u>jeter</u> :

       « Pas du tout. Je suis rouge. »

       Elle le regarda comme tout à l'heure :

       « Je trouve terrible — elle affectionnait ce mot « terrible » qui devait lui remplacer bien des adjectifs compliqués — votre sens de
145   l'humour. »

       Il en fut flatté. Il n'était peut-être pas aussi médiocre qu'il avait bien voulu se le répéter comme avec un <u>marteau.</u>

       « Vous avez peut-être des parents britanniques ?

       — Ah! non, pas du tout.

155   — Vous ne savez pas un peu l'anglais ?

       — Pas un mot. A part... ping-pong... »

       Elle pouffa à chacune de ces citations :

       « ... Snack-bar... basket-ball... rocking-chair... »

       Il retint à temps le peu correct « water-closet ». Il eut l'idée tardive
160   de jeter un coup d'œil sur sa main gauche. Elle ne portait pas <u>d'alliance.</u> Seulement... les Anglais portaient-ils des alliances ? Il dut s'avouer qu'il n'en savait rien. Qu'il ne saurait rien d'elle, pas même son prénom. Margaret ? Marilyn ? Elisabeth ? Il glissa, habile :

       « Je m'appelle Henri. »

165   Elle ne parut pas l'avoir entendu.

sur le carreau : expression familière, sur le sol; image pour : abandonné.
loquedu : mot très rare, inutile et méprisable, un rebut de la société (il exagère, mais sent la situation ainsi).
un brochet : un grand poisson de rivière, très allongé.
le train-train : des habitudes répétées tous les jours.
de jeter : ici : de dire rapidement.
avec un marteau : image qui montre que Plantin semble s'enfoncer dans la tête comme avec un marteau l'affirmation qu'il est médiocre.

une alliance : une bague indiquant que l'on est marié.

243

s'astreindre : faire des efforts prolongés pour...

en savoir gré : être reconnaissant.

un sagouin : mot employé pour désigner un enfant difficile à élever, à éduquer (très familier).

la langue : jeu de mots entre les deux sens, la *langue* étrangère et la *langue* de la bouche.

aviver : rendre plus vif, plus brillant. Il s'agit ici, d'un geste de coquetterie.

« C'est la première fois que vous venez à Paris ?

— Oui.

— Vous êtes à Paris depuis longtemps ? »

Il s'astreignait à parler lentement, pour qu'elle le comprît mieux.
170 Elle lui en avait su gré, d'ailleurs, d'un sourire qui lui avait retourné le cœur comme une peau de lapin.

« Depuis trois jours.

— Trois jours ! Mais vous parlez très bien français ! »

Elle crut qu'il se moquait d'elle :
175 « Je n'ai pas appris en trois jours. Je savais déjà. J'ai appris à l'école. »

Plantin n'avait rien appris, lui, à l'école. Et ce petit sagouin de Gilbert qui n'en apprenait pas davantage ! Si tous les Français étaient assurés de rencontrer un soir une robe rouge née dans les îles britan-
180 niques, c'est avec volupté qu'ils apprendraient la langue que la jeune femme, présentement, passait sur ses lèvres pour en aviver l'éclat. Soudain, elle lui dit en face :

« Mon nom est Patricia. Patricia Greaves.

— Patricia...
185 — Mais on m'appelle Pat.

— Pat...

— Qu'est-ce que c'est ?

— La fontaine de la place Saint-Michel.

— Ah ! très bien. »
190 Elle ne semblait pas gênée de se promener à ses côtés. Il n'avait rien du gentleman, et se mit à mentir pour se rendre intéressant :

« Pat... »

Il mordait dans ce nom à goût d'orange.

« ... Pat... je suis confus. Vous comprenez, confus ?
195 — Confused, yes.

— Confiouzd, si vous voulez. Je suis confiouzd pour mon habillement, mais je suis un artiste. Je suis peintre. »

Elle écarquilla l'émerveillement de ses yeux gris.

« Henri ! Vous êtes peintre !
200 — Oui », acheva-t-il, modeste. Il avait touché juste. Il grandissait brusquement de vingt centimètres. Il n'était plus pauvre, il était pitto-

écarquiller : ouvrir le plus grand possible.

un émerveillement : une très forte admiration.

---

1. *Que pensez-vous de ces quatre expressions de temps employées par le romancier :* la présence d'esprit, comme tout à l'heure, à temps, idée tardive ?

2. *Commentez la remarque* Elle ne parut pas l'avoir entendu. *Cherchez plus loin pour savoir ce qui s'est passé vraiment.*

3. *Que pensez-vous du double sens du mot* langue ?

4. *Comparez la phrase* Elle écarquilla l'émerveillement de ses yeux gris *à la phrase* Pat eut une moue désolée, *puis commentez l'évolution des sentiments de la jeune Anglaise.*

5. *Exprimez votre opinion sur chacun des jugements que Plantin porte sur la peinture.*

6. *Expliquez l'évolution des sentiments entre* Il avait touché juste *et* C'en était trop.

resque, wonderful et bohème. Sa mise de tous les jours ouvrables devenait une pose amusante, un mépris des conventions bourgeoises, voire même une révolte sauvage contre la société !

205   Pat eut une moue désolée :
« Vous allez être déçue par moi. Je ne connais rien en peinture. »
Il réprima un gros soupir de soulagement et sourit :
« Moi non plus. »
Les yeux gris s'ouvrirent encore plus grands, encore plus beaux :
210   « Vous non plus ? »
Il prit un ton désabusé qu'il estimait des plus artistes :
« Personne ne connaît la peinture. La peinture est à inventer. »
Rageur :
« Il n'y a rien, rien, derrière les tournesols de Van Gogh*. »
215   Il se souvenait à propos d'une affiche d'exposition placardée des mois rue de Rivoli. Il dit n'importe quoi :
« Rien, que le silence. Et que la mort. »
C'en était trop. Pat, grave, lui serra une seconde le bras.

R. Fallet, *Paris au Mois d'Août*, éd. Denoël, 1964

Henri Plantin, emporté par son impossible amour, se sent un autre homme. Il se sent prêt à faire n'importe quoi, même des choses héroïques, pour conquérir Pat et il la conquiert.

C'est le bonheur tendre et fou, terriblement court. La famille Plantin revient de vacances et Pat rentre en Angleterre. Voici la fin du roman :
Je reviendrai, Henri, je vous le joure. [*jure, avec un mauvais accent*]
— Il faut partir, Patricia.
— Votre thé est froid.
— Vos mains sont froides.
Et l'hôtel Molière.
Et les valises.

Et le taxi.
Et Saint-Lazare.
Saint-Lazare, et sa tragique salle des pas-perdus où l'amour donne ses rendez-vous devant un monument aux morts, salle de fantômes, ce fut dans cette gare que s'acheva le cycle d'Henri Plantin, vendeur au rayon d'articles de pêche de la Samaritaine*, devenu un autre homme.

Plantin ne croyait pas en Dieu, pas plus qu'en l'immortalité de l'âme. Mais il eut une révélation en accompagnant Pat à son train : ce sont les paroxysmes d'une âme — non son quotidien stupide — qui ont le plus de chances d'être sauvés du néant.

LA LANGUE ET LE STYLE

La place de l'adjectif

L'adjectif accompagne le nom de différentes façons, sa place change selon sa fonction, selon l'usage ou selon le rôle qu'on entend lui faire jouer dans la phrase.

En fait il se trouve le plus souvent après le nom qu'il qualifie, *ce fut alors qu'une douceur inattendue... douceur de soir d'été parisien, mallarméenne ;* on le rencontre aussi devant le nom auquel il se rapporte, *il sentit l'amer parfum de fruit interdit,* dans ce cas il forme un seul groupe phonique avec le nom et sa valeur est accentuée.

S'il n'est pas possible d'énoncer de véritables règles quant à la place de l'adjectif, on peut cependant formuler certains principes permettant de mieux comprendre son emploi. Il convient de rappeler d'abord que les adjectifs ordinaux se placent généralement devant le nom qu'ils déterminent, *vous prenez le premier pont à droite ;* ensuite que les adjectifs indiquant la forme, la couleur, la nationalité, la situation géographique, l'appartenance politique ou religieuse et les participes passés employés comme adjectifs se placent après le nom qualifié, *douceur de soir d'été parisien,... la robe rouge qu'elle portait,... le bras tendu vers,... son côté embarrassé paraissait,... vous avez peut-être des parents britanniques...*

D'autre part on remarque que l'adjectif monosyllabique se place habituellement devant le nom ; en général d'ailleurs dans le groupe nom-adjectif, c'est le plus court des deux mots qui se place le premier, *c'était une jeune Anglaise d'une beauté déchirante.* Mais ces quelques principes ne sont pas toujours respectés ; en effet si l'on ne suit pas l'usage c'est que l'on entend créer un effet de choc, attirer l'attention sur une qualité particulière ou tout simplement faire preuve d'une élégance de style, *elle avait un attendrissant, un ineffable accent anglais.*

On peut noter aussi que l'adjectif qui possède son propre complément se place toujours après le nom qu'il qualifie, *Plantin n'avait jamais approché de teint plus frais ni de peau plus douce, ornée de quelques taches de rousseur posées là par un créateur de génie.*

Il faut savoir aussi que les adjectifs suivants se placent généralement devant le nom, *beau, bon, méchant, mauvais, pire, court, bref, long, large, petit, grand, gros, haut, jeune, vieux, il regarda la Seine pour y voir éclore de petits ronds,... un petit sac à main noir.*

Que se passe-t-il quand l'adjectif est modifié par un adverbe? S'il s'agit d'un des adverbes suivants, *bien, aussi, fort, moins, plus, si, tout, très, trop,* l'adjectif garde la place qu'il aurait employé seul ; s'il s'agit d'un autre adverbe il se trouve après le nom qu'il qualifie, *c'était pour lui un bien grand charme,* et *c'était pour lui un charme réellement grand.*

Reste à évoquer le cas où un nom se trouve accompagné de plus de deux adjectifs : ils se placent toujours après le nom, sauf si l'on recherche un effet de style particulier, *l'accent ineffable, original et attendrissant de la jeune fille* peut certes devenir *l'ineffable accent original et attendrissant de la jeune fille,* mais pour des raisons d'euphonie on aura tendance à éviter de placer en tête *attendrissant* afin d'éviter le rapprochement avec accent.

Autres remarques de style

Si, il lui faut partir, indique une recherche dans l'expression ; *faut pas que je me laisse aller* est, par contre, la marque d'une façon familière de s'exprimer, l'ellipse du sujet apparent *il* et d'une partie de la négation donne à cette réflexion au style direct l'allure négligée d'une phrase incorrecte grammaticalement. La tournure convenable serait *il ne faut pas que je me laisse aller.*

Pour mieux comprendre

la rencontre, une vision

L'auteur dépeint le cadre

— d'abord, inexplicable et soudaine, une impression de *douceur inattendue* qui tombe.
— un contraste baroque entre la poésie totale des vers de Mallarmé et le personnage du vendeur de grand magasin nous surprend d'autant plus que le vendeur ignore jusqu'à l'existence du poète.

Dans cette atmosphère, une vision apparaît

— le portrait de la jeune fille, introduit d'une étrange façon par le verbe *rire,* qui rebondit trois fois, du poème à la jeune fille, de la jeune fille aux autres pour sauter dans l'abstraction.
— le romancier passe d'une description de faits (les cheveux, la démarche, la robe) à celle d'une émotion, *Aussi la bouche* qui nous laisse le soin de l'imaginer...
— la vision disparaît avec une curieuse remarque, *le calma comme un bain,* qui rappelle d'une façon concrète l'ouverture de la scène, *douceur inattendue.*

Plantin réagit d'abord avec intensité

— un désespoir fou qui se termine dans *une raison froide.*
— une souffrance envahit, à partir de cet instant précis, sa vie entière.
— enfin prévaut une réaction de triste sagesse, il ne se suicidera pas et prendra des tranquillisants.

de la rencontre au dialogue

Un coup de théâtre frappe Plantin et le lecteur

— au moment où tout semble perdu, elle revient sur ses pas.
— Plantin prend une décision, il va marcher derrière elle.
— miracle, c'est elle qui lui adresse la parole après avoir souri.

Un dialogue naïf et émouvant

— c'est une jeune étrangère qui ne connaît ni Paris, ni ses usages.
— Plantin répond et parle ; il n'a pas l'habitude de se trouver dans ce genre de situation, il est maladroit et timide.
— Plantin pense que, de près, la vision de la jeune femme est encore plus belle.

Une conclusion paradoxale

— par son manque d'audace et sa maladresse, Plantin obtient ce qu'un homme jeune et sûr de lui n'aurait jamais obtenu. La jeune femme a déjà accepté de le suivre lorsqu'il lui dit *Venez.*

promenade à deux dans Paris

Une harmonie s'établit d'abord dans le silence

— lui, a *un pas de flâneur,* elle, balance son sac à main.
— nous voyons la jeune Anglaise par les yeux d'un homme, sans que l'on sache exactement s'il s'agit du romancier ou de Plantin.
— enfin, au moment de la mauvaise pensée, nous savons que Plantin s'en veut.

L'harmonie se développe dans un dialogue

— comme tout à l'heure, elle lui adresse la parole.
— il l'aide à terminer une phrase, puis une incompréhension les fait éclater de rire en même temps et brise la glace.
— pour elle, la confusion *français-Français* est humoristique ; mais Plantin a eu peur un moment d'avoir un rival, d'avoir perdu celle qui n'est pas à lui.
— brusquement elle évoque, d'une manière incongrue, Napoléon : comme dans certains dialogues de pièces de l'anti-théâtre (celles d'Eugène Ionesco* par exemple,) elle parle non pour dire quelque chose, mais pour remplir le silence.

Un déséquilibre détruit cette harmonie

— elle est trop belle pour lui.
— il la désire si violemment que la simple idée de la séparation prochaine, et inévitable, lui donne un coup violent.

le début de l'aventure

Elle relance le dialogue

— on remarque pour la première fois un verbe indiquant le sentiment, *s'effraya-t-elle.*
— elle lui trouve une qualité qui lui manque, le *sens de l'humour,* attitude d'esprit qui nécessite un détachement dont il est complètement incapable.
— ce jugement flatteur de la jeune Anglaise le détend, lui donne du courage et il trouve le moyen de la faire rire.

Plantin prend l'initiative

— pour la première fois chez lui une remarque pratique, adaptée à la situation : *elle ne portait pas d'alliance.*
— ce fait contribue à le libérer et il se présente par son prénom, ce qui est à la fois distant et familier, donc très habile.
— il s'adapte à elle en parlant lentement, comme on doit le faire avec des étrangers qui comprennent mal ; il pense un instant à sa famille et en particulier à son fils, mais loin de le retenir cela ne fait que lui donner du courage.

L'aventure à deux commence vraiment

— il remporte une belle victoire ; il ne lui avait indiqué que son prénom, elle lui donne son prénom, son nom de famille et aussi le diminutif Pat, qu'emploient ceux qui la connaissent très bien.
— ceci se passe au moment où leur promenade n'est qu'à son premier tiers ; le chemin entre la Place Saint-Michel et le Panthéon est environ deux fois plus long que celui entre le Châtelet et la Place Saint-Michel.
— enfin il découvre un beau mensonge, très romanesque *(je suis un artiste)* et, par quelques jugements obscurs et profonds sur la peinture, il achève de conquérir le cœur de Pat, comme le montre le geste spontané qu'elle ose faire, *elle lui serra une seconde le bras.* Il est devenu ce dont elle rêvait, depuis le début de la rencontre, elle est ce dont il rêve.
L'aventure maintenant est engagée, elle constitue l'essentiel de tout le roman.

UNE MÉSENTENTE CORDIALE

ANTOINE BLONDIN *exploite le thème du voyage mais en sens inverse : après l'Anglaise qui vient à Paris, voici le Français qui se rend à Londres. Le dépaysement en soi est pittoresque, et souvent les autres semblent comiques simplement parce qu'ils ne sont pas comme nous. Au XVIIIᵉ siècle les Parisiens décrits par Montesquieu s'exclamaient* Comment peut-on être Persan?, *aujourd'hui une des remarques les plus fréquentes et les plus drôles d'*Astérix* est :* Ils sont fous, ces Romains! *(ou* ces Bretons, ces Égyptiens, etc.*). Or la folie n'est pas totalement absente de la vision suivante :*

Le dépliant prévoyait qu'à partir de Douvres la *Flèche d'or** devait ressusciter sous le nom de *Golden Arrow*. Celle-ci volait bas, rasant une campagne acidulée dans le crépuscule de février. Les wagons en étaient rouges, verts, jaunes et ces couleurs, on les retrouvait sur les affiches publicitaires, le long des murs, contre le flanc des autobus à double étage, c'étaient les couleurs de l'Angleterre avec le noir de fumée. Elles donnaient l'aspect d'un joujou à ce train où les voyageurs faisaient précisément la dînette. Il y avait au moins une demi-heure qu'ils n'avaient pas bu de thé; ils mettaient les gorgées doubles. Roger tenait d'un ami qu'il y avait un excellent cidre au wagon-restaurant; ils désertèrent une fois encore le clan de ceux qui buvaient à la régalade en saucissonnant et se retrouvèrent devant du saumon qui avait un goût de trahison. A Londres, le convoi vint se ranger au bord d'un trottoir qui sentait le charbon, la bière et la pluie.

UN FRANÇAIS A LONDRES

On sait que Guillaume le Conquérant*, lorsqu'il débarqua du côté d'Hastings, s'empêtra si bien dans son armure qu'il s'étala de tout son long, ce qui semblerait prouver que les Français, fussent-ils assurés de leurs prestiges et de leurs pouvoirs, ont toujours eu tendance à s'embrouiller les pieds dès qu'ils tentaient d'en mettre un sur le sol britannique. Les Anglais, si indifférents qu'ils se montrent à l'endroit des mœurs et du comportement de leurs envahisseurs, n'ont pas été sans le remarquer; ils se sont ingéniés avec une froide malice à compliquer, voire à décourager, les tentatives exubérantes de rapprochement. Le système métrique qu'ils ont longtemps refusé d'adopter, les œufs à la coque qu'ils entament par le petit bout, la circulation à gauche qui vous précipite à chaque coin de rue sous les roues d'un véhicule, inciteraient à prendre en toutes choses le contrepied des habitudes européennes, si l'on veut tirer son épingle d'un jeu de société auquel il est évident que l'Angleterre a donné ses règles.

L'Humeur vagabonde, éd. de la Table Ronde, 1955
et Livre de Poche

Depuis les Lettres Anglaises (Voltaire), Les silences du colonel Bramble *(A. Maurois) et* Les Carnets du Major Thompson *(P. Daninos), l'Angleterre, pourtant si proche, apparaît de France comme un des pays les plus exotiques de la terre. C'est seulement parce que les Français prennent la vie du bon côté, et parce que les Anglais ont le sens de l'humour, qu'il ne résulte pas de ces incompréhensions une « mésentente cordiale ».*

DANS LE MONDE ACTUEL

JEAN DUCHÉ raconte l'histoire d'un mariage, le sien, dans un roman doux et amer, constitué d'une série de situations de tous les jours où apparaît clairement l'incompatibilité d'humeur entre la femme et son mari. Ici le comique provient du fait que les deux époux, après une grave querelle d'argent (il veut bien aller faire du ski, mais ne peut pas acheter tous les accessoires qu'elle juge indispensables), pensent l'un et l'autre à faire la paix et emploient sans s'être consultés le même moyen :

Nous n'étions toujours pas partis pour les sports d'hiver lorsque arriva la fin du mois de mars, qui me rappela un événement considérable. Je résolus en secret de le célébrer par un beau cadeau, sans rancune :

— Je parie, dit Juliette ce jour-là, que tu as oublié que c'était l'anniversaire de notre mariage ?

— Penses-tu ! répliquai-je allègrement, un an de tiré, ma belle, ça compte.

— J'ai une surprise pour toi, reprit-elle.

J'éprouvai soudain quelque chose comme si ma moelle épinière se mettait en vrille.

— Tu as une surprise pour moi ? répétai-je, stupidement.

— Ne sois pas si émotif, dit Juliette.

— C'est bête, repris-je. D'autant plus bête que moi aussi j'ai une surprise pour toi.

— Non ?... s'écria-t-elle. Ce pauvre chéri n'est pas si méchant qu'il en a l'air. Montre vite !

— Non, toi.

— Toi d'abord.

— Où est-elle, la tienne ?

— Je l'ai cachée dans la penderie. Et toi ?

La mienne était à la cave.

— Fais vite voir ta surprise, dis-je. Après j'irai chercher la mienne.

— Écoute, dit Juliette, on va faire ça en même temps.

— Dans le salon ?

— J'aimerais mieux dans la chambre, c'est plus près de la penderie. Elle est assez lourde, ma surprise.

La mienne ne pesait qu'une quarantaine de kilos, et avec l'emballage elle passait tout juste par les portes, mais un homme normalement constitué peut gravir deux étages avec ça. Après, il a tout le temps de reprendre son souffle.

UN ANNIVERSAIRE DE MARIAGE

— Tiens, dit Juliette, qu'est-ce que c'est ? Encore un frigidaire ?

— Tu verras, tu verras...

— Bon, dit Juliette. Tourne-toi. Je déballe.

Nous déballâmes dos à dos. Juliette compta un, deux, trois, et nous nous offrîmes un poste de télévision, ce qui en fit deux instantanément. Et notre double surprise quadrupla notre étonnement.

— Ce que tu peux avoir l'air gourde ! dit Juliette en éclatant de rire.

— J'allais te le dire, répliquai-je.

— Mais je riais mollement.

— Tout ça est profondément triste, repris-je. En somme, tu réédites le coup du foulard.

— Pas du tout !...

— Que si... Quand tu as envie d'un foulard, tu me l'offres, souviens-toi... Je t'ai offert un poste de télévision parce que tu en avais envie. Et toi tu m'en as offert un parce que tu en avais envie.

— Eh bien, là ! dit Juliette, tu te trompes. Je n'en ai plus du tout envie.

Là-dessus nous nous tournâmes le dos une fois de plus, chacun contemplant la surprise qui avait si bien dépassé ses espérances. Je bouillonnais à gros glouglous. Soudain j'éclatai :

— Parfait ! hurlai-je. De mieux en mieux ! Deux postes, et personne n'en a envie !

— Tu as le chic pour tout gâcher, dit Juliette, profitant de l'explosion pour quitter son appareil et venir examiner le mien. Je lui tournai le dos, emphatiquement, quoique par un mouvement qui devait m'amener devant l'autre poste. Ma foi, ils se ressemblaient étrangement.

Nous aurions pu rester longtemps dans cette position, en ce jour anniversaire de notre mariage. Mais on se lasse de regarder un appareil de télévision, quand il ne fonctionne pas, encore plus vite que quand il fonctionne.

Elle et Lui de J. Duché, éd. Flammarion, 1951

Chacun a offert à l'autre ce qu'il souhaitait lui-même acquérir ! Alors ils prennent l'aventure du bon côté et finiront par faire la paix dans un éclat de rire.

- Dans un pays où il y a 12.427 km de cours d'eau !...

© I. M. P

GEORGES PEREC *décrit avec l'objectivité d'un sociologue un jeune ménage moderne, employé par une organisation de sondages d'opinion. En même temps, il se moque des travers d'une société de consommation qui cherche à se mieux connaître par des moyens d'investigation scientifique, où la chaleur humaine est absente. Nous sommes en présence d'un comique double, social et individuel, qu'il est facile de prendre du bon côté mais qui, si l'on y réfléchit, ne manque pas d'être attristant :*

Et pendant quatre ans, peut-être plus, ils explorèrent, interviewèrent, analysèrent. Pourquoi les aspirateurs-traîneaux se vendent-ils si mal ? Que pense-t-on, dans les milieux de modeste extraction, de la chicorée ? Aime-t-on la purée toute faite, et pourquoi ? Parce qu'elle est légère ? Parce qu'elle est onctueuse ? Parce qu'elle si facile à faire : un geste et hop ? Trouve-t-on vraiment que les voitures d'enfants sont chères ? N'est-on pas toujours prêt à faire un sacrifice pour le confort des petits ? Comment votera la Française ? Aime-t-on le fromage en tube ? Est-on pour ou contre les transports en commun ? A quoi fait-on d'abord attention en mangeant un yaourt : à la couleur ? à la consistance ? au goût ? au parfum naturel ? Lisez-vous beaucoup, un peu, pas du tout ? Allez-vous au restaurant ? Aimeriez-vous, Madame, donner en location votre chambre à un Noir ? Que pense-t-on, franchement, de la retraite des vieux ? Que pense la jeunesse ? Que pensent les cadres ? Que pense la femme de trente ans ? Que pensez-vous des vacances ? Où passez-vous vos vacances ? Aimez-vous les plats surgelés ? Combien pensez-vous que ça coûte un briquet comme ça ? Quelles qualités demandez-vous à votre matelas ? Pouvez-vous me décrire un homme qui aime les pâtes ? Que pensez-vous de votre machine à laver ? Est-ce que vous en êtes satisfaite ? Est-ce qu'elle ne mousse pas trop ? Est-ce qu'elle lave bien ? Est-ce qu'elle déchire le linge ? Est-ce qu'elle sèche le linge ? Est-ce que vous préféreriez une machine à laver qui sécherait votre linge aussi ? Et la sécurité à la mine, est-elle bien faite, ou pas assez selon vous ? (Faire parler le sujet : demandez-lui de raconter des exemples personnels; des choses qu'il a vues; est-ce qu'il a déjà été blessé lui-même ? comment ça s'est passé ? Et son fils, est-ce qu'il sera mineur comme son père, ou bien quoi ?)

Il y eut la lessive, le linge qui sèche, le repassage. Le gaz, l'électricité, le téléphone. Les enfants. Les vêtements et les sous-vêtements. La moutarde. Les soupes en sachets, les soupes en boîtes. Les cheveux : comment les laver, comment les teindre, comment les faire tenir, comment les faire briller. Les étudiants, les ongles, les sirops pour la toux, les machines à écrire, les engrais, les tracteurs, les loisirs, les cadeaux, la papeterie, le blanc, la politique, les autoroutes, les boissons alcoolisées, les eaux minérales, les fromages et les conserves, les lampes et les rideaux, les assurances, le jardinage.

Rien de ce qui était humain ne leur fut étranger.

Les Choses, éd. Julliard, 1965

On voit combien, dans une optique moderne, la femme et l'homme se réduisent finalement à la notion commerciale de consommateur. Comment ne pas être frappé de voir ce passage se terminer par la formule qui caractérise l'humanisme, au sens noble du terme. Le célèbre Connais-toi toi-même *de Socrate* serait-il réduit aujourd'hui à un simple* Observe ton comportement physique et mesure ce que tu consommes ?

DIVERTISSEMENTS

LA PÊCHE A LA LIGNE

JACQUES FAIZANT *utilise une méthode opposée à celle de Perec. D'un côté l'étude objective du couple se déroule selon les lois de la chronologie, de l'autre une série de digressions, de conversations à bâtons rompus sur des questions aussi vieilles que l'humanité, qui remontent finalement à Ève et Adam. Ici le mari, nonchalant et discret, évoque la place de la pêche à la ligne dans la vie conjugale. Précisons que, dans la légende du folklore français actuel, M. Dupont, Français moyen, est un homme paisible qui aime passer ses dimanches à voir flotter le bouchon, sans d'ailleurs faire beaucoup de mal aux poissons (heureusement d'ailleurs, car on délivre 4 millions de permis de pêche par an!). Par contre, le soir, au café, M. Dupont se plaît à raconter avec un bel enthousiasme ses exploits imaginaires :*

Une autre idée d'Ève, pour me distraire, est de m'envoyer pêcher à la ligne. Ève aime beaucoup que j'aille pêcher à la ligne, que je lui rapporte ou non du poisson. Elle dit que c'est une distraction saine et reposante. Je la soupçonne, en outre, de penser que l'homme qui pêche à la ligne n'est pas susceptible de provoquer des passions délirantes parmi les tendrons du coin, comme par exemple le chasseur de panthères ou le pilote aviateur. Je n'ai jamais remarqué, en effet, qu'une jeune fille en fleur vînt haleter à mes pieds en donnant tous les signes du coup de foudre brutal, pendant que j'étais occupé à hisser une ablette sur la terre ferme, ou à grimper dans un arbre afin de décrocher un goujon qui avait pris trop d'élan. Le ferait-elle, qu'une forte odeur d'asticots et de vers de vase mettrait comme une note incongrue dans ce tableau idyllique.

Je pense que c'est cela qui incite Ève à m'envoyer à la pêche, beaucoup plus volontiers qu'à la piscine. Non pas, d'ailleurs, que je sois un Don Juan de piscines, Dieu m'en préserve! Je suis même assez honteux de ma brasse qui se démode d'année en année. J'ai cru longtemps que je nageais la brasse coulée. et j'en étais assez fier. Mais un jaloux m'a dit que le fait de couler à pic dès que je n'avais plus pied ne pouvait, en aucun cas, être assimilé à la brasse coulée. Depuis, je nage la brasse toute simple, et même pas très loin. Les autres nagent le crawl, qui me plairait assez si l'on n'avait pas à mettre sa figure dans l'eau. J'ai beau serrer les lèvres et prendre la physionomie pincée d'un porte-monnaie de vieille, il m'en rentre toujours une bonne demi-bouteille par le nez ou par les oreilles, ce qui m'est désagréable et me conduit à oublier de faire aller en mesure mes bras et mes jambes, attitude très préjudiciable à la perfection du crawl et qui fait que, dans les piscines où je fréquente, on tendrait beaucoup plus à me considérer comme un moulin à vent que comme un crawleur de classe.

Cela démontre que, bien que je sache faire des effets de torse tout comme un autre, Ève a tort de craindre pour ma vertu de la fréquentation des bains publics. Je n'en suis d'ailleurs pas privé, puisque, le côté coup d'œil mis à part, je préfère la pêche à la ligne.

Ni d'Ève ni d'Adam de J. Faizant, autorisé par les éd. Calman-Lévy, 1974.

L'habileté de l'auteur consiste à mêler les thèmes de la jalousie et du mensonge à la présentation de la pêche à la ligne.

HUMOUR A TOUT PRIX

ANTOINE BLONDIN *nous fait pénétrer dans l'univers bohème d'un jeune ménage où l'insouciance du mari n'a d'équivalent que celle de sa femme :*

La petite fille modèle a un mari léger. Les heures lui pèsent. L'appartement n'en finit pas. Si elle osait elle descendrait danser un moment avec le bossu qui continue de l'appeler mademoiselle, comme autrefois. Elle en profiterait pour toucher sa bosse. Il paraît que cela porte bonheur. La petite fille modèle a le sentiment que l'existence la néglige. Parmi les porcelaines fragiles, les sombres tableaux, les tapisseries majestueuses, les ors fanés, les bois précieux, dans ce naufrage luxueux déchaîné par une génération plus stricte, elle rêve de fêtes plus foraines, aspire à des pièges subtils et cultive un souci d'argent qu'elle arrose un peu chaque soir.

Pour aider le ménage à tourner, elle peint des manèges, elle peigne la girafe. Les jouets s'entassent par négligence dans une chambre claire qui sent le vernis. Il n'y manque plus qu'un enfant. Sont-ce des choses à faire ? Nous sommes si loin de nos sous.

Les cambrioleurs sont venus un beau jour. La petite fille modèle, perdue dans quelque vague lecture, effilait un sucre d'orge dans l'abri de sa main.

« Vous m'avez fait peur, a-t-elle dit, je croyais que c'était le gaz. »

Elle ne possède rien au monde et n'a pas pu les guider dans leur choix. Ils n'ont pas su se décider : les Fragonard*, c'était trop; la boîte à musique pas assez. Ils ont quand même descendu la boîte aux ordures en s'en allant. Puisque c'était sur leur chemin.

Les Enfants du Bon Dieu, éd. de la Table Ronde, 1952.

Le sang-froid avec lequel elle accueille ceux qui viennent pour voler, la manière dont elle les aide à choisir ce qu'ils doivent emporter, le fait que contrairement à tout le monde elle craigne l'employé qui relève les compteurs à gaz plus que les voleurs, tout contribue à peindre un monde à l'envers au comique désarmant.

SERVITUDES

UN PERCEPTEUR FACHÉ

YVAN AUDOUARD *fait parler un homme heureux, qui vit selon ses propres lois et non celles de la société. Il jouit des trésors de la nature, de ceux de l'amitié et ne travaille que si cela lui fait plaisir, surtout pour rendre service aux autres. Il est amusant de voir comment il utilise des arguments économiques pour justifier son attitude :*

Enfin, bref, ma vie est un vrai scandale. Est-ce que vous vous rendez bien compte? Aux approches de l'an 2000 un homme qui depuis soixante ans vit de lectures et de promenades dans le plus beau pays du monde. Un scandale, oui, le plus grand des scandales. Un homme qui, à notre époque, se permet d'être heureux sans rien faire.

Évidemment je n'ai pas d'argent. Il manquerait plus que ça. L'argent, c'est les autres qui le gagnent. Moi au passage je prends le petit, le tout petit pourcentage du poète. Attention, je ne demande rien. Il m'arrive parfois de rester un jour ou deux sans manger. Et même sans boire l'apéritif. Mais rarement plus. Parce que tout le monde m'aime bien. Je ne demande jamais de secours. Mais tout le monde sait que je suis un économiquement faible*. Et les sous-développés, les économiquement faibles, en ce moment nous serions plutôt choyés. Oui, plutôt.

Suivez bien mon raisonnement. Il paraît que nous sommes en pleine expansion économique et que le niveau de vie n'arrête pas de monter dans notre pays. Il est donc normal que j'en sois, à ma modeste échelle, le bénéficiaire. Je ne participe pas à l'essor financier de la nation. Mais puisqu'on est en plein essor autant que je m'accroche à la roue arrière. Un scandale vivant, je suis moi. Je ne sers absolument à rien. Je vis uniquement pour le plaisir de vivre.

Eh bien, croyez-moi, à Fontvieille, les gens ne sont pas fâchés. Ils disent même que j'ai raison. Y en a même qui disent qu'après tout, si moi le moins couillon et que si tout le monde faisait comme moi, il y aurait plus de bonheur sur la terre. A Fontvieille, ils m'ont à la bonne, oui, ils m'ont à la bonne. C'est ailleurs qu'on m'en veut. C'est en haut lieu.

L'administration, un cas comme le mien, elle refuse de le comprendre. Pourtant, je suis allé le trouver mon percepteur et j'ai essayé de lui expliquer la situation. Je lui ai dit :

— J'ai reçu une lettre de vous me réclamant des sous. Croyez bien que si j'en avais, je me ferais un plaisir de vous en donner, mais vous pouvez vous renseigner, des sous, j'en

ai pas, mais alors pas du tout. Tout ce que je possède, c'est mon pantalon, ma chemise et mon chapeau. Si vous les voulez, je vous en fais cadeau. Mais je ne peux tout de même pas me promener tout nu.

Le percepteur, plus je lui parlais, plus il avait l'air fâché.

— Vous avez bien un domicile, il a dit.

— Comme tout le monde, j'ai fait.

Alors il a fait :

— Nous allons saisir.

— Et qu'est-ce que vous allez saisir, je lui ai demandé?

— Tout, il a dit. Il y a plus de quarante ans que vous ne payez pas d'impôts, c'est absolument inadmissible.

Moi cet homme, il me faisait presque de la peine. Il se donnait un mal... Et pourquoi, je me le demande. Pour faire venir des sous qu'il ne mettrait même pas dans sa poche. C'est drôle des hommes comme ça qui, pendant toute leur vie s'occupent des choses qui ne les intéressent pas. J'aurais voulu pouvoir lui dire :

— Venez un peu avec moi dans les collines et je vous montrerai ce que c'est la vraie vie. Je vous ferai visiter mes châteaux et nous passerons nos journées à nous raconter des histoires en mangeant des figues et en cueillant des fleurs.

Mais j'ai bien vu que ce n'était pas la peine de se donner du mal. Il aurait pas compris cet homme. Il était définitivement perdu pour la vie normale. Il n'était plus qu'une machine à calculer, une caisse enregistreuse. Il avait bonne tête quand même. Alors je n'ai pas voulu qu'il se dérange inutilement.

— Écoutez, je lui ai dit, ne vous donnez pas la peine de me saisir... Oui j'ai un domicile. J'en ai même plusieurs. J'en ai des centaines de domiciles...

Le percepteur, il en avait les yeux brillants de concupiscence. Il se passait la langue sur les lèvres. Il était prêt à me dévorer. Il se frottait les mains. Il était heureux.

— Je sais que je vais vous contrarier, je poursuivis, mais ces domiciles, ils sont pas à moi. A moi, j'ai rien.

Ma Provence à moi, éd. Presses Pocket et Plon, 1968

Après avoir lu ce texte, en apparence léger et saugrenu, on est conduit à se poser une question fondamentale : est-ce que le vrai bonheur est compatible avec l'organisation des sociétés industrielles modernes?

LE BESOIN DE PARAITRE

PIERRE DANINOS *nous entraîne justement dans ce monde des robots, la société d'affaires parisienne. Il choisit bien son personnage, un directeur récemment nommé au poste qu'il occupe, qui cherche donc à s'imposer à son personnel en soulignant l'importance de sa place et qui, simultanément, veut plaire au président et lui donner l'impression que l'entreprise va connaître un renouveau d'efficacité :*

Il est grand temps que cela change. *(Au haut-parleur : Jeanine!)*

« Jeanine, voulez-vous me prendre une note pour tous les chefs de service ? Je dis bien *tous*, n'est-ce pas ? Double à MM. les Directeurs généraux. »

Il m'est revenu de plusieurs côtés, non, barrez ça... si, après tout... laissez... Il m'est revenu de plusieurs côtés que (ici, petit jeu de voltige avec un porte-mine d'argent) *que certains services négligent de répondre aux lettres de la clientèle virgule ou de la clientèle éventuelle virgule soit avec toute la célérité virgule soit avec toute l'exactitude nécessaire point à la ligne Ce sont là des négligences que je qualifierai d'impardonnables virgule fussent-elles parfois involontaires virgule et qui portent un tort considérable à notre Maison point J'entends qu'à dater de ce jour il soit répondu à toute lettre dans les 48 heures suivant réception et que tous les visiteurs quels qu'ils soient* soulignez *quels qu'ils soient soient* non barrez ça, ça fait soient soient *et que tous* soulignez *tous les visiteurs soient reçus avec un maximum d'égards point Les chefs de service seront tenus pour directement responsables de tout manquement à ces règles élémentaires de politesse.*

Barnage s'est alors tourné vers nous en souriant :

« Comme ça ils comprendront, quoi ? Non ? »

Goguet fut le premier à approuver platement :

« Un peu... Elle est au poil, votre note, m'sieur Barnage!

— Enfin, est-ce que ça ne tombe pas sous le sens ?

— Mais voyons!

— Je ne suis pas trop dur, quoi ?

— Mais non, monsieur, ça leur fera du bien! »

Puis à la secrétaire et comme enhardi par ce succès :

« Vous m'en taperez un exemplaire spécial pour le Président. Voilà, messieurs, vous pouvez disposer... Ah! Jeanine! Rappelez-moi aussi ce soir que je dois dîner chez Lamoricière. Quelle corvée! Enfin... ça peut ne pas être inutile... Demandez-moi donc Wepler à Londres, je vais lui en toucher deux mots avant l'express. »

Barnage n'a pas manqué de dire devant nous qu'il devait dîner chez le ministre des Finances. On pourrait croire, à l'entendre nommer « Lamoricière », qu'il en est l'intime alors qu'il se rend pour la première fois chez lui. Et il a pris soin de demander à sa secrétaire de lui rappeler cet événement sans précédent comme si, au milieu de tant d'obligations de toutes sortes, il pouvait l'oublier. Il ne déteste pas qu'on lui rappelle une chose qu'il sait par cœur — pourvu que ce soit une chose qui le flatte. Sur son bureau, très net, se trouvent toujours en évidence quelques bristols de haute volée — « *L'ambassadeur de Grande-Bretagne et Lady Huttington prient Monsieur et Madame Barnage de leur faire l'honneur d'assister à la réception qui sera donnée à l'occasion de la visite de Sa Majesté la Reine* (habit, décorations). » Si le mois en cours n'est pas fertile en cartons de ce genre, il laisse ceux du mois précédent.

Un certain M. Blot, éd. Hachette, 1962.

On sent bien que cette société est artificielle, fondée sur de fausses valeurs. Certes, M. Blot prend encore les choses du bon côté, mais il les juge durement et son ironie est une arme. Ceci est d'ailleurs une tendance ancienne du roman français, comme nous allons le voir en remontant dans le passé.

EN REMONTANT LE COURS DU TEMPS

UNE VIEILLE DAME CONTRARIANTE

MARCEL PROUST *choisit dans la réalité les détails pittoresques qui nous font sourire, détails qui révèlent un esprit d'observation admirablement développé. Voici le portrait de sa tante qu'il retrouvait toujours aux vacances à Combray, durant son enfance. La vieille dame, qui redoutait la mort, y pensait sans cesse et en parlait toujours :*

Ma tante avait peu à peu évincé tous les autres visiteurs parce qu'ils avaient le tort à ses yeux de rentrer tous dans l'une ou l'autre des deux catégories de gens qu'elle détestait.

Les uns, les pires et dont elle s'était débarrassée les premiers, étaient ceux qui lui conseillaient de ne pas « s'écouter » et professaient, fût-ce négativement et en ne la manifestant que par certains silences de désapprobation ou par certains sourires de doute, la doctrine subversive qu'une petite promenade au soleil et un bon bifteck saignant... lui feraient plus de bien que son lit et ses médecines. L'autre catégorie se composait des personnes qui avaient l'air de croire qu'elle était aussi gravement malade qu'elle le disait. Aussi, ceux qu'elle avait laissés monter après quelques hésitations et sur les officieuses instances de Françoise et qui, au cours de leur visite, avaient montré combien ils étaient indignes de la faveur qu'on leur faisait en risquant timidement un : « Ne croyez-vous pas que, si vous vous secouiez un peu par un beau temps », ou qui, au contraire, quand elle leur avait dit : « Je suis bien bas, bien bas, c'est la fin, mes pauvres amis », lui avaient répondu : « Ah! quand on n'a pas la santé! Mais vous pouvez durer encore comme ça », ceux-là, les uns comme les autres, étaient sûrs de ne plus jamais être reçus... En somme, ma tante exigeait à la fois qu'on l'approuvât dans son régime, qu'on la plaignît pour ses souffrances et qu'on la rassurât sur son avenir.

C'est à quoi Eulalie excellait. Ma tante pouvait lui dire vingt fois en une minute : « C'est la fin, ma pauvre Eulalie », vingt fois Eulalie répondait : « Connaissant votre maladie comme vous la connaissez, madame Octave, vous irez à cent ans, comme me disait hier encore Mme Sazerin...

— Je ne demande pas à aller à cent ans », répondait ma tante, qui préférait ne pas voir assigner à ses jours un terme précis.

A la Recherche du Temps perdu,
Du côté de chez Swann, éd. Gallimard, 1916

On note comment l'égoïsme conduit à la solitude et l'ironie de la dernière remarque frappe le lecteur — en somme il déplaît à la vieille dame d'entendre dire qu'elle mourra un jour, même après cent ans.

LA FRANCE ET LES FRANÇAIS

VOLTAIRE *se sert de données absurdes pour dire des choses sérieuses. Son héros, qui a une confiance absolue dans la Providence et qui montre un optimisme indestructible, revient en Europe après de multiples aventures. Martin décrit la France d'une manière telle que Candide, craignant d'avoir à changer sa philosophie, préfère ne pas s'y arrêter :*

On aperçut enfin les côtes de France. « Avez-vous jamais été en France, monsieur Martin? dit Candide. — Oui, dit Martin, j'ai parcouru plusieurs provinces. Il y en a où la moitié des habitants est folle, quelques-unes où l'on est trop rusé, d'autres où l'on est communément assez doux et assez bête, d'autres où l'on fait le bel esprit; et, dans toutes, la principale occupation est l'amour; la seconde, de médire; et la troisième, de dire des sottises. — Mais, monsieur Martin, avez-vous vu Paris? — Oui, j'ai vu Paris; il tient de toutes ces espèces-là; c'est un chaos, c'est une presse dans laquelle tout le monde cherche le plaisir, et où presque personne ne le trouve, du moins à ce qu'il m'a paru. J'y ai séjourné peu; j'y fus volé, en arrivant, de tout ce que j'avais, par des filous, à la foire Saint-Germain; on me prit moi-même pour un voleur, et je fus huit jours en prison; après quoi je me fis correcteur d'imprimerie pour gagner de quoi retourner à pied en Hollande. Je connus la canaille écrivante, la canaille cabalante, et la canaille convulsionnaire. On dit qu'il y a des gens fort polis dans cette ville-là : je le veux croire.

— Pour moi, je n'ai nulle curiosité de voir la France, dit Candide; vous devinez aisément que quand on a passé un mois dans Eldorado, on ne se soucie plus de rien voir sur la terre que mademoiselle Cunégonde : je vais l'attendre à Venise; nous traverserons la France pour aller en Italie; ne m'accompagnerez-vous pas? — Très volontiers, dit Martin; on dit que Venise n'est bonne que pour les nobles vénitiens, mais que cependant on y reçoit très bien les étrangers quand ils ont beaucoup d'argent : je n'en ai point; vous en avez, je vous suivrai partout. — A propos, dit Candide, pensez-vous que la terre ait été originairement une mer, comme on l'assure dans ce gros livre qui appartient au capitaine du vaisseau? — Je n'en crois rien du tout, dit Martin, non plus que toutes les rêveries qu'on nous débite depuis quelque temps. — Mais à quelle fin ce monde a-t-il donc été formé? dit Candide. — Pour nous faire enrager, répondit Martin.

Candide, 1759

Candide aura de graves mésaventures à Venise. Quand il retrouvera enfin sa chère Cunégonde, il s'apercevra qu'il ne la désire plus. Ayant parcouru le monde et connu toutes les mésaventures imaginables, il finira par adopter l'attitude du sage, ni optimiste, ni pessimiste.

LESAGE *choisit* Gil Blas de Santillane *comme personnage principal de son roman. C'est le valet d'un vieil ecclésiastique riche, épicurien et instruit, le licencié Sedillo. Celui-ci tombe malade et nous assistons à la consultation donnée par un médecin bête et prétentieux, le docteur Sangrado :*

Après avoir observé mon maître, il lui dit d'un air doctoral : « Il s'agit ici de suppléer au défaut de la transpiration arrêtée. D'autres, à ma place, ordonneraient sans doute des remèdes salins, urineux, volatils, et qui pour la plupart participent du soufre et du mercure. Mais les purgatifs et les sudorifiques sont des drogues pernicieuses et inventées par des charlatans. Toutes les préparations chimiques ne semblent faites que pour nuire. Pour moi, j'emploie des moyens plus simples et plus sûrs. A quelle nourriture, continua-t-il, êtes-vous accoutumé? — Je mange ordinairement, répondit le chanoine, des bisques et des viandes succulentes. — Des bisques et des viandes succulentes! s'écria le docteur avec surprise. Ah! vraiment, je ne m'étonne plus si vous êtes malade! Les mets délicieux sont des plaisirs empoisonnés : ce sont des pièges que la volupté tend aux hommes pour les faire périr plus sûrement. Il faut que vous renonciez aux aliments de bon goût. Les plus fades sont les meilleurs pour la santé. Comme le sang est insipide, il veut des mets qui tiennent de sa nature. Et buvez-vous du vin? ajouta-t-il. — Oui, dit le licencié, du vin trempé. — Oh! trempé tant qu'il vous plaira! reprit le médecin. Quel dérèglement! voilà un régime épouvantable. Il y a longtemps que vous devriez être mort. Quel âge avez-vous? — J'entre dans ma soixante-neuvième année, répondit le chanoine. —

Justement, répliqua le médecin; une vieillesse anticipée est toujours le fruit de l'intempérance. Si vous n'eussiez bu que de l'eau claire toute votre vie, et que vous vous fussiez contenté d'une nourriture simple, de pommes cuites, par exemple, de pois ou de fèves, vous ne seriez pas présentement tourmenté de la goutte, et tous vos membres feraient encore facilement leurs fonctions. Je ne désespère pas toutefois de vous remettre sur pied, pourvu que vous vous abandonniez à mes ordonnances. » Le licencié, tout friand qu'il était, promit de lui obéir en toutes choses.

Alors Sangrado m'envoya chercher un chirurgien qu'il me nomma, et fit tirer à mon maître six bonnes palettes de sang, pour commencer à suppléer au défaut de la transpiration. Puis il dit au chirurgien : « Maître Martin Oñez, revenez dans trois heures en faire autant, et demain vous recommencerez. C'est une erreur de penser que le sang soit nécessaire à la conservation de la vie. On ne peut trop saigner un malade. Comme il n'est obligé à aucun mouvement ou exercice considérable, et qu'il n'a rien à faire que de ne point mourir, il ne lui faut pas plus de sang pour vivre qu'à un homme endormi. »

Gil Blas de Santillane, *Livre II, chap. II, 1715-1735.*

Le thème du médecin qui tue est à la fois tragique et comique, puisqu'il montre une réalité contraire à ce qu'elle devrait être. Ici une description objective suffit à provoquer un rire amer, comme dans les pièces de théâtre qui traitent du même sujet, de Molière* à Anouilh*, et réussissent à nous faire rire de notre angoisse de la mort.

LES FRANÇAIS ET LOUIS XIV

MONTESQUIEU *imagine les lettres qu'un étranger, venant pour la première fois en France, écrit à ses parents et amis demeurés en Perse. Il remarque une multitude de détails que les Parisiens ne voient plus parce qu'ils en ont pris l'habitude :*

Tu ne le croirais pas peut-être : depuis un mois que je suis ici, je n'y ai encore vu marcher personne. Il n'y a point de gens au monde qui tirent mieux parti de leur machine que les Français : ils courent; ils volent. Les voitures lentes d'Asie, le pas réglé de nos chameaux, les feraient tomber en syncope. Pour moi, qui ne suis point fait à ce train, et qui vais souvent à pied sans changer d'allure, j'enrage quelquefois comme un chrétien : car encore passe qu'on m'éclabousse depuis les pieds jusqu'à la tête; mais je ne puis pardonner les coups de coude que je reçois régulièrement et périodiquement. Un homme qui vient après moi, et qui me passe, me fait faire un demi-tour, et un autre, qui me croise de l'autre côté, me remet soudain où le premier m'avait pris; et je n'ai pas fait cent pas, que je suis plus brisé que si j'avais fait dix lieues.

Ne crois pas que je puisse, quant à présent, te parler à fond des mœurs et des coutumes européennes : je n'en ai moi-même qu'une légère idée, et je n'ai eu à peine que le temps de m'étonner.

Le roi de France est le plus puissant prince de l'Europe. Il n'a point de mines d'or comme le roi d'Espagne, son voisin; mais il a plus de richesses que lui, parce qu'il les tire de la

vanité de ses sujets, plus inépuisable que les mines. On lui a vu entreprendre ou soutenir de grandes guerres, n'ayant d'autres fonds que des titres d'honneur à vendre, et, par un prodige de l'orgueil humain, ses troupes se trouvaient payées, ses places, munies, et ses flottes, équipées.

D'ailleurs ce roi est un grand magicien : il exerce son empire sur l'esprit même de ses sujets; il les fait penser comme il veut. S'il n'a qu'un million d'écus dans son trésor, et qu'il en ait besoin de deux, il n'a qu'à leur persuader qu'un écu en vaut deux, et ils le croient. S'il a une guerre difficile à soutenir, et qu'il n'ait point d'argent, il n'a qu'à leur mettre dans la tête qu'un morceau de papier est de l'argent, et ils en sont aussitôt convaincus. Il va même jusqu'à leur faire croire qu'il les guérit de toutes sortes de maux en les touchant, tant est grande la force et la puissance qu'il a sur les esprits.

Lettres persanes, *Lettre XXIV, 1721.*

Cette lettre est comique parce que son auteur, un Persan, se borne à écrire sans savoir qu'il fera rire le lecteur français. Il considère, lui, les situations absurdes dont il est témoin à Paris comme normales; nous, qui sommes sensibles au ridicule et à l'absurdité, nous en rions. Et le rire, l'histoire l'a prouvé, fut destructeur : les écrivains français ont joué un rôle important dans la naissance de l'esprit révolutionnaire en 1789.

Avec humour...

la famille et l'autorité

l'amour

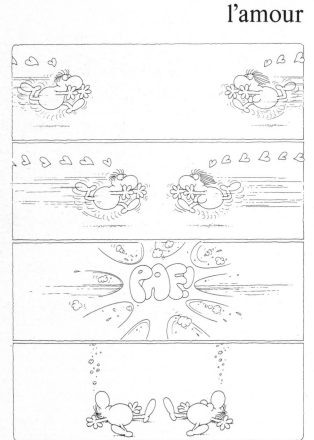

la femme

la vie du bon côté

duretés et
banalités de l'existence

la vie à la campagne

la ville et la vie

Faisons le point

Dans la préface de Gargantua, au début du XVIe siècle, François Rabelais* remarquait :

> *Mieux est de ris que de larmes écrire,*
> *Pour ce que rire est le propre de l'homme.*

Le comique joue un rôle de grande importance dans la littérature française. Un de nos plus grands auteurs, Molière*, écrivait *C'est une étrange entreprise que celle de faire rire les honnêtes gens.* Il savait que souvent il faut faire un effort pour prendre la vie du bon côté et conserver sa bonne humeur dans des circonstances adverses ou difficiles. Une des conditions premières pour prendre la vie du bon côté est d'abord la capacité de se regarder vivre, de s'observer soi-même comme si l'on était un autre. Les animaux n'ont pas l'intelligence nécessaire pour prendre ce recul, pour effectuer ce dédoublement et par conséquent sont incapables de rire : les psychologues actuels pensent comme Rabelais.

■ *Vous étudierez les diverses phases du dédoublement dans les deux premiers textes et vous comparerez l'usage que font R. Fallet et A. Blondin d'une langue étrangère, l'anglais, pour faire naître le comique. Connaissez-vous des exemples de situations comiques provenant de différences de langue ? Si oui, racontez-les.*

■ *Les textes de J. Duché, G. Perec, J. Faizant et A. Blondin ont pour thème central la vie conjugale. Ce thème semble beaucoup inspirer les auteurs comiques français, pourriez-vous expliquer pourquoi ? En est-il de même dans votre littérature nationale ? Justifiez votre réponse.*

■ *J. Duché ne parle que de la vie conjugale, les trois autres romanciers cités précédemment y ajoutent un thème chacun. Étudiez soigneusement ces trois thèmes et analysez les rapports avec le thème central. Montrez enfin qu'il y a ici des exemples de diverses manières de prendre la vie du bon côté.*

■ *Faites une comparaison entre les traitements du thème de la pêche à la ligne par R. Fallet et J. Faizant. Est-ce qu'il y a beaucoup de pêcheurs à la ligne dans votre pays ? Ont-ils, comme en France, la réputation de gens paisibles qui tendent à se désintéresser de la politique ? Si un de vos amis refusait d'aller passer un dimanche au bord de l'eau pour pêcher à la ligne, imaginez les arguments que vous trouveriez pour le faire changer d'avis. Écrivez ce dialogue.*

■ *Voyez-vous des ressemblances entre « les Enfants du Bon Dieu » d'A. Blondin et le personnage sans nom de famille, Augustin Auguste (ce sont des prénoms) qui a des ennuis avec le percepteur dans le roman d'Y. Audouard.*

■ *Le grand monde des affaires est fier de son efficacité. En quoi le texte de P. Daninos détruit-il cette image favorable ?*
P. Daninos, comme R. Fallet et A. Blondin, utilise l'anglais à des fins comiques. Comparez sa manière à celle des deux autres romanciers (revoyez votre réponse à la première question ci-dessus avant de répondre à celle-ci).

■ *Voyez-vous des caractères permanents dans le comique français du XVIIIe au XXe siècle ? Faut-il être optimiste pour prendre la vie du bon côté ? Justifiez votre réponse par rapport à ces textes.*

■ *Que pensez-vous du thème du voyage (A. Blondin, Voltaire, Lesage) par rapport à une vision comique du monde ?*

Le comique revêt diverses formes, de l'esprit (que l'on dit surtout français) à l'humour (attribué d'abord aux Anglais). Il y a aussi l'ironie, le sarcasme et, plus familièrement, la blague, la gaudriole, etc. (travail collectif : essayez de compléter la liste). Cherchez la définition de chacun de ces mots dans votre dictionnaire et trouvez des exemples, de préférence pris dans les textes de cet ensemble. Pour conclure, essayez de préciser les rapports entre le comique et la culture, car il y a des choses qui font rire les gens de presque tous les pays et d'autres choses qui ne font rire que les personnes ayant le même contexte culturel.

■ *Cherchez dans les textes cités ceux que vous estimez être typiquement français et expliquez les raisons de votre choix.*

INDEX DES NOMS PROPRES

ALAIN (1868-1951) : Philosophe et essayiste. Il a écrit, entre autres ouvrages, des *Propos sur le bonheur* et a été le maître à penser de plusieurs générations de Français.

ANOUILH (Jean) : Auteur dramatique et metteur en scène né en 1910. Son œuvre comporte près de quarante pièces, notamment les *Pièces noires* (comme *Le Voyageur sans Bagages* et *Antigone*), les *Pièces roses* (comme *Le Bal des Voleurs*), les *Pièces brillantes, grinçantes, costumées*.

APHRODITE : Déesse grecque de l'amour.

APOLLINAIRE (Guillaume), 1880-1918 : Poète et critique d'art d'origine polonaise. Très célèbre, son œuvre, avec des recueils comme *Alcools, Calligramme* et *Poèmes à Lou*, marque une étape d'importance capitale dans la poésie française; il a inventé le mot « surréalisme ».

ASTÉRIX : Nom inventé sur le modèle de « Vercingétorix » par deux humoristes, Goscinny et Uderzo, pour désigner un Gaulois irréductible vivant sous l'Empire romain, et dont les aventures, présentées en bandes dessinées, ont connu un succès mondial.

BAUDELAIRE (Charles), 1821-1867 : Poète et critique d'art dont l'œuvre, *les Fleurs du mal*, ouvre la voie à la poésie contemporaine.

BASSOMPIERRE (François de), 1579-1646 : Maréchal de France.

BÉATRICE : Héroïne du poète italien Dante à qui elle a inspiré un amour sublime.

BEAUHARNAIS (Joséphine de), 1763-1814 : femme de Napoléon jusqu'en 1809; elle avait d'abord été mariée à Alexandre de Beauharnais, guillotiné en 1794.

CLAUDEL (Paul), 1868-1955 : Poète catholique, dramaturge, il fit une carrière de diplomate. Il a écrit notamment *L'annonce faite à Marie* et *Le Soulier de satin*.

COCHIN (Jacques-Denis), 1726-1783 : Curé de Saint-Jacques-du-Haut-Pas à Paris, il fonda en 1780 l'hôpital qui porte son nom, situé rue du Faubourg Saint-Jacques dans le 14ᵉ arrondissement.

CONDÉ (Louis, prince de), 1621-1686 : dit le Grand Condé; homme de guerre sous Louis XIV.

LA CROIX-DU-SUD : Nom de l'hydravion à bord duquel mourut le pilote Mermoz en 1936.

DANTE (1265-1321) : Célèbre poète italien, auteur de *la Divine Comédie*, une des œuvres les plus prestigieuses de la littérature européenne.

DAUDET (Léon), 1868-1942 : Fils de l'écrivain Alphonse Daudet; journaliste et écrivain lui-même, il collabora surtout à l'*Action française*, journal d'extrême-droite.

DEBUSSY (Claude), 1862-1918 : Compositeur de musique qui a introduit l'Impressionnisme en musique et révolutionné l'opéra-comique en France avec *Pelléas et Mélisande*, dont le texte est du dramaturge belge Maeterlinck; sont célèbres aussi ses *Nocturnes* et *La Mer*.

DESCARTES (René), 1596-1650 : Un des plus grands philosophes français; rationaliste.

DIABELLI (1781-1858) : Compositeur et pianiste autrichien.

DIANE : Déesse grecque et surtout romaine, représentée avec un arc et des flèches.

DIOR (Christian) : Célèbre couturier parisien.

DISCOURS DE LA MÉTHODE (1637) : Œuvre principale du philosophe Descartes où l'on trouve le célèbre cogito, *je pense, donc je suis*. C'est le premier traité philosophique écrit en langue française.

DRUMONT (Édouard), 1844-1917 : Journaliste et homme politique d'extrême-droite.

DUFY (Raoul), 1877-1953 : Peintre et graveur, au dessin léger et poétique.

EINSTEIN (Albert), 1879-1955 : Inventeur de la théorie de la relativité, prix Nobel.

ERCKMAN et CHATRIAN : Écrivains français du XIXᵉ siècle, qui écrivirent ensemble différentes œuvres comme *L'ami Fritz* et *Madame Thérèse* sous le nom d'Erkman-Chatrian.

FARGUE (Léon-Paul), 1876-1947 : Poète et écrivain, auteur du *Piéton de Paris*, de *Refuges*, de *Portraits de famille*, etc.

FRANCE (Anatole), 1844-1924 : Écrivain qui a eu une grande notoriété de son vivant. Œuvres principales : *Le Crime de Sylvestre Bonnard, le Lys Rouge, les Dieux ont soif*.

GALLIMARD : Une des plus grandes maisons d'édition française, fondée par la famille Gallimard en 1911. Elle a joué un grand rôle dans le développement de la littérature contemporaine, surtout grâce à sa revue, la *Nouvelle Revue Française*, (N.R.F.).

GAULLE (Charles de), 1890-1970 : Général qui a refusé l'armistice de 1940 et a entrepris de continuer la guerre aux côtés de la Grande-Bretagne, après avoir lancé de Londres un appel aux Français le 18 juin 1940. Libérateur de la France, il est revenu au pouvoir en 1958 pour achever la décolonisation et faire la paix en Algérie. Il a été président de la République de 1958 à 1969.

GONCOURT (les frères), Edmond (1822-1896) et Jules (1830-1870) : Écrivirent en commun des œuvres de critique d'art *(l'Art du XVIIIᵉ siècle)*, des romans *(Germinie Lacerteux)* et surtout un *Journal*, chronique de leur époque (1851 à 1896).

GUILLAUME LE CONQUÉRANT (1027 ou 28-1087) : Duc de Normandie qui devint roi d'Angleterre après la victoire d'Hastings (1066).

HENRI III : Roi de France de 1574 à 1589.

HENRI IV : Roi de France de 1589 à 1610; protestant, il se convertit au catholicisme pour pouvoir régner. Sa statue équestre se trouve à la pointe de l'île de la Cité à Paris, au milieu de la Seine.

HERCULE : Demi-dieu romain dont la légende se confond avec celle du héros grec.

HÉRACLÈS : *Les douze travaux* constitue la partie la plus connue de cette légende.

IONESCO (Eugène) : Auteur dramatique d'origine roumaine né en 1912. Fondateur de la doctrine de l'anti-théâtre, il a fait une révolution esthétique à partir de sa première pièce, *La Cantatrice chauve*.

JEAN XXIII (1881-1963) : Pape de 1958 à 1963, il fut le grand artisan du IIe Concile du Vatican.

LATÉCOÈRE (1883-1943) : Ingénieur français constructeur d'avion qui eut l'idée de fonder une entreprise de transports commerciaux aériens. Le premier vol fut inauguré le 25 décembre 1919 à partir de Toulouse pour l'Espagne.

LE NAIN (Antoine, Louis et Mathieu) : Peintres du XVIIe siècle, trois frères qui signaient Le Nain tous leurs tableaux sans indiquer lequel d'entre eux en était l'auteur.

LOUIS XIII : Roi de France de 1610 à 1643.

MALLARMÉ (Stéphane), 1842-1898 : Poète que la génération symboliste a considéré comme son maître.

MANON LESCAUT : Roman du XVIIIe siècle écrit par l'abbé Prévost.

MAO TSÉ-TOUNG (1893-1976) : Homme d'État, fondateur du parti communiste chinois. Théoricien original du communisme, sa pensée se trouve résumée dans le Petit Livre rouge. Il est considéré comme le libérateur et le fondateur de la Chine populaire contemporaine.

MARIE CHAIX : Jeune romancière, a écrit deux romans : Les lauriers du lac de Constance (1974) et Les Silences ou la vie d'une femme (1976).

MARQUET (Albert), 1875-1947 : Peintre connu pour ses tableaux des quais de la Seine et des ponts à Paris.

MAURRAS (Charles), 1868-1952 : Écrivain traditionaliste et nationaliste, fondateur du journal L'Action française.

MÉMORIAL DE SAINTE-HÉLÈNE : Œuvre de l'écrivain Las Cases qui rapporte tous les propos de Napoléon Ier pendant son internement dans l'île de Sainte-Hélène à la fin de sa vie.

MERMOZ (Jean), 1901-1936 : Pilote qui effectua la première liaison aéro-postale directe entre la France et l'Amérique du Sud en 1930.

MOISE : Prophète, fondateur de la religion et de la nation d'Israël.

MOLIÈRE (Jean-Baptiste Poquelin dit), 1622-1673 : Auteur, metteur en scène, comédien, directeur de troupe, le plus illustre et le plus grand homme du Théâtre français.

MONET (Claude), 1840-1926 : Peintre qui fut à l'origine de l'école impressionniste et qui est considéré comme son chef de file. Influencé surtout par le peintre anglais Turner, il donne l'impression de la lumière en se servant de petites taches de couleurs.

MONTAIGNE (Michel Eyquem de), 1533-1592 : Philosophe considéré domme le père de la pensée moderne et notamment de l'analyse psychologique, auteur des Essais.

MUSSET (Alfred de), 1810-1857 : Écrivain. Il est l'auteur de nombreuses poésies (L'espoir en Dieu, Les Nuits) et d'une œuvre théâtrale importante (par ex. On ne Badine pas avec l'amour, les Caprices de Marianne, Lorenzaccio).

NAPOLÉON Ier : Empereur des Français de 1804 à 1815 après avoir été Premier Consul (voir plus haut Bonaparte).

NOBEL (Alfred), 1833-1891 : Industriel et chimiste suédois dont la fortune a servi à créer cinq prix annuels destinés à récompenser les bienfaiteurs de l'humanité.

LA NOUVELLE HÉLOISE : Roman de Jean-Jacques Rousseau paru en 1761 dont le sous-titre est Lettres de deux amants d'une petite ville au pied des Alpes.

L'ODYSSÉE : Poème épique attribué à Homère, qui retrace les aventures d'Ulysse.

PASCAL (Blaise), 1623-1662 : Savant, penseur et philosophe. Les Pensées témoignent du souci de ce grand catholique d'écrire une Apologie de la religion chrétienne.

RABELAIS (François), 1494-1553 : Écrivain de la Renaissance, auteur de Pantagruel et de Gargantua.

RIMBAUD (Arthur), 1854-1891 : Poète dont l'œuvre a été écrite entre seize et vingt ans. Considéré par les Surréalistes comme un de leurs précurseurs, ses poèmes les plus connus sont le Bateau Ivre et Voyelles.

RIVIÈRE (Jacques), 1886-1925 : Écrivain, animateur de la Nouvelle Revue Française dont il est devenu le directeur en 1919.

SAGAN (Françoise) : Née en 1935. Cet écrivain, qui connut très jeune une grande renommée, a écrit des romans comme Bonjour tristesse, Aimez-vous Brahms?, et des pièces de théâtre (Un Château en Suède).

SCHUMANN (Robert), 1810-1856 : Célèbre compositeur romantique allemand.

SCOTT (Walter), 1771-1821 : Poète et romancier écossais, qui eut une grande influence sur les romanciers français à l'époque du romantisme, auteur d'Ivanhoé.

SOCRATE (470-399 avant Jésus-Christ) : Philosophe grec, condamné à mort parce qu'il avait trop d'influence sur la jeunesse. Il amenait sans cesse ses auditeurs à se poser des questions sur ce qu'ils considéraient comme évident.

STEVENSON (1850-1894) : Poète, essayiste et romancier écossais, auteur de L'Ile au Trésor.

TRISTAN ET ISEULT : Légende du Moyen Age qui relate l'amour fatal qu'éprouvèrent l'un pour l'autre deux êtres victimes d'un philtre magique.

VALÉRY (Paul), 1871-1946 : Penseur, philosophe, essayiste et poète dont l'influence sur la vie intellectuelle dans la première moitié du XXe siècle a été très importante en France et en Occident.

VAN GOGH (Vincent), 1853-1890 : Peintre et dessinateur hollandais dont l'esprit tourmenté et mystique s'est exprimé en affranchissant la couleur de sa fonction descriptive.

VERLAINE (Paul), 1844-1896 : Poète qui a su donner à la musique des mots la première place dans des vers célèbres. Ses œuvres principales sont les Poèmes Saturniens, la Bonne Chanson, Sagesse, Jadis et Naguère.

VILLON (François) : Grand poète du XVe siècle, dont la vie aventureuse est restée célèbre.

INDEX CULTUREL

Absolution, n. f. : Le pardon que donne le prêtre catholique au nom du Christ à celui qui vient de lui avouer ses péchés en confession.

Académie Française : Cette compagnie fondée au XVIIe siècle sous le règne de Louis XIII, compte 40 membres parmi les plus illustres représentants de la vie intellectuelle et littéraire française. Elle rédige et met à jour le dictionnaire de la langue et distribue chaque année des prix littéraires.

Action Française : Journal d'extrême-droite fondé en 1908 et interdit après la Seconde Guerre mondiale.

Aéropostale : Une des premières compagnies aériennes française, fondée en 1919.

Affaire Dreyfus : Ensemble de querelles politiques et de polémiques soulevées par un procès où le capitaine Dreyfus, officier juif de l'armée française, fut condamné pour espionnage (1894). Mais des hommes épris de justice comme Émile Zola réussirent à prouver que les accusations étaient fausses, et le plus haut tribunal français, la Cour de Cassation, annula toutes les condamnations et réhabilita le capitaine Dreyfus en 1906.

Agent de change, n. m. : Personne qui, à la Bourse, est chargée de vendre et d'acheter des titres ou des valeurs mobilières. Ces valeurs sont des actions, des obligations ou des titres.

Agrégation, n. f. : Concours de recrutement de professeurs qui avec le C.A.P.E.S. (certificat d'aptitude pédagogique à l'enseignement secondaire) enseignent dans les lycées; c'est aussi le nom du concours de recrutement des professeurs de droit et de médecine.

Aide au logement, n. f. : Une aide financière accordée aux salariés modestes pour leur permettre de payer le loyer de leur appartement. Elle dépend du montant des revenus et du nombre de personnes de la famille.

Aigle, n. m. : Le plus grand des oiseaux de proie; Napoléon Ier, voulant imiter les Romains, l'avait choisi pour emblème.

Air France : La compagnie de transport aérien, formée en 1933 par la fusion de cinq entreprises privées; nationalisée en 1945.

Allocations familiales, n. f. : L'aide financière mensuelle accordée par l'État aux familles ayant plusieurs enfants.

Alma : Nom d'un fleuve russe où eut lieu une bataille pendant la guerre de Crimée en 1854. On a donné ce nom à un pont qui traverse la Seine au centre de Paris.

Ancien régime : Nom donné à l'organisation des pouvoirs et au système politique français avant la Révolution de 1789.

Apôtre, n. m. : Chacun des douze disciples choisis par le Christ pour prêcher l'Évangile.

Armistice, n. m. : Accord pour mettre fin aux combats et préparer un traité de paix. C'est le vaincu qui demande l'armistice.

Ascension, n. f. : Jour de fête pour les catholiques en souvenir de la montée de Jésus-Christ au ciel.

Assomption, n. f. : Fête catholique qui célèbre la montée au ciel de la Vierge Marie, mère de Jésus-Christ.

Avant-garde, n. f. : Cette expression s'emploie dans le langage littéraire pour indiquer que l'ouvrage est audacieux et qu'il est en avance sur son époque, soit par sa forme, soit par les idées qu'il contient.

Avocat général, n. m. : Magistrat, représentant du procureur de la République, chargé devant le tribunal de poursuivre les coupables et de demander leur punition au nom de la société.

Assouan : Ville de la haute Égypte, sur le Nil, près de laquelle se trouve le Temple d'Abou-Simbel au bord d'un vaste lac artificiel retenu par un des plus grands barrages du monde.

Baccalauréat, n. m. : L'examen qui marque la fin des études secondaires.

Beatnik, n. m. : Mot anglais d'origine américaine désignant un jeune homme qui refuse de se soumettre aux lois et aux usages de la société.

Belote, n. f. : Jeu de cartes pratiqué dans les milieux populaires.

Billet à ordre, n. m. : Promesse écrite par laquelle une personne s'engage à payer une certaine somme.

Bistrot, n. m. : Nom donné aux petits cafés où les gens d'un quartier se rencontrent, où ils jouent aux cartes, notamment à la belote, où ils consomment des boissons, des croissants et des sandwichs.

Blanc-Vichy, n. m. : Un verre de vin blanc mélangé d'eau gazeuse de Vichy.

Bœuf-mode, n. m. : Façon de préparer la viande de bœuf en la piquant de lard, en y ajoutant de l'assaisonnement et des légumes (carottes, oignons, etc.), puis en la faisant cuire très lentement dans son jus.

Bourse, n. f. : Lieu où se négocient les ventes et les achats de valeurs mobilières par l'intermédiaire des agents de change (voir plus haut).

Café, n. m. : Lieu public où l'on consomme non seulement du café mais encore toutes sortes de boissons et où l'on peut manger légèrement. Un café est plus élégant qu'un bistrot.

Cannes : Ville du Midi de la France au bord de la Méditerranée sur la Côte d'Azur. Elle est célèbre par le Festival international du cinéma qui y est organisé annuellement.

Carte grise, n. f. : Le titre de propriété d'une voiture automobile. Cette carte, en France, est de couleur grise.

Carte d'identité, n. f. : Papier officiel qui indique l'état civil d'un individu.

Casino de Paris, n. m. : Célèbre music-hall, c'est-à-dire théâtre où l'on chante et où l'on danse (ne pas confondre avec un casino, établissement où l'on joue de l'argent) situé à Paris près des grands boulevards.

Certificat d'études primaires, n. f. : Le premier examen des écoliers, qui se situe à la fin des études primaires. Il a perdu beaucoup de sa valeur depuis la prolongation de la scolarité et la généralisation des études secondaires.

Certificat de lettres, n. m. : Abréviation pour *certificat d'études supérieures en lettres* et faisant partie de la licence ès lettres; supprimés aujourd'hui, chacun de ces certificats est remplacé par deux *unités de valeur* que l'on peut passer séparément.

Chambre, n. f. : Abréviation pour la Chambre des députés, lieu de réunion de l'Assemblée nationale.

Chanson de Roland : Poème épique du Moyen Age où sont rapportés les exploits du chevalier Roland au temps de Charlemagne.

Chapelle Sixtine : Partie du Vatican.

Charte, n. f. : Il s'agit ici de la Constitution donnée aux Français par le roi Louis XVIII en 1814. Lorsque le roi Charles X a voulu réduire les libertés données par cette Charte, en 1830, il a provoqué une révolution et a été remplacé par le roi Louis-Philippe.

Cité, n. f. : L'île de la Seine où se trouvait la partie la plus ancienne de Paris; il en reste aujourd'hui la cathédrale Notre-Dame et l'Hôpital de l'Hôtel-Dieu.

C.N.R.S. : Centre national de la recherche scientifique qui dépend du ministère des Universités.

Code civil, n. m. : Recueil de lois constitué et promulgué par Napoléon Ier entre 1800 et 1804. Ce code n'a pratiquement pas été modifié pendant plus de deux siècles.

Concile, n. m. : Assemblée de tous les évêques et de tous les cardinaux convoquée par le pape pour statuer sur le dogme catholique, la morale ou la discipline. C'est le pape Jean XXIII qui a pris l'initiative de convoquer le XXIe concile en 1962, 93 ans après le XXe.

Confrérie vinicole, n. f. : Association de gens qui cultivent la vigne et font du vin.

Conseiller général, n. m. : Les conseillers généraux composent une assemblée départementale appelée le Conseil général; celui-ci siège au chef-lieu de chacun des 95 départements français. Chaque conseiller général est élu par les habitants d'un petit territoire du département appelé canton.

Cours-la-Reine : Avenue servant de promenade et longeant la Seine entre la Concorde et l'Alma. Elle doit son nom à Marie de Médicis.

Credo (du latin je crois) : Prière qui contient les articles fondamentaux de la foi catholique.

Crème, n. m. : Abréviation pour un *café de couleur crème,* c'est-à-dire le café au lait. Ne pas confondre avec la crème, la partie grasse du lait qui monte à la surface lorsqu'on le laisse reposer, et avec laquelle on fait le beurre.

Cristallisation, n. f. : Au sens figuré, le moment où les sentiments confus que l'on éprouve à l'égard d'une autre personne prennent corps et s'affirment brusquement; ce terme a été rendu célèbre dans ce sens par Stendhal dans son étude intitulée *De l'Amour.*

Dadaïsme, n. m. : Mouvement artistique et littéraire fondé en Suisse au milieu de la Première Guerre mondiale par le poète Tristan Tzara et ses amis; le surréalisme en est issu.

Déclaration, n. m. : Mis pour *La Déclaration de droits de l'homme et du citoyen,* proclamée en 1791 par l'Assemblée Constituante et garantissant les droits de l'individu.

Demi, n. m. : Un grand verre de bière; le petit verre de bière s'appelle un bock.

Diplôme d'Études Supérieures, n. m. : Petite thèse que l'on soumettait il y a encore quelques années un ou deux ans après la licence; a été remplacé, sous une forme différente, par la maîtrise. Abréviation : D.E.S.

École des Beaux-Arts, n. f. : École nationale située à Paris où l'on enseigne les arts et en particulier la peinture, la gravure, la sculpture et l'architecture.

École des Chartes : Une des grandes écoles où l'on se prépare à l'étude des documents anciens et où se forment les historiens, les archéologues et les spécialistes des civilisations anciennes.

École des Hautes Études Commerciales : Après un concours de recrutement difficile, cette école prépare ses étudiants à devenir des cadres supérieurs dans le commerce et l'industrie.

École Militaire : Située à Paris, près de la Tour Eiffel, cette école s'appelle en réalité « l'École supérieure de guerre » et forme ceux qui sont déjà officiers aux techniques de l'état-major, c'est-à-dire du haut commandement.

École Navale : École située à Brest où l'on forme des officiers de marine.

Écoles Normales : Écoles situées dans chaque département où l'on forme les instituteurs (enseignement primaire).

École Normale Supérieure : Située à Paris rue d'Ulm, près du Panthéon, c'est une des plus fameuses parmi les grandes écoles françaises qui forment les cadres de la nation, on y fait des lettres ou des sciences.

École Polytechnique : Ce célèbre établissement militaire a été fondé par Napoléon Ier, c'est encore aujourd'hui une grande école qui forme des ingénieurs de haut niveau.

École de Saint-Cyr : Cette école militaire, située en Bretagne, forme les futurs officiers de l'armée française.

École des Sciences politiques : Établissement d'enseignement supérieur où se formaient, avant la création de l'École Nationale d'Administration (E.N.A.), les hauts fonctionnaires de l'État.

Économiquement faible : Personne dont les revenus sont inférieurs au minimum vital et qui a droit de ce fait à recevoir des secours de l'État et des aides diverses.

Évêque, n. m. : Dignitaire de l'église qui a la direction d'un diocèse.

Euthanasie, n. f. : Théorie selon laquelle on a le droit de provoquer la mort d'un malade incurable dont la fin est proche pour lui éviter des souffrances inutiles.

Évangiles, n. m. : Livres de la Bible qui rapportent la vie et les enseignements de Jésus-Christ.

Fermage, n. m. : Loyer d'une ferme exploitée par un fermier qui n'en est pas le propriétaire.

Flèche d'Or, n. f. : Nom donné à un service rapide (train et bateau) qui relie depuis de nombreuses années Londres à Paris.

Fontenoy : Petite ville de Belgique où eut lieu une bataille en 1745 ; le roi Louis XV commandait les troupes françaises. Ce nom a été donné à une place située à Paris derrière l'École militaire et sur laquelle se trouve le bâtiment de l'U.N.E.S.C.O.

Gothique, n. m. : Style médiéval répandu en Europe du XIIᵉ au XVᵉ siècle. Il se situe avant le style renaissance et après le style roman.

Grandes Écoles : Établissements d'enseignement supérieur où sont formés la plupart des cadres civils et militaires français.

Grande Guerre : Nom donné à la Première Guerre mondiale (1914-1918), qui est aussi la seconde guerre franco-allemande, après celle de 1870-1871.

Habitation à Loyer Modéré, ou H.L.M., n. f. : Nom donné à des logements construits avec l'aide financière de l'État ou des communes et dont le loyer est moins cher que sa valeur commerciale.

Griffe, n. f. : Plat de cuisine régional.

Haricot de mouton, n. m. : Plat populaire, viande de mouton qui a cuit avec des haricots.

Hôtel de Ville, n. m. : Nom donné à la mairie de Paris et à celle des grandes villes.

Hédonisme, n. m. : Doctrine philosophique qui repose sur la recherche du bonheur.

Impressionniste, n. m. : Nom que se sont donnés à la suite de Claude Monet, vers la fin du XIXᵉ siècle, les peintres qui ont cherché à exprimer dans leurs œuvres les impressions lumineuses de la nature et des objets qu'ils peignaient.

Institut catholique, n. m. : Université libre où l'on enseigne diverses matières, surtout la théologie.

Intégriste, n. m. ou f. : Catholique qui refuse toute évolution et souhaite maintenir l'ensemble des rites et des croyances anciennes dans leur intégralité.

Jésuites : Membres de la Compagnie de Jésus, ordre religieux fondé au XVIᵉ siècle par Ignace de Loyola.

Légion d'Honneur, n. f. : Créée par Bonaparte pour récompenser les services rendus à la nation, cet ordre est resté la plus haute distinction française.

Lido, n. m. : Il s'agit ici du nom d'un célèbre cabaret music-hall situé à Paris sur l'avenue des Champs-Élysées.

Licence, n. f. : Grade universitaire entre le baccalauréat et le doctorat.

Loire, n. f. : Un des cinq grands fleuves de France avec la Seine, la Garonne, le Rhône et le Rhin.

Louis Quatorzième : Un carrosse louis quatorzième est de l'époque de Louis XIV, qui fut roi de France de 1643 à 1715.

Luxembourg : Célèbre jardin de Paris, proche du Quartier latin, dans lequel se trouve le palais où siègent les sénateurs.

Mai de Bordeaux : Expression qui désigne l'ensemble des fêtes et des activités culturelles organisées à Bordeaux, dans le Sud-Ouest de la France, au mois de mai.

Maison des jeunes et de la culture, n. f. : Centre de loisirs et d'éducation de quartier où adolescents et adolescentes se rencontrent et où diverses activités sont organisées et des clubs formés (pour certains sports, des jeux, de la musique, du théâtre, etc.).

Mercredi saint : Pour les religions chrétiennes, le mercredi de la semaine sainte qui précède le jour de Pâques.

Métayage, n. m. : Système d'exploitation agricole dans lequel le fermier partage par moitié le revenu de ses récoltes avec le propriétaire.

Métro, boulot, dodo, n. m. : Le boulot et le dodo sont des mots familiers signifiant travail et sommeil. Ces trois mots ont d'abord constitué un refrain d'une chanson populaire de Guy Béart, puis on les a retrouvés comme slogan révolutionnaire sur les murs de Paris en 1968. Ils symbolisent la vie mécanique et stupide des travailleurs dont tout le temps est pris par de longs voyages dans les transports en commun, puis par un sommeil lourd dû à la fatigue.

Montagne Sainte-Geneviève, n. f. : Une des collines de Paris au sommet de laquelle se trouve le Panthéon, derrière la Sorbonne. Il y a deux autres collines dans la capitale, la Butte-Montmartre avec l'église du Sacré-Cœur et les Buttes-Chaumont.

Montmartre : Une des collines de Paris, fréquentée au début du siècle par les peintres.

Mouchard, n. m. : Un espion, un dénonciateur.

Multinationale : Adjectif que l'on emploie pour désigner une entreprise commerciale ou industrielle qui a des activités, des bureaux et des usines dans un grand nombre de pays.

Nouvelle, n. f. : En littérature, un récit en prose qui est plus court qu'un roman et plus long qu'un conte.

Nouvelle vague, n. f. : Expression utilisée pour caractériser la jeunesse actuelle dont les idées et les valeurs sont souvent en opposition avec celles des générations antérieures. En histoire du cinéma, on désigne sous le nom de *nouvelle vague* certains films différents des autres dont le premier est *Et Dieu créa la femme* de Roger Vadim avec Brigitte Bardot (1956) et le plus célèbre *Hiroshima mon Amour* d'Alain Resnais (1960).

N.R.F. : Nouvelle Revue Française. Voir Gallimard.

Œcuménique : Qualifie un mouvement favorable au rassemblement de toutes les églises chrétiennes en une seule.

Orientation professionnelle, n. f. : Service chargé d'étudier les motivations et les aptitudes intellectuelles, sensorielles et motrices des adolescents afin de les conseiller efficacement dans le choix d'un métier, d'une profession.

Palais de justice, m. n. : Bâtiment, dans les grandes villes, où siègent les tribunaux.

Panthéon : Monument qui domine le Quartier latin et où sont enterrés les grands hommes auxquels la France a voulu marquer sa reconnaissance.

Pâques : Faire ses Pâques c'est, pour un catholique, communier pendant la période anniversaire de la mort et de la résurrection du Christ.

Pari Mutuel Urbain ou P.M.U., n. m. : Institution populaire qui permet, grâce à des guichets installés surtout dans les ureaux de tabac, de jouer aux courses et de faire sur un ou plusieurs chevaux (pour trois chevaux on dit *le tiercé*) des paris pour des sommes relativement modiques.

Pétanque, n. f. : Jeu où il s'agit d'envoyer des boules le plus près possible d'un but qui est une boule beaucoup plus petite nommée le cochonnet. Très populaire dans le Midi de la France, ce jeu est en train de se répandre au nord de la Loire.

Pont-Neuf : Un des plus anciens ponts de Paris sur lequel, autrefois, il y avait de nombreuses boutiques.

Pot au feu, n. m. : Viande de bœuf bouillie avec des légumes dans le même récipient (autrefois, un pot en terre cuite).

Potée, n. f. : Plat composé de viande bouillie et de légumes variés.

Poule au pot, n. f. : Poule bouillie avec des légumes variés dans le même récipient. Le roi Henri IV au début du XVIIᵉ siècle avait souhaité que tous les paysans français puissent en manger une fois par semaine.

Positivisme, n. m. : Doctrine philosophique fondée sur l'expérience scientifique développée au XIXᵉ siècle en France par Auguste Comte.

Préfecture, n. f. : Siège des services administratifs dans chaque département et, c'est le cas ici, bâtiments centraux de la police parisienne.

Premier Empire, n. m. : Régime instauré par Napoléon Bonaparte après le coup d'État du 18 Brumaire (novembre) 1802 et qui se termina par l'abdication de l'Empereur Napoléon Iᵉʳ, après la défaite de Waterloo (18 juin 1815).

Prime de salaire unique, n. f. : Somme d'argent attribuée pendant longtemps aux mères de famille qui ne travaillaient pas et restaient au foyer pour élever leurs enfants.

Prix littéraires, n. m. : Récompenses attribuées chaque année à certains livres ou à certains auteurs par des jurys composés surtout d'hommes de lettres. Ces prix attirent l'attention du public et favorisent les ventes des ouvrages récompensés. Pour la littérature mondiale, citons les prix Nobel (voir Index des noms propres), en France, pour le roman, le Grand Prix de l'Académie Française, le Prix Goncourt et le prix Fémina.

R.A.T.P. : Régie autonome des transports parisiens. Nom du service public chargé des transports dans la région parisienne (autobus et métro).

Réforme, n. f. : Mouvement religieux qui a donné naissance au Protestantisme.

Régence, n. f. : Il s'agit de la période historique qui se situe de 1715 à 1723. Après la mort de Louis XIV et jusqu'à la majorité de Louis XV, le duc d'Orléans a gouverné la France ; l'art de cette époque est caractérisé par un style particulièrement souple, gracieux et élégant.

Restauration, n. f. : Période du rétablissement des Bourbons sur le trône de France (1814-1830) après la chute du Premier Empire.

Révolution, n. f. : Dans un texte français, lorsque ce terme n'est pas défini, il s'agit de la révolution de 1789 qui a mis fin à l'Ancien Régime pour le remplacer par la première République.

Roman cyclique, n. m. : Roman très long en plusieurs volumes où reviennent de nombreux personnages. On dit aussi un roman-fleuve et une somme romanesque.

Romantique : Qualifie les représentants du mouvement intellectuel qui s'est développé en France à partir de 1820 et qui, par l'importance accordée à l'inspiration et au moi s'est dressé contre la régularité classique et le rationalisme des deux siècles précédents.

Salaire minimum interprofessionnel de croissance (S.M.I.C.), n. m. : La somme au-dessous de laquelle nul Français ne peut être payé pour un travail de durée normale ; c'est à partir de ce salaire minimum de base que sont calculées la plupart des rémunérations qui constituent l'échelle des salaires. Il y a quelques années, on disait le S.M.I.G.

Sainte-Croix : Il s'agit du nom d'un des plus célèbres établissements religieux d'enseignement secondaire de France, situé près de Paris à Neuilly-sur-Seine.

Saint-Cyrien : Élève de l'École militaire de Saint-Cyr.

Saint-Julien-le-Pauvre : Très ancienne église de Paris, aujourd'hui consacrée aux rites grec et byzantin.

Saint-Lazare : Il s'agit ici du nom d'une des cinq grandes gares parisiennes, elle dessert le Nord-Ouest de la France.

Sainte-Trinité, n. f. : Un des articles de la foi catholique : la croyance en l'existence d'un Dieu en trois personnes distinctes, le Père, le Fils et le Saint-Esprit.

Sainte-Vierge : Marie, mère de Jésus-Christ.

Salut, n. m. : Cérémonie religieuse catholique.

Scientisme, n. m. : Attitude philosophique qui propose de tout expliquer dans le monde par la science.

Sécurité sociale, n. f. : Institution qui garantit les Français et leurs familles contre les risques de maladie, rembourse la majorité des frais engagés, attribue des indemnités pour remplacer les montants de salaire perdus en cas d'arrêt de travail et donne une retraite aux vieux travailleurs.

Société de consommation, n. f. : Type de société où la vie économique est orientée vers la consommation des biens, l'exploitation sauvage des ressources naturelles plutôt que vers leur usage modéré.

Sorbonne, n. f. : Nom d'un collège du Quartier latin fondé par Robert de Sorbon, au XIIᵉ siècle et qui désigne aujourd'hui une des Facultés de l'Université de Paris. C'est à la Sorbonne que siège le chancelier des Universités de Paris.

Symbolistes : Nom donné aux représentants du symbolisme mouvement littéraire et poétique qui vers 1886, sous l'influence du poète Mallarmé, renoncent à une vision descriptive du monde et cherchent à traduire leurs impressions au moyen de signes et d'images profondément évocateurs par leurs relations avec l'inconscient humain, appelés symboles.

Te Deum : Cantique par lequel on rend grâce à Dieu de ses bienfaits.

Tiercé, n. m. : Forme de pari très populaire. On joue une faible somme que l'on mise sur trois chevaux et l'on peut gagner une somme importante si l'on a bien prévu l'ordre dans lequel ils arrivent à la fin de la course.

Tour d'Argent, n. f. : Nom d'un des plus célèbres restaurants de Paris situé près de la Seine en face de la cathédrale Notre-Dame.

Tour de France, n. m. : Célèbre course cycliste qui depuis 1913 fait faire chaque année, en moins d'un mois et par étapes successives, un véritable tour de France à une centaine de coureurs et aux quelques milliers de personnes qui les accompagnent ou les suivent.

T.V.B. : Abréviation mise pour : Tout va bien.

Traite, n. f. : Billet par lequel on s'engage à payer à date fixe une somme d'argent.

U.N.E.S.C.O. : Sigle de l'organisation des Nations-Unies pour l'Éducation, la Science et la Culture, dont le siège international se trouve à Paris, place de Fontenoy.

Valois : Région située au nord-est de l'Ile-de-France.

Vicaire, n. m. : Prêtre qui aide et remplace éventuellement un autre prêtre.

Vierges, n. f. : Représentations picturales de la mère de Jésus

Wehrmacht, n. f. : Nom de l'armée allemande.

ROMANCIERS, AUTEURS
DES TEXTES D'APPUI

Les titres des romans dont les passages sont extraits ne sont pas cités.

ARAGON : Poète et romancier né à Paris en 1898, un des fondateurs du surréalisme, qui, devenu communiste, a cherché des formes populaires d'expression. *Le Paysan de Paris* (1926), *Les Voyageurs de l'Impériale* (1942), *la Semaine Sainte* (1958).

ARNOTHY (Christine) : Femme de lettres née en 1930 à Budapest. *Le Jardin noir* (1967), *Lettre ouverte au Roi nu* (1974).

AUDOUARD (Yvan) : Journaliste et humoriste né en 1914. *A Catherine pour la Vie* (1953), *Lettre ouverte aux cons* (1974).

AYMÉ (Marcel), 1902-1976 : Écrivain satirique, auteur de *la Jument verte* (1933), *la Vouivre* (1943), *le Passe-Muraille* (1943), *Clérambard* (1950).

BARBUSSE (Henri), 1874-1935 : Auteur marqué par son époque, réaliste et humanitaire en art, communiste en politique, il aima la lutte sociale. *L'Enfer* (1908).

BARJAVEL (René) : Journaliste et metteur en scène de cinéma né en 1911. *La Nuit des Temps* (1968), *Les Années de l'Homme* (1976).

BALZAC (1799-1850) : Auteur illustre qui se consacra à l'entreprise gigantesque de peindre toute la société française au début du XIXe siècle dans *La Comédie humaine,* qui comporte 90 volumes environ.

BAZIN (Hervé) : Écrivain né en 1917. *La Tête contre les murs* (1949), *La Mort du petit Cheval* (1950).

BECK (Beatrix) : Femme de lettres née en Suisse en 1914. Après avoir été la secrétaire d'André Gide, elle écrit et obtient le Prix Goncourt en 1952. Elle est membre du jury du Prix Fémina. *Barny* (1947), *Cou coupé court toujours.*

BEAUVOIR (Simone de) : Née en 1908, elle devint d'abord professeur agrégée. Philosophe existentialiste et compagne de Jean-Paul Sartre, elle milite pour les droits de la femme. *Les Mandarins* (Prix Goncourt, 1954); les trois volumes de son autobiographie : *Mémoires d'une jeune fille rangée* (1958), *La Force de l'âge* (1960), *La Force des choses* (1963).

BLANCPAIN (Marc) : Né dans le Nord de la France en 1909 il devint professeur puis secrétaire général de l'Alliance Française, chroniqueur *au Parisien Libéré. Le Solitaire* (1945, Grand Prix du roman de l'Académie Française); un roman cyclique en 4 volumes, *La Saga des Amants séparés* (1969-1972), *Nous l'appelions Bismark* (1975).

BLOCH (Marc), 1886-1944 : Professeur à la Sorbone; fusillé par les Allemands. Son livre posthume *Apologie pour l'histoire* en fait un des historiens les plus marquants de sa génération.

BLONDIN (Antoine) : Journaliste et dialoguiste de films né à Paris en 1922. Son œuvre est étrange et son humour indéfinissable. *L'Europe buissonnière* (1959), *Monsieur Jadis ou l'École du soir* (1970), *Nous reviendrons à pied* (1974).

BOSCO (Henri) : Écrivain né en 1888. *Le Jardin d'Hyacinthe* (1941), *Le Mas Théotime* (1945).

CAMUS (Albert), 1913-1960 : Né en Algérie, ce philosophe anti-existentialiste et anti-marxiste est connu dans le monde entier; il reçut le Prix Nobel en 1957. *L'Étranger* (1942), *La Peste* (1947), *La Chute* (1956), *L'Exil et le Royaume* (1957).

CÉLINE (Louis-Ferdinand), 1894-1961 : Pacifiste, anarchiste, antisémite, écrivant avec une violence épique, il fut un étonnant maître de la langue française, une sorte de Rabelais du XXe siècle. *Mort à crédit* (1936), *D'un Château l'autre* (1957), *Nord* (1960).

CENDRARS (Blaise), 1887-1961 : Poète et aventurier né en Suisse, caractérisé par un style direct et bouleversant. *L'Or* (1925), *Rhum* (1930), *L'Homme foudroyé* (1945) et *Bourlinguer* (1948).

CHALON (Jean) : Journaliste né en 1935. *Les Amours imaginaires* (1964), *Une Jeune Femme de 60 ans* (1973), *Les Paradis provisoires* (1975).

CHAMSON (André) : Né à Nîmes en 1900, il fit ses études à l'École nationale des Chartes. Membre de l'Académie Française. *Roux le bandit* (1925), *La Neige et la Fleur* (1951), *Le Rendez-vous des Espérances* (1961), *Suite guerrière* (1976).

CHARDONNE (Jacques), 1884-1968 : Reste, en notre siècle, un écrivain classique, lucide et réservé, poétique et tendre. *Le Chant du Bienheureux* (1927), *Le Bonheur de Barbezieux* (1938).

CHATEAUBRIAND (François-René, Comte de), 1768-1848. Homme politique qui fut un des premiers grands écrivains politiques français. *Le Génie du Christianisme* (1802), *Les Aventures du dernier des Abencérages* (1826).

COLETTE (Gabrielle), 1873-1954 : Elle occupe une place importante dans l'histoire du style français par son art de saisir et de peindre les plus délicates sensations. Après la série des romans sur *Claudine* (1900-1903), vinrent *L'Envers du music-hall* (1913), *La Chatte* (1933), *Gigi* (1947), *Le Fanal bleu* (1949).

CURTIS (Jean-Louis) : Professeur et scénariste de télévision né en 1917. *Les Forêts de la nuit* (Prix Goncourt, 1947), *L'Échelle de soie* (1956), *La Quarantaine* (1966).

DANINOS (Pierre) : Journaliste et humoriste né en 1913. *Le Carnet du Bon Dieu* (Prix Interallié, 1947), *Snobissimo* (1964), *Le Major tricolore* (1968), *Les nouveaux carnets du Major Thompson* (1973) et *La Première Planète à droite* (1975).

DRUON (Maurice) : Journaliste, correspondant de guerre et homme politique, il a succédé à Georges Duhamel à l'Académie Française. *Les grandes Familles* (Prix Goncourt, 1948); un roman cyclique en 6 volumes, *Les Rois maudits* (1955-1960); *Les Mémoires de Zeus* (2 volumes, 1963-1968).

DUCHÉ (Jean) : Journaliste, scénariste à la télévision et homme politique né en 1915. Chroniqueur à *France-Soir*, il a aussi une réputation méritée de satiriste et d'humoriste. *Elle et Lui* (1951), *L'Histoire de France racontée à Juliette* (1954); un cycle romanesque en 4 volumes, *Histoire du monde* (1958-1966) et *La Mythologie racontée à Juliette* (1975).

DUHAMEL (Georges), 1884-1966 : Poète et chirurgien qui entreprit de peindre les Français de son époque, d'abord pendant la Grance Guerre, puis dans le quart de siècle qui suivit. *Vie des Martyrs* (1917), *Civilisation* (Prix Goncourt, 1918), et deux romans cycliques, *Vie et aventures de Salavin* (5 volumes de 1920 à 1932) et *La chronique des Pasquier* (10 volumes de 1933 à 1945); *Lumières sur ma vie* (5 volumes de 1944 à 1953).

ESCARPIT (Robert) : Né en 1918, professeur à l'Université de Bordeaux et directeur de l'Institut de littérature et de technique artistique de masse. Journaliste et chroniqueur au *Monde*, il a une réputation d'humoriste et de satiriste. *Peinture fraîche* (1960), *Le Littératron* (1964), *Paramémoires d'un Gaulois* (1968), *Appelez-moi Thérèse* (1975).

ESTAUNIÉ (Édouard), 1862-1942 : Ingénieur devenu homme de lettres. *L'Épave* (1910), *Les Choses voient* (1913).

FAIZANT (Jacques) : Né en 1918; d'abord hôtelier, puis dessinateur, il passe de l'illustration à la caricature puis au roman humoristique. *La Ruée vers l'ordre* (1967), *Ya qu'à* (1971), *Entrée libre* (1975).

FLAUBERT (Gustave), 1821-1880 : Un des plus célèbres auteurs du XIXᵉ siècle qui, soucieux de la perfection du style, s'efforce de montrer la réalité telle qu'elle apparaît et avec toute sa signification, mais son art y ajoute quelques traits romantiques et il use habilement de symboles. *Salammbô* (1869), *Trois contes* (1877), *Bouvard et Pécuchet* (1881).

FROMENTIN (Eugène), 1820-1870 : Peintre et critique d'art qui aime les sujets exotiques; il a aussi écrit une subtile analyse psychologique dans son unique roman *Dominique* (1863).

GENEVOIX (Maurice) : Né en 1890, il succéda à Georges Duhamel comme secrétaire perpétuel de l'Académie Française. Cet homme de lettres fut marqué par la Grande Guerre, où il fut grièvement blessé, et qu'il raconta dans un cycle romanesque, *Ceux de 14* (5 volumes de 1916 à 1923). Depuis, son objet est de raconter son amour de la province française et de défendre la vie. *Raboliot* (1925), *Derrière les collines* (1963), *La Forêt perdue* (1967), *Tendre bestiaire* (1968), *Un Homme et sa vie* (1971).

GIDE (André), 1869-1961 : Cet écrivain a joué un rôle majeur dans l'évolution de la littérature de son époque grâce à son style et à la sincérité avec laquelle il proclame des idées morales hors du commun. Par son refus de s'engager et son mépris des règles habituelles, il amène ses lecteurs, et surtout la jeunesse, à penser par eux-mêmes. Il reçut le Prix Nobel en 1947. *Les cahiers d'André Walter* (1891), *Les Nourritures terrestres* (1897), *L'Immoraliste* (1902), *Si le Grain ne meurt* (1920)-1924). Son *Journal* (1939-1950) est un témoignage de premier ordre.

GIONO (Jean), 1895-1970 : Autodidacte, cet écrivain pacifiste et précurseur du combat écologique est né, a vécu et est mort dans sa petite ville de Haute-Provence, Manosque. Il raconte des histoires paysannes dans un style riche et imagé et propose une vision panthéiste du monde; à partir de 1957, il change de manière et devient le Stendhal de notre époque. *Colline* (1929), *Regain* (1930), *Un Roi sans divertissement* (1947), *Un Hussard sur le toit* (1951), *Angelo* (1958), *le Désastre de Pavie* (1963).

GRACQ (Julien) : romancier né en 1910. Auteur de *Au Château d'Argol* (1938), *le Rivage des Syrtes* (1951).

GREEN (Julien) : Né en 1900 à Paris, cet Américain se fixe en France en 1922 et devient membre de l'Académie Française où il succède à François Mauriac, avec lequel d'ailleurs il n'est pas sans affinités. *Léviathan* (1929), *Moïra* (1950), *L'Autre* (1971), *Le Malfaiteur* (1974). Son *Journal* en 10 volumes (1928-1976) restera un document passionnant sur notre époque.

GUIMARD (Paul) : Né en 1921, journaliste et producteur à la radio. *Les Faux-Frères,* (Grand Prix de l'humour, 1956), *Le Mauvais Temps* (1974).

GUTH (Paul) : Né en 1910, professeur de lettres. *Mémoires d'un Naïf* (Prix Courteline, 1954) et *Le Naïf aux Quarante enfants* (Grand Prix du roman de l'Académie Française, 1956), *Jeanne la Mince* (1960), *Le Chat Beauté* (1974).

HÉRIAT (Philippe), 1898-1974 : Comme Mauriac, il peint en couleurs noires les milieux bourgeois. *Les Enfants gâtés* (1939). *La Famille Boussardel* (Grand Prix du roman de l'Académie Française, 1947).

HUGO (Victor), 1802-1885 : Fils d'un général de Napoléon Iᵉʳ et homme politique, pamphlétaire ennemi de Napoléon III, sa carrière fut celle de l'homme de lettres total et son œuvre est très vaste. Poète dans tous les genres de poésie, dramaturge fécond, théoricien de la littérature, il fut aussi un romancier dont les succès durent encore. *Notre-Dame-de-Paris* (1831), *Les Travailleurs de la Mer* (1866), *Quatre-vingt-treize* (1874).

KESSEL (Joseph) : Journaliste d'origine russe né en 1898 en Argentine. Homme d'action comme Saint-Exupéry, Cendrars et Malraux. Aujourd'hui membre de l'Académie Française, il a écrit, avec son neveu Maurice Druon, *Le Chant des Partisans*. Œuvres principales : *L'Équipage* (1923), *Fortune carrée* (1930), *Mermoz* (1938), *Bataillons du ciel* (1947), et deux romans cycliques, *Le Tour du Malheur* (4 volumes en 1951) et *Témoin parmi les Hommes* (6 volumes, 1956).

LA FAYETTE (Madame de), 1634-1692 : Elle a donné à la littérature française son premier roman d'analyse psychologique, *La Princesse de Clèves*, un des sommets de l'art classique.

LARBAUD (Valéry), 1881-1957 : Poète, il a créé un personnage étrange et inquiétant, symbole de son époque, avec *O.A. Barnaboth* (1913). *Fermina Marquez* (1911).

LARTÉGUY (Jean) : Né en 1920, journaliste avide d'aventures et officier de commandos. *Les Centurions* (1953), *Les Guérilleros* (1967), *Tout homme est une guerre civile* (2 volumes, 1971), *La Guerre nue* (1976).

LESAGE (Alain-René), 1668-1747 : Auteur et dramaturge qui peint avec un réalisme comique le monde qui l'entoure. *Le Diable boiteux* (1707).

MALLET-JORIS (Françoise) : Poète née à Anvers (Belgique) en 1930, devenue rapidement célèbre avec son premier roman, *Le Rempart des Béguines*, dont on a tiré un film. Elle est membre du jury du Prix Fémina et de l'Académie Goncourt. *L'Empire céleste* (Prix Fémina, 1958), *Les Trois Ages de la Nuit* (1968), *Allegra* (1976).

MALRAUX (André), 1901-1976 : Homme d'action qui a marqué son époque par des romans témoins. Après la guerre, où il joua un rôle important aux côtés du général de Gaulle, il devint ministre de la Culture et consacra son talent à l'esthétique et à la philosophie de l'art. *Les Conquérants* (1928), *La Voie royale* (1930), *L'Espoir* (1937), *Les Voix du Silence* (1951), *Le Musée imaginaire de la Sculpture mondiale* (1952), *La Métamorphose des Dieux* (1957), *Antimémoires* (1967), *Les Chênes qu'on abat* (1970), *La Tête d'Obsidienne* (1975).

MARCEAU (Félicien) : Né en Belgique en 1913 et chroniqueur à Radio-Bruxelles, il s'établit en France en 1944 et devient membre de l'Académie Française. Il a réussi au théâtre. On lui doit aussi une étude pénétrante sur la technique du roman, *Balzac et son monde* (1955). *Les Élans du cœur* (1955), *Creezy* (Prix Goncourt, 1969), *Le Corps de mon Ennemi* (1975).

MAURIAC (François), 1885-1970 : Poète, ce catholique inquiet, imprégné de traditions, se situant dans un univers à la fois janséniste et progressiste, se plaît à peindre, dans ses romans et ses pièces de théâtre, les conflits de la passion et de la foi et dénonce impitoyablement l'hypocrisie. Il a obtenu le Prix Nobel en 1952. *Le Baiser au Lépreux* (1922), *Le Nœud de Vipères* (1932), *Le Mystère Frontenac* (1933), *Asmodée* (1937), *La Pharisienne* (1941), *Le Sagouin* (1951), *Un Adolescent d'autrefois* (1969).

MAUPASSANT (Guy de), 1850-1893 : Profondément réaliste mais avec une féconde imagination et un grand art de l'anecdote, il est l'auteur célèbre de *Contes* qui sont encore très populaires. Certains de ses romans ont été repris par des producteurs de cinéma de la nouvelle vague. *Une Vie* (1883), *Bel Ami* (1885), *Pierre et Jean* (1888).

MONTESQUIEU (Charles de), 1689-1765 : Historien et théori‌cien politique dont le livre *L'Esprit des lois* est une étape importante dans les sciences du gouvernement. Ses *Lettre‌ persanes* le révèlent comme un satiriste plein d'humour et d'imagination.

MONTHERLANT (Henry de), 1896-1972 : Homme d'action ayant le goût du romantisme et de la violence, du sport et des valeurs viriles. Il falsifie son acte de naissance pour pouvoir s'engager dans l'infanterie en 1914 et il décrit la Grande Guerre dans son *Chant funèbre pour les Morts de Verdun* (1924). A partir de 1942, il se consacre au théâtre où il devient un auteur de premier plan. *(La Reine Morte, Le Maître de Santiago)*. *Les Célibataires* (1934); un cycle romanesque en 4 volumes, *Les Jeunes Filles* (1936-1938) et les *Carnets* (4 volumes, de 1957 à 1972).

NERVAL (Gérard de), 1808-1855 : Poète romantique pré‌curseur du symbolisme. *Sylvie* (1853), *Aurélia* (1855).

NOURISSIER (François) : Journaliste, éducateur et critique littéraire né à Paris en 1927. *Une Histoire française* (Grand Prix du roman de l'Académie Française, 1966), *Le Maître de Maison* (1968), *Allemande* (1973).

PAGNOL (Marcel), 1895-1974 : Ce Provençal, fils d'instituteur et petit-fils d'ouvriers manuels, est devenu un des auteurs les plus célèbres de notre époque. Après de véritables triomphes au théâtre, il a révolutionné le cinéma et produit une douzaine de films. A soixante ans passés, il s'est taillé une nouvelle gloire dans le roman avec ses *Souvenirs d'enfance* (4 volumes de 1958 à 1975) : *La Gloire de mon père* (1958) *Le Château de ma mère* (1959), *Le Temps des secrets* (1960), *La Saison des amours* (1976); *Manon des sources* (1963, 2 volumes).

PÉREC (Georges) : Documentaliste né à Paris en 1936. S'est amusé à écrire *La Disparition* (1969), roman ne contenant pas une seule fois la lettre *e*. *Quel petit Vélo à Guidon chromé au fond de la Cour?* (1966), *La Boutique obscure* (1973).

PILHES (René-Victor) : Né à Paris en 1934, il fait une carrière brillante dans la publicité. Par son humour noir, il met en cause notre société sur-développée. *La Rhubarbe* (1965), *Le Loum* (1969), *La Bête* (1976).

PROUST (Marcel), 1871-1922 : Influencé par les théories de Bergson sur la mémoire et doué d'une hypersensibilité, ce romancier, célèbre dans le monde entier, a, dans *A la Recherche du Temps perdu* (en 13 volumes, 1913-1925) suivi par *Le Temps retrouvé* (2 volumes parus en 1927) donné de nouvelles dimensions à la littérature.

ROLLAND (Romain), 1866-1944 : Prix Nobel en 1916, son œuvre glorifie l'énergie sans violence, il veut la fraternité entre les peuples et surtout entre la France et l'Allemagne. *Colas Breugnon* (1913), *Au-dessus de la Mêlée* (1915), *Clérambault* (1919); deux romans cycliques, *Jean-Christophe* (10 volumes de 1903 à 1912) et *Beethoven, les grandes époques créatrices* (7 volumes de 1927 à 1946); *Le Voyage intérieur* (1942).

ROMAINS (Jules), 1885-1974 : Né dans le Massif central, il vient faire ses études à Paris à l'École Normale Supérieure. Poète, il fonde avec Georges Duhamel l'Unanimisme. Son théâtre a eu le plus grand succès. On lui doit d'avoir réussi la gigantesque entreprise de peindre un quart de siècle de vie française dans le plus long des romans cycliques, avec plus de soixante personnages principaux et plus d'un millier de personnages secondaires. *Les Copains* (1910), *Mort de quelqu'un* (1911), *Les Hommes de bonne Volonté* (27 volumes de 1932 à 1944).

ROUSSEAU (Jean-Jacques), 1712-1778 : Né à Genève et très influencé par la Suisse, ce philosophe a formulé des théories politiques qui ont inspiré les révolutionnaires de 1789, il a systématisé ses idées morales en condamnant la société pour exalter l'individu et, au nom de la liberté, il veut obliger les hommes à le suivre. Son œuvre littéraire est considérée comme une des sources du romantisme français. *La Nouvelle Héloïse* (1761).

SABATIER (Robert) : Journaliste et poète né en 1923 à Paris, membre de l'Académie Goncourt. Son œuvre romanesque, qui ne ressemble à aucune autre, est une suite ininterrompue de succès. *Alain et le nègre* (1953), *Boulevard* (1957), *La Sainte Farce* (1960), *Les Allumettes suédoises* (1969), *Les Noisettes sauvages* (1974).

SAN ANTONIO (pseudonyme de Frédéric Dard) : Né en 1921, journaliste et cinéaste, il imagine les aventures du commissaire San Antonio racontées par lui-même, parodies rabelaisiennes des romans policiers de la série noire. Le nombre de ces volumes approche maintenant la centaine et leurs tirages élevés font actuellement de lui l'auteur le plus lu de France. Après avoir méprisé cette œuvre, les critiques universitaires commencent à étudier le sens profond de ce succès durable. *Laissez tomber la Fille* (1950), *Le Bourreau pleure* (1955), *Un Éléphant, ça trompe* (1960).

SARTRE (Jean-Paul) : Né à Paris en 1905 dans un milieu bourgeois, il est révolutionnaire. Professeur de philosophie, puis journaliste et critique littéraire, il est le représentant de l'existentialisme français. Il a remporté de grands succès au théâtre et au cinéma. Il est difficile de savoir si certaines de ses œuvres critiques, notamment son ouvrage monumental sur Flaubert, *L'Idiot de la famille* (1971), ne doivent pas être considérés comme des romans. Son autobiographie, *Les mots* (1970), est révélatrice. *Le Mur* (1939), *Les Chemins de la Liberté* (roman cyclique inachevé en 3 volumes, 1945-1949). Il a refusé le Prix Nobel en 1964.

SIMENON (Georges) : Né en 1903 à Liège (Belgique). D'abord journaliste, il se lance dans le roman avec une fécondité inégalable. Il écrit plus de 200 romans populaires sous 17 pseudonymes différents. Usant de son nom réel en 1929, il crée le personnage du commissaire Maigret que l'on retrouvera dans 90 romans policiers. Ses œuvres sont traduites en 46 langues, et une cinquantaine ont été adaptées au cinéma. *Les Inconnus dans la maison* (1929), *Liberty Bar* (1932), *La Neige était sale* (1935), *En Cas de Malheur* (1938).

STENDHAL (1783-1842) : Ce romancier célèbre dans le monde entier par la précision de son style, la justesse de ses descriptions documentaires, la violence des passions qu'il met en jeu, n'obtint qu'un accueil médiocre de ses contemporains. Il savait, dans son génie, que les générations à venir l'apprécieraient à sa juste valeur. *Armance* (1823), *La Chartreuse de Parme* (1839) et *Lucien Leuwen* (publié seulement en 1901).

VAILLAND (Roger), 1907-1973 : Poète, fondateur de la revue surréaliste *Le grand Jeu*, reporter. Communiste en politique, disciple de Stendhal en littérature, il obtient le Prix Goncourt en 1957. *Drôle de Jeu* (1945), *Les mauvais Coups* (1948), *La Loi* (1957), *La Fête* (1960).

VOLTAIRE (1694-1778) : Philosophe, poète, dramaturge, préoccupé de politique et de justice sociale, cet auteur fut un des plus féconds et des plus célèbres du XVIIIe siècle, dit « le siècle des lumières ». Il fonde sa morale sur la compréhension d'autrui et sur la tolérance, et un humour aigu renforce la portée de ses romans. *Zadig* (1747), *Babouc* (1748), *Micromégas* (1752), *Scarmentado* (1756), *Jeannot et Colin* (1764), *L'Ingénu* (1767), *L'Homme aux quarante écus* (1768), *La Princesse de Babylone* (1768).

VERNE (Jules), 1828-1905 : Père de la science-fiction en France; son œuvre remporte toujours un grand succès populaire. *De la Terre à la Lune* (1865), *Voyage au Centre de la terre* (1864), *Les Enfants du capitaine Grant, Le Tour du Monde en 80 jours* (1873), *Michel Strogoff* (1876).

WEIL (Simone), 1907-1943 : Professeur agrégée de philosophie, elle a voulu cependant connaître et partager la vie des pauvres et du prolétariat. *La Pesanteur et la Grâce* (1947), *La Condition ouvrière* (1951).

ZOLA (Émile), 1840-1902 : Chef de l'école naturaliste qui se propose de montrer scientifiquement les défauts et les scandales de la société pour provoquer des réformes. *Thérèse Raquin* (1867) *Madeleine Férat* (1868) *Les Rougon-Macquart* (cycle romanesque en 19 volumes 1868-1893); *Lourdes* (1894) *Rome* (1896), *Paris* (1897) sous le titre général *Trois villes;* ensuite, il entreprend *les Quatre évangiles : Fécondité* (1899), *Travail* (1901), *Vérité* (publié après sa mort, en 1903) et *Justice,* inachevé.

COMMENTAIRE DES ILLUSTRATIONS

ARCHIVES PHOTOS : 126-127. ATLAS-PHOTO : Perrin 148. BULLOZ : 24. CAHIERS DU CINÉMA : 10, 15, 81, 187, 191, 194. ÉDIMAGES : Palix 146; Perrin 64-65. ELSÈVE : 154-155. GIRAUDON : 17, 98, 99, 169; Lauros 29, 94, 125, 153, 223. MICHAUD : 122. MINISTÈRE DE L'AGRICULTURE : 38. NATHAN : 144, 192, 229; Tondeur 162. RAPHO : Bajande 75, 179, 245; Belzeaux 226; Berrety 96; Braga 92, 113; Cazim 56; de Chatillon 176; Ciccione 45, 343; Dejardin 138; Donnezan 37; Dussart 93; Foucault 25; Frédéric 70; Limot 208-209; Maltête 6-7, 180; Manceau 150; Michaud 40-41, 172; Pavlovsky 90; de Sazo 55, 236-237; Silvester 86; Sneiders 89; Zann 107. ROGER-VIOLLET : 23, 30, 53, 69, 80, 83, 112, 114, 117. SNARK INTERNATIONAL : 26, 60, 181, 182-183, 197, 233, 238. SYGMA : Coat Saliou 160; Pavlovsky 175.

NOTRE COUVERTURE : photo Stock-Rapho.

N° d'éditeur : CL 33304-III-(C.c. VII) c. - Imprimé en France - décembre 1982
Offset-Aubin, 86 - Poitiers (P 11152)